U0902904

全国高等教育自学考试指定教材
经济管理类专业

# 国民经济统计概论

（含：国民经济统计概论自学考试大纲）
（2015 年版）

全国高等教育自学考试指导委员会　组编
主　编　侯　峰
副主编　雷钦礼　马立平

中国人民大学出版社
·北京·

**图书在版编目（CIP）数据**

国民经济统计概论/侯峰主编. —北京：中国人民大学出版社，2015.3
全国高等教育自学考试指定教材
ISBN 978-7-300-20821-3

Ⅰ. ①国… Ⅱ. ①侯… Ⅲ. ①国民经济-经济统计-高等教育-自学考试-教材 Ⅳ. ①F222.33

中国版本图书馆 CIP 数据核字（2015）第 030633 号

全国高等教育自学考试指定教材
经济管理类专业
**国民经济统计概论**
（含：国民经济统计概论自学考试大纲）
（2015 年版）
全国高等教育自学考试指导委员会　组编
主　编　侯　峰
副主编　雷钦礼　马立平
Guomin Jingji Tongji Gailun

| | | | |
|---|---|---|---|
| **出版发行** | 中国人民大学出版社 | | |
| **社　　址** | 北京中关村大街 31 号 | **邮政编码** | 100080 |
| **电　　话** | 010－62511242（总编室） | | |
| **网　　址** | http://www.crup.com.cn<br>http://www.ttrnet.com（人大教研网） | | |
| **印　　刷** | 北京市鑫霸印务有限公司 | | |
| **规　　格** | 185 mm×260 mm　16 开本 | **版　　次** | 2015 年 4 月第 1 版 |
| **印　　张** | 19.25 | **印　　次** | 2026 年 1 月第 11 次印刷 |
| **字　　数** | 453 000 | **定　　价** | 45.00 元 |

官方淘宝网　网址 http://shop136348527.taobao.com
本书如有质量问题，请与教材供应部门联系。

# 组编前言

21 世纪是一个变幻难测的世纪，是一个催人奋进的时代。科学技术飞速发展，知识更替日新月异。希望、困惑、机遇、挑战，随时随地都有可能出现在每一个社会成员的生活之中。抓住机遇，寻求发展，迎接挑战，适应变化的制胜法宝就是学习——依靠自己学习、终生学习。

作为我国高等教育组成部分的自学考试，其职责就是在高等教育这个水平上倡导自学、鼓励自学、帮助自学、推动自学，为每一个自学者铺就成才之路。组织编写供读者学习的教材就是履行这个职责的重要环节。毫无疑问，这种教材应当适合自学，应当有利于学习者掌握和了解新知识、新信息，有利于学习者增强创新意识，培养实践能力，形成自学能力，也有利于学习者学以致用，解决实际工作中所遇到的问题。具有如此特点的书，我们虽然沿用了“教材”这个概念，但它与那种仅供教师讲、学生听，教师不讲、学生不懂，以“教”为中心的教科书相比，已经在内容安排、编写体例、行文风格等方面都大不相同了。希望读者对此有所了解，以便从一开始就树立起依靠自己学习的坚定信念，不断探索适合自己的学习方法，充分利用自己已有的知识基础和实际工作经验，最大限度地发挥自己的潜能，达到学习的目标。

欢迎读者提出意见和建议。

祝每一位读者自学成功。

全国高等教育自学考试指导委员会

2014 年 3 月

# 目　　录

## 国民经济统计概论自学考试大纲



## 国民经济统计概论

# 国民经济统计概论

# 自学考试大纲

# 出版前言

为了适应社会主义现代化建设事业的需要，鼓励自学成才，我国在20世纪80年代初建立了高等教育自学考试制度。高等教育自学考试制度是个人自学、社会助学和国家考试相结合的一种高等教育形式。应考者通过规定的专业考试课程并经思想品德鉴定达到毕业要求的，可获得毕业证书；国家承认学历并按照规定享有与普通高等学校毕业生同等的有关待遇。经过30多年的发展，高等教育自学考试为国家培养并造就了大批专门人才。

课程自学考试大纲是国家规范自学者学习范围、要求和考试标准的文件。它是按照专业考试计划的要求，具体指导个人自学、社会助学、国家考试、编写教材、编写自学辅导书的依据。

随着经济社会的快速发展，新的法律法规不断出台，科技成果不断涌现，原大纲中有些内容已过时、知识已陈旧。为更新教育观念，深化教学内容方式、考试制度、质量评价制度改革，使自学考试更好地提高人才培养的质量，各专业委员会按照专业考试计划的要求，对原课程自学考试大纲组织了修订或重编。

修订后的大纲，在层次上，专科参照一般普通高校专科或高职院校的水平，本科参照一般普通高校本科的水平；在内容上，力图反映学科的发展变化，增补了自然科学和社会科学近年来研究的成果，对明显陈旧的内容进行了删减。

全国高等教育自学考试指导委员会经济管理类专业委员会组织制定了《国民经济统计概论自学考试大纲》，经教育部批准，现颁发施行。各地教育部门、考试机构应认真贯彻执行。

**全国高等教育自学考试指导委员会**
**经济管理类专业委员会**
**2015年1月**

# Ⅰ 课程性质与课程目标

**一、课程性质和特点**

国民经济统计概论是经济管理类各专业（专科）自学考试必考的专业基础课程之一。通过本课程的学习，要求考生掌握国民经济活动中所必需的各种统计方法及其基本原理，并能熟练地将这些方法和原理运用于国民经济实际活动中的各种数据资料的采集整理和分析推断之中。

本课程内容体系分两大部分：第一部分介绍统计学的基本原理和方法，具体包括教材中的第一至七章内容。第二部分介绍国民经济统计的主要内容，具体包括教材中的第八至十一章内容。第一部分内容是第二部分内容的前提和基础；第二部分内容是第一部分内容的实践和应用。

**二、课程目标**

课程设置的目标是使得考生能够：

（1）正确识记并理解统计学的基本概念、基本原理和基本方法；

（2）熟悉国民经济统计的内容体系和分析方法；

（3）正确运用统计学基本原理和方法分析研究国民经济中实际问题；

（4）为进一步学习其他专业课程提供理论基础。

**三、与相关课程的联系与区别**

经济学和高等数学是国民经济统计概论的基础。国民经济统计概论是统计学的理论与方法在国民经济中的应用，要在经济活动中正确地运用统计理论和方法，离不开科学的经济理论作指导；国民经济统计概论是一门研究国民经济现象数量方面的方法论科学，而这些方法理论的产生与形成离不开数学所提供的理论依据。

**四、课程的重点和难点**

本课程的重点和难点内容具体说明在考试大纲第Ⅲ部分的各章节中，要进一步了解掌握可参看大纲第Ⅲ部分的各章节内容。

# Ⅱ 考核目标

根据本课程不同内容体系在统计理论和方法中的层次地位和难易程度，对于教材中所涉及的各种不同的知识内容，要求考生掌握的程度也应有所不同。按照对各种知识内容掌握程度的不同要求，在对本课程进行考核时，需区分四种不同层次的能力要求，分别为识记、领会、简单应用和综合应用。

识记：对于本课程中的各种概念名词和一些基本的统计计算公式，要求考生必须熟记，并能将之与其他概念和公式区别开来。

领会：在识记的基础上，对本课程中的各种统计方法的基本原理要正确地理解和掌握，要求考生不仅知道应该怎样做，而且知道为什么这样做的基本原理。

简单应用：要求考生在领会的基础上，根据本课程中基本概念和基本原理，能够将某种统计方法正确地运用于一些简单问题的分析和推断。

综合应用：要求考生在简单应用的基础上，能够综合应用多种基本的统计方法对较复杂的实际问题进行系统的分析和推断。

# Ⅲ　课程内容与考核要求

## 第一章　绪论

**一、学习目的与要求**

本章阐述统计学的性质和分类，统计学的基本概念和统计指标体系及其设计。通过本章的学习，要求学生了解统计学是一门什么样的学科及分类，并能熟练地掌握总体、个体、样本、变量和指标及指标体系等一系列最基本的统计学概念，树立明确的学习目的，为进一步学习统计理论和方法奠定基础。

**二、课程内容**

第一节　统计学的性质及分类

1. 统计学的性质

2. 统计学的分类

第二节　统计学的基本概念

1. 总体和个体

2. 样本

3. 变量

4. 指标及其测度

第三节　统计指标体系及其设计

1. 统计指标体系的概念

2. 统计指标体系中指标的分类

3. 统计指标体系设计的内容

4. 统计指标体系设计的原则

5. 案例——社会经济统计指标体系

**三、考核知识点与考核要求**

1. 统计学的性质及分类

识记：统计学的概念。

领会：统计学的性质和分类。

2. 统计学的基本概念

识记：总体、个体、样本、变量及指标的概念及特点。

领会：总体、个体、样本、变量和指标之间的关系以及变量的分类和指标的测度。

3. 统计指标体系及其设计

识记：统计指标体系的概念和统计指标体系中指标的概念和分类。

领会：统计指标体系的设计内容和设计原则。

**四、重点和难点**

本章重点内容是：总体、个体、样本、变量、指标、指标体系的概念及特点、变量的分类和指标体系中指标的分类以及统计指标体系设计的内容和原则。

本章难点内容是：统计指标体系中有关指标的概念以及统计指标体系设计的内容和原则。

## 第二章　数据的调查与整理

**一、学习目的与要求**

本章阐述统计数据的调查与整理方法。通过本章的学习，要求学生了解统计数据资料的调查有哪些方法，各种调查方法的实施程序和过程，不同的数据调查方法所得到的数据资料各有什么特点，以及对调查得到的数据资料如何进行整理和显示。

**二、课程内容**

第一节　数据调查的方式与程序

1. 数据调查的方式

2. 数据调查的一般程序

第二节　现场调查

1. 调查的抽样方式

2. 调查的观测方式

3. 调查问卷的设计

第三节　试验观测

1. 试验观测设计的原则

2. 试验观测的方法

第四节　数据整理与显示

1. 调查资料数据库的构建

2. 调查数据的分类显示

**三、考核知识点与考核要求**

1. 数据调查的方式与程序

识记：数据调查的概念、要求和程序。

领会：数据调查的两种方式——现场调查和试验观测各自的特点和适用场合。

简单应用：统计调查方案的制定。

2. 现场调查

识记：调查抽样的各种方式；调查观测的各种方式；调查问卷的设计方法。

领会：随机抽样和非随机抽样的区别；各种观测方式的优缺点。

简单应用：各种调查的抽样方式和观测方式的实际应用。

3. 数据整理与显示

识记：数据分类的概念和原则；统计表的概念与结构。

领会：数据分类的意义；单值分类和组距分类的方法与应用。

**四、重点和难点**

本章重点和难点内容是：数据调查的概念、要求和程序，调查抽样的各种方式，调查观测的各种方式和调查问卷的设计方式，数据分类的概念和原则，单值分类和组距分类的方法与应用。

## 第三章　次数分布

**一、学习目的与要求**

本章阐述观测变量次数分布的编制和显示方法及次数分布的理论模型。通过本章的学习，要求学生掌握次数分布的概念、编制与显示方法，并深刻理解和领会次数分布各种理论模型的意义及应用。

**二、课程内容**

第一节　次数分布的编制与显示

1. 次数分布的概念

2. 次数分布表及其编制

第二节　次数分布的理论模型

1. 次数分布理论模型的概念和意义

2. 离散型随机变量的概率分布

3. 连续型随机变量的概率分布

**三、考核知识点与考核要求**

1. 次数分布的编制与显示

识记：次数分布的概念；次数分布表及其种类；次数分布图及其种类。

领会：次数分布表的编制方法；次数分布图的绘制方法。

简单应用：利用实际数据资料编制次数分布表和绘制次数分布图。

2. 次数分布的理论模型

识记：次数分布理论模型的概念；随机变量概率分布模型的表示方法。

领会：常用的离散型随机变量概率分布模型——两点分布、二项分布、超几何分布和泊松分布；常用的连续型随机变量概率分布模型——均匀分布、正态分布、指数分布、$\chi^2$分布、$t$分布、$F$分布。

**四、重点和难点**

本章重点和难点内容是：次数分布的概念，次数分布表的种类及编制方法，次数分布图的种类及绘制方法，常用的离散型随机变量和连续型随机变量概率分布模型的概念。

## 第四章　分布特征的测度

**一、学习目的与要求**

本章阐述观测变量次数分布的各种分布特征的测度方法，其中包括观测变量次数分布的分布中心、离散程度、偏斜程度和峰尖程度。通过学习本章内容，要求学生理解和领会观测变量次数分布各种分布特征测度的意义，掌握各种测度指标和测度方法，并能将这些指标和方法正确地应用于国民经济统计数据特征的分析。

**二、课程内容**

第一节　分布中心的测度

1. 分布中心的概念及意义

2. 分布中心的测度指标及其计算方法

3. 算术平均数、中位数和众数三者之间的关系

第二节　离散程度的测度

1. 离散程度测度的意义

2. 离散程度的测度指标

**三、考核知识点与考核要求**

1. 分布中心的测度

识记：分布中心的概念；算术平均数的概念和计算公式；数学期望的定义和计算公式；中位数的概念和计算公式；众数的概念和计算公式。

领会：分布中心测度的意义；算术平均数与调和平均数的关系；算术平均数与数学期望的关系；数学期望的性质；算术平均数、中位数和众数之间的关系。

简单应用：对于给定的数据分别计算算术平均数、中位数和众数。

2. 离散程度的测度

识记：离散程度的概念；极差、平均差、标准差、变异系数的概念和计算公式。

领会：测度离散程度的意义；各种离散程度测度指标的特点；方差的性质；计算变异系数的意义。

简单应用：对于给定的数据分别计算极差、平均差、标准差以及变异系数。

**四、重点和难点**

本章重点和难点内容是：算术平均数、中位数、众数、极差、平均差、标准差及变异系数的概念和应用。

## 第五章　抽样估计

**一、学习目的与要求**

本章阐述根据样本数据对总体参数进行估计的理论和方法，主要包括点估计和区间估计。通过本章的学习，要求学生理解和领会抽样估计的原理，掌握使用样本数据对总体参数进行估计的基本方法，并能将其正确地运用于国民经济统计的分析推断之中。

**二、课程内容**

第一节　抽样估计的理论基础

1. 大数定律

2. 中心极限定理

第二节　抽样方法与抽样分布

1. 抽样方法
2. 抽样分布
第三节　点估计
1. 总体参数与其估计量
2. 构造估计量的方法——矩法估计
3. 判断估计量优劣的标准
4. 估计量的标准误
第四节　区间估计
1. 区间估计的概念
2. 总体均值的区间估计
3. 总体比例的区间估计
4. 总体方差的区间估计
5. 单侧置信区间
6. 样本容量的确定

**三、考核知识点与考核要求**

1. 抽样方法与抽样分布

识记：重复抽样、不重复抽样和抽样分布的概念。

领会：样本均值、样本比例和样本方差的抽样分布。

2. 点估计

识记：总体参数；估计量和估计值；估计量的标准误的概念。

领会：矩法估计；判断估计量优劣的标准；估计量的标准误的意义与计算；影响标准误的因素。

简单应用：根据样本数据计算总体指标的估计值；根据样本数据计算估计量的标准误。

3. 区间估计

识记：区间估计的概念；置信概率与置信区间；双侧置信区间和单侧置信区间。

领会：总体均值的区间估计；总体比例的区间估计；总体方差的区间估计；样本容量的确定。

简单应用：对于给定的样本数据计算总体指标的置信区间；根据抽样估计精度的要求计算需要的样本容量。

综合应用：根据国民经济实际问题的需要，使用样本数据对总体有关指标进行估计。

**四、重点和难点**

本章重点内容是：抽样方法与抽样分布的有关概念；点估计的有关概念和方法；区间估计的有关概念和方法。

本章难点内容是：抽样估计有关概念的理解；区间估计方法的实际应用。

## 第六章　相关与回归分析

**一、学习目的与要求**

通过本章的学习，掌握对客观现象之间的相互依存关系进行分析的方法，分析它们之间存在什么样的关系，相关关系的密切程度，并且用一定的数量表现出来。在此基础上，掌握回归分析的概念，并能应用一元回归分析方法进行实际问题的分析。

**二、课程内容**

第一节　相关分析

1. 相关关系

2. 相关关系的描述——散点图

3. 相关程度的测定——相关系数的计算

第二节　一元线性回归分析

1. 一元线性回归模型

2. 模型参数估计

3. 回归系数的含义

4. 回归方程的评价与检验

5. 利用回归方程进行预测

第三节　多元线性回归分析

1. 多元线性回归

2. 多元线性回归方程的拟合

**三、考核知识点与考核要求**

1. 相关分析

识记：相关关系的概念；函数关系；正相关与负相关；线性相关与非线性相关；简单相关系数。

领会：相关分析的主要内容；简单相关系数的性质与含义；相关系数对于判断事物之间相关关系的作用。

简单应用：散点图；相关系数的计算；能利用相关系数划分相关的密切程度。

2. 一元线性回归分析

识记：一元线性回归模型；估计的一元线性回归方程；一元线性回归方程参数估计方法；估计标准误差；判定系数；平均值的置信区间；个别值的预测区间。

领会：回归分析的主要内容；最小二乘法的基本思想；回归系数的含义；判定系数的含义；回归系数及回归方程检验的目的。

简单应用：根据数据资料估计一元线性回归方程。

综合应用：针对实际问题进行一元线性回归分析。

3. 多元线性回归分析

识记：多元线性回归模型。

**四、重点和难点**

本章的重点与难点在于：相关关系的概念、描述与测度方法；回归分析的概念与应用；对回归方程参数估计方法的掌握、应用。

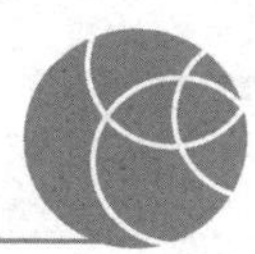

# 第七章　时间数列分析与预测

**一、学习目的与要求**

通过本章的学习，明确时间数列的概念、种类和编制原则，掌握时间数列水平指标的含义及计算方法；掌握时间数列速度指标的计算方法及应用；了解时间数列的构成要素，并熟悉时间数列中测定长期趋势的方法，以及季节变动分析的意义和计算方法。

**二、课程内容**

第一节　时间数列的编制与分类

1. 时间数列
2. 编制时间数列的基本原则
3. 时间数列的种类

第二节　时间数列特征指标的测度

1. 水平指标
2. 速度指标

第三节　时间数列的影响因素分析

1. 时间数列的构成要素
2. 时间数列的长期趋势分析
3. 季节变动分析

**三、考核知识点与考核要求**

1. 时间数列的编制与分类

识记：时间数列；总量指标时间数列；时期指标时间数列和时点指标时间数列；相对指标时间数列；平均指标时间数列。

领会：编制时间数列的基本原则；时间数列的基本种类及特点；时期和时点指标时间数列的特点。

简单应用：时间数列的编制。

2. 时间数列特征指标的测度

识记：发展水平；平均发展水平；增长量；平均增长量；发展速度与平均发展速度；增长速度与平均增长速度；报告期水平与基期水平。

领会：动态平均数的作用；绝对数时间数列、相对数时间数列和平均数时间数列计算平均发展水平的区别；逐期增长量与累计增长量的关系；环比速度与定基速度之间的关系。

简单应用：平均发展水平的计算；增长量与平均增长量的计算；环比速度与定基速度的计算；利用水平法计算平均发展速度及平均增长速度。

综合应用：能够根据时间数列资料计算反映时间数列特征的指标并进行分析。

3. 时间数列的影响因素分析

识记：长期趋势；季节变动；循环变动；时距扩大法；季节指数。

领会：时间数列的构成要素与构成模式；移动平均的作用；各种曲线趋势应用的条件；长期趋势模型的选择方法。

简单应用：能够识别时间数列中包含的基本要素；能够利用时距扩大法进行长期趋势分析；利用移动平均法进行长期趋势分析；利用趋势线配合法进行线性趋势分析；季节指数的计算。

综合应用：能够对时间数列的长期趋势及季节变动进行分析。

**四、重点和难点**

本章的重点与难点在于：时间数列编制的原则；时间数列特征指标的计算；时间数列影响因素的分析及长期趋势与季节变动的测定。

## 第八章　国民生产统计

**一、学习目的与要求**

本章的学习目的是使学生了解和掌握国民生产统计的内容和方法。通过本章的学习，要求学生掌握国民生产统计的范围，国民经济行业和产业分类，国民经济产出主要实物量如粮食产量、能源产量等的统计方法，国民经济产出价值总量如总产出和国内生产总值的统计计算方法，国民生产的基本生产要素——资本和劳动力的统计方法，单要素生产率和全要素生产率的统计计算方法，以及经济增长核算的方法。

**二、课程内容**

第一节　国民生产统计的范围与行业分类

1. 国民生产统计的范围
2. 国民经济行业和产业分类
3. 国民生产统计的内容

第二节　产出实物量统计

1. 产品分类
2. 重要大宗产品实物量统计
3. 污染物排放统计

第三节　国内生产总值统计

1. 总产出和增加值
2. 国内生产总值

第四节　生产要素——资本和劳动力统计

1. 资本统计
2. 劳动力统计

第五节　生产率统计

1. 单要素生产率
2. 全要素生产率
3. 经济增长核算

**三、考核知识点与考核要求**

1. 国民生产统计的范围与行业分类

识记：国民生产统计的范围；国民生产统计的内容。

领会：生产活动的基本单位的界定；国民经济行业分类；三次产业分类。

2. 产出实物量统计

识记：主要农产品统计；主要工业产品统计；污染物排放统计。

领会：产品分类的目的和原则；中国统计用产品分类的结构。

3. 国内生产总值统计

识记：总产出；中间投入；增加值。

领会：各行业总产出的计算方法；各行业增加值的计算方法。

简单应用：国内生产总值的概念与意义；计算国内生产总值的生产法。

4. 生产要素——资本和劳动力统计

识记：资产的分类；经济活动人口和非经济活动人口。

领会：就业和失业的概念与划分标准；充分就业与未充分就业的概念与划分标准；劳动力统计调查的方法。

简单应用：经济活动人口和非经济活动人口的计算；就业人数与失业人数的计算；充分就业人员数与未充分就业人员数的计算。

综合应用：固定资产总量计算方法——永续盘存法；劳动相关分析指标：就业率，失业率，未充分就业率，劳动参与率，就业与人口比率。

5. 生产率统计

识记：劳动生产率；资本生产率。

领会：全要素生产率的概念；全要素生产率指标的意义。

简单应用：全要素生产率的计算方法；技术进步率的计算方法。

综合应用：经济增长核算方程；技术进步和各要素对经济增长的贡献率。

**四、重点和难点**

本章的重点是国民生产统计的范围、国民经济行业和产业分类、国内生产总值的概念和意义及其生产法计算方法、固定资本数量的核算、就业人数和失业人数的统计计算、单要素生产率和全要素生产率的计算及意义、经济增长的核算。

本章的难点是国内生产总值的概念和意义及生产法计算方法。

## 第九章　国民收入分配与使用统计

**一、学习目的与要求**

本章的学习目的是使学生掌握国民收入分配与使用统计的内容和方法。通过本章的学习，要求学生掌握经济活动中的机构单位及其分类，国民收入分配过程中各个机构部门的初次分配账户和再分配账户的编制，国民收入使用过程中各个机构部门的储蓄与资本账户的编制，计算国内生产总值的收入法和支出法，以及国内生产净值、国民总收入、国民可支配收入、居民消费支出、政府消费、进出口净额、储蓄和资本形成总额等指标的计算方法，并掌握恩格尔系数和基尼系数的计算和分析方法。

**二、课程内容**

第一节　机构单位与机构部门分类

1. 机构单位及其分类
2. 国民收入分配与使用统计的内容
第二节　国民收入初次分配统计
1. 企业生产净值与国内生产净值
2. 计算国内生产总值的收入法
3. 资本所得与财产性收入
4. 国民总收入
5. 各机构部门初次分配总收入
第三节　国民收入再分配统计
1. 转移收支的种类
2. 各机构部门再分配收支核算与可支配收入
3. 个人收入差距的计算与分析
第四节　国民收入使用统计
1. 国内生产总值计算的支出法
2. 各机构部门储蓄与资本形成的核算

**三、考核知识点与考核要求**

1. 机构单位与机构部门分类
识记：机构单位的概念；机构单位的分类；国民收入分配与使用统计的内容。
2. 国民收入初次分配统计
识记：企业生产净值；国内生产净值。
领会：资本所得及其归属；财产性收入及其形式。
简单应用：机构部门初次分配账户；机构部门初次分配总收入的计算。
综合应用：计算国内生产总值的收入法；国民总收入的概念与计算方法。
3. 国民收入再分配统计
识记：转移收支的概念；转移收支的种类。
领会：洛伦茨曲线；基尼系数的概念。
简单应用：机构部门再分配账户；机构部门可支配收入的计算。
综合应用：国民可支配总收入；基尼系数的分析方法。
4. 国民收入使用统计

识记：个人消费支出的概念和分类；政府消费支出的概念和内容；储蓄的概念与计算方法。

领会：个人消费支出的统计方法；政府消费支出的统计方法；货物进出口统计；服务进出口统计。

简单应用：固定资本形成总额及其计算方法；存货变动额统计计算方法；机构部门储蓄与资本账户；各机构部门净金融投资的计算。

综合应用：国内生产总值计算的支出法；恩格尔系数和恩格尔定律；国民总储蓄与总储蓄率；国民净储蓄与净储蓄率。

**四、重点和难点**

本章的重点是机构单位及其分类，国内生产总值计算的收入法和支出法，各机构部门的可支配收入和国民可支配总收入，最终消费支出、资本形成总额、进出口总额的统计，储蓄与储蓄率，恩格尔系数及其意义、基尼系数及其意义。

本章的难点是国内生产总值计算的收入法和支出法。

## 第十章　货币与金融统计

**一、学习目的与要求**

本章的学习目的是使学生掌握货币与金融统计的内容和方法。通过本章的学习，要求学生掌握金融机构单位的分类和金融工具的分类，货币供应量的三个层次 $M_0$、$M_1$、$M_2$的划分和统计方法，存款和贷款的分类统计，利率和汇率的统计，金融交易流量的计算方法，各个机构部门金融账户的编制及全社会金融交易的资金流量表编制，实体经济从社会融资规模的统计方法，以及金融相关比率和金融活动服务于实体经济比例的计算与分析方法。

**二、课程内容**

第一节　金融机构单位和金融工具的分类

1. 金融机构单位的分类
2. 金融工具及其分类
3. 货币与金融统计的内容

第二节　货币统计

1. 货币的概念与定义
2. 货币供应量统计
3. 存款统计
4. 贷款统计
5. 利率和汇率统计

第三节　全社会金融活动统计

1. 金融交易流量的计算方法
2. 各机构部门资金流量统计
3. 社会融资总额统计
4. 金融协调发展统计分析

**三、考核知识点与考核要求**

1. 金融机构单位和金融工具的分类

识记：金融机构单位的分类方法；金融工具的分类。

领会：各类金融单位的功能；金融工具的特征；货币与金融统计的内容。

2. 货币统计

识记：存款统计的分类，贷款统计的分类。

领会：货币的概念与定义；利率体系及其构成。

简单应用：货币供应量 $M_0$、$M_1$、$M_2$的计算；存款的统计方法；贷款的统计方法；汇率及其标价方法；汇率变动与币值的关系。

3. 全社会金融活动统计

领会：金融资产与金融负债；金融交易流量；“取净值”的意义及算法。

简单应用：机构部门金融账户；机构部门资金流量统计；全国资金流量表。

综合应用：社会融资总额的概念与意义及统计计算方法；金融协调发展统计分析的内容；金融相关比率统计；金融活动服务于实体经济比例统计。

**四、重点和难点**

本章的重点是金融机构和金融工具的分类，货币供应量统计，利率和汇率统计，各机构部门的金融账户和资金流量统计，金融协调发展统计分析。

本章的难点是机构部门间金融交易与资金流量核算统计，以及金融协调发展统计分析。

## 第十一章　国民经济统计指数

**一、学习目的与要求**

本章的学习目的是使学生掌握统计指数的编制原理以及常用的国民经济指数的编制方法。通过本章的学习，要求学生掌握统计指数的概念和分类，个体指数的计算方法，综合指数中拉氏指数、帕氏指数、费舍理想指数等的计算方法，平均指数中的算术平均指数和调和平均指数的编制方法，中国居民消费价格指数（CPI）和生产者价格指数（PPI）的编制方法，以及生产法不变价格国内生产总值的计算方法和相应的 GDP 指数的编制方法，支出法不变价格国内生产总值的计算方法和相应的 GDP 指数的编制方法。

**二、课程内容**

第一节　统计指数的概念与种类

1. 统计指数的概念

2. 统计指数的种类

第二节　统计指数的编制原理

1. 个体指数

2. 综合指数

3. 平均指数

第三节　国民经济价格指数的编制

1. 居民消费价格指数的编制

2. 生产者价格指数的编制

3. 股票价格指数的编制

第四节　国民经济生产量指数的编制

1. 生产法不变价格国内生产总值和国内生产总值指数

2. 支出法不变价格国内生产总值和国内生产总值指数

**三、考核知识点与考核要求**

1. 统计指数的概念与种类

识记：统计指数的概念；统计指数的种类。

2. 统计指数的编制原理

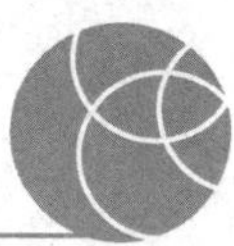



领会：综合指数的原理；平均指数的原理。

简单应用：个体指数的计算方法；个体价值指数与物量指数和物价指数之间的关系。

综合应用：拉氏指数；帕氏指数；杨格指数；马埃指数；费舍理想指数；算术平均指数；调和平均指数；指数体系及其运用。

3. 国民经济价格指数的编制

领会：居民消费价格指数（CPI）的概念和意义；生产者价格指数的概念和意义；股票价格指数的概念和意义。

综合应用：居民消费价格指数的编制方法；工业生产者价格指数的编制方法。

4. 国民经济生产量指数的编制

综合应用：生产法不变价格国内生产总值和国内生产总值指数；支出法不变价格国内生产总值和国内生产总值指数。

**四、重点和难点**

本章的重点是综合指数与平均指数的原理与编制方法，中国常用的国民经济价格指数——居民消费价格指数（CPI）和生产者价格指数（PPI）以及股票价格指数的编制方法，国民经济生产量指数——国内生产总值指数的编制方法。

本章的难点是居民消费价格指数（CPI）、生产者价格指数（PPI）、国内生产总值指数的编制方法。

# Ⅳ　关于大纲的说明与考核实施要求

**一、自学考试大纲的目的和作用**

课程自学考试大纲是根据专业自学考试计划的要求，结合自学考试的特点而确定的。其目的是对个人自学、社会助学和课程考试命题进行指导和规定。

课程自学考试大纲明确了课程学习的内容以及深广度，规定了课程自学考试的范围和标准。因此，它是编写自学考试教材和辅导书的依据，是社会助学组织进行自学辅导的依据，是自学者学习教材、掌握课程内容知识范围和程度的依据，也是进行自学考试命题的依据。

**二、课程自学考试大纲与教材的关系**

课程自学考试大纲是进行学习和考核的依据，教材是学习掌握课程知识的基本内容与范围，教材的内容是大纲所规定的课程知识和内容的扩展与发挥。课程内容在教材中可以体现一定的深度或难度，但在大纲中对考核的要求一定要适当。

大纲与教材所体现的课程内容应基本一致；大纲里面的课程内容和考核知识点，教材里一般也要有。反过来，教材里有的内容，大纲里就不一定体现。（注：如果教材是推荐选用的，其中有的内容与大纲的要求不一致，应以大纲规定为准。）

**三、关于自学教材**

《国民经济统计概论》，全国高等教育自学考试指导委员会组编，侯峰主编，雷钦礼、马立平副主编，中国人民大学出版社，2015 年版。

**四、自学和应考指导**

1. 如何自学

学生要学好掌握好本课程，应做到以下几点：

（1）要认真仔细地阅读本课程的自学考试大纲，重点理解并熟悉考核目标、课程内容与考核要求，尤其对考试大纲中每一章的考核知识点、考核要求及重点难点内容更要认真地阅读并掌握。

（2）在熟悉考试大纲内容和每一章的考核知识点、考核内容及重点内容的基础上，要做到全面学习、重点掌握。所谓全面学习，就是对每一章节的内容都要全面认真通读，以便熟悉所学章节内容的理论体系及逻辑关系，为学习掌握考核知识点及重点难点内容做好准备；所谓重点掌握，就是要在全面学习掌握课程内容的基础上，重点掌握考核知识点的内容，尤其要特别重点地掌握考核知识点中的重点内容。

（3）在学习掌握每一章节内容、考核知识点及重点内容的基础上，要进一步地了解并掌握整个教材的理论体系和逻辑关系，以便把握教材中的重点章节和重点内容，并在学习过程中对重点章节和重点内容做到全面系统地掌握。

（4）对于考核知识点中的重点概念要认真识记；对于考核知识点中的重点理论（如作用、分类、原则、特点等）和重点方法要认真识记并领会，尤其是对重点方法，不但要做到识记和领会，而且要熟练地掌握其在实际中的简单应用和综合应用。

2. 如何考试

考生要顺利通过本课程的考试，除了在考前应做到认真复习之外，在考场上还应做到以下几点：

（1）认真阅读试卷，搞清楚每道试题的具体要求。

（2）在此基础上，要按照先易后难的顺序进行做题。

（3）要合理地分配每道试题的做题时间，一般应按照分值的大小来确定答题时间的长短，切勿在分值小的难题上花费较长的时间，以便影响分值大而较容易试题的做题时间。

（4）对于简答题要注意题目所包含的要点，回答时要点要全；对于论述题除了注意题目所包含要点外，还应注意对每个要点进行必要的论述；对于计算题要注意列出计算公式和计算过程，缺少计算公式和计算过程将被扣掉绝大部分的分值。

（5）要注意卷面整洁，书写工整，因为卷面赏心悦目有助于教师评分。

**五、对社会助学的要求**

社会助学是顺利实施高等教育自学考试的重要环节，为了充分发挥社会助学的作用，我们认为应认真做好以下几点：

（1）要组建一支素质高且相对稳定的助学队伍。

（2）要对助学队伍进行必要的培训，使他们能够熟悉自学的要求和规律，熟悉所助学课程的考核内容和考核知识点要求，以便更好地帮助考生学习。

（3）要指导考生全面系统地学习教材内容，重点掌握考核的知识点内容，处理好学习中的重点与一般的关系，切忌盲目地划重点、猜题和押题。

（4）要对考生加强考前培训，以防止考试作弊。

**六、对考核内容、考试命题的说明**

1. 本课程的考试内容

以考试大纲中要求考生学习和掌握的知识点内容为考核的内容，其范围不会超越考试大纲的要求。由于要求掌握知识点在课程中的地位、作用以及知识自身的特点不同，自学考试将对各知识点分别按照识记、领会、简单应用和综合应用四个不同的认知层次确定其考核要求。

2. 关于考试命题的若干规定

（1）本课程的命题范围均包含在考试大纲所要求的考核知识点之中，对于教材中没有列入考核知识点的内容均不在命题的范围之列。

（2）本课程在试题中不同层次考核目标的分数比例分别为：识记 20%；领会 30%；简单应用 30%；综合应用 20%。

（3）本课程试题的难易程度分为易、较易、较难、难四个不同等级，它们在试题中的分数比例分别为：易 20%、较易 30%、较难 30%、难 20%。

（4）本课程试题的题型采用单项选择题、多项选择题、名词解释题、简答题、计算分析题和论述题六种题型。各种题型的试题个数和分值分别为：单项选择题（15 小题，15

分）、多项选择题（5 小题，10 分）、名词解释题（5 小题，15 分）、简答题（3 小题，18 分）、计算分析题（4 小题，其中 2 小题各 5 分，2 小题各 10 分，共计 30 分）、论述题（1 小题，12 分）。

3. 考试

本课程考试时间为 150 分钟；考试方式为闭卷；考生可携带直尺和不具有文字储存功能的计算器进入考场。

# V　参考样卷

**一、单项选择题（本大题共 15 小题，每小题 1 分，共 15 分）**

在每小题列出的四个备选选项中，只有一个是符合题目要求的，请将其代码填写在题后的括号内。错选、多选或未选均无分。

1. 对个体进行类别划分的测度计量尺度是（　　）。

A. 定类尺度　　B. 定序尺度　　C. 定距尺度　　D. 定比尺度

2. 某班级 10 名学生的统计学期末考试成绩（分）是：56，58，65，65，71，79，79，86，86，95，则这 10 名学生考试成绩的中位数为（　　）。

A. 65　　B. 71　　C. 75　　D. 79

3. 变量的各个取值离差平方的平均数的平方根，称为（　　）。

A. 全距　　B. 平均差　　C. 标准差　　D. 四分位全距

4. 制定数据调查方案必须明确的首要问题是（　　）。

A. 确定调查数据的目的　　B. 确定调查对象和调查单位

C. 确定调查项目和调查表　　D. 确定调查时间和调查期限

5. 定基增长速度与环比增长速度之间的关系是（　　）。

A. 定基增长速度等于各环比增长速度的连乘积

B. 定基增长速度等于各环比增长速度之和

C. 各环比增长速度加 1 后的连乘积等于定基增长速度加 1

D. 各环比增长速度加 1 后的连乘积等于定基增长速度

6. 要了解某班级 50 名学生的学习情况，个体是（　　）。

A. 50 名学生　　B. 每一名学生

C. 50 名学生的学习成绩　　D. 每一名学生的学习成绩

7. 将总体各单位按某一标志排队，依固定顺序和间隔来抽取样本单位的抽样方式是（　　）。

A. 整群抽样　　B. 等距抽样　　C. 类型抽样　　D. 简单随机抽样

8. 劳动生产率与单位产品成本之间的关系一般属于（　　）。

A. 不相关　　B. 正相关　　C. 负相关　　D. 完全正相关

9. 某商场 2012 年、2013 年销售额分别为 100 万元和 150 万元，与 2012 年相比，该商场 2013 年销售额增长速度的算式是（　　）。

A. $\frac{150}{100}$　　B. $\frac{100}{150}$　　C. $\frac{150-100}{100}$　　D. $\frac{150-100}{150}$

10. 关于变量 $x$、$y$ 的回归方程与相关系数的下列组合中，肯定不正确的是（　　）。

A. $\hat{y}=-5-3.8x$，$r=-0.94$　　B. $\hat{y}=36-2.4x$，$r=-0.96$

C. $\hat{y}=-40-1.6x$，$r=0.89$　　D. $\hat{y}=-36+3.8x$，$r=0.98$

11. 若干个相互独立的标准正态随机变量平方和的概率分布是（　　）。

A. $\chi^2$ 分布　　B. $t$ 分布　　C. $F$ 分布　　D. 正态分布

12. 我国三次产业分类中，第三产业是指（　　）。

A. 农业　　B. 采矿业　　C. 制造业　　D. 服务业

13. 国内生产净值不包括（　　）。

A. 营业盈余　　B. 劳动者报酬

C. 生产税净额　　D. 固定资产损耗总值

14. 恩格尔系数计算公式的分母是（　　）。

A. 消费总支出金额　　B. 食物消费支出金额

C. 总收入金额　　D. 总支出金额

15. 若 $p$ 表示价格，$q$ 表示销售量，则 $\sum q_1p_1-\sum q_1p_0$ 表示（　　）。

A. 价格变化对销售额的影响　　B. 销售额变化对价格的影响

C. 销售量变化对销售额的影响　　D. 价格变化对销售量的影响

**二、多项选择题（本大题共 5 小题，每小题 2 分，共 10 分）**

在每小题列出的五个备选项中至少有两个是符合题目要求的，请将其代码填写在题后的括号内。错选、多选、少选或未选均无分。

16. 随机抽样调查的取样方式有（　　）。

A. 系统抽样　　B. 分层抽样

C. 整群抽样　　D. 配额抽样

E. 简单随机抽样

17. 统计指标体系设计的原则有（　　）。

A. 目的性原则　　B. 科学性原则

C. 可行性原则　　D. 联系性原则

E. 系统性原则

18. 常用的离散型随机变量的概率分布有（　　）。

A. 两点分布　　B. 二项分布

C. 泊松分布　　D. 正态分布

E. 指数分布

19. 测度变量取值分布中心常用的指标有（　　）。

A. 中位数　　B. 标准差

C. 众数　　D. 平均差

E. 算术平均数

20. 判断估计量优劣的标准有（　　）。

A. 一致性　　B. 无偏性

C. 有效性　　C. 充分性

E. 稳健性

**三、名词解释题（本大题共 5 小题，每小题 3 分，共 15 分）**

21. 样本

22. 系统抽样

23. 相关关系

24. 时间数列

25. 国内生产总值（GDP）

**四、简答题（本大题共 3 小题，每小题 6 分，共 18 分）**

26. 简述统计指标体系设计的内容。

27. 简述数据调查的程序。

28. 简述社会融资总额包括的内容。

**五、计算分析题（本大题共 4 小题，第 29、30 小题各 5 分，第 31、32 小题各 10 分，共 30 分，计算结果保留两位小数）**

29. 已知某班 40 名同学英语考试成绩如下所示。试求其平均成绩。

**某班 40 名同学英语成绩分布**

| 成绩分组 | 人数 | 比重（%） |
|---|---|---|
| 59 分及以下 | 3 | 7.5 |
| 60 分～69 分 | 6 | 15.0 |
| 70 分～79 分 | 14 | 35.0 |
| 80 分～89 分 | 11 | 27.5 |
| 90 分及以上 | 6 | 15 |
| 合计 | 40 | 100.0 |

30. 某商业银行 2013 年年初的存款余额为 598 亿元，贷款余额为 400 亿元；年底的存款余额为 718 亿元，贷款余额为 479 亿元。请计算该商业银行 2013 年的存款流量和贷款流量。

31. 已知某企业甲、乙、丙三种产品产量及出厂价格资料如下：

| 产品名称 | 计量单位 | 产量 | | 价格（万元） | |
|---|---|---|---|---|---|
| | | 基期 | 报告期 | 基期 | 报告期 |
| 甲 | 吨 | 4 200 | 4 660 | 30 | 32 |
| 乙 | 台 | 2 400 | 2 690 | 40 | 43 |
| 丙 | 套 | 1 880 | 1 900 | 20 | 21 |

试计算：

（1）三种产品产量总指数和由于产量变动所增加或减少的产值。

（2）三种产品的出厂价格总指数和由于出厂价格变动所增加或减少的产值。

（3）三种产品的总产值指数和产值的增长量。

（4）用指数体系把（2）、（3）、（4）之间的关系联系起来（从相对数和绝对数两方面）。

32. 为了研究城市居民家庭的构成和生活情况，现从该市抽取了 36 户家庭的简单随机样本，调查得样本资料如下：

| 家庭人口数 | 1 | 2 | 3 | 4 | 5 | 6 | 7 |
|---|---|---|---|---|---|---|---|
| 户数 | 1 | 8 | 14 | 7 | 4 | 1 | 1 |

试计算并估计：(1) 该市平均每户家庭人口数的点估计；(2) 在95%的置信概率下估计该市平均每户家庭人口数的置信区间；(3) 该市4口及4口人以上的家庭户数在总家庭户数中所占比例的置信区间。

**六、论述题（本题12分）**

33. 简述时间序列的影响因素。

# 后　记

《国民经济统计概论自学考试大纲》是根据全国高等教育自学考试指导委员会经济管理类专业委员会制定的《高等教育自学考试经济管理类专业考试计划》和全国高等教育自学考试指导委员会《关于修订高等教育自学考试课程自学考试大纲的几点意见》的精神制定的。

2014 年 3 月由全国高等教育自学考试指导委员会办公室召开了全国高等教育自学考试课程大纲、教材编前会，会上确定了“国民经济统计概论”课程自学考试大纲编写的指导思想、基本原则和要求。

本大纲由北方工业大学侯峰副教授、暨南大学雷钦礼教授和首都经贸大学马立平教授负责编写。大纲完成后，河北大学顾六宝教授、北京石油化工学院陈首丽教授参加了审稿工作，全国高等教育自学考试指导委员会经济管理类专业委员会进行了审定。

对参与本大纲编写和审稿的各位专家表示感谢。

**全国高等教育自学考试指导委员会**

**经济管理类专业委员会**

**2015 年 1 月**

# 国民经济统计概论

# 编写说明

在市场经济条件下，要想在日趋激烈竞争的市场环境下立于不败之地，越来越多的参与者们已经意识到，学习和掌握对各种市场信息进行有效的搜集、整理、分析和推断以便做出科学决策的理论与方法具有无比重要的作用。《国民经济统计概论》正是从广大从事经济工作的自学者的实际需要出发，为满足其需求而精心编写的一本教材。

本教材的内容体系大致分为两部分：一部分介绍统计学的基本原理与方法；另一部分介绍国民经济统计理论及其相关实务。本书的编写过程中，我们充分考虑自学考生的特点和需求，尽可能地做到：介绍原理及概念科学准确，摒弃了一些抽象的论述和复杂的证明，力争使所阐述的内容体系简明扼要、通俗易懂；介绍方法从实际需求出发，注重方法的适用性，并通过案例来说明这些方法在实际中具体应用，使理论学习与实际应用有机结合；介绍实务既着眼于现行国民经济统计工作的现实，又考虑到未来经济发展的客观要求，力争使所阐述的理论体系既满足现实需求，又符合未来发展，同时，还可以使学习者学以致用。总之，在本教材的内容体系设计及编写过程中，我们做了一些新的尝试，舍弃了一部分陈旧的实用性较差的内容，增添了一些新的实用性较强的内容，在保证其理论体系科学完整的前提下，尽可能地做到所介绍的理论与客观实际相适应。

本教材内容体系的编写提纲由侯峰、雷钦礼共同设计，最后由侯峰总纂定稿。编写分工如下：北方工业大学侯峰副教授，第一、二、三、四、五章；首都经贸大学马立平教授，第六、七章；暨南大学雷钦礼教授，第八、九、十、十一章。由于编著者的水平有限，加之时间仓促，本教材的内容体系中可能存在一些不足和疏漏之处，恳请广大读者批评指正。

**主编**

**2015 年 1 月**

# 第一章　绪　论

**本章导学**

通过学习本章，要求学生了解统计学是一门什么样的学科及分类，并能熟练地掌握总体、个体、样本、变量和指标及指标体系等一系列最基本的统计学概念，为进一步学习统计理论和方法奠定基础。

## 第一节　统计学的性质及分类

### 一、统计学的性质

统计学是研究如何有效地搜集数据、整理数据、分析或推断数据，并以此为依据对所研究对象做出判断或者决策的一门方法论科学。

从统计学的发展史来看，统计学是从研究社会经济现象数量方面开始的。随着统计理论和方法的不断完善，统计学的应用也在不断发展。它既可以应用于社会经济现象数量方面的研究，也可以应用于自然现象数量方面的研究；它既研究数量方法的产生及其相关理论，又研究数量方法的具体应用。因此，其性质可概括为：统计学是一门研究客观现象总体的数量表现及其变动规律的方法论科学。其具体要点概括如下：

（1）统计学研究的客观现象包括社会经济现象和自然现象。如社会经济统计学是研究社会经济现象总体数量方面的方法论科学，天文统计学、生物统计学则是研究自然现象总体数量方面的方法论科学。目前，不论社会的、自然的还是实验的现象，凡有大量数据出现的地方，都要用到统计方法。统计方法已渗透到其他科学领域，并成为当今最活跃的科学之一。

（2）统计学研究的是总体现象的数量表现及其规律。总体是由许多个体组成的，各个个体在数量特征上受必然和偶然两种因素的影响，必然因素反映了该总体的特征，但由于受偶然因素的影响又具有差异性，统计学就是要通过对个体数量特征的认识过渡到对总体数量特征与规律性的认识。统计学研究总体的数量特征和规律性时离不开搜集个体的数据，但这仅仅是研究总体的一种手段。统计学研究的目的是要揭示所研究对象总体的数量特征及其规律性。

（3）统计学是一门研究数量方面的方法论科学。统计学在研究客观对象时，首先遇到的问题是采用什么样的方法才能搜集到准确完整的数据资料；当这些数据资料搜集上来以后，又遇到的问题是采用什么样的方法去整理或处理这些数据资料，以便提高数据资料的利用效率；而当这些数据资料整理出来以后，还会遇到根据整理出来的数据资料采用什么样的方法去分析这些数据，或者依据已知数据（样本数据）去推断未知数据（总体数据），以及采用什么样的方法去认识数量之间关系及其变动的规律的问题，等等。

### 二、统计学的分类

#### （一）理论统计学和应用统计学

统计理论与方法都是在实践中提出并发展起来的，反过来这些理论与方法又被不断地应用于实践。这就是说，要正确地认识和掌握统计学，就必须从统计学本身所具有的理论性和应用性两方面去理解。

从统计学理论方面来看，由于受客观现象的复杂性、多样性以及随机性等因素的影

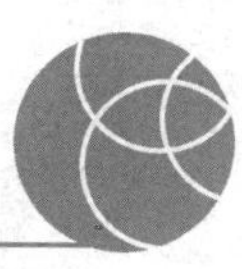

响，人们在认识数量方面时，常常受到研究方法的制约，这就需要应用相关科学的基本理论与数学原理，寻求研究客观现象数量方面的具体方法，并从理论上对其加以科学论证，使其真正成为科学的方法论。这些科学的理论和方法构成了理论统计学的主要内容。

从统计学应用方面看，统计学又是一门应用性非常强的科学。在人类活动的一切领域中都能不同程度地找到统计方法的应用。例如，统计方法在国民经济领域中的应用形成了国民经济统计学；在生物领域中的应用形成了生物统计学；在人口研究和管理中的应用形成了人口统计学；等等。所有这些都属于应用统计学的主要内容。

总之，无论过去、现在还是将来，统计学研究和发展都始终围绕着这两方面来进行。即理论统计学所提出的科学的数量方法为应用统计学研究提供了理论依据和条件，而应用统计学的发展又可进一步改进、完善和发展理论统计学所提出的数量方法。正是这两方面的不断深入发展，才推动了统计学的不断完善和成熟。

**（二）描述统计学和推断统计学**

统计学按所处的发展阶段和采用的研究方法不同，可分为描述统计学和推断统计学。描述统计学研究如何对客观现象的数量进行计量、观测、概括和表述。描述统计学是整个统计学的基础和统计研究工作的第一步，其内容包括统计指标及其设计、统计调查、统计整理、统计图表、集中趋势测度、离散程度测度、统计指数和时间序列常规分析等理论方法。推断统计学研究如何根据总体中的部分数据（样本指标）去推断总体数据（总体参数）的方法。推断统计学是现代统计学的核心内容，它以概率论为理论依据，利用部分数据对总体数据的某些性质或数量特征进行推断和检验。其主要内容包括概率与概率分布、抽样分布、参数估计、假设验证、方差分析、相关与回归分析、统计预测和统计决策等。

一般来说，描述统计学和推断统计学是统计方法的两个组成部分。描述统计学是整个统计学的基础，推断统计学则是现代统计学的主要内容。由于在对现实问题的研究中，所获得的数据主要是样本数据，因此，推断统计学在现代统计学中地位和作用越来越重要，已成为统计学的核心内容。但是，这并不等于说描述统计学不重要，如果没有描述统计学收集可靠的统计数据并提供有效的样本信息，即使再科学的统计推断方法也难以得出符合实际的结论。从描述统计学发展到推断统计学，既反映了统计学发展的巨大成就，也是统计学发展成熟的重要标志。

## 第二节　统计学的基本概念

### 一、总体和个体

统计活动就是通过对所研究对象进行观测取得其数据资料，并对这些数据资料加以整理和分析推断的过程。构成统计活动研究对象的全部事物所组成的整体，就称为统计总体，简称总体或母体；而总体中的每个个体事物则称为个体。总体中全部个体事物的数量称为总体容量，通常用 $N$ 表示。

在实际研究中所遇到的统计总体，一般有下列两种：一种总体是由自然物体所组成的总体。例如，要研究全国人口状况，则全国人口就是总体，每一个人是个体。又如，要了解某地区的工业生产情况，则该地区的全部工业企业构成总体，每个工业企业是个体。再如，要研究一批产品的质量状况，则这批产品的全部产品就是总体，每件产品是个体，等等。另一种总体是由变量值所组成的总体。例如，要研究某企业职工的平均工资，则该企业每个职工的工资水平的集合构成总体，每个职工的工资水平是个体。又如，要了解某个射击运动员的运动水平，则该射击运动员的每次射击结果的集合构成总体，每次射击结果是个体，等等。这两种不同类型的总体，分别属于不同的研究对象和目的。一般来说，由自然物体所组成的总体能够满足多方面的研究需要，而由变量值所组成的总体主要是满足对该变量的研究需要。

如果总体中只包含有限个个体，即总体容量是一个有限数，则称为有限总体；如果总体中包含有无限多个个体，即总体容量为无穷大，则称为无限总体。例如，全国人口、某地区工业企业、某企业职工工资水平都是有限总体；而宇宙中的星球、海洋中的鱼等则可看作无限总体。

确定统计总体就是确定统计活动的研究对象及范围，这需要根据统计研究的目的来进行。研究目的不同，统计总体往往也不同，例如，研究目的是了解某行业的生产经营状况，则总体就是该行业的全部企业所组成的集合；而假若研究目的只是了解该行业的职工生活情况，则总体就是该行业的全部职工所组成的集合。

需要特别指出的是：在实际应用中，有时总体中的个体是很不明显的，要区分个体往往是十分困难的。例如，要考察某地所生产的小麦的出粉率，则总体是该地所生产的全部小麦，而个体却很不明确；又如，要考察某一段河流的水质污染情况，则总体就是该段河流中的全部水，而个体也很不明确。在上述情况发生的条件下，一般是将每个观察单位看作一个个体，而观察单位的大小以及计量方法则根据观察手段而定。比如，或许将每一公斤小麦看作一个个体，将每立方米水域或者每升水看作一个个体。

## 二、样　本

通常将所要研究事物全体构成的集合称为总体。样本是指从总体中随机抽取出来，并作为其代表的那一部分个体所组成的子集。构成样本的个体数目称为样本容量，通常用 $n$ 表示。虽然样本单位数相对总体而言只是很少的一部分，但样本是从总体中抽取并代表总体的，基于这种关系，总体又可称为母体，而样本则可称为子样。样本也是由一部分个体所构成，它也属于总体的范畴。假如我们将总体看作由研究对象的所有个体（元素）组成的集合，则样本就是该集合中的一个子集。为了便于区别，通常将由样本构成的总体称为抽样总体。

样本有以下几个特点：

（1）样本中的每个个体都必须取自于总体的内部。

（2）从一个总体中可以抽取许多个不同的样本。总体是唯一确定的，而样本则是不确

定的，一般情况下，从一个总体中能抽取许多个容量相同的不同样本。

（3）样本是总体的代表。抽取样本的目的是用它来推断总体。样本对总体的代表性高低直接影响用样本指标推断总体指标的误差大小。一般情况下，样本的代表性与样本容量的大小、抽样的方法以及抽样的组织形式等方面有关。如何才能减少抽样误差，提高样本的代表性，这是统计学需要研究解决的重要课题之一。

（4）样本的随机性。从总体中抽取样本，不受调查者主观因素的影响，总体中的每个个体被抽中与不被抽中完全是由随机因素决定的。因此，组织随机抽样必须保证总体中的每一个个体都有相同的概率被抽中或不被抽中。

## 三、变 量

变量是统计学中一个常用概念，无论是对客观现象的描述还是对未来的推断，都离不开变量。变量的概念有广义与狭义之分。广义的变量是指对客观现象进行计量的概念，凡是客观现象的特征取值或类别在一个以上者，均可定义为变量。它包括可以用数字表示变量取值的数字变量，如年龄、收入和消费支出等；也包括不能用数字计量、只能用类别表示的属性变量，如反映人口特征的性别，产品质量的合格与不合格，宗教信仰和文化程度等。狭义的变量仅指可用具体数字表示取值的数字变量。

变量具有以下特征：

（1）变量是用于研究总体和个体具有属性变异与数值变异的量化概念。

（2）变量是一个具有量化性质的概念或名称，它不是指具体的数字。变量所表现的具体数字称为变量值，变量与变量值是两个不同的概念。

（3）变量的取值有两个方面，一是在时间上取值，如历年职工工资水平；二是在空间上取值，如某一时期内不同行业或地区的职工工资水平。

在实际工作中，为了满足不同的研究需要，对变量可以进行不同的分类，具体来讲，主要有以下几种：

（1）变量按其取值是否可用数字表示，一般分为属性变量与数字变量两种。

（2）变量按其取值是否连续，可分为离散变量和连续变量。凡变量的取值只能是整数而不会出现小数时，这样的变量被称为离散变量，如职工人数、设备台数、家庭人口等，通常采用点计的方法取得变量值。凡变量的取值在整数之间可以取无限的数值，即变量的数值是连续不断的，这样的变量被称为连续变量，如身高、体重、收入、支出等。

（3）变量按其变动是否具有确定性，可分为确定性变量和随机变量。凡变量的变动具有确定性、方向性的，称为确定性变量，如每个工业企业的职工人数、设备台数等都是确定的，并随企业规模增大而增大。凡变量的变动没有确定的方向，并具有一定偶然性的，称为随机变量。如一支股票价格水平，由于受宏观政策、基本面情况、技术面情况、行业情况以及各种客观环境等因素的影响，具体表现出很大的不确定性，因此，其价格就是一个随机变量。

（4）变量按其在因果关系中所处的位置不同，可分为因变量与自变量。因变量是受其他因素影响的结果性变量，通常作为研究的目的或对象来对待，又称为被解释变量；自变量是影响因变量的各种原因性变量，又称解释变量。例如，用居民收入解释支出时，收入为自变量，支出为因变量。

(5) 变量按其是否由研究对象体系范围内决定，可分为内生变量和外生变量。内生变量是由研究对象体系范围决定的，外生变量是由研究对象体系范围之外决定的。外生变量数值的变化影响内生变量的数值变化，但它并不受内生变量数值变化的影响。例如，研究农产品的供求关系时农产品的供应量、需求量和价格等都是在农产品市场范围内决定的，都是内生变量，而土地资源、雨量、农业投资和科技投入等都是在农产品市场范围以外决定的，都是外生变量。内生变量与外生变量是建立经济计量模型的重要概念。

(6) 变量按其取值是否具有客观性，可分为实在变量和虚拟变量。凡取值是客观实际存在的变量，称为实在变量或实体变量。虚拟变量则是为了满足统计研究的需要，对客观现象的各类属性表现人为规定的数字，又称工具变量或开关变量。如男性定为 1，女性定为 0；合格定为 1，不合格定为 0；旺季定为 1，淡季定为 0。虚拟变量在定性分析、建立经济计量模型中也往往要用到。

## 四、指标及其测度

统计活动的研究对象虽然是统计总体及其所含的各个个体，但是人们所关心的实际上并不是总体和组成总体的个体本身。在统计活动中，人们所真正关心的主要是总体的某些特征数量，而总体特征数量的数值则完全取决于总体中各个个体的相应特征数量。例如，国家对全国的人口总体进行调查，主要是要了解全国人口总数以及性别、民族、年龄、文化程度和职业等的人口数量及其分布状况；又如，政府对全国工业企业总体进行调查，主要是了解全国所有工业企业的生产总量、收益总额，以及各个企业的生产、销售、收入和盈利数量。其中，全国人口总数由全国每一个人所组成，全国的工业生产总量则完全取决于全国每个工业企业的生产量的多少。

用来测度研究对象某种特征数量的概念称为统计指标，简称指标。其中，测度总体特征数量的概念称为总体指标，而测度个体特征数量的概念则称为个体指标。例如，人口数、产品产量、销售收入、经营利润等都是统计指标，显然，统计指标是可以测度计量的数量概念，对于任何一个统计指标，只要给定相应的总体或个体，都可以通过测度计量得出其具体的指标数值。例如，某地区人口总体，2013 年年底的人口总数为 1 253 万人，其中，男性人口总数为 615 万人，女性人口总数为 638 万人；又如，全国工业企业总体中的某工业企业，2013 年年底拥有资产 8 000 亿元，职工 100 000 人。一般来说，总体指标的数值往往都是未知的，而个体指标的数值则是可以通过观测得到的。统计活动最初的基本任务就是通过对研究总体中的个体的某种或某些特征的观测计量来取得数据，进而推断得出所需要的总体指标的数值。

要对所研究总体中个体的特征进行观测计量，就必须有科学的测度计量尺度。由于总体中的个体特征往往有多种不同的类型，对于个体的不同特征，测度计量的尺度往往也不相同。通常可将个体特征分成四种不同的类型，相应的测度计量尺度也有四种。

### (一) 定类尺度

定类尺度又称为名义尺度，它是对个体进行类别划分的测度计量尺度。例如，根据人

的性别特征，可将人口划分为男性和女性两类；又如，根据工业企业的生产方式和产品特征，可以将工业企业划分为煤炭工业、冶金工业、化学工业、机械工业、纺织工业、电子工业、食品工业等多种类型。这种既不能用数值大小直接测度，又不能用等级顺序计量，而只适合用划分类别来测度的计量尺度就称为名义尺度或定类尺度。显然，定类尺度是最简单、计量层次最低的个体特征测度计量尺度，主要用于对个体品质特征的测度计量。在统计分析中，为了将定类尺度的测度计量结果也用数值表示，通常将人们重点关注的那一类别记作 1，而将其他类别都记作 0。例如，可以用 1 表示男性，用 0 表示女性；又如，可以用 1 表示电子工业，用 0 表示其他工业。通过这种数量化方法，定类尺度的测量结果也就全是取 1 和 0 的数值了。

**（二）定序尺度**

定序尺度又称为顺序尺度，是对个体进行排序或分等基础上的测度计量尺度。例如，评酒师通过对酒的品尝，可以对其质量给出上等、中等、劣等不同等级的评分；又如，玉器鉴定师根据玉器的材料质地和加工技艺，可以对所鉴定的玉器给出特级品、一级品、二级品等不同的等级评价。其中，各个等级之间有好坏次序关系，但没有数量大小关系。这种不能直接用数值大小测度而只能用顺序等级来说明个体特征表现位次的测度计量尺度称为顺序尺度或定序尺度。定序尺度虽然比定类尺度精细，但是相邻顺序等级之间的差距却并不一定相等。对于定序尺度的测量计量结果，可以分别用自然数 1、2、3、4、5、6 等来依次表示各种顺序等级，从而也将其测度计量结果完全数量化。

**（三）定距尺度**

定距尺度又称差距尺度，它是对个体特征的差距进行测量的测度计量尺度。例如，一天中各个不同时刻相对于 0℃的气温，可以用温度计精确地测量得出；又如，各个山峰相对于地面的高度，也可用某种测量仪器精确地测量得出。不过，这种测度计量尺度中并不存在绝对零点，其零点只是一个作为比较标准的水平，如气温 0℃并不表示没有温度，只是计量温度的起始比较水平，这种测量得出的数值结果也只是相对于某一个标准水平的差距数值。因此，这种测度计量尺度就被称为差距尺度或定距尺度。用定距尺度测量得出的结果虽然为通常的数值，但各数值之间并不存在比例关系，如气温 20℃并不代表比气温 10℃热一倍，但气温 20℃与 10℃之间的温差却和气温 10℃与 0℃之间的温差相等。

**（四）定比尺度**

定比尺度又称为比例尺度，它是对个体特征的绝对数量大小进行测量的测度计量尺度。例如，对于某种工业产品的产量如电视机的产量，可以逐台地点数得出；又如，对于一个工业企业的生产经营利润，可以用会计核算的方法计算得出。显然，在这种测度计量尺度中存在着数值绝对零点，如电视机的产量为 0 台，就是没有产出；企业的利润为 0 元，就是没有盈利。用这种具有绝对零点的测度计量尺度测量得出的数值除了具有差距尺度数值的全部特性以外，还具有数值之间存在比例关系的特性，如长度 30 米是长度 10 米的 3 倍，产量 500 万台是产量 10 万台的 50 倍。这种具有绝对零点的测度计量尺度就称为比例尺度或定比尺度。

上述四种测度计量尺度对个体特征的测量层次是依次递升的，其中定类尺度是最粗略的测度计量尺度，而定比尺度则是最精细的测度计量尺度。对于不同层次的测度计量尺度的测量结果，如果要统一化为同一层次的测度计量尺度的测量结果，则只能将高层次的测度计量尺度的测量结果转化为低层次测度计量尺度的测量结果，而不可能将低层次测度计量尺度的测量结果转化为高层次测度计量尺度的测量结果。

要取得总体的某个指标数值，就需要对总体中的个体的相应指标进行观测。显然，不论采用何种测度计量尺度进行测量，个体不同，其观测指标的数值也就可能不同，这表明个体的观测指标往往可以取多个不同的数值，因此可以将个体的观测指标看作一个变量，并可用变量 $x$ 或 $y$ 等来表示。由于在统计工作中，人们所真正关心的是研究对象的某个或某些观测指标的数值，而这些观测指标数值的大小则完全取决于总体中全部个体相应观测指标的数值，要得到总体观测指标的确切数值，就必须了解总体中全部个体观测指标的取值。因此，在统计理论中，为了叙述方便，通常将所考察的个体观测指标全部取值的集合称为总体，并将其每个可能的取值称为个体。如果统计活动所要考察的个体指标只是一个，那么就称为单变量总体或一元总体；如果统计活动所要考察的个体指标有多个，那么就称为多变量总体或多元总体。对于单变量总体，可以用一个代表所要考察个体指标的变量 $x$ 或 $y$ 等来表示；而对于多变量总体，则可以用一个代表所要考察个体指标集的向量 $X$ 或 $Y$ 等来表示。

## 第三节　统计指标体系及其设计

### 一、统计指标体系的概念

任何一个统计总体都有许多方面的特征，要完整地对总体的各个方面进行系统的描述，就需要通过测度取得总体各个方面的特征，从而就必须对该总体中各个个体的相应方面的特征数量进行测度。这就需要设计和构造出反映总体及所含个体各个方面特征数量的一系列统计指标，用于对总体及其个体特征的观测分析。一个统计指标一般只能反映研究对象一个方面的特征数量，而一系列相互联系、相互补充的统计指标的集合就可以全面地反映和描述所研究对象的各个方面的特征数量。这种反映总体及其所含个体的各个方面特征数量的一系列相互联系、相互补充的统计指标所形成的体系，称为统计指标体系。

例如，对于人口总体，每一个人都有出生、死亡、迁移、教育、就业、婚姻、住房、生活情况等许多方面，所以要全面地反映一个国家的人口状况，就需要设置反映该国家的人口总数、出生情况、死亡情况、性别构成、年龄构成、地域构成、文化程度构成、就业状况、婚姻状况、收入和消费支出等各个方面数量特征的一系列统计指标，从而组成人口统计指标体系。

又如，对于工业企业总体，每个企业都有原材料采购、工人雇用、产品生产、产品销售、资金周转等多个方面，要全面地反映一个国家或地区的工业生产状况，就需要设置该国家或地区工业企业的总产值、增加值、销售收入、原材料消耗、成本总额、利润总额、职工人数、资产总额、劳动生产率、资金利润率等一系列反映工业企业的生产经营及其经

济效益的统计指标，从而就组成了工业企业统计指标体系。

## 二、统计指标体系中指标的分类

一个统计指标体系通常由许多个统计指标所构成。这些指标之间相互联系、相互补充，共同用来描述总体的各个方面特征。从一个统计指标体系中所包含的指标的表现形式上看，一般分为绝对数指标、相对数指标和平均数指标三大类。这里只介绍绝对数指标和相对数指标，平均数指标在第四章中介绍。

**（一）绝对数指标**

所谓绝对数指标，是反映统计研究对象某一方面绝对数量的统计指标，通常又称总量指标。这类指标的主要功能是用来描述研究对象的规模大小或者水平高低，如人口数、财政收入、货币供应量、社会商品零售额、进出口总额、利润总额、存款总额等。其数值的表现形式为绝对数，都有计量单位。

绝对数指标按其所反映的时间状况不同，可分为时期指标（流量）和时点指标（存量）两类。时期指标是反映研究对象在某一段时间内累计发生数值总量的指标，如全年社会商品零售总额、季工业增加值、月商品销售额、年新增人口数等都属于这类指标。时点指标是反映研究对象在某个时点上所表现数值总量的指标，如年初（末）人口数、月初（末）库存数、季初（末）存款余额、年初（末）固定资产占用额等都属于这类指标。时期指标与时点指标相比较具有不同的特点。具体表现是：(1) 时期指标数值的大小与其所反映的时期长度有直接关系，而时点指标数值的大小与其所统计的时间间隔长短没有直接关系；(2) 时期指标的前后各时期上的指标值直接相加有实际意义，而时点指标前后各时点上的指标数值直接相加没有实际意义。正确区分时期指标和时点指标，对于进行动态分析和研究具有很重要的意义。一般来说，时期指标应注意其所反映的时间长度，而时点指标则应注意其所反映的时刻或者时点。

由于绝对数指标的数值都使用计量单位表示，因此，按其所使用的计量单位不同，它又可分为实物指标和价值指标两类。实物指标是指使用实物单位进行计量的指标。如以自然单位计量：人口按个计量、汽车按辆计量；又如以度量衡单位计量：粮食产量按公斤计量、棉布产量按米计量等。价值指标是指使用货币单位进行计量的指标。如固定资产总额以人民币计量，进出口总额以美元计量等。实物指标意义具体明确，但综合性能差，不同物品的总量不能相加汇总；价值指标综合性能强，任何物品的价值总额都可以相加汇总，但意义却比较抽象。因此，在经济统计中，单一物品的总量往往用实物指标表示，而多种物品的总量则用价值指标表示。

**（二）相对数指标**

所谓相对数指标，是指由两个相互联系的统计指标相除而得出的比率，又称为比率指标，它反映了研究对象内部各部分之间或各方面之间的相互关系。其数值表现形式有无名数和有名数两种，其中绝大部分相对指标的数值都采用无名数表现，最常用的是系数和百分数，而仅有部分强度相对指标的数值采用有名数表现。实际工作中常用相对数指标主要有以下几种：

1. 结构相对指标

是指总体中部分数值与全部数值的比率，它可用来反映研究对象内部的构成状况。其计算公式为：

结构相对指标＝总体中部分数值/总体中全部数值

例如，投资额与国民收入的比率称为投资率，消费额与国民收入的比率称为消费率。又如，居民家庭用于食物支出的金额与全部消费支出总金额的比率为食物消费支出比重，通常称为恩格尔系数，可用来反映一个国家或地区居民家庭消费结构和经济的发展水平。

2. 比值相对指标

是指某个总体对另一个总体或某个个体对另一个个体的同一指标数值的比率，它可用来反映两个总体或两个个体之间的差异程度。其计算公式为：

$$\text{比值相对指标}=\frac{\text{某个总体(或个体)的}}{\text{某个指标数值}}\bigg/\frac{\text{另一总体(或个体)的}}{\text{同一指标数值}}$$

如一个国家的人均国内生产总值与另一个国家的人均国内生产总值的比值，反映了两个国家经济发展水平之间的差距；又如一个企业的劳动生产率与另一个企业劳动生产率的比值，反映了两个企业劳动生产率的差异。

3. 动态相对指标

是指本期（报告期）数量与过去某期（基期）相同性质数量的比率，或者本期与过去某期相减的增长量与过去该期数量的比率，统称为动态相对指标。在实际中又分别称为发展速度和增长速度，可用来反映事物发展变化的相对程度。其计算公式为：

动态相对指标＝报告期水平/基期水平　或:(报告期水平－基期水平)/基期水平

例如，本年国内生产总值与上年国内生产总值的比率，为国内生产总值的年度发展速度；本年与上年相减的国内生产总值的增长量与上年国内生产总值的比率，为国内生产总值的年度增长速度，分别是对一年的经济发展速度和增长速度的测度。又如，2010 年国内生产总值与 2000 年国内生产总值的比率，是 2000—2010 年国内生产总值的总发展速度；而 2010 年与 2000 年相减的国内生产总值的增长量与 2000 年国内生产总值的比率，则是 2000—2010 年的 10 年的国内生产总值的总增长速度。

4. 弹性相对指标

弹性相对指标又称弹性系数，是指一定时期内相互联系的两个经济指标增长速度的比率，它反映一个经济变量的增长幅度对另一个经济变量增长幅度的依存关系。其计算公式为：

弹性系数＝一个经济变量的增长率/另一个经济变量的增长率

如能源产量增长速度与国内生产总值增长速度的比率称为能源生产的弹性系数，货币需求量增长速度与国内生产总值增长速度的比率称为货币需求量的弹性系数。弹性相对指标反映了两个指标变动的相互依赖关系。

5. 强度相对指标

是指两个性质不同但有联系的总量指标值的比率。其计算公式为：

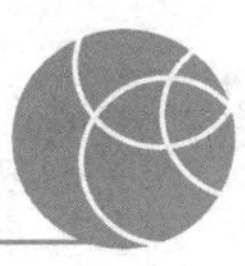

强度相对指标=某一总量指标值/另一有联系但性质不同的总量指标值

如某地区的人口总数与该地区的土地总面积的比率称为该地区的人口密度，某年的粮食总产量与该年人口总数的比率称为该年人均粮食产量。强度相对指标主要用来反映事物的密度、强度和普遍程度。强度相对指标可以是两个存量指标的比率，也可以是一个流量指标与一个存量指标的比率。为了保证相互比较的两个指标的可比性，进行比较的两个指标其数值的时间规定必须相同。若相互比较的两个指标是存量指标，则二者的数值必须是同一个时点上的。若相互比较的两个指标一个是流量指标另一个是存量指标，则该存量指标的数值必须按照该流量指标所属时期的长度进行平均，如上述人均粮食产量指标的计算就是如此。

## 三、统计指标体系设计的内容

统计指标体系的设计是进行统计活动的前提。一般来说，统计指标体系的设计主要有下列四个方面的内容。

**（一）设置统计指标体系的框架**

进行统计活动，首先需要根据研究的目的，确定需要对所研究总体及其所含个体的哪些方面进行观察计量，每个方面需要设置哪些指标，从而确定出指标体系的框架结构。例如，要研究一个国家或地区居民的生活状况，则需观测与分析研究的总体就是该国家或地区的居民家庭，对于这一总体中的每个居民家庭，从生活水平的角度考虑，有衣、食、住、行，以及医疗保险、文化教育、社会安全等各个方面，可在每一方面设置若干个适合该国或地区实际情况的统计指标，这样就可以构建出一套反映居民生活水平的统计指标体系及其框架。

**（二）确定每一个指标的内涵和外延**

任何统计指标都是一个可以测度计量的数量概念，因此，对于指标体系框架中的每个指标都必须有一个明确的定义，确切地规定出每个指标的内涵与外延。之所以必须给出每个指标的明确定义，是因为定义是揭示概念内涵与外延的逻辑方法。

对统计指标下定义，主要应当依据研究对象所属领域的某种专业理论。如每一个经济统计指标的定义，主要是依据经济学理论给出。但是由于各种专业理论都是客观现实的抽象概括，而具体的客观现实却往往是复杂多样的，所以给每一个统计指标下定义都必须考虑到具体客观现实的复杂性和多样性，不能完全囿于专业理论的抽象概念之中。例如，在经济学中，所定义的固定资产是指反复多次参加生产过程且其价值逐步转移的各种劳动资料，但考虑到劳动资料的种类繁多且其价值相差很大，全部进行核算，工作量是相当大的，所以，在实践中往往只将使用时间较长且价值较大的劳动资料视为固定资产，而将使用时间较短且价值较低的劳动资料视为低值易耗品，按流动资产对待。在国民经济统计中，一般把生产中所使用的固定资产定义为使用时间在一年以上且单价在规定限额以上的劳动资料称为固定资产，显然这与经济学中固定资产的含义是不太相同的。

统计指标的外延又称为指标口径，是指统计指标所包括的具体范围。例如，对于工业企业总体，工业企业数、职工人数、工资总额是三个不同的指标。对于工业企业数来说，其指标口径是指哪些企业应包括在内。对于职工人数来说，其指标口径是指上述企业内的哪些职工应该包括在内，固定工与合同工无疑应该包括在内，而临时工与退休职工以及在外进行学习的职工呢？对于工资总额来说，其指标口径则是指上述应当计算的职工的哪些收入应当包括在内，基础工资、职务工资、工龄工资、计时工资、计件工资显然必须计算在内，而各种津贴和奖金是否也应当计算在内呢？可见，客观现实的复杂性和多样性使得每一个统计指标都必须明确其外延即指标口径。

**（三）确定每个统计指标的计量单位**

统计指标是对研究对象某一方面特征数量的计量测度，因而都具有计量单位。许多统计指标往往可以有多种计量单位，所以必须对其进行选择，挑选出最适当的计量单位。例如，生猪出栏销售量指标可以用销售的数量如头来计量，也可以用销售的重量如公斤或者吨来计量，但用销售的头数来计量则会发生将大小不同的生猪同等计量的问题，不如用销售重量来计量精确，所以，应该使用重量计量单位。但对于生猪存栏数指标来说，显然，使用重量计量单位就不太合适，而应该使用头数计量。

**（四）确定每个统计指标的计算方法**

统计指标的计算方法并不仅仅是一个数学方法问题，任何统计指标的计算方法都既要符合数学原理，也要符合研究目的所属领域的专业理论。对于有些指标来说，从数学的角度来讲往往会有不止一种计算方法，这就需要根据研究目的所属领域的专业理论来进行比较，选择出最恰当的计算方法，但若结合研究目的所属领域的专业理论来考虑，一般只有一种计算方法是适当的。

## 四、统计指标体系设计的原则

设计统计指标体系不仅要考虑研究对象和研究目的所属领域的专业理论，而且还要考虑数学原理与实际可能等多个方面。只有各个方面综合考虑，才能设计出科学可行的统计指标体系。因此，在设计统计指标体系时，通常必须遵守以下几个原则。

**（一）目的性原则**

设计统计指标体系应紧紧围绕着研究的目的，满足科学研究或生产管理的需要。即使是对于同一总体，研究目的不同，观测和分析的角度也不同，所用的统计指标也就不同。例如，若研究的目的是为了了解人口的社会经济状况，则需要使用的指标主要是反映人口的年龄、职业、文化程度、经济收入、社会地位等方面特征的指标；若研究的目的是为了了解人口的身体健康状况，则需要使用的指标主要是反映人口的年龄、身高、体重、性别、血型、健康等方面特征的指标。

**（二）科学性原则**

统计指标体系的设计要符合科学的原理，准确地刻画和描述研究对象的各种特征数量。要做到这一点，不仅要考虑研究目的所属领域的专业理论和数学原理，而且有时还必须考虑到研究对象所处的自然历史环境。例如，对于工业企业总体，若要了解其生产规模的分布特征，则可用来反映企业生产规模的测度指标有企业占地面积、企业职工人数、企业固定资产总额、企业年产值、企业年销售额、企业年利润额等。但是究竟用哪一个指标能够准确地反映企业规模的分布特征呢？这就需要考虑到该企业总体所处的历史环境，在手工业生产时代，用职工人数这一指标是最恰当的，但是，在现代化的工业时代仍用职工人数指标就不再恰当了，而用固定资产总额这一指标才是最恰当的。

**（三）可行性原则**

统计指标体系的设计必须实用可行，每个指标都必须能够准确地计算出其指标数值。因此，设计统计指标体系时，还必须考虑到计量手段的特点和计量方法是否简便可行，使得每个统计指标的计量与计算都具有可操作性。例如，按照经济学理论，劳动生产率是指单位劳动时间内所生产的产品数量。对于一个班组来说，可以直接按此定义计算，但是若要计算全部职工或者全社会的劳动生产率，则按此定义直接计算显然是不可行的。这里首先需要解决不同产品的生产总量和不同职业职工的劳动总量的计量问题，由于不同产品的实物量不能直接相加，所以，生产总量只好用总产值表示，又由于劳动总量以时或分为单位精确计算工作量太大，所以一般用平均职工人数代替。因此，全部职工或者社会的劳动生产率的计算公式一般为：劳动生产率＝总产值/平均职工人数，这虽然与经济学中劳动生产率的定义并不完全相符，但却便于计算，具有可操作性。

**（四）联系性原则**

统计指标体系的设计，必须考虑到指标体系内各个指标之间的相互联系，避免信息的重复与遗漏。统计指标体系是全面测度描述研究对象各个方面的一个完整体系，其中的各个指标应当是相互联系、相互补充的。一方面，对于研究对象的某个方面来说，往往可用若干个不同的统计指标来测度描述，但是这些指标往往提供重复的信息，因此，应当只挑选一个最具有代表性的、包含信息量最多的指标纳入指标体系，其余指标则应舍弃。另一方面，对于研究对象的每个方面来说，都应当用一定的统计指标来测度描述，而不能有所遗漏。因此，任何统计指标体系的设计都必须考虑到各方面的相互联系与补充，做到不重不漏。

需要指出，虽然统计指标体系的设计是统计活动的必要前提和基础，但是由于统计指标体系的设计更多地依赖于研究目的所属领域的专业理论，所以，关于各种统计指标体系的理论一般认为是属于研究目的所属领域的专业理论，而不属于统计理论。

## 五、案例——社会经济统计指标体系

设置社会经济统计指标体系是进行国家管理乃至各项社会管理和经济管理的基础，是社会经济统计活动的出发点。整个社会以及整个国民经济是由众多的家庭、个人以及企事业单位所组成的一个整体，可看作一个大总体，社会经济统计指标体系就是反映该总体及其所含个体基本状况的统计指标体系，即描述社会和经济发展状况的指标体系。

社会经济统计指标体系作为描述人类社会经济活动状况的指标体系，按照人类社会经济活动的内容可划分为环境、社会、经济、科技四大部分。因此，相对应的统计指标体系有：

**（一）环境统计指标体系**

地球是人类共同的家园，地球环境是人类赖以生存和进行社会经济活动的基础。因此，保护环境和维护生态平衡是人类共同的责任。环境统计指标体系主要包括地理环境、资源环境、社区环境、环境污染和环境保护五个方面。

1. 地理环境统计指标

地理环境就是某一地域范围内的地貌状况和气候状况等地理要素状况。具体有平原、山地、丘陵面积、耕地、森林、水域面积、气温、降水以及旱涝灾害等指标。

2. 资源环境统计指标

资源环境就是指各种自然资源的拥有和蕴藏量，包括土地资源、水资源、生物资源、矿产资源、旅游资源等方面的指标。

3. 社区环境统计指标

社区环境就是社会生活环境，包括社区面积、社区绿化、公园建设等方面的指标。

4. 环境污染统计指标

环境污染是指生产和生活中排放的废弃物质超过环境容量和自净能力而对环境的破坏，包括废水污染、废气污染、废渣污染、噪声污染和光污染等方面的指标。

5. 环境保护统计指标

环境保护是指对自然资源的保护和环境污染的治理，包括动植物保护种类，自然保护区数目，废水、废气、废渣处理率及三废综合利用成果等方面的指标。

**（二）社会统计指标体系**

人类是社会活动的主体，家庭是社会生活的细胞。因此，社会统计指标体系主要围绕着人口和家庭活动而展开，主要包括社会生活主体状况、社会物质生活、社会精神文化生活、社会组织管理四个方面。

1. 社会生活主体状况指标

社会生活主体状况指标也就是人口和家庭状况指标，包括人口的数量和构成以及出生、死亡、迁徙变动指标，就业、婚姻、家庭以及生育等方面的指标。

2. 社会物质生活指标

社会物质生活指标包括家庭收入、住房、饮食、营养、衣着、交通、医疗等方面的指标。

3. 社会精神文化生活指标

社会精神文化生活指标包括社会教育、文化娱乐、新闻出版、文艺创作、体育活动、宗教生活等方面的指标。

4. 社会组织管理指标

社会组织管理指标包括社会成员政治活动参与程度，如政府管理水平、管理效率、廉洁程度、选民投票率、党派组织活动、社会治安与秩序等方面的指标。

**（三）经济统计指标体系**

经济活动是人类社会活动的核心，有必要将其作为一个独立的系统详加考察，所以在社会统计指标体系之外，还需要一套独立的经济统计指标体系。

经济活动从管理的角度来看，可分为宏观经济运行和微观经济活动两个层次，相应的经济统计指标体系也由宏观经济指标体系和微观经济指标体系两部分构成。

1. 宏观经济指标体系

宏观经济指标体系是反映社会再生产状况的指标体系。社会再生产过程就是社会劳动

力与生产资料相结合进行生产，并将生产的成果在社会的不同生产主体之间进行分配与交换，最后进行消费和投资的使用过程。因此，宏观经济指标体系主要包括六个方面的内容。

（1）社会生产条件。主要包括社会劳动力数量及其构成，国民财产数量及其构成，如固定资产数量及其构成、流动资产数量及其构成等指标。

（2）社会生产成果指标。包括各种总产出指标和净产出指标，如社会总产出、国内生产总值等。

（3）社会产品分配指标。主要反映社会产品在家庭、企业和政府各部门的分配状况，如工资、税收、利润、国民总收入、国民可支配收入等指标。

（4）社会商品流通指标。既包括国内市场商品流通，也包括国际市场商品流通，有国内市场商品零售额、进出口贸易额、各种物价指数等指标。

（5）社会产品消费指标。包括居民家庭消费和政府团体消费两方面，有各种商品消费额及其构成比例和人均消费支出等指标。

（6）储蓄投资积累指标。储蓄以至投资到积累形成新的资产，将推动再生产过程的进一步循环。主要有银行存款、股票和债券的发行与交易、外资引进、固定资本形成、库存增加、新增固定资产等指标。

2. 微观经济统计指标体系

微观经济指标体系是反映企业生产经营状况的指标体系，又称为企业指标体系，主要有以下四个方面的内容。

（1）生产条件指标。包括企业劳动力数量及构成、各种机器设备数量、资金总额及构成等指标。

（2）生产投入指标。包括劳动工时投入、原材料投入与消耗、能源投入与消耗、固定资产投入与消耗以及总成本等指标。

（3）生产产出指标。包括各种产品的产量、产值、增加值、质量、销售收入、纯收入、利润总额等指标。

（4）经济效益指标。主要是投入和产出的比率指标，反映企业各种投入的产出效益，有资金利润率、成本利润率、劳动生产率等指标。

**（四）科技统计指标体系**

科学技术是第一生产力，是经济发展的主要原动力和社会进步的基本杠杆。全球经济实力的竞争主要就是科学技术水平的竞争，所以必须对科学技术的发展予以足够的重视，从统计角度讲，就是要对其发展状况进行及时有效的测度与考察，以促进其迅速发展。

科学技术活动主要由基础研究、应用研究、实验开发三个部分组成，反映科学技术活动状况的指标体系则主要由科技活动投入、科技活动过程、科技产出成果三部分构成。

1. 科技活动投入指标

科技活动投入指标主要是科技活动人力和物力资金的投入数量及其构成，有从事科技活动的科学家与工程师人数、科技活动投入经费等指标。

2. 科技活动过程指标

科技活动过程指标主要有研究与开发课题数，即基础研究课题数、应用研究课题数、实验开发课题数，以及研究生教育和科技培训数目等指标。

3. 科技产出成果指标

科技产出成果指标主要有科技专利数、科技论著数、科技成果转让数，以及新技术、新产品产值、科技成果转让收益等指标。

整个社会是一个非常庞大的复杂系统，它由众多的子系统所构成，各个子系统之间相互联系、相互影响，但各个子系统的地位和作用却不相同。上述社会经济统计指标体系的划分正是体现了这一系统的思想，各部分指标体系之间既相互联系又突出了重点，从而完整系统地反映了一个国家社会经济活动的现实状况。

## 思考与练习

1. 什么是统计学？它的研究对象是什么？
2. 什么是理论统计学？什么是应用统计学？二者的主要区别是什么？
3. 什么是描述统计学？什么是推断统计学？二者的主要区别是什么？
4. 简述总体、样本和个体三者之间的关系。
5. 什么是样本？它的特点有哪些？
6. 什么是变量？它的特点有哪些？它的主要分类有哪几种？
7. 什么是总体？总体中的个体都有哪些不同的类型？具体总体和设想总体有什么区别和联系？
8. 为什么统计分析推断中的样本必须是随机样本？
9. 什么是统计指标？它的测度尺度有哪些？
10. 什么是统计指标体系？它的设计内容包括哪些？设计统计指标体系应遵循哪些原则？
11. 简述社会经济统计指标体系的基本内容。

# 第二章 数据的调查与整理

**本章导学**

通过学习本章，要求学生了解并掌握统计数据资料调查的概念、要求及一般程序，调查的抽样方式和观测方式以及调查问卷的设计方法，了解数据资料的试验观测方法以及掌握对调查得到的数据资料如何进行整理和显示。

## 第一节　数据调查的方式与程序

### 一、数据调查的方式

统计数据的调查就是根据统计研究目的要求，对所研究总体中个体的相应特征进行观测记录取得数据的工作过程。

数据调查活动所取得的各种数据资料是进行统计分析或推断的基础，因此，保证所调查到的数据资料具有代表性和真实性是对统计资料调查的基本要求。所谓代表性，就是要求所抽取的样本必须对所研究总体具有代表性。而所谓真实性，则是要求所调查的数据必须真实可靠。如果调查的数据资料是虚假的，或者存在较大的系统性偏差，那么据此进行分析或推断不仅不能够正确地了解和掌握所研究总体的实际情况，而且往往还会因此导致错误的结论和决策。由此可见，数据的代表性和真实性是统计数据调查活动的根本。这就要求统计数据的调查活动必须精心组织，周密安排，采用科学有效的调查方法。根据研究目的和研究对象的不同，统计数据的调查方式主要有现场调查和试验观测两种。

现场调查是指为了了解客观对象的实际情况而对其进行的直观的观测。例如：为了了解全国人口数量及其构成而对全国每个家庭的人口状况进行调查，又如：为了了解某城市居民生活水平而对该市居民家庭收入和支出状况的访问调查，再如：为了了解某证券市场股票交易量和交易价格的变化情况而对该证券市场每天或每周的交易量和交易价格进行观测。由于现场调查中的观测是在事物处于自然条件下进行的，所得到的数据资料都是反映事物在自然状态下的现状，这种数据资料通常称为原始资料。它是人们观察和认识客观世界的基本现状及其发展变化的重要依据。

试验观测是指为了揭示事物之间的因果关系而在人为安排的环境条件下对所研究对象进行的观测。例如：在工业生产中为了找出最佳的原料配置方案，安排各种不同的原料配置对产品的产量和质量进行观测；又如：在市场研究中为了了解产品包装对产品销售量的影响，将几种不同包装的产品安排在若干个商店销售，观测不同包装产品的销售状况。试验观测不同于现场调查，其主要特点是：试验观测中对事物的观测都是在人为安排的环境条件下进行的，在试验观测过程中，人们对影响所观测事物的各种主要因素都进行了严格的控制，所得到的数据除各种随机因素的影响外单纯反映了所考察的因素对观测事物的影响，从而能够准确揭示所考察因素与观测事物之间的内在联系。而现场调查过程中对影响所观测事物的各种因素都无法加以控制，所得观测数据是各种影响因素交织作用于观测事物的结果，人们很难准确地将各种因素的作用效果分解开来。

上述两种采集数据的方式各有不同的目的和特点，适用于不同的场合。在对实物产品研制与生产工艺革新过程中，采集数据资料的主要方式是试验观测；而在对社会经济和大自然现象的研究过程中，采集数据资料的主要方式则是现场调查。这种差别之所以存在，主要是对社会经济现象和大自然现象的观测如对日月星辰运行的观测，不可能在人为控制的环境下进行，而物质产品的研制和生产工艺的革新则可以在人为控制的环境下进行。

## 二、数据调查的一般程序

数据资料的调查活动是一项非常复杂而又细致的工作，其工作程序主要由制订数据调查的方案、现场观察登记取得数据以及数据的整理与显示三个环节组成。

**(一) 数据调查方案的制订**

制订数据调查方案就是对整个数据的调查活动过程做出全面的计划和安排。为了保证调查得到的数据资料的代表性和真实性，必须事先对调查对象的特点和调查方法进行认真的考虑，并对调查过程做出周密详尽的安排，制订出科学的数据调查方案。一般来说，一个完整的数据调查方案应包括以下几个方面的内容。

1. 确定调查目的

确定调查目的是调查方案必须明确的首要问题。数据调查目的是调查项目和调查方法选择的依据和出发点，数据调查的目的不同，调查的项目和使用的方法也有所不同。因此，调查的目的应该具体明确。

2. 确定调查对象和调查单位

所谓调查对象是指需要进行调查的客观现象总体，它是由性质上相同的许多个体所组成的集合体。确定调查对象就是要明确规定总体的界限，以防止在调查过程中产生重复和遗漏。

调查单位是调查对象中所要调查的具体单位，它与总体中的个体可能一致，也可能不一致。总体中的个体是观察指标的具体数值的承担者，是统计分析的基本单位，而调查单位则是数据调查过程中进行观测记录的基本单位。在对调查对象进行全面调查时，总体中的个体都是调查单位；而在抽样调查的条件下，调查单位就是样本单位。

3. 确定调查项目和调查表

调查项目就是调查中所要登记的调查单位特征。例如，1990 年全国人口普查根据调查的目的拟定了人的姓名、性别、年龄、民族、文化程度、职业、婚姻状况等 19 个调查项目。

拟定调查项目应注意以下问题：

(1) 调查项目的确定必须依据研究的目的来进行。使其既能够反映研究的目的需要，又能在力所能及的条件下取得所需的项目资料。

(2) 调查项目必须明确、具体，使人一目了然。

(3) 调查项目之间应彼此衔接，这样既能对现象从整体上全面了解，又便于有关项目相互核对，以便提高调查资料的质量。

将各个调查项目按照一定的顺序排列在一定的表格上，就构成了调查表。利用调查表，不仅能够有条理地填写需要搜集的资料，而且还便于调查后对资料进行汇总整理。

调查表一般有两种形式，一种是单一表，另一种是一览表。单一表是每个调查单位填写一份调查表，它可以容纳较多的调查项目。一览表是把许多调查单位填写在一张调查表上。

4. 确定调查时间和调查期限

调查时间是指调查资料所属的时间。在具体调查活动中，如果所调查的客观现象属于时期现象，就要明确规定调查资料所反映的起止时间。例如，调查某地区 2010 年第一季度的工业增加值，则调查时间是从 2010 年 1 月 1 日起至 2010 年 3 月 31 日止的这一段时间。如果所要调查的是时点现象，调查时间就是规定的统一标准时点。例如，我国第五次人口普查的调查时点是 2000 年 11 月 1 日零时。

调查期限则是指进行调查工作的时限，包括搜集资料和报送资料的工作所需要的时间。例如，2000 年我国人口普查规定 2000 年 11 月 1 日至 11 月 10 日登记完毕，则调查期限为 10 天。任何调查都应尽可能缩短调查期限来保证统计资料的准确性和时效性。

5. 调查的组织实施

调查组织工作包括调查机构的设立，组织和培训调查人员，落实调查经费的来源，编制调查经费的使用预算，以及确定调查资料的报送方法和公布调查结果的时间等。

**（二）现场观测登记**

有了数据调查方案，就应根据调查方案的安排对所研究总体中个体的观测指标进行具体的观测，并将观测到的数据登记在观测指标数值登记表中。现场观测登记是数据调查活动中工作量最大的一个环节，在一些社会经济现象的大规模现场调查中如全国人口普查，往往需要组织众多的人员参加才能完成这一环节的任务。这一环节工作质量的好坏，直接影响着调查所得数据资料的质量，因此，参加数据调查的所有人员工作时都应认真细致，尽量减少观察、测量、计数以及登记过程中的差错，确保调查得到的数据的质量。

**（三）数据的整理显示**

调查得到各种数据资料以后，接着还需要对其加以整理，使之系统化、条理化，并需采用一定的方法将其显示出来，这就是资料的整理显示。它是数据资料调查活动的最后一个环节。数据资料的整理显示应当根据统计分析推断的要求进行，所以，这一环节既是数据资料调查过程的结束，又是统计分析推断过程的开始。

## 第二节　现场调查

### 一、调查的抽样方式

现场调查的主要目的是要了解研究对象的实际状况。它是在研究对象处于自然环境的条件下对其进行的观测，其主要适用于对自然和社会经济现象的数据调查。在现场调查中，虽然有时人们可以对总体中的全部个体逐一进行观测取得总体全部个体的数据，即进行通常所称的普查，例如全国人口普查和全国经济普查等，但是考虑到实际调查观测的个体越多，现场观测登记的工作量就越大，花费和耗时也就越多，所以，实践中经常采用从总体中抽取部分个体进行观测取得样本数据，然后再依据样本数据推算总体数据。在进行抽样调查时，由于样本的抽取方式通常有随机抽取和非随机抽取两种，相应的现场调查也就分为随机抽样调查和非随机抽样调查两种。

**（一）随机抽样调查**

随机抽样调查又称为概率抽样调查。它是指在抽样调查中，被调查总体中的每个个体

被抽中或不被抽中的概率是相同的。也可以理解为调查样本的抽取是完全随机的，即样本中的个体完全是凭机遇抽取出来的，并且每个可能的样本被抽出的概率大小是可以计算的。在实际抽样调查工作中，随机抽样调查的基本方法主要有下列几种。

1. 简单随机抽样

简单随机抽样是以总体中的个体为抽样单位，并使得每个个体被抽中的机会都相等的一种抽样方式。简单随机抽样可利用随机数表抽签法得以实现，即先将总体中的每个个体制作成一个完全相同的签，将各个个体的名称或编号写到签上，并把所有的签都放在一个容器内掺和均匀，然后逐次随机地抽出若干个签，则抽出的签上所列的个体就是所抽中的样本单位。在抽签过程中，每次抽出一个签后可将该签放回去再进行下一次抽取，也可以不放回去再接着进行下一次抽取，前者称为放回抽样或重复抽样，后者则称为不放回抽样或不重复抽样。简单随机抽样是最基本的随机抽样方式，它也可利用随机数表法抽签或摇号法得以实现。

2. 等距抽样

这种抽样方式又称为系统抽样。它是先将总体中各个个体按照某种特征值的顺序排队，然后按固定的顺序和间隔在总体中抽取若干个个体组成样本的一种抽样方式。等距抽样的优点是抽样组织方式简便，易于实施。

3. 分层抽样

这种抽样方式又称为类型抽样。它是先将总体中各个个体按照某种特征分成若干大类（或组），每类（或组）内部的各个个体都相差不大，而类与类之间则相差较大，然后在每一类内采用简单随机抽样方式抽取若干个体，所有类中抽出的个体的集合构成样本。这种抽样方式能够使总体中的每个类型都有一些个体被抽入样本，有助于提高样本的代表性。因此，当总体内部差异较大且有明显的不同类型界限或标志时，采用这种抽样方式常较为适合。

4. 整群抽样

这种抽样方式是先将总体分成若干个群，它与分层抽样不同，当总体内部差异较大而又没有明显的类型标志或界限时，便不能将总体分成内部相似而外部差异较大的不同类型，这时只能依据其他外观或地域标志将总体分成若干个相互之间差异很小、内部却差异很大的群体，然后再随机地抽取一些群体组成样本来进行调查。如果对被抽取出群体中的个体全部进行调查，则称为单级整群抽样；若在被抽出的群体中再进行以个体为单位的随机抽样，则称为两级抽样或两阶段抽样。类似地，还可有三阶段抽样、四阶段抽样等。两阶段及两阶段以上的抽样统称为多阶段抽样。整群抽样编制抽取单位的名单即抽样框比较容易，它只需要群体的名单而不需各个个体的名单，并且被调查的个体相对集中便于调查的组织和实施，因而在大规模的社会经济调查中被广泛应用，如我国农村经济调查就是采取这种抽样方式。

### （二）非随机抽样调查

非随机抽样调查又称为非概率抽样调查，其调查样本的抽取或是凭调查人员的主观判断进行选取，或是完全由调查人员视调查的便利而随意地选取。每个样本被选中的机遇无法计算出来，更不能用概率表示。非随机抽样的方式主要有下列三种。

1. 任意抽样

这种抽样方式又称为便利抽样或偶遇抽样。它是任由调查者的便利而随意选取一些个体作为样本，如电视台记者在街头随意采访一些过往行人；市场调查者在商店随意询问一些顾客等。在非概率抽样方式中，任意抽样方法使用最方便，但所抽取样本可能仅出自总体的某一阶层，对总体的代表性较低，所得结果可能存在很大的系统性偏差，故该样本抽取方法一般只在正式调查之前的试验性调查中使用。

2. 立意调查

这种抽样方式又称为判断抽样或典型调查，它是在对所研究总体中各个体的一般情况已有相当了解的基础上，选择出一个或少数几个比较具有代表性的典型个体即与大多数个体相似的个体作为样本，进行更深入细致的调查，所以，这种方式是一种专家判断抽样方式。在国外，这种抽样调查方式最早是由法国社会经济学家黎伯莱（Leplay）提出和使用的；在国内，这种调查方式则是毛泽东一直倡导的，早在20世纪20年代，毛泽东在考察湖南农民运动时就采用了这种方式，因此，这种抽样调查方式在我国有着十分广泛的应用。典型调查就是我国统计界给这种方式所起的名称。这种调查方式选取的样本中个体很少且都具有代表性，故可对其做更深入细致的调查研究，了解很多详细资料，但由于其样本完全是凭主观判断选取的，所以极易产生抽样偏误。

3. 配额抽样

这种抽样方式又称为定额抽样。它是在调查总体中依据一定的标准规定地区别或职业别等不同群体的样本个体数配额，然后在每个群体中由调查人员按照配额主观判断抽出一定数额的个体组成样本，所以这种抽样方式实质上是一种分层判断抽样即划类选典抽样方式。配额抽样实施简单，而且所抽出的样本不致偏重某一阶层或地区，代表性高，因此，在市场调查中有着广泛的应用。

概率抽样和非概率抽样二者所得到的数据资料虽然都可以用来推算总体的指标数值，但是由于非概率抽样不能计算出每个可能样本被抽出的概率，所以，无法计算用样本估计总体所产生的误差的大小；而概率抽样则可以计算其所产生的误差，并可对此误差加以控制。因此，从估计误差的计算和控制上来说，概率抽样明显地比非概率抽样优越。在实践中，重要的抽样调查均采用概率抽样调查方式，推断统计学的主要研究内容就是围绕概率抽样及其所得数据资料的分析方法而展开的。

## 二、调查的观测方式

现场调查的目的是取得所研究总体中个体指标的数据资料，而取得这些数据资料的方法主要有访问法和观察法两种。

### （一）访问法

访问法就是将所要调查的个体指标拟成问题，用口头或书面形式向被调查者提出询问，根据被调查者的回答取得所需的数据资料的一种方法。

1. 口头访问

口头访问可以是当面访问，也可以是电话访问，其过程是调查人员向被调查者提问并记录其回答，然后根据记录填出调查问卷。实践中，究竟是采用当面访问还是采用电话访问，这需要根据调查对象的特点和调查项目的多少以及难易程度而定，如对商店顾客的调查只能是当面访问，而对居民家庭的调查则可采用电话访问。

当面访问有个别访问和小组访问即召集若干被调查者一起开调查会两种形式。这种调查方法的优点是访问时间可以长些，并可在询问时观察被调查者的反应，能得到较深入的资料，且问卷回收率较高；其缺点是调查成本较高，调查结果正确与否受调查人员访问技术熟练程度以及被访问者诚实与否的影响很大。

电话访问是利用电话来对被调查者进行访问，因而调查成本较低，并可在短时间内访问很多被调查者，但这种方法不易获得被调查者的合作，也不能询问较为复杂的问题。

2. *书面访问*

书面访问过程是先将调查问卷交给被调查者，由被调查者填好后再将其收回。调查问卷的送交和收回有两种方式，一是通过邮局邮寄或者通过互联网的电子邮件系统传递，二是调查人员登门送收。实践中选用哪种方式，这要视被调查者散布地域的大小及调查经费的多少而定。邮局邮寄和利用互联网传递的方式成本较低，但问卷回收率一般也较低，且回收的问卷可能只来自某一阶层，从而会影响调查结果的代表性。调查人员登门送收方式成本较高，但问卷回收率也较高。

**（二）观察法**

观察法就是调查人员到调查现场，对被调查对象亲自进行观察、计数和记录，以获取所需要的数据资料。例如：调查人员到商店里观察登记进入商店的顾客数量和顾客进入商店后的动作行为；观察记录超市售货中偷窃商品的人数和这些人的特征，以取得商店管理所需要的资料。又如：调查人员到某个交通路口观察登记过往车辆的型号、数量以及去向，以取得市政建设和交通管理所需要的数据资料。再如：调查人员到仓库内清点货物，以取得商品库存的数据资料等。

观察法的优点是调查过程中被调查者并不知晓自己正在接受调查，一切动作行为均为自然状态，故所得资料真实可靠，若在调查中能使用仪器如摄像机等则所得到的资料会更为真实详细。这种方法的缺点是调查过程中观察不到诸如行为动机等内在因素，并且有时需要作较长时间的观察才能得到结果，调查成本较高，而且实践中使用这种方法的限制性条件也较多，对有些现象的调查如居民家庭收支情况调查就不能采用这种方法进行。

## 三、调查问卷的设计

在现场调查中，各个调查项目通常需要拟成问题，做成问卷形式，以便于调查数据资料的记录和整理。要使所设计的问卷条理清晰、易于回答且又合乎调查目的的要求，以保证取得真实准确的资料，就必须掌握问卷设计的各种技术。问卷设计技术主要包括提问方式和提问次序两个方面。

**（一）提问方式**

现场调查问卷中，调查问题是其核心内容，问题的提出方式是否恰当，对调查结果的影响很大。通常，调查问卷的提问方式主要有封闭型提问和开放型提问两种类型。

1. 封闭型提问

封闭型提问方式是在问卷上同时列出问题和各种可能的答案，然后由被调查者在已给出的答案中选出一项或几项作为回答。例如：

(1) 您认为当前的物价水平是：

[1] 过高　　[2] 过低　　[3] 正常

(2) 您认为目前的货币政策是：

[1] 宽松　　[2] 紧缩　　[3] 适度

(3) 您认为当前国家宏观调控的重点是（可以多选）：

[1] 确保经济增长速度　　[2] 改变经济增长方式

[3] 控制通货膨胀　　[4] 扩大国内消费需求

[5] 抑制投资需求　　[6] 调整收入分配结构

封闭型提问的优点主要是调查时节省时间，从而可多问一些问题，且资料分类整理易于处理；其缺点是被调查者不能自由表达看法，问卷上给出的答案可能并不包含被调查者想要给出的回答，从而被调查者只好选择一种并非真正代表自己意见的答案，降低了调查所得资料的客观性。

2. 开放型提问

开放型提问方式是在问卷上仅给出问题，并不给出可供选择的答案，由被调查者根据问题自由回答。例如：

(1) 您认为当前我国社会中存在的主要问题是什么?

(2) 您对解决当前我国社会存在的主要问题有何建议?

开放型提问的优点是拟定问题不受拘束，比较容易，并且对被调查者不限制回答范围，能收到一些建设性的意见和调查者所忽略的答案与资料。这种提问方式的缺点主要在于对资料的整理与分析比较困难。由于被调查者的回答可能五花八门，所用词语各异，因此，在答案分类时难免出现困难，整理过程相当耗费时间，而且免不了加进一些整理者自己的偏见在内。

当然，对于一份问卷来说，并非只能使用一种提问方式，实践中，封闭型提问和开放型提问往往要结合穿插运用，在一份调查问卷中经常是简单的事实性问题采用封闭型提问，而复杂的建议性问题则采用开放型提问。

**（二）提问次序**

调查问卷中提问次序安排得是否合理，往往也会影响调查所得数据资料的质量，因此，对提问的次序也有要求。

一般来说，问题提出的次序应该是先易后难，先一般后特殊，即所谓漏斗式。问卷开始所提出的问题性质宽泛，被调查者容易回答，然后逐渐缩小范围，到最后则属特殊的专门性问题。

提问的次序安排还应考虑到调查中采用的是哪种访问方法。一般来说，若采用口头访问法，则问卷开始应安排一些开放型问题，以便于被调查者能多说话，创造一个和谐轻松的调查气氛，便于整个调查工作的开展；若采用的是书面访问方式，则可将封闭型问题安排在问卷开头，使被调查者感到易于回答，有兴趣参加此项调查，而将开放性问题放在后面，便于被调查者在对前面问题思考的基础上提出自己独特的见解。

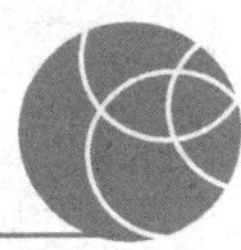

在实际工作中，为了避免提问次序对调查结果产生不良影响，可将问卷分成几部分，各部分的提问次序或封闭问题答案的次序不同，从而使提问次序所产生的偏差相抵消，以保证调查结果的质量。

## 第三节 试验观测

### 一、试验观测设计的原则

试验观测是在人为安排的环境条件下对所研究事物的观测，其目的主要在于揭示事物相互之间的因果关系。一般来说，现实中的各种事物之间都或多或少地存在着一定的直接或间接联系，对于所要研究的事物其影响因素相当多，要在自然形成的环境条件下观测每个因素对其影响的程度和作用方式，通常是相当困难的，因此，就需要进行人为安排条件下的观测，即进行人为控制的试验观测。

影响所要研究事物的因素虽然众多，但有许多因素其影响程度往往是十分微小的，因而可统统看作随机干扰或称为随机误差。为了测定某一个或某几个主要因素对所研究事物的影响程度，就需要对其他各主要因素加以控制，而只让所考察的因素变动，所以，试验观测是一种有控制的观测。这是试验观测与现场调查的根本区别，与试验观测是有控制的观测相对应，则现场观测可看作一种无控制的观测。

因此，试验观测就是在对其他各种主要因素加以控制的条件下，令所考察的因素变动，以观测所研究事物的反应，从而揭示所考察因素与所研究事物之间的因果规律。在试验观测中，所要考察的因素称为因子，所考察因素的各种不同状态称为水平或位级。为了能充分揭示所考察因素与事物之间的因果规律，进行试验观测必须遵循以下两个原则。

**（一）均衡分散性原则**

所谓均衡分散性原则是指所进行的试验应均衡地分散在各个因素的不同水平或位级的全部各种可能配合之中，以便保证试验结果具有较强的代表性。倘若所做试验都集中于部分水平的特定配合之上，那么试验结果就可能具有某种偏差，不能全面准确地反映所考察因素与所考察事物之间的因果关系。当试验所要考察的因素较少且每个因素的水平或位级也很少时，可对每个因素水平的全部配合逐一进行一次或若干次试验，从而满足均衡分散性的要求。当试验所要考察的因素很多或各个因素的不同水平或位级很多时，要对各个因素水平的全部配合逐一进行试验就往往由于试验工作量太大而难以做到，只能在各个因素水平的全部配合之中随机抽取一部分水平配合进行试验，要保证所抽取部分水平配合的代表性，显然必须使所抽取的部分水平配合均衡地散布在全部因素水平配合之中，要做到这一点，就需要对试验进行巧妙的设计和安排。

**（二）整齐可比性原则**

所谓整齐可比性原则是指试验考察某个因素的各个水平或位级的效应时，其他因素应保持相同的水平，以便保证在该因素各个水平或位级的效应中能最大限度地排除其他因素的干扰，从而能有效地进行比较。倘若在试验某个因素的各个水平效应的过程中，其他因素的水平不同，那么就难以分清试验所得数据之间的差异究竟是由于该因素水平不同造成的，还是其他因素水平不同引起的，从而就难以进行比较，无法揭示该因素与所考察事物之间的因果关系。显然，当试验所考察的因素和水平均较少时，要满足整体可比性比较容易；而当试验所考察的因素和水平都很多时，要满足整齐可比性就比较困难，要在较少或不太多的试验观测中满足整齐可比性的要求，同样需要对实验进行巧妙的设计和安排。

## 二、试验观测的方法

在试验观测中，承受试验的个体称为试验单位，如在学生心理试验中被测试的每个学生，在市场试验中被试验观测的每个商店，在化学实验室中被实验观测的每瓶试样，等等。如何挑选所考察各因素水平的配合以及如何将各个实验单位安排到所选出的因素水平配合之中，是试验观测设计的基本问题。下面仅介绍两种简单的试验观测方法。

### （一）完全随机试验观测

完全随机试验观测类似于现场调查中的简单随机抽样调查，即将各试验单位随机地安排到所要进行试验的因素与水平配合之中进行试验观测。例如，某饮料厂所生产的产品有四种不同的包装方式：玻璃瓶、易拉罐、塑料瓶、塑料袋，现拟在某市 20 个商店进行试销，每个商店销售一种包装方式的产品，观察记录其销售量，以研究包装对销售量的影响。如何将 20 个试验单位即 20 个商店安排到 4 个不同水平即 4 种包装方式上，可采用随机抽样的方法，每种包装方式的产品在 20 个商店中随机地抽取 5 个商店进行销售观察。这是一个因素的完全随机试验观测，对于多个因素的情形同样也可采用这种试验观测方式。例如，某牙膏厂所生产的牙膏有两种规格：大袋和小袋；每种规格各有两种香型：国际香型和本地香型，也拟在该市的 20 个商店进行销售试验，则 20 个商店在各因素水平配合中的分配也可采用上述方式。因为有 2 个因素且各有 2 个水平，所以，各因素水平的完全配合有 4 种：大袋国际香型、大袋本地香型、小袋国际香型、小袋本地香型，每种配合随机地在 20 个商店中抽取 5 个商店进行销售，就把 20 个试验单位随机地分配在了各水平配合之中。显然，完全随机试验观测可满足均衡分散性和整齐可比性的要求。

### （二）随机区组试验观测

随机区组试验观测类似于现场调查中的分层随机抽样调查。很明显，在完全随机试验观测中，各个试验单位本身必须具有同质性，如果各个试验单位本身就存在较大的差异，那么各因素水平配合的试验结果之间的差异将难以判明究竟是因素水平差异引起的还是试验单位本身的差异引起的。例如，在上述市场试验的例子中，选择进行试验的 20 个商店必须在规模上以及其他方面都比较相似，才能通过试验观测得出不同包装或规格型号对销售量的影响。但是，在实践中，尤其是在社会经济现象的试验观测中，有时要找出完全相似的若干个试验单位是十分困难的，可供选择的试验单位之间往往都具有一定的差异，在这种情况下，就需要首先将各个试验单位按其差异程度的大小分成若干类，每类称为一个区组，然后将每个区组中的各个试验单位随机地指派到各个因素水平上进行试验观测，这种安排试验的方法就称为随机区组试验观测。例如，在上述市场试验的例子中，若 20 个商店之间有较大差异，则可将这 20 个商店按其规模大小分成 5 组，每组 4 个商店，并在

每组中随机地指派其中的一个商店销售某种包装或规格型号的产品，这样每种包装或规格型号的产品都有从大到小 5 个商店进行销售，各种包装或规格型号的商品销售量之间排除了商店规模大小的影响，从而突出了不同包装或规格型号之间的差异，使得试验观测数据便于比较和分析。

作为随机区组试验观测的一个重要类型，当所考察的因素水平只有两种不同情形时，可将试验单位配成两两相似的若干对组合，随机抽取每对中的一个试验单位进行一种水平的试验观测，而另一个试验单位则进行另一种水平的试验观测，这种试验观测方法称为配对试验观测，在心理学及医学等领域中有广泛的应用。由于进行某种水平试验观测的任何一个试验单位，都有一个相应的相似试验单位在进行另一种水平的试验观测，二者相互对照，就最大限度地排除了试验单位之间的差异的影响，保证了两个水平试验观测数据的整齐可比性，也给试验观测数据的分析带来了极大的方便。

## 第四节 数据整理与显示

### 一、调查资料数据库的构建

通过现场调查或试验观测所得到的数据资料都是各个调查单位的项目数据，它们是零散的和不系统的，在取得这些数据资料以后，接下来就需要采用科学有效的方法将它们储存起来。为此，就需要建立起储存这些调查数据资料的数据库。

在当今社会，电子计算机技术的发展和普及，已经为建立存储调查资料的电子计算机数据库提供了极大的方便与可能。不论是大规模的全国范围的社会经济现场调查，或是中等规模的一个地区范围的市场调查，还是小规模的、在一个工厂的生产车间之内进行的试验观测，都可以使用电子计算机数据库技术建立起各种各样的数据库，并将所取得的调查数据存储在这些数据库中。电子计算机数据库技术并不是仅仅提供了一种存储数据的仓库，它还提供了各种各样数据排序与分类的功能，为从各种不同的角度对调查数据进行分析提供了方便。

数据资料的调查往往耗费很大，特别是对于大型的社会经济现场调查来说更是如此，因此，对于调查得到的所有数据资料都必须倍加珍惜。要认识到各种数据资料与物质财富一样，也是耗费了一定的人力物力所取得的一种珍贵财富，也具有一定的价值，不仅应当妥善保存，而且还应当尽可能地开发利用，以充分发挥其应有的效用。因此，对于通过数据调查而取得的各种数据资料，不仅应当建立各种各样的电子计算机数据库将它们妥善保存，而且还应当尽可能地提供给相关的部门和分析研究人员，对其进行各种各样的科学分析与研究，充分挖掘其中所含的有用信息，为政府和企业的相关决策提供科学的依据。

### 二、调查数据的分类显示

为了对调查数据进行分析研究，或者将其提供给决策机构和社会公众，往往需要对它们进行系统的分类整理，并用一定的方法将其显示出来。

### （一）观测个体的分类

分类比较是科学研究中经常使用的一种很有效的方法。通过现场调查或试验观测所取得的数据资料往往是多种不同的观测个体的数据，若要对其进行深入的分析研究，通常的做法是将其中的各个观测个体按照在某个项目上的取值或者属性差异进行分类，将观测个体划分成若干个性质不同的类，然后进行类与类之间的分析和比较研究，以揭示事物的本质和内在规律性。

分类具有两方面的功能，对总体和样本而言是分，即将总体或样本划分成若干个不同的组；对个体而言是合，即将相似或相同的个体合并为一个组。分类的这两方面功能，既使得分类后的研究对象缩减为少数若干个组，便于分析比较发现事物的内在结构；又使得每类个体都通过合并相互抵消各自所受随机因素的影响，能够充分显示出事物的统计规律性。因此，分类是揭示事物内在规律的一种重要手段。

分类是对总体或样本的划分和对个体的合并，所以，任何分类都必须遵循下面两个原则：

（1）互斥性，即所分各类不能交叉重叠，每个个体只能划归入一个类别之中。

（2）完备性，即所分的类能够涵盖全部个体，总体中的任何一个个体都有一个类可以归入，而且只能有一个类可归入，不能有遗漏。

由此可见，互斥性和完备性保证了分类的不重不漏。

由于作为分类依据的个体项目的取值个数有多与少两种不同的情况，所以，对观测个体进行分类，也就有单值分类和组距分类两种不同的分类方法。

如果作为分类依据的个体项目只能取很少的几个数值，那么就可以将每个不同的取值作为一类，分类项目有几个不同的取值就可以分成多少类。例如，人口按性别分类，只能分为男性和女性两类；又如，居民家庭按人口数（单位：人）分类，可分为1、2、3、4、5、6、7等，这种分类称为单值分类。

如果作为分类依据的个体项目的不同取值个数很多，那么就可以将该个体项目的取值范围划分成若干个不同数值的区间，在同一区间内取值的个体为一类，一共划分了多少个区间就有多少类，如工业企业按职工人数（单位：人）分类，可分为99以下、100～999、1 000～9 999、10 000以上，这种分类称为组距分类。

对于一个总体或样本，人们往往可以从不同的角度进行多方位的研究，从而就需要用多种不同的分类项目从不同的方面进行分类比较。对同一总体或样本采用若干个不同的分类项目进行一系列的分类所形成的体系称为分类体系。在一个分类体系中，若各种不同项目的分类是相互独立平行的，则这种分类体系称为平行分类体系；若各种不同项目的分类是逐一嵌套复合的，则这种分类体系称为复合分类体系。平行分类体系中的类别总数等于各种分类的类别数之和，而复合分类体系中的类别总数等于各种分类的类别数之积。例如，企业职工按性别可分为男性和女性两类，按工作岗位分可分为生产工人、技术人员、管理人员、服务人员四类，则采用平行分类形成的平行分类体系中共有2＋4＝6类，而采用复合分类形成的复合分类体系中共有2×4＝8类。因此，复合分类体系比平行分类体系可以提供更多的信息，但为了不使分类过于庞大，复合分类体系中嵌套复合的分类项目一般不宜过多。

### （二）统计表的编制

所谓统计表，就是用来显示统计数据资料的表格。为了将分类后的数据资料清晰地显

示出来，以便进行分析比较，或提供给决策机构和社会公众，通常需要使用统计表。用统计表显示统计数据资料具有系统条理且便于比较的优点，所以，统计表是显示统计数据资料的最基本最常用的形式。实践中，任何数据采集活动的主要成果通常都要使用各种统计表来表现，如全国人口普查后出版公布的数据集、国家统计部门每年编辑出版的各种统计年鉴等，其数据资料的主要显示方式都是统计表。

1. 统计表的结构

统计表一般由五个部分构成，分别为：总标题，横行标题，纵栏标题，数据资料，表末附注。总标题是统计表的名称，概括扼要地指明统计表所显示的内容；横行标题是横行的名称，可以是统计表所要显示的总体或样本及其各个组别或各个个体的名称，也可以是所要显示的数据资料的指标名称，通常视统计表如何设计美观而定；纵栏标题是纵栏的名称，可以是统计表所要显示的数据资料的指标名称，也可以是所要显示的总体或样本及其各个组别或各个个体的名称，也视统计表如何设计美观而定；数据资料就是统计表所要显示的内容，列于横行与纵栏交叉所形成的格子中，不过实践中这些中间格子一般不画出来；表末附注是列在表下部表示表中数据资料来源等必要说明事项的附带注释，视情况可有可无。统计表的一般格式如表 2—1 所示。

**表 2—1　　中国三次产业就业人员数和产出情况（2012 年）**

| 产业 | 就业人员数 | | 增加值 | | 人均增加值（元/人） |
|---|---|---|---|---|---|
| | 年均人数（万人） | 比重（%） | 年增加值（亿元） | 比重（%） | |
| （甲） | （1） | （2） | （3） | （4） | （5）=（3）/（1） |
| 第一次产业 | 25 773 | 33.6 | 52 373.6 | 10.1 | 20 321 |
| 第二次产业 | 23 241 | 30.3 | 235 162.0 | 45.3 | 101 184 |
| 第三次产业 | 27 690 | 36.1 | 231 406.5 | 44.6 | 83 570 |
| 合计 | 76 704 | 100.0 | 518 942.1 | 100.0 | 205 075 |

资料来源：《中国统计年鉴》2013 年卷，北京，中国统计出版社。

2. 编制统计表应注意的问题

统计表作为显示统计资料的基本形式，不仅其内容安排应当科学合理，而且其形式设计还应当简练美观。为此，在统计表的编制过程中，需要注意下列几个问题：

（1）全面安排，合理布局。编制统计表时，应首先对准备列入表中的数据资料有全面的考虑安排，哪些项目名称应放在横行标题的位置，哪些项目名称应放在纵栏标题的位置，应当有一个合理美观的总体布局。

（2）各种标题应简明扼要。统计表中的各种标题，包括总标题、横行标题和纵栏标题都应当尽量简练，可有可无的字应当一律去掉。

（3）项目排列应合理。统计表中横行和纵栏项目应当按照逻辑顺序，如时间顺序、地理顺序等排列。当表中既有水平指标又有比率指标时，应当水平指标在前，比率指标在后。

（4）计量单位必须注明。统计表中各种数据都应注明计量单位，当表中数据只有一种计量单位时，可以把计量单位写在表的右上角；当表中数据的计量单位不同时，横行的计量单位可以专设一栏，纵栏的计量单位要与纵栏标题写在同一格内，并用括号括住。

(5) 栏数多时应加以编号。统计表的栏数较多时，通常需要编号。对于文字栏，通常编号为（甲）、（乙）、（丙）……对于数据栏，通常编号为（1）、（2）、（3）……在数据编号栏中，有时还可注明该栏数据的计算方法，如表2—1编号栏中的（5）=(3)/(1) 表示第（5）栏的数据是由第（3）栏的数据除以第（1）栏的数据而得到的。

(6) 数字填写，整齐规格。统计表中的数据应该填写整齐，上下对准位数。表中相同的数据都必须写上，不能用“同前”、“同上”、“同左”、“同右”等字样表示，不可能有数据的空格用实线段“—”表示，应该有数据而缺资料时用虚线段“---”表示。

(7) 若有必要，加注说明。统计表有时应有附注说明，如某些数据的特殊计算口径或方法等要加以说明，数据资料的来源需注明，以便查考。说明或注解一般写在表的下端。

## 思考与练习

1. 现场调查与试验观测两种采集数据的方式主要有什么不同？各适用于什么场合？
2. 简述数据调查的一般程序。
3. 抽样调查的样本抽取方式主要有哪几种？各有什么特点？各适用于什么场合？
4. 概率抽样调查与非概率抽样调查主要有什么不同？各有哪些优缺点？
5. 现场调查的个体指标观测方式都有哪些？各有哪些优缺点？
6. 进行试验观测设计时都应遵循哪些原则？为什么要遵循这些原则？
7. 试验观测的方法主要有哪几种？各适用于什么场合？
8. 为什么要建立观测数据资料的电子计算机数据库？怎样才能充分利用这些数据库？
9. 对观测个体进行分类的方法有哪几种？平行分类体系与复合分类体系各有哪些特点？
10. 什么是单值分类？什么是组距分类？它们各在什么场合下应用？
11. 统计表的结构由什么组成？编制统计表时应遵循哪些规则？

# 第三章 次数分布

**本章导学**

通过学习本章，要求学生掌握次数分布的编制与显示方法，并正确理解和领会各种次数分布理论模型的概念及应用。

## 第一节 次数分布的编制与显示

### 一、次数分布的概念

在统计活动中，人们对总体中个体的观测实质上是对总体中各个个体的某个或某些指标即观测变量的取值的观测。通过现场调查或试验观测，人们就可得到所观测变量在每个被观测个体上的数值，这些数值必然是有的大，有的小，有些完全相等，有些则不同，为了对这些数值的大小分布状况有一个清楚的了解，就需要计算出每个不同数值的个数即出现次数的多少，并将各个不同的数值及每个不同数值的出现次数按这些数值的大小顺序列示出来。观测变量的各个不同数值及每个不同数值的出现次数的顺序排列，称为变量的次数分布。列出观测变量的次数分布是展示统计活动所取得数据的分布状况的最基本方法，也是描述观测数据状况的首要方法。

对于一个总体来说，如果能够取得所观测变量在总体所包含的全部个体上的数值，那么顺序列出总体中该观测变量的全部不同取值及每个不同数值在观测登记中所出现的次数，就可得到该观测变量总体的次数分布。显然，总体次数分布揭示了观测变量的全部可能取值及其出现次数的分布状况，包含了观测变量在总体中各个个体上取值的全部信息。假如所研究的总体是无限总体，如在某种工艺条件下对产品的质量进行试验观测，那么人们不可能穷尽对总体中全部个体的观测，也就不可能得到总体中所有个体的观测变量值，当然也就无法列出观测变量总体的次数分布。但是，如果所研究的总体是有限总体，并且对总体中的每个个体都进行了观测，如在现场调查中对所研究总体中的全部个体进行了普查，那么人们就可以得到总体中全部个体的观测变量值，从而就可以列出观测变量总体的次数分布。

**【例 3—1】**某城区 2010 年人口性别的次数分布如表 3—1 所示。

表 3—1　　某城区人口性别分布

| 按性别分组 | 人口数（人） | 比重（%） |
| --- | --- | --- |
| 男 | 65 355 | 51.63 |
| 女 | 61 228 | 48.37 |
| 合计 | 126 583 | 100.00 |

在统计实践活动中，不论数据资料的搜集是采用现场调查方式，还是采用试验观测方式，由于对所研究总体的观测通常都是抽样观测，所以，一般不可能取得总体中全部个体的观测变量值，也就是说，不可能得到观测变量的总体次数分布。但是，如果使用列出总体次数分布的方法，将样本中观测变量的各个不同数值及每个不同数值的出现次数顺序列出，就得到了观测变量的样本次数分布。观测变量的样本次数分布是其总体次数分布的一个代表，如果总体的次数分布未知，那么就可以用样本次数分布对总体的次数分布进行

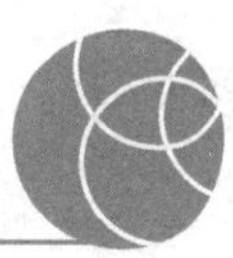

估计。

由于观测变量的次数分布包含了观测变量在所研究总体或所取得样本中取值的全部信息，因此，列出观测变量的次数分布就是进行统计分析推断的基础。有了观测变量的次数分布，就可以根据这一次数分布对观测变量的各种分布特征进行描述和分析，如分析观测变量取值的分布中心和离散程度，从而揭示出所研究总体或所取得样本的各种特征。

## 二、次数分布表及其编制

观测变量的次数分布通常用统计表来表示，这种表示观测变量的次数分布的统计表就称为次数分布表。显然，一个次数分布表必须由两列或两行构成，一列或一行是观测变量的各个不同数值；另一列或另一行是观测变量的各个不同数值出现的次数。顺序一一列出的观测变量的每一个不同取值就形成了一个组，称为次数分布表的组变量值；而每个组变量值的次数则是该组变量值在总体或样本中出现的次数，称为组次数；各组次数与总次数的比值，称为组比重或组频率。一个次数分布表，可以列出各个组变量值和相应的各组次数，也可以列出各个组变量值和相应的各组频率，还可以同时列出各个组变量值和相应的各组次数以及各组频率。由此可见，各组变量值和各组次数或各组频率是次数分布表的两个必不可少的要素。

由于对总体中个体指标的观测计量尺度有名义尺度、顺序尺度、差距尺度和比例尺度四种，观测计量的尺度不同，观测变量取值的表现形式也不相同。按照观测变量取值形式的不同，通常可将观测变量划分为定性变量和定量变量两大类。凡是用名义尺度和顺序尺度计量的观测变量通常称为定性变量，用差距尺度和比例尺度计量的观测变量称为定量变量。虽然定性变量取值的表现形式不是数值，但是通过量化后就可以将定性变量转换为定量变量的形式。例如，在表 3—1 中，若记男性为 1、女性为 0，或记女为 1、男 0，就可以将人的性别这一定性变量变换为定量变量，变换后的变量值全为 1 和 0，在形式上与定量变量的表现形式完全相同。即使是定量变量，由于有些变量只能取少数几个不同的数值，而有些变量却可以取很多甚至无穷多个不同的数值，所以，对于不同的观测变量，编制其次数分布表的方法也就有所不同。实践中，编制观测变量次数分布表的方法通常有单值分组次数分布表和组距分组次数分布表两种形式。

### （一）单值分组次数分布表

在编制次数分布表时，会遇到所观测变量是离散的且只取少数几个不同数值的情况，例如，很多用名义尺度进行计量的观测变量和用顺序尺度计量的观测变量以及一些用差距尺度和比例尺度计量的观测变量。对于这种离散的只取少数几个不同数值的观测变量，要列出其次数分布，就可以采用单值分组的方法，将此观测变量的每一个不同取值作为一组，即用每一个不同的取值代表一个组的变量值，并计算出各组变量值出现的个数即各组次数，然后顺序列在次数分布表中。这样的次数分布表就称为单值分组次数分布表。

**【例 3—2】**某居民小区 2010 年家庭人口数的次数分布如表 3—2 所示。

表 3—2　　某居民小区家庭人口数的次数分布

| 家庭人口数（人） | 户数（户） | 比重（%） |
|---|---|---|
| 1 | 197 | 6.10 |
| 2 | 668 | 20.69 |
| 3 | 1 510 | 46.78 |
| 4 | 543 | 16.82 |
| 5 | 231 | 7.16 |
| 6 | 57 | 1.77 |
| 7 | 16 | 0.50 |
| 8 | 5 | 0.15 |
| 9 | 1 | 0.03 |
| 合计 | 3 228 | 100.00 |

### （二）组距分组次数分布表

在统计实践活动中，当遇到取值较多的离散型变量或者是连续型变量时，则需编制组距分组的次数分布表，例如，对于许多用差距尺度和比例尺度计量的观测变量就是如此，尤其一些连续变量不仅取值的范围很大，而且在其取值的范围内连续不间断地取值。对于这样的观测变量，为了较好地显示出其取值的分布特征，就不能采用单值分组的方法，而需要采用组距分组的方法来编制其次数分布表。所谓观测变量的组距分组次数分布表，就是将观测变量的整个取值范围依次划分成若干个区间，每个区间作为一个分组，并计算出每个分组区间上观测变量的变量值的个数，然后依次将各个分组区间和各分组区间上变量值的个数在一个统计表中顺序列出，就得到了观测变量的组距分组次数分布表。

下面举例说明组距分组次数分布表的编制方法和步骤。

【例 3—3】根据抽样调查，某城区 60 户居民家庭 2010 年 3 月份的食品消费支出（单位：元）资料如下：

| | | | | | | | | | |
|---|---|---|---|---|---|---|---|---|---|
| 753 | 845 | 760 | 720 | 680 | 540 | 490 | 350 | 690 | 940 |
| 680 | 790 | 945 | 480 | 450 | 570 | 640 | 750 | 830 | 860 |
| 708 | 715 | 648 | 663 | 548 | 695 | 792 | 754 | 667 | 709 |
| 545 | 632 | 780 | 890 | 779 | 785 | 796 | 890 | 650 | 580 |
| 1 040 | 938 | 827 | 756 | 634 | 432 | 569 | 764 | 843 | 920 |
| 575 | 835 | 746 | 857 | 642 | 569 | 845 | 823 | 756 | 735 |

要求：编制组距分组次数分布表。

通常，编制组距分组次数分布表有以下五个步骤。

1. 确定组数

采用组距分组方法对变量的取值进行分组，各组的区间长度可以相等，也可以不等，各组区间长度相等的称为等距分组，各组区间长度不相等的称为异距分组。若观测变量的取值变动不均匀，如急剧增大、变小，变动幅度很大时，应采用异距分组；若观测变量的取值变动均匀，则应采用等距分组。等距分组便于比较和分析处理，因此，在实践中应尽量采用等距分组。

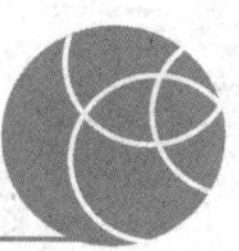



组距分组的组数究竟应该取多少并没有绝对的标准，一般来说，组数的多少应根据所取得的观测变量中观测值的个数来确定，当变量的观测值较多时，组数应多些，而观测值较少时，组数应少些。分组的组数不宜太少，也不宜过多。组数太少难以反映出变量分布的实际特征，组数太多则太琐碎，也难以反映出观测变量分布的特征。对于异距分组，组数的多少，可在考虑观测变量值个数多少的基础上，再考虑变量取值变动的特点而确定。对于等距分组，斯特吉斯（H. A. Sturges）曾给出一个大致的计算组数的公式，可作为参考。记变量值的个数为 $N$，组数为 $m$，则斯特吉斯公式为：

$$m=1+3.322\lg N$$

实践中，对于给定的一组数据，可先使用斯特吉斯公式计算出一个等距分组的组数值，作为确定组数的一个参考，然后再根据变量中变量值的特点具体确定出分组的组数。

对于［例 3—3］中某城区居民家庭 2010 年 3 月份的食品消费支出金额数据资料，其中共有 60 个变量值，即有 $N=60$，使用斯特吉斯公式，可计算出等距分组的组数 $m$ 为：

$$m=1+3.322\lg 60=7$$

2. 确定组距

在组距分组中，每组的最大值（max）和最小值（min）之间的距离称为组距。确定了分组的组数之后，接下来就需要确定出分组的组距。等距分组的组距可根据变量值的取值范围和已确定的数组而定，记观测变量中的第 $i$ 个变量值为 $x_i$，等距分组的组距为 $w$，则由下式可计算出 $w$ 的最低值为：

$$w=\frac{\max(x_i)-\min(x_i)}{m}$$

对于［例 3—3］中某城区居民家庭月食品消费支出金额数据，其中最大值为 1 040 元，最小值为 350 元，若分为 7 组，则用下面的公式可计算出组距的最低值为：

$$w=\frac{1\,040-350}{7}=98.57(\text{元})$$

采用上述公式计算出的组距是在确定的组数下组距的最小值，在实际分组中，为了使全部变量值都能有组可归，实际的组距只能比此值大，而不能比此值小。在实践中，人们为了计算和使用方便，通常采用 5 或 10 及其整数倍等整数作为组距，所以，在具体分组时，应用上述公式计算的组距值如果接近于 5 或 10 的倍数，则可用 5 或 10 的倍数作为组距，对于［例 3—3］中居民家庭月食品消费支出金额数据来说，用上式计算出的组距值为 98.57，所以，可用 100 作为组距。

3. 确定组限

在组距分组中，每组的最大值称为该组的上限，每组的最小值称为该组的下限，上限和下限统称为组限。在确定了分组的组数和组距之后，就需要确定各组的组限。各组的组限应尽量用整数，特别是 5 或 10 的倍数来表示。因此，在确定各组的组限时，如果变量的最小值为整数，就可将此变量的最小值作为最低一组的下限；如果变量的最小值不是整数，就可用比此变量的最小值稍小一点的整数值作为最低一组的下限。确定了最低一组的下限以后，依次每增加一个组距就是一个组限，当组限值增加到比变量的最大值还大时即为最高组的上限。这样，就实现了观测变量的组距分组。

组限的表示方法根据变量的不同也有所不同。若变量是离散变量，则相邻两组中变量值较小一组的上限和变量值较大一组的下限可分别用相邻的两个整数值表示；若变量是连续变量或是可取整数又可取非整数的离散变量，则相邻两组变量值较小的一组的上限和变量值较大一组的下限只能用同一数值表示。为了不违反分组的互斥性原则，在后一种情况下一般规定上限不包含在本组之内，称为“上限不在内原则”，这是一个约定俗成的原则。需要指出，虽然只取整数值的变量分组时相邻两组的上下限应分别用相邻的两个整数值表示，但是在实践中，当该变量的数值较大时，为了简便也常采用同一数值来表示。

例如，在［例3—3］中居民家庭月食品消费支出金额数据中，其中的最小值为350元，则此时可以将最低一组的下限确定为350元，然后顺次加上100元，就可得出各个组限值分别为450、550、650、750、850、950、1050元。这样就得出了全部分组的组限。

需要特别指出的是，本例中的全部变量值都被归入所划分的7个组中，假若在实际中，遇到某些变量的取值出现特别小的数值或者特别大的数值时，其最小的变量值无法归入最小一组中，或者最大的变量值也无法归入最大一组中，这时我们就需要将最小一组的组限表示为“某某以下”，或者将最大一组的组限表示为“某某以上”的形式，即最小一组只给出上限或者最大一组只给出下限，一般将这种缺下限或者缺上限的组称为“开口组”。

4. 计算各组的次数（频数）

在确定了各组的组限以后，就需要计算出变量值中落入各组之内的个数，每组所分配的变量值的个数也就是该组的次数（频数）。

5. 列出组距分组次数分布表

当各组变量值的变动范围和各组的次数确定之后，接下来就可以将各组变量值按照从小到大的顺序排列，并列出相对应的次数，就形成组距分组次数分布表，通常又将这种次数分布表称为变量数列。根据［例3—3］资料，经过整理，所得变量数列如表3—3所示。

**表3—3　　某城区60个居民家庭月食品消费支出金额的次数分布表**

| 月食品消费支出（元） | 家庭数（户） | 比重（%） |
|---|---|---|
| 350～450 | 2 | 3.3 |
| 450～550 | 6 | 10.0 |
| 550～650 | 10 | 16.7 |
| 650～750 | 13 | 21.7 |
| 750～850 | 20 | 33.3 |
| 850～950 | 8 | 13.3 |
| 950～1 050 | 1 | 1.7 |
| 合计 | 60 | 100.0 |
| 组别 | 次数（频数） | 频率 |

### (三) 累计频数和累计频率

1. 累计频数（或频率）分布数列

在研究频数（或频率）分布时，还常常需要编制累计频数数列和累计频率数列。累计频数（或频率）可以采用向上累计频数（或频率），也可以采用向下累计频数（或频率）。

向上累计频数（或频率）的具体做法是：由变量值低的组向变量值高的组依次累计频数（或频率）。向上累计频数的结果表明某组上限以下的各组次数（或频数）之和是多少；向上累计频率的结果表明某组上限以下的各组次数（或频数）之和占总次数（或总频数）的比重是多少。因此，当我们所关心的是变量值比较小的现象的次数分布情况时，通常采用向上累计，以表明所关注的某一较低变量值以下的变量值出现的次数占总次数的比重。

向下累计频数（或频率）的具体做法是：由变量值高的组向变量值低的组依次累计频数（或频率）。向下累计频数的结果表明某组下限及以上各组次数（或频数）之和是多少；向下累计频率的结果表明某组下限及以上各组次数（或频数）之和占总次数（或总频数）的比重。因此，当我们所关心的是变量值比较大的现象的次数分布情况时，通常采用向下累计，以表明所关注的某一较高变量值以上的变量值出现的次数占总次数的比重。

**【例 3—4】**以表 3—3 资料为例，分别计算向上和向下累计。

**解：**所得结果如表 3—4 所示。

**表 3—4　　某城区 60 户家庭月食品消费支出金额的次数分布累计表**

| 月食品消费支出（元） | 家庭数（频数）（户） | 比重（频率）（%） | 向上累计 | | 向下累计 | |
|---|---|---|---|---|---|---|
| | | | 频数 | 频率（%） | 频数 | 频率（%） |
| 350～450 | 2 | 3.3 | 2 | 3.3 | 60 | 100.0 |
| 450～550 | 6 | 10.0 | 8 | 13.3 | 58 | 96.7 |
| 550～650 | 10 | 16.7 | 18 | 30.0 | 52 | 86.7 |
| 650～750 | 13 | 21.7 | 31 | 51.7 | 42 | 70.0 |
| 750～850 | 20 | 33.3 | 51 | 85.0 | 29 | 48.3 |
| 850～950 | 8 | 13.3 | 59 | 98.3 | 9 | 15.0 |
| 950～1 050 | 1 | 1.7 | 60 | 100.0 | 1 | 1.7 |
| 合计 | 60 | 100.0 | — | — | — | — |

由表 3—4 中的向上累计结果可以看出：在 60 个家庭中，月食品消费支出在 650 元以下的有 18 个家庭，占家庭总数的 30%，月食品消费支出在 850 元以下的有 51 个家庭，占家庭总数的 85%；由向下累计可以看出，月食品消费支出在 650 元及以上的有 42 个家庭，占家庭总数的 70%，月食品消费支出在 850 元及以上的有 9 个家庭，占家庭总数的 15%。

2. 累计频数（或频率）分布曲线

累计频数和累计频率不仅可以用上述的表格形式表示，还可以用图形表示。累计频数（频率）的分布图分为向上累计频数（频率）分布图和向下累计频数（频率）分布图。不论是向上累计还是向下累计，均以分组变量为横轴，以累计频数（频率）为纵轴。在直角坐标系上将各组组距的上限与其相应的累计频数（频率）构成坐标点，依次用折线（或光滑曲线）相连，即是向上累计分布图。对于向下累计频数分布图，在直角坐标系上将各组组距下限与其相应累计频数（频率）构成坐标点，依次用折线（或光滑曲线）相连，即是向下累计分布图，如图 3—1 所示。

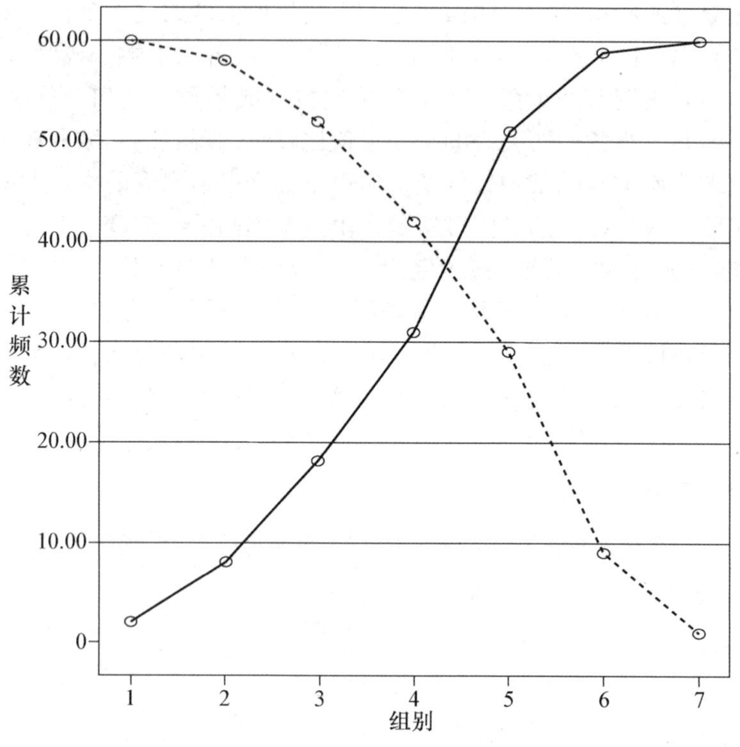


**图 3—1　累计频数（频率）分布**

累计频数和累计频率可以概括地反映变量取值的分布特征，向上累计分布曲线呈上升状，向下累计分布曲线呈下降状。组的次数（或频数）较少，曲线显得平缓；组的次数（或频数）较密集，曲线显得较陡峭。

**（四）变量数列分布图**

变量的次数分布除了可以用上面的次数分布表来表示外，在实际研究中，还可以使用变量的次数分布图来显示。变量的次数分布图就是用线和面等形状来显示次数分布的几何图形，常用的次数分布图主要有柱状图、直方图和折线图等几种。

1. 柱状图

所谓柱状图，就是用顺序排的柱状线段的高低来显示各组变量值出现次数的多少或频率高低的图形。柱状图通常用来显示单项分组的次数分布。如根据表 3—2 给出的某小区居民家庭人口数的次数分布可作出柱状图，如图 3—2 所示。

2. 直方图

所谓直方图，就是用顺序排列的各区间上的直方条表示变量在各区间内取值的次数或频率的图形。直方图可用来显示变量的组距分组次数分布。如根据表 3—3 给出的某城区

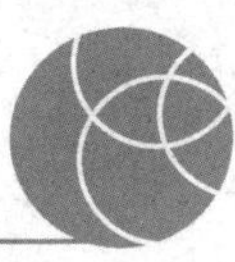

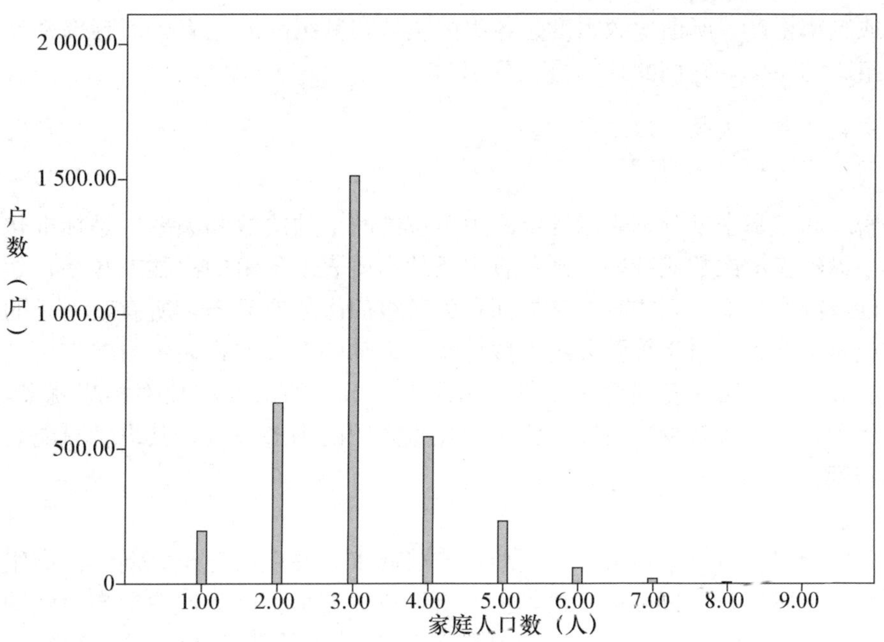


**图 3—2　某小区居民家庭人口数分布柱状图**

60 个居民家庭月食品消费支出金额次数分布就可以做出其次数分布直方图，如图 3—3 所示。

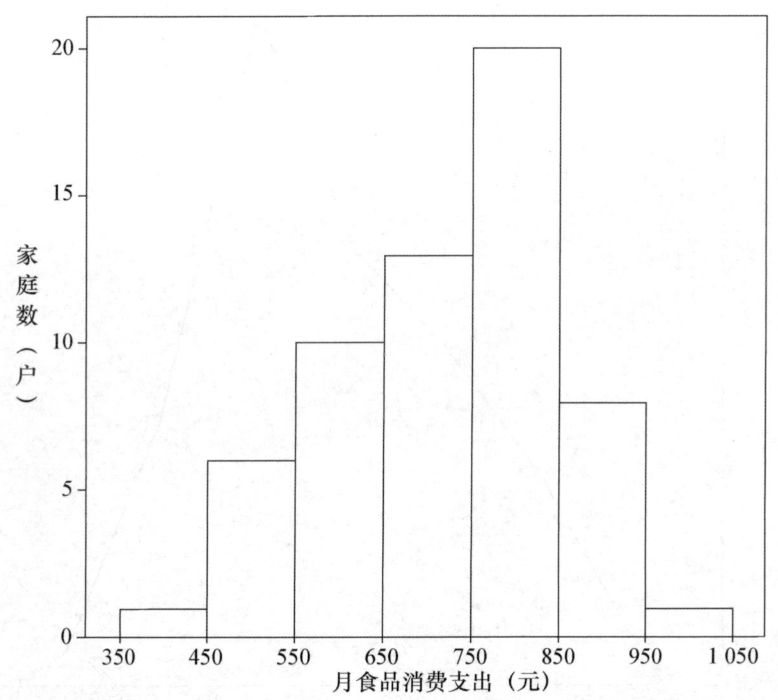


**图 3—3　居民家庭月食品消费支出金额次数分布直方图**

在直方图中，横轴表示变量，纵轴可以表示各组次数或各组频率，也可以表示各组的次数密度或频率密度。所谓次数密度是各组的次数与其组距的比率，而频率密度则是各组频率与其组距的比率，它们的计算公式分别为：

次数密度＝次数/组距

频率密度＝频率/组距

次数密度和频率密度分别表示各组距内单位区间上的次数和频率，是标准化的次数和频率。如果纵轴表示次数或频率，则各直方条的高就表示各组的次数或频率；如果纵轴表示次数密度或频率密度，则各直方条的面积为各组的次数或频率，所有直方条的总面积等于总次数或频率总和。对于等距分组次数分布，纵轴的上述四种表示方法均可；但对于异距分组的次数分布，由于各组组距不等，组距大，组内的次数和频率相应就多，组距小，组内的次数和频率相应就少，所以，为了避免直方图的图形失真，其纵轴只能表示次数密度或频率密度。

3. 折线图

在直方图中将各直方条顶端中点用线段连接起来，并在最低组之前和最高组之后各延长半个组距，将所连折线再连接到横轴上，所形成的图形就称为次数分布折线图。折线图也可用来显示组距分组的次数分布。如根据表 3—3 给出的某城区 60 个居民家庭月食品消费支出金额数据和图 3—3 的直方图，可以做出如图 3—4 所示的某城区 60 个居民家庭月食品消费支出金额的次数分布折线图。

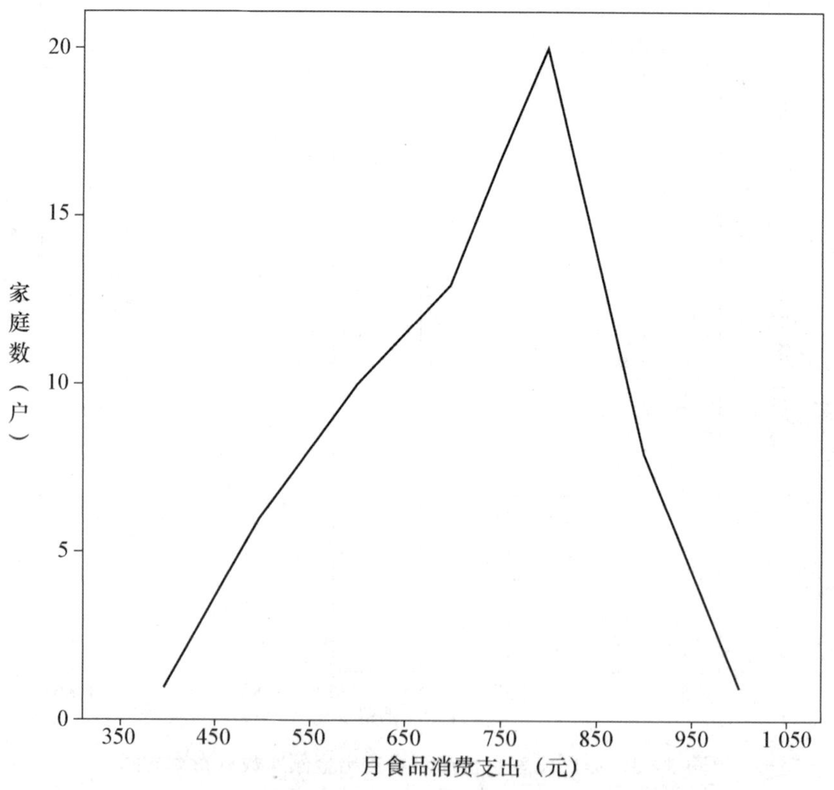


**图 3—4　居民家庭月食品消费支出金额分布折线图**

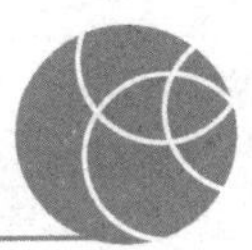

与直方图类似，分布折线图中的纵轴也有四种表示方法，即可表示次数、频率、次数密度或频率密度。在实际分析中，最有用的分布折线图是纵轴为频率密度的分布折线图，在此类分布折线图中，分布折线下某一区间图形的面积近似地等于变量在该区间内取值的频率，而分布折线与横轴所围成的整个图形的总面积近似等于1。当变量的变量值很多且分组较多较细时，分布折线图就趋近于一条光滑的曲线。

## 第二节　次数分布的理论模型

### 一、次数分布理论模型的概念和意义

在统计分析中，掌握观测变量的次数分布是分析推断的基础和出发点。但是，在实践中，对于不同的观测变量，往往有不同的次数分布，各个变量的次数分布互不相同，这给分析研究带来了很大不便。因此，若能够对实践中遇到的各种变量的次数分布加以分类整理，使每类变量的次数分布都能用一个数学模型加以描述，那么，将会给进一步的分析研究带来极大的便利。

变量的次数分布是由各个分组的变量值和各组次数或各组频率顺序排列而形成的，由于对不同的观测变量的不同观测来说，其观测值的个数一般不同，各组次数受观测值总个数的影响，所以难以用一个统一的模式来描述。但是，对于任何观测变量的任意一次观测来说，其次数分布的各组频率总和总为1，便于用一个统一模式来描述，所以，观测变量次数分布的理论模式可以根据其频率分布给出。

从理论上讲，统计活动中所观测研究的变量，由于其取值随着观测个体的不同而不同，并具有随机性，因此，都被定义为随机变量。而随机变量取某一个数值或在某个区间上取值被看作一个随机事件，随机变量在某个数值上或在某个区间内取值的频率，就是该随机事件发生的频率，因此，随机变量次数分布的理论模型也称为该变量的概率分布模型。

随机变量的概率分布的表示方法主要有三种，即概率分布表、概率分布图和概率分布函数。其中概率分布模型的数学函数式在理论分析研究中具有重要的地位和作用。但是，由于许多概率分布模型的数学函数式十分复杂，不便于应用，所以，在实际应用中一般使用理论概率分布模型的函数表和分布图。

由于随机变量有离散型随机变量和连续型随机变量两种，它们的取值形式不同，概率分布模型的表现形式也不同，因而就产生了离散型随机变量概率分布模型和连续型随机变量分布模型两大类。在这两类模型中，每一类都有许多不同的理论概率分布模型，它们描述了各种随机变量概率分布的规律。在现实研究中，各种观测变量的概率分布都可以用某个理论概率分布模型去近似地描述。

### 二、离散型随机变量的概率分布

若随机变量的所有可能取值是有限个或可列无限多个，则这种随机变量称为离散型随

机变量。

要掌握一个离散型随机变量 $X$ 的概率分布，不仅要知道 $X$ 的所有可能取值，而且还要知道它取每个值的概率。

设离散型随机变量 $X$ 所有可能的取值为 $x_k(k=1, 2, \cdots)$，$X$ 取各个可能值的概率，即事件 $\{X=x_k\}$ 的概率为：

$$P\{X=x_k\}=P_k \quad k=1,2,\cdots \tag{3.1}$$

由概率的定义知，$P_k$ 满足如下两个条件：

(1) $P_k \geqslant 0 \quad k=1, 2, \cdots$

(2) $\sum_{k=0}^{\infty} P_k = 1$

我们称式 3.1 为离散型随机变量 $X$ 的概率分布或分布律。分布律也可以用表格的形式来表示，见表 3—5。

**表 3—5　　分布律**

| $X$ | $x_1$ | $x_2$ | … | $x_n$ | … |
|---|---|---|---|---|---|
| $P_k$ | $p_1$ | $p_2$ | … | $p_n$ | … |

由分布律的定义知：若要求离散型随机变量 $X$ 的分布律，首先需要知道 $X$ 的所有可能取值；然后求出 $X$ 取每个值的概率；最后将 $X$ 的全部取值与取每个值的概率用表 3—5 的形式表示出来即可。

**【例 3—5】** 随机变量 $X$ 表示掷一颗骰子出现的点数，求 $X$ 的分布律。

**解：** $X$ 所有可能的取值为：1，2，3，4，5，6，且相应的概率为：

$$P\{X=k\}=\frac{1}{6} \quad (k=1,2,3,4,5,6)$$

其分布律的表示见表 3—6。

**表 3—6　　分布律**

| $X$ | 1 | 2 | 3 | 4 | 5 | 6 |
|---|---|---|---|---|---|---|
| $P_k$ | $\frac{1}{6}$ | $\frac{1}{6}$ | $\frac{1}{6}$ | $\frac{1}{6}$ | $\frac{1}{6}$ | $\frac{1}{6}$ |

下面介绍几种常用的离散型随机变量的概率分布。

**(一) 两点分布**

两点分布的应用条件是：若互相独立的重复试验只有“成功”和“失败”两种结果，这种试验称为贝努里试验。如掷硬币、产品质量（合格和不合格）、未出生婴儿的性别、某类电视节目（观看和未观看）等的实验都属于贝努里试验。这类实验具有以下特征：

(1) 实验只有两种对立的结果。假定一种是“成功”，另一种就是“失败”。

(2) 若成功事件的概率是 $p$，那么失败事件的概率为 $1-p$ 或者 $q$，即：$p+q=1$ 。

(3) 实验为独立试验。

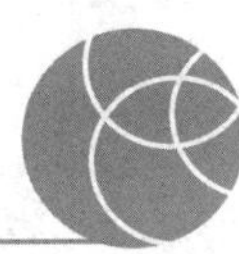

两点分布的分布律如表 3—7 所示。

**表 3—7**　　分布律

| $X$ | $a$ | $b$ |
|---|---|---|
| $P_k$ | $1-p$ | $p$ |

$0<p<1$，$(a\neq b)$，特别是 $a=0$，$b=1$ 时，两点分布称为 0－1 分布，其分布律如表 3—8 所示。

**表 3—8**　　分布律

| $X$ | 0 | 1 |
|---|---|---|
| $P_k$ | $1-p$ | $p$ |

**（二）超几何分布**

超几何分布的应用条件是：(1) 从一个含有 $N$ 个个体的总体中，以不重复方式随机抽取 $n$ 个个体作为样本，各次抽样（试验）并非独立；(2) 总体中的全部个体分为两类，假设为"成功"与"失败"，其中"成功"类的个体数目为 $D$ 个，"失败"类的个体数目为 $N-D$ 个；(3) 样本中从"成功"类 $D$ 中抽取个体数目为 $k$ 个，从"失败"类 $N-D$ 中抽取个体数目为 $n-k$ 个。若要确定 $n$ 次实验中恰好出现 $k$ 次成功的概率，则需采用概率模型为：

$$P(X=k)=\frac{C_D^k C_{N-D}^{n-k}}{C_N^n}\quad k=0,1,2,\cdots,n \tag{3.2}$$

式 3.2 是超几何分布的分布律。

**（三）二项分布**

二项分布的应用条件是：在 $n$ 次贝努里试验的基础上，若要确定其恰好有 $k$ 次成功的概率，其中随机变量 $X$ 表示实验次数，则其概率模型为：

$$P\{X=k\}=C_n^k p^k\ (1-p)^{n-k}\quad k=0,1,2,\cdots,n \tag{3.3}$$

式 3.3 是二项分布的分布律，式中：$0<p<1$；$n$ 为正整数；$n$ 和 $p$ 为二项分布的两个重要参数。

此外，在二项分布中，当 $n=1$ 时，二项分布就变为两点分布，因此，两点分布可以看作二项分布在 $n=1$ 时的一个特例。

**（四）泊松分布**

服从泊松分布的随机变量对于描述在一个特定时间或空间范围内某一事件发生的次数很有用。比如，电话交换台在 10 分钟时间内收到用户的呼叫次数；在 1 小时内到达某售票口的人数；100 公里长的油管有泄漏处的个数；等等。在通常条件下，如果满足下面两个特点，那么，某一事件发生的次数就是一个可以用泊松分布来描述的随机变量。其一，任何两个相等的间隔期内某一事件发生次数的概率相等；其二，在某一间隔内某一事件的发生与否和其他任何一个间隔期内该事件的发生与否相互独立。

泊松分布的分布律为：

$$P\{X=k\}=\frac{\lambda^k}{k!}e^{-\lambda} \quad k=0,1,2,\cdots$$

记作 $X\sim P(\lambda)$，式中 $\lambda>0$ 为参数。

## 三、连续型随机变量的概率分布

由于连续型随机变量的取值是不可数且又不可列的，因此，其概率分布不能像离散型随机变量那样用分布律去描述，这时，我们需要根据连续型随机变量的变动特点，引入一个新的概念——概率分布密度，即用概率分布密度来描述连续型随机变量的变动规律。

**定义** 对于随机变量 $X$ 的分布函数 $F(x)$，如果存在非负函数 $f(x)$，使对任意实数 $x$ 有

$$F(x)=\int_{-\infty}^{x} f(x)\mathrm{d}x$$

则称 $X$ 为连续型随机变量，$f(x)$ 为 $X$ 的概率分布密度，简称分布密度或概率密度。分布密度的图形叫做分布密度曲线，如图 3—5 所示。

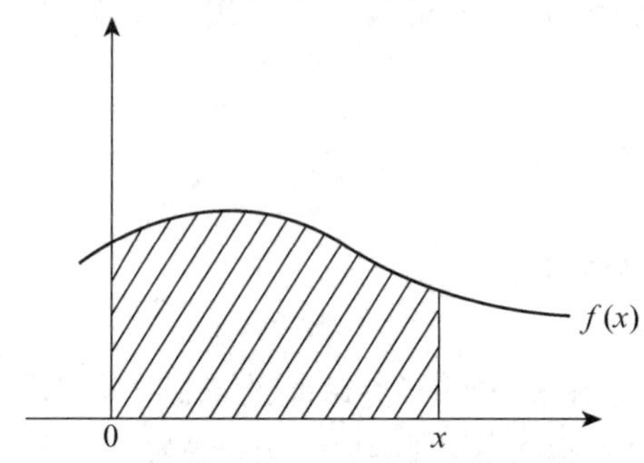


**图 3—5 分布密度曲线**

连续型随机变量的分布函数 $F(x)$ 的几何意义是：$F(x)$在点 $x$ 处的值等于在区间 $(-\infty, x]$ 上方，分布密度曲线 $f(x)$ 下方与横轴之间的面积，如图 3—5 所示。

分布密度 $f(x)$具有下列性质：

(1) $f(x)\geqslant 0$，$-\infty<x<+\infty$

(2) $P\{a<X<b\}=F(b)-F(a)=\int_{a}^{b} f(x)\mathrm{d}x$

这一性质的几何意义是：随机变量 $X$ 落在区间 $(a, b]$ 上的概率等于由直线 $x=a$，$x=b$，$x$ 轴及密度曲线 $f(x)$所围成的图形的面积。

(3) $\int_{-\infty}^{+\infty} f(x)\mathrm{d}x=1$

(4) 若 $f(x)$在 $x$ 处连续，则 $F'(x)=f(x)$

需要特别指出的是，若 $X$ 是连续型随机变量，则对于任意实数 $a$，都有 $P\{X=a\}=0$。

下面介绍几种常用的连续型随机变量的概率分布。

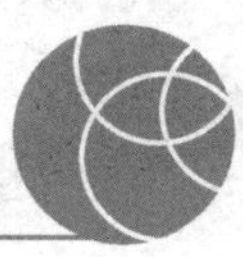

**（一）均匀分布**

假定一个随机变量 $X$，它表示一架从深圳飞往北京的飞机的飞行时间。再假定飞行时间 $X$ 在 180～200 分钟之间取值。因为随机变量 $X$ 在这个区间可以取任何值，所以 $X$ 是连续型随机变量。假定从众多的实际飞行数据中，我们可以得出结论：从 180 分钟到 200 分钟任何一分钟间隔内飞行时间的概率相等。因为在每一分钟间隔内，飞行时间的概率都相等，所以称随机变量 $X$ 服从均匀分布，其概率密度为：

$$f(x)=\begin{cases}\dfrac{1}{20}, & 180\leqslant x\leqslant 200\\ 0, & \text{其他}\end{cases}$$

若连续型随机变量 $X$ 的概率密度为

$$f(x)=\begin{cases}\dfrac{1}{b-a}, & a\leqslant x\leqslant b\\ 0, & \text{其他}\end{cases}$$

则称随机变量 $X$ 在 $[a,\ b]$ 上服从均匀分布。

**（二）正态分布**

正态分布是连续型随机变量最常用的一种分布，其在实际中的应用非常广泛。例如：当将人的身高和体重、智商的量化值、学生的学习成绩以及证券的收益率等作为随机变量时，它们都可能近似地服从正态分布。

若随机变量 $X$ 的概率密度为

$$f(x)=\frac{1}{\sqrt{2\pi}\sigma}e^{-\frac{(x-\mu)^2}{2\sigma^2}},\ -\infty<x<+\infty$$

其中，$\sigma>0$ 为常数，则称 $X$ 服从参数为 $\mu$、$\sigma$ 的正态分布，记作 $X\sim N(\mu,\ \sigma^2)$。

正态分布的概率分布密度曲线，简称正态曲线，如图 3—6 所示。

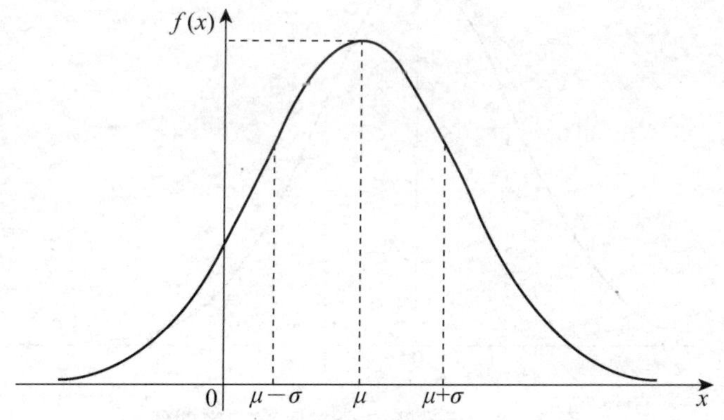


**图 3—6　正态分布概率密度曲线**

正态分布具有下列重要性质：

（1）$f(x)$ 关于直线 $x=\mu$ 对称；在 $x=\mu\pm\sigma$ 处有拐点。

(2) $f(x)$在$x=\mu$处达到最大值$\frac{1}{\sqrt{2\pi}\sigma}$，该处也是分布的中位数和众数。

(3) 当$x\to\infty$时，$f(x)\to 0$，即曲线$y=f(x)$以$x$轴为渐近线。

(4) 当$\sigma$越大时，曲线越平缓；当$\sigma$越小时，曲线越陡峭，如图3—7所示。

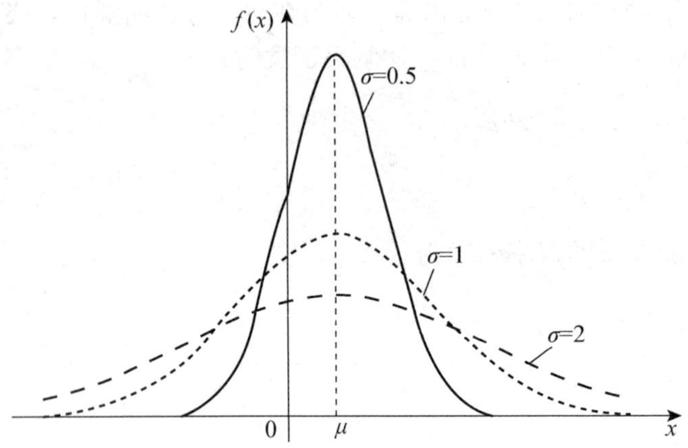


图3—7　σ变动对一般正态分布曲线的影响

对于一般正态分布而言，若$\mu=0$，$\sigma^2=1$，即$X\sim N(0，1)$时，则称$X$服从标准正态分布。其概率密度为：

$$\varphi(x)=\frac{1}{\sqrt{2\pi}}e^{-\frac{x^2}{2}}，-\infty<x<\infty$$

标准正态分布的密度曲线$\varphi(x)$如图3—8所示。

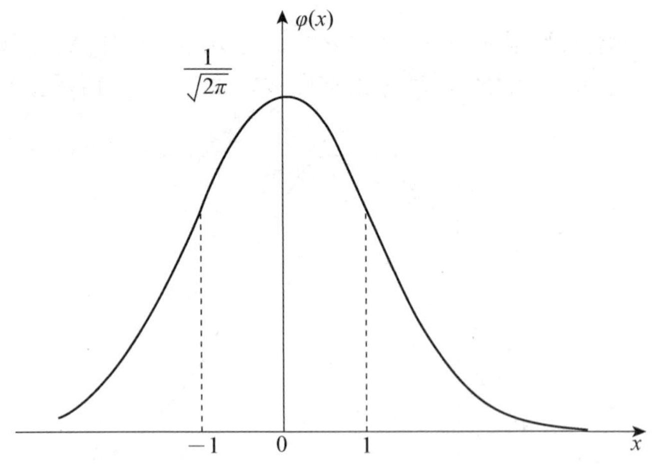


图3—8　标准正态分布概率密度曲线

若$X\sim N(\mu，\sigma^2)$，我们只要通过一个线性变换就能将它化成标准正态分布。即：如果$X\sim N(\mu，\sigma^2)$，则$Z=\frac{x-\mu}{\sigma}\sim N(0，1)$。

$Z$通常称为$X$的标准化。这就是说，对于任一正态分布，我们都可以通过标准化使其

变为标准正态分布。

为了便于计算正态分布的分布函数值，本书中附有标准正态分布表（见附录1.1），当$Z>0$时，$\Phi(Z)$的值可由该表直接查出；当$Z<0$时，可由等式$\Phi(Z)=1-\Phi(-Z)$，通过查$\Phi(Z)$的值来换算$\Phi(-Z)$的值。

**【例3—6】** 设$X\sim N(1.5,4)$，要求计算：

(1) $P\{X<3.5\}$；(2) $P\{X>5.5\}$；(3) $P\{|X-3|>6.5\}$

**解：**(1) $P\{X<3.5\}=P\left\{\frac{X-1.5}{2}<\frac{3.5-1.5}{2}\right\}=\Phi(1)=0.8413$

(2) $P\{X>5.5\}=1-P\{X\leqslant 5.5\}=1-\Phi\left(\frac{5.5-1.5}{2}\right)=1-\Phi(2)=0.0228$

(3) 
$$\begin{aligned}P\{|X-3|>6.5\}&=P\{X>9.5\}+P\{X<-3.5\}\\&=1-\Phi\left(\frac{9.5-1.5}{2}\right)+\Phi\left(\frac{-3.5-1.5}{2}\right)\\&=1-1+1-\Phi(2.5)=1-0.9938=0.0062\end{aligned}$$

**【例3—7】** 某一轮胎制造商为了对一新型号轮胎制定质量担保协议，需制定一个担保寿命，若使用寿命小于该寿命，则允许其退货。为此，对该轮胎的使用寿命进行测试，得到其使用寿命服从正态分布，$\mu$为76 640公里，$\sigma$为3 280公里。制造商要设置一个担保的使用寿命使其退货的概率小于4%。试问该担保的使用寿命应为何值？

**解：**设该轮胎的使用寿命为$X$，则$X\sim N(76\,640,3\,280^2)$

设制造商制定的担保寿命为$x$，则按题意有

$$P\{X<x\}=0.04\quad 即\quad \Phi\left(\frac{x-76\,640}{3\,280}\right)=0.04$$

又因为$\Phi(1.75)=0.96$，所以$\Phi(-1.75)=1-\Phi(1.75)=0.04$

则有$\frac{x-76\,640}{3\,280}=-1.75$

解得$x=70\,900$（公里）

故制造商制定的担保寿命应为70 900公里。

**（三）指数分布**

指数分布通常用来描述完成某项任务所需的时间，比如，乘客在公共汽车站等车的时间，灯泡的使用寿命（等待用坏的时间），两辆汽车到达某一洗车点的时间间隔，给一辆卡车装货所需要的时间，高速公路上两个主要疵点之间的距离，电话交换台收到两次呼叫的时间间隔，等等。指数分布的概率密度函数为：

$$f(x)=\begin{cases}\frac{1}{\lambda}e^{-\frac{1}{\lambda}x}, & x\geqslant 0\\0, & x<0\end{cases}\tag{3.4}$$

其中$\lambda>0$为参数。（注：式3.4指数分布的期望值即均值为$\lambda$。）

例如，给一辆卡车装货所需的时间服从指数分布，若均值或平均装载时间是15分钟（$\mu=15$），则其概率密度函数为：

$$f(x)=\begin{cases}\dfrac{1}{15}e^{-\frac{x}{15}}, & x\geqslant 0\\ 0, & x<0\end{cases}$$

需要特别指出的是：指数分布和泊松分布之间存在一定的关系，在通常情况下，泊松分布用来描述某区间内某事件的发生次数，而指数分布则用来描述两次事件之间的长度。假定用均值为每小时 10 辆汽车的泊松概率分布来描述在 1 小时到达某个洗车点的汽车数，给出每小时有 $x$ 辆汽车到达洗车点的概率的泊松分布函数为：

$$f(x)=\frac{10^x e^{-10}}{x!} \qquad x=0,1,\cdots$$

因为每小时平均有 10 辆汽车到达洗车点，两辆汽车到达之间的时间即为：

1 小时/10 辆汽车＝0.1 小时/辆汽车

因此，对应的描述两辆汽车到达之间的指数分布的均值就是 $\mu=0.1$ 小时/辆汽车，则其指数分布密度函数为：

$$f(x)=\frac{1}{0.1}e^{-\frac{x}{0.1}}=10e^{-10x}$$

**（四）$\chi^2$ 分布**

$\chi^2$ 分布是若干个相互独立的标准正态随机变量平方和的概率分布模型。所谓若干个随机变量相互独立，是指这些随机变量的取值及其概率相互没有影响。若一个随机变量是若干个相互独立的标准正态变量的平方和，则该随机变量的概率分布就是 $\chi^2$ 分布。

假如随机变量 $Z_1$，$Z_2$，…，$Z_n$ 都服从标准正态分布 $N$（0，1），且相互独立，若记这些标准正态变量的平方和为 $X$，即令

$$X=\sum_{i=1}^{n}Z_i^2$$

则该随机变量 $X$ 服从 $\chi^2$（$n$）分布，其概率密度函数为：

$$f(x)=\begin{cases}\dfrac{1}{2^{\frac{n}{2}}\Gamma\left(\dfrac{n}{2}\right)}x^{\frac{n}{2}-1}e^{-\frac{n}{2}}, & (x>0)\\ 0, & (x\leqslant 0)\end{cases}$$

$\chi^2$ 分布有一个参数 $n$，它也称为 $\chi^2$ 分布变量的自由度。$\chi^2$ 分布一般记作 $\chi^2$（$n$）。若随机变量 $X$ 服从 $\chi^2$ 分布，则记作 $X\sim\chi^2(n)$。$\chi^2$ 分布变量的概率密度函数的图形，随着其参数即自由度 $n$ 的不同而有不同的形状，如图 3—9 所示。

**（五）$t$ 分布**

设随机变量 $Z$ 服从标准正态分布，随机变量 $X$ 服从自由度为 $n$ 的 $\chi^2$ 分布，即有 $Z\sim N$（0，1），$X\sim\chi^2(n)$，且二者相互独立，则随机变量

$$t=\frac{Z}{\sqrt{\dfrac{X}{n}}}$$

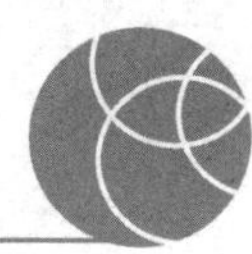

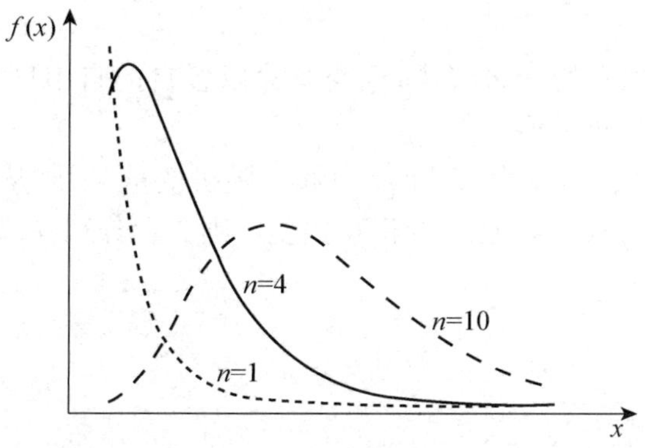


图 3—9　$\chi^2$ 分布的概率密度曲线

服从学生 $t$ 分布。此随机变量 $t$ 的概率分布是由英国学者戈塞特给出的，由于戈塞特（W. S. Gosset）在发表此分布时使用了“学生”的笔名，所以，此分布通常也就称为学生分布。学生 $t$ 分布的概率密度函数为：

$$f(t)=\frac{\Gamma\left(\frac{n+1}{2}\right)}{\sqrt{n\pi}\Gamma\left(\frac{n}{2}\right)}\left(1+\frac{t^2}{n}\right)^{\frac{n+1}{2}},\quad -\infty<t<+\infty$$

$t$ 分布也有一个参数，即其分母中 $\chi^2$ 变量的自由度 $n$，也称为 $t$ 分布变量的自由度。$t$ 分布一般记作 $t(n)$。若随机变量 $t$ 服从自由度为 $n$ 的 $t$ 分布，则记作 $t\sim t(n)$。$t$ 分布的概率密度函数的图形是一条以纵轴为对称轴的对称曲线，很接近标准正态分布概率密度曲线。实际上，当 $t$ 分布变量的自由度 $n$ 趋近于无穷时，$t$ 分布的极限分布就是标准正态分布。而当其自由度 $n>=30$ 时，$t$ 分布与标准正态分布的差别就已经很小，就可以用标准正态分布来代替 $t$ 分布。$t$ 分布的概率密度曲线如图 3—10 所示。

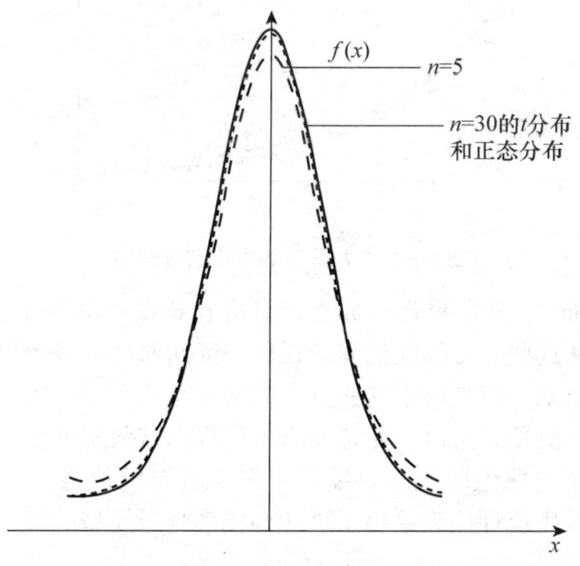


图 3—10　$t$ 分布的概率密度曲线

**（六）*F* 分布**

$F$ 分布是两个互相独立的 $\chi^2$ 分布随机变量除以各自的自由度以后二者再相除之商所构成的随机变量的概率分布模型。

设随机变量 $U_m$ 服从自由度为 $m$ 的 $\chi^2$ 分布，随机变量 $V_n$ 服从自由度为 $n$ 的 $\chi^2$ 分布，即有 $U_m \sim \chi^2(m)$，$V_n \sim \chi^2(n)$，且二者相互独立，则二者分别除以各自的自由度后再相除所构成的随机变量

$$F=\frac{U_m/m}{V_n/n}$$

服从 $F$（$m$，$n$）分布，其概率密度函数为：

$$f(x)=\begin{cases}\dfrac{m^{\frac{m}{2}}n^{\frac{n}{2}}}{B\left(\dfrac{m}{2},\dfrac{n}{2}\right)}x^{\frac{m}{2}-1}(n+mx)^{-\frac{m+n}{2}}, & (x>0)\\ 0, & (x\leqslant 0)\end{cases}$$

$F$ 分布也有两个参数，一个是分子中随机变量 $U_m$ 的自由度 $m$，另一个是分母中随机变量 $V_n$ 的自由度 $n$，这两个自由度仍称为 $F$ 分布的自由度，分别叫做 $F$ 分布的第一自由度和第二自由度。$F$ 分布一般记作 $F(m,n)$，若随机变量 $X$ 服从第一自由度为 $m$ 和第二自由度为 $n$ 的 $F$ 分布，则可记作 $X\sim F(m,n)$。$F$ 分布的概率密度函数的图形也随着其分子和分母自由度的不同而有所不同，如图 3—11 所示。

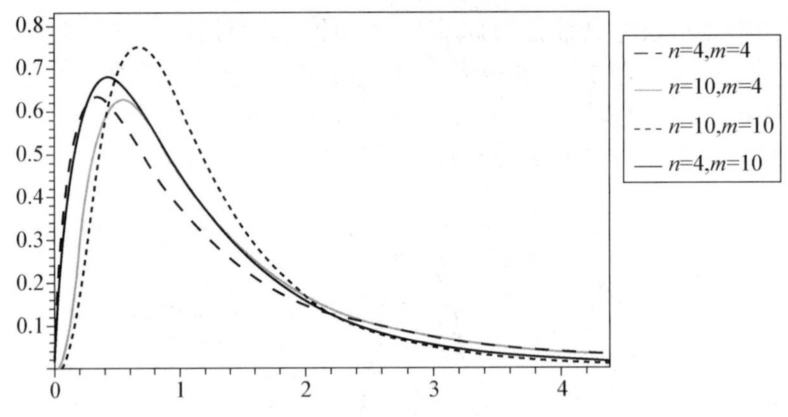


**图 3—11　*F* 分布的概率密度曲线**

正态分布、$\chi^2$ 分布、$t$ 分布和 $F$ 分布在统计分析推断中具有十分重要的地位和作用。虽然从理论上讲，服从这些分布的随机变量在任一区间取值的概率可根据其分布密度函数用定积分的方法计算出来，但是由于这些分布的密度函数都十分复杂，其积分的计算方法也都十分复杂，不便于应用，所以一般是专家事先根据这些密度函数用电子计算机计算出这些随机变量在各个区间取值的概率，编制成概率分布数值表，实际应用中只需查表即可。本书附录 1 中的常用统计用表给出了这几种概率分布模型的常用概率数值。

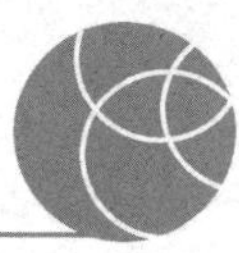

## 思考与练习

1. 什么是次数分布？构成次数分布的要素有哪些？

2. 如何编制次数分布表？显示次数分布的方法有哪几种？

3. 总体次数分布和样本次数分布有什么不同？二者有何联系？

4. 什么是次数分布的理论模型？表示随机变量的概率分布的方法都有哪些？

5. 两点分布、二项分布、超几何分布和泊松分布各有什么实际背景？相互之间有何联系？

6. 正态分布、$\chi^2$ 分布、$t$ 分布和 $F$ 分布都是如何定义的？这几种分布之间有何联系？

7. 某市场调查公司某月调查了 50 个加油站汽油的销售价格，得到了下列数据（单位：元/升）：

6.87　6.76　6.91　6.83　6.79　6.86　7.11　6.98　7.01　7.97
6.84　7.00　7.03　6.90　6.84　6.83　6.85　6.89　6.99　7.03
7.09　6.90　6.88　6.96　7.15　6.82　7.12　7.06　7.04　6.93
7.06　6.98　6.80　6.93　7.00　6.98　6.83　6.92　7.10　6.91
6.75　6.73　6.79　6.77　7.02　6.80　6.81　6.94　6.89　6.96

要求：用组距分组的方法将上述数据分组，并编制出组距分组次数分布表，绘制出次数分布直方图和折线图。

8. 抽样调查某地区 50 户居民的月消费品支出额数据资料（单位：元）如下：

967　895　921　978　821　924　651　850　926　946　938　800　864　919　863　981　916　818　900　893　890　954　1 006　926　900　999　886　1 120　905　866

816　978　1 000　918　1 040　854　1 100　900　928　1 027　946　999　950　864　1 050　927　949　852　928　886

要求：

（1）根据上述资料采用组距分组方法编制次（频）数分布和频率分布数列。

（2）编制向上和向下累计频数、频率数列。

（3）绘制向上和向下累计频数图。

# 第四章　分布特征的测度

**本章导学**

通过学习本章的内容，要求学生理解和领会观测变量次数分布各种分布特征测度的意义，掌握各种测度指标和测度方法，并能将这些指标和方法正确地应用于国民经济统计数据的分析。

## 第一节　分布中心的测度

知道观测变量次数分布的理论模型，就意味着掌握了这个变量的变动规律。但在实际研究中，要寻找一个观测变量次数分布的理论模型并不是一件容易的事，而且在许多研究中往往没有必要去寻找观测变量次数分布的理论模型，只要知道该观测变量的某些分布特征就可以了。因此，在对观测变量的研究中，掌握其分布特征的有关理论及测定方法也是很重要的。

### 一、分布中心的概念及意义

一个变量的次数分布不仅能够显示其在不同取值上出现次数的多少，而且还可以概括地反映其在取值整体上的分布状况。但在实际研究中，仅仅掌握变量的次数分布是不够的，它无法对其作出全面系统的评价。为了对变量进行更深入的研究，还需要进一步揭示出变量的其他各种分布特征。其中，分布中心就是变量的一个最重要的分布特征。

所谓分布中心，是指距离一个变量的所有取值最近的数值。揭示变量的分布中心有着十分重要的意义。

首先，变量的分布中心是变量取值的一个代表，可以用它来反映其取值的一般水平。一个变量往往有许多个不同的取值，假若要用一个数值作为它们的代表，反映其一般水平，分布中心值无疑是一个最合适的数值。

其次，变量的分布中心可以揭示其取值的次数分布在直角坐标系上的集中位置，可以用来反映变量分布密度曲线的中心位置，即对称中心或尖峰位置。

### 二、分布中心的测度指标及其计算方法

用来测度变量取值分布中心的指标有多种，其中在统计分析推断中经常使用的主要有算术平均数、中位数和众数等几种。

**(一) 算术平均数**

算术平均数又称均值，它是一组变量值的总和与其变量值的个数总和的比值，是测度变量分布中心最常用的指标。

算术平均数的计算方法，根据所掌握资料的不同而有所不同，主要有简单算术平均数和加权算术平均数两种。

1. 简单算术平均数

如果所掌握的资料是未经分组整理的一组变量值，就需要采用简单算术平均的方法计算其算术平均数。

设某一变量 $X$ 的不同取值为 $x_1$，$x_2$，…，$x_n$，则其算术平均数的计算公式为：

$$\bar{x}=\frac{x_1+x_2+\cdots+x_n}{n}=\frac{\sum_{i=1}^{n}x_i}{n}$$

式中：$\bar{x}$ 代表算术平均数；

$\sum_{i=1}^{n}x_i$ 代表变量值总和；

$n$ 代表变量值个数之和。

**【例 4—1】**已知某班级 10 名学生的数学期末考试成绩（分）为：56、58、64、65、72、75、79、84、86、95，则这 10 名学生数学期末考试成绩的算术平均数为：

$$\bar{x}=\frac{\sum_{i=1}^{n}x_i}{n}=\frac{56+58+64+65+72+75+79+84+86+95}{10}$$

$$=\frac{734}{10}=73.4\text{（分 / 人）}$$

2. 加权算术平均数

如果所掌握的资料是已经经过分类整理的变量数列资料，包括单项分组的单项数列和组距分组的组距数列，要计算其变量值的算术平均数，就需要采用加权算术平均的方法。

设 $x_1$，$x_2$，…，$x_n$ 代表各组的变量值，$f_1$，$f_2$，…，$f_n$ 代表各组变量值出现的次数，也称权数，则加权算术平均数的计算公式为：

$$\bar{x}=\frac{\sum_{i=1}^{n}x_if_i}{\sum_{i=1}^{n}f_i}=\sum_{i=1}^{n}x_i\frac{f_i}{\sum_{i=1}^{n}f_i}$$

式中：$\frac{f_i}{\sum_{i=1}^{n}f_i}$ 为各组频率。

（1）单项数列算术平均数的计算方法。

由单项数列计算算术平均数可用 $x_i$（$i=1$，2，…，$n$）代表各组的变量值，用 $f_i$（$i=1$，2，…，$n$）代表各组变量值出现的次数，直接用上面公式计算。

**【例 4—2】**某企业各类工人的工资水平和人数资料如表 4—1 所示。

**表 4—1　　某企业平均工资计算表**

| 工资等级 | 月工资（元）($x$) | 工人数（$f$） | 工资总额（元）($xf$) |
|---|---|---|---|
| 1 | 1 500 | 8 | 12 000 |
| 2 | 1 650 | 10 | 16 500 |
| 3 | 1 850 | 20 | 37 000 |
| 4 | 2 150 | 8 | 17 200 |
| 5 | 2 500 | 4 | 10 000 |
| 合计 | — | 50 | 92 700 |

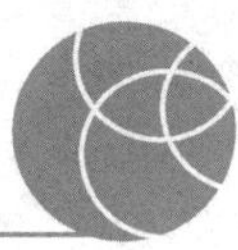

则该企业工人月平均工资为：

$$\bar{x}=\frac{\sum xf}{\sum f}=\frac{92\,700}{50}=1\,854(元/人)$$

**【例 4—3】** 现仍用表 4—1 的资料，先计算各组工人数（频数）占总工人数的比重（频率），然后将各组频率乘以各组工人月工资（组变量值），并将各组计算结果加总，得工人平均工资，如表 4—2 所示。

**表 4—2** **某企业平均工资计算表**

| 月工资（元）($x$) | 工人数（$f$） | 人数比重（%）（$\frac{f}{\sum f}$） | 月工资乘以人数比重（$x\frac{f}{\sum f}$） |
|---|---|---|---|
| 1 500 | 8 | 16 | 240 |
| 1 650 | 10 | 20 | 330 |
| 1 850 | 20 | 40 | 740 |
| 2 150 | 8 | 16 | 344 |
| 2 500 | 4 | 8 | 200 |
| 合计 | 50 | 100 | 1 854 |

$$\bar{x}=\sum x\frac{f}{\sum f}=1\,854(元/人)$$

从上述计算结果可以看出，对于同一资料而言，利用权数 $f$ 与权数 $\frac{f}{\sum f}$ 的计算结果完全相同，而不同的只是使用了不同的权数形式。通常情况下，若已知各组变量值出现的次数（频数），即 $f_i$（$i=1,2,\cdots,n$），使用公式 $\bar{x}=\frac{\sum xf}{\sum f}$ 计算，其权数形式为绝对数；若已知各组变量值出现的频率，即 $\frac{f}{\sum f}$，使用公式 $\bar{x}=\sum x\frac{f}{\sum f}$ 计算，其权数的形式为相对数。

（2）组距数列算术平均数的计算方法。

组距数列与单项数列计算算术平均数的方法的区别在于：组距数列首先需要计算出每个组的组中值，组中值就是各组变量值的代表值，其计算公式如下：

$$组中值=\frac{上限+下限}{2}$$

$$缺下限组的组中值=上限-\frac{邻组组距}{2}$$

$$缺上限组的组中值=下限+\frac{邻组组距}{2}$$

当我们按照上述公式将组距数列各组的组中值都计算出来之后，其实就相当于将组距数列变成了单项数列，接下来求其算术平均数的方法与单项数列完全相同。下面举例说明。

**【例 4—4】** 已知某班 40 名同学英语考试成绩如表 4—3 所示。试求其平均成绩。

表 4—3　　某班 40 名同学英语成绩分布

| 成绩分组（分） | 人数（人） | 比重（%） |
|---|---|---|
| 60 以下 | 3 | 7.5 |
| 60～70 | 6 | 15.0 |
| 70～80 | 14 | 35.0 |
| 80～90 | 11 | 27.5 |
| 90 以上 | 6 | 15 |
| 合计 | 40 | 100.0 |

**解：**由表 4—3 计算得表 4—4。

表 4—4　　计算表

| 组中值 $x$（分） | 人数 $f$（人） | 频率 $\frac{f}{\sum f}$（%） | $xf$ | $x\frac{f}{\sum f}$ |
|---|---|---|---|---|
| 55 | 3 | 7.5 | 165 | 4.125 |
| 65 | 6 | 15.0 | 390 | 9.75 |
| 75 | 14 | 35.0 | 1 050 | 26.25 |
| 85 | 11 | 27.5 | 935 | 23.375 |
| 95 | 6 | 15.0 | 570 | 14.25 |
| 合计 | 40 | 100 | 3 110 | 77.75 |

$$\bar{x}=\frac{\sum xf}{\sum f}=\frac{3\ 110}{40}=77.75(\text{分}) \quad \text{或} \quad \bar{x}=\sum x\frac{f}{\sum f}=77.75(\text{分})$$

3. 应用算术平均数应注意的几个问题

（1）算术平均数容易受极端变量值的影响。由于算术平均数是根据一个变量的全部变量值计算的，当一个变量的取值出现极小值或者极大值时，都将影响其计算结果的代表性。因此，在实际应用算术平均数时，有时为了提高算术平均数的代表性，假如变量取值中存在极小值或者极大值时应首先将其剔除，然后求余下的变量值的算术平均数，这样做的目的就是要剔除极端变量值对其平均数代表性的影响。

（2）权数对算术平均数大小起着权衡轻重的作用，但不取决于它的绝对值的大小，而是取决于它的比重。如果各组绝对权数按统一比例变化，则不会影响其算术平均数的大小，故比重权数更能反映权数的实质。

（3）根据组距数列求加权算术平均时，需用组中值作为各组变量值的代表。这样做的前提是假定各组内部的所有变量值是均匀分布的，但实际并非如此，故由组距数列计算的平均数在一般情况下只是一个近似值。

4. 算术平均数的数学性质

（1）各变量值与其算术平均数离差的总和等于零。

$$\sum(x-\bar{x})=\sum x-\sum \bar{x}=\sum x-n\bar{x}=0$$

（2）各变量值与其算术平均数离差平方和为最小。

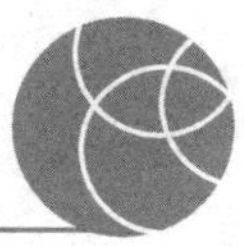

设：$A$ 为 $\neq \bar{x}$ 的任意常数，则有：$\sum (x-A)^2 > \sum (x-\bar{x})^2$

由于

$$\begin{aligned}\sum (x-A)^2 &= \sum [(x-\bar{x})+(\bar{x}-A)]^2 \\ &= \sum (x-\bar{x})^2 + 2\sum (x-\bar{x})(\bar{x}-A) + \sum (\bar{x}-A)^2 \\ &= \sum (x-\bar{x})^2 + \sum (\bar{x}-A)^2\end{aligned}$$

则 $\sum (x-A)^2 - \sum (x-\bar{x})^2 = \sum (\bar{x}-A)^2 > 0$

即：$\sum (x-\bar{x})^2$ 为最小

5. 算术平均数的变形——调和平均数

从上面介绍加权算术平均数的计算可以看出：如果已知变量数列中各组的变量值与各组的频数（或频率），则可以直接采用加权算术平均数公式计算其平均数。但在实际应用中，经常会遇到已知变量数列中各组的变量值与各组的变量值总和的情况。这种情况下要计算其平均数，则不能直接使用加权算术平均数的计算公式，而应当使用加权算术平均数的变形——调和平均数，其变形公式如下：

$$\bar{x} = \frac{\sum xf}{\sum f} = \frac{\sum xf}{\sum \frac{1}{x} xf} = \frac{\sum m}{\sum \frac{1}{x} m} = \bar{x}_H \qquad (\text{令 } xf = m)$$

**【例 4—5】**已知某县甲、乙、丙、丁四乡的粮食平均亩产量和粮食总产量资料如表 4—5 所示，求该县的平均亩产。

**表 4—5　某县粮食产量情况表**

| 乡名 | 平均亩产（公斤）$x$ | 粮食总产 $m(xf)$（吨） | 播种面积（亩）$f$ |
|---|---|---|---|
| 甲 | 500 | 1 300 | 2 600 |
| 乙 | 700 | 3 500 | 5 000 |
| 丙 | 800 | 3 600 | 4 500 |
| 丁 | 1 000 | 3 000 | 3 000 |
| 合计 | — | 11 400 | 15 100 |

**解：**在上述资料中，若已知平均亩产与粮食总产两项，要求其平均亩产，则需采用下面的方法计算。

$$\bar{x}_H = \frac{\sum m}{\sum \frac{1}{x} m} = \frac{1\,300\,000 + 3\,500\,000 + 3\,600\,000 + 3\,000\,000}{\frac{1\,300\,000}{500} + \frac{3\,500\,000}{700} + \frac{3\,600\,000}{800} + \frac{3\,000\,000}{1\,000}} = 754.97(\text{公斤})$$

若仅已知平均亩产与播种面积两项，要求其平均亩产，则需要采用下面的方法计算。

$$\bar{x} = \frac{\sum xf}{\sum f} = \frac{11\,400\,000}{15\,100} = 754.97(\text{公斤})$$

6. 理论分布的算术平均数——数学期望

随机变量的期望值也称为平均值，它是随机变量取值的一种加权平均数，是随机变量分布的中心。

(1) 离散型随机变量 $X$ 的数学期望定义为：

$$E(X)=\sum_{i=1}^{\infty}x_ip_i$$

若级数 $\sum_{i=1}^{\infty}|x_i|p_i$ 收敛，则称 $\sum_{i=1}^{\infty}x_ip_i$ 为随机变量 $X$ 的数学期望，记作 $E(X)$。

**【例 4—6】** 设有两种投资方案，它们获取的利润如表 4—6 所示。

**表 4—6　　两种投资方案分布表**

| 利润（万元） | | 100 | 150 | 200 |
|---|---|---|---|---|
| 概率 | 甲方案 | 0.2 | 0.7 | 0.1 |
| | 乙方案 | 0.28 | 0.6 | 0.12 |

试比较两种投资方案哪种较好。

**解：** 设 $X$ 表示甲方案所获取的利润；$Y$ 表示乙方案所获取的利润。

要比较甲、乙两投资方案的优劣，也就是要比较两种方案谁获得的平均利润高，于是有

$$E(X)=\sum_{i=1}^{\infty}x_ip_i=100\times0.2+150\times0.7+200\times0.1=145(\text{万元})$$

$$E(Y)=\sum_{i=1}^{\infty}y_ip_i=100\times0.28+150\times0.6+200\times0.12=142(\text{万元})$$

计算结果表明：甲方案略好于乙方案。

(2) 连续型随机变量 $X$ 的数学期望的定义为：

$$E(X)=\int_{-\infty}^{+\infty}xf(x)\mathrm{d}x$$

若积分 $\int_{-\infty}^{+\infty}|x|f(x)\mathrm{d}x$ 存在，则称 $\int_{-\infty}^{+\infty}xf(x)\mathrm{d}x$ 为 $X$ 的数学期望，记作 $E(X)$。

**【例 4—7】** 设市场对某种商品的需求量为随机变量 $X$（单位：吨），它的分布密度为：

$$f(x)=\begin{cases}1/2\,000, & 2\,000<x<4\,000\\ 0, & \text{其他}\end{cases}$$

若售出这种商品 1 吨，可获利 3 万元；若销售不出去，则每吨需付仓储费 1 万元，应组织多少吨货源才能使收益的数学期望最大？

**解：** 设 $m$（吨）为组织货源，$Y$（万元）为收益，则有

$$Y=\begin{cases}3m, & x\geqslant m\\ 3x-(m-x), & x<m\end{cases}$$

$$而\ E(Y)=\int_{-\infty}^{+\infty} yf(x)\mathrm{d}x=\frac{1}{2\,000}\left(\int_{2\,000}^{m}(4x-m)\mathrm{d}x+\int_{m}^{4\,000}3m\mathrm{d}x\right)$$

$$=\frac{1}{1\,000}(-m^2+7\,000m-2\times10^6)$$

$$\frac{\mathrm{d}E(Y)}{\mathrm{d}m}=\frac{1}{1\,000}(-2m+7\,000)$$

令$\frac{\mathrm{d}E(Y)}{\mathrm{d}m}=0$　即$\frac{1}{1\,000}(-2m+7\,000)=0$，得 $m=3\,500$

故应组织 3 500 吨货源才能使收益的数学期望达到最大。

(3) 数学期望的性质：

1) 设 $c$ 为常数，则 $E(c)=c$。

2) 设 $X$ 为随机变量，$a$ 为常数，则 $E(aX)=aE(X)$。

3) 设 $X$、$Y$ 是两个随机变量，则 $E(X\pm Y)=E(X)\pm E(Y)$。

4) 设 $X$、$Y$ 是相互独立的随机变量，则 $E(XY)=E(X)E(Y)$。

**(二) 中位数**

1. 中位数的概念

所谓中位数，是指将某一变量的变量值按照从小到大的顺序排成一列，位于这列数中心位置上的那个变量值。中位数表明在所有顺序排列的变量值中，小于中位数的变量值的个数与大于中位数的变量值的个数是相等的。因此，用中位数来代表所排列变量值的一般水平能够避免受到这些变量值中出现的极端变量值的影响，在某些特定条件下它更具有代表性。例如在居民收入差距较大的地区或国家，采用居民年收入的中位数比采用算术平均法计算的居民平均年收入更能代表中等居民的年收入水平。又比如用年龄中位数体现人口年龄构成的特点。人口学家认为，一个社会的年龄中位数在 20 岁以下者为年轻型人口；年龄中位数在 20～30 岁之间为中年型人口；年龄中位数在 30 岁以上者为老年型人口。通过人口年龄中位数的不同时期对比，可以观察人口类型发展变化趋势。中位数作为一种平均指标有其重要的作用。

2. 中位数的确定

由于所掌握的资料不同，确定中位数的方法也有所区别。

(1) 未分组资料中位数的确定。由未分组资料求中位数，首先将所有的变量值由小到大排列；然后用 $(n+1)/2$ 确定中位数所处的位置；最后，寻找该位置的变量值，即为中位数。若变量值的个数 $n$ 为偶数时，则应以排在数列中第$\frac{n}{2}$项与$\frac{n+1}{2}$项变量值的简单算术平均数作为中位数。

**【例 4—8】** 某车间甲、乙两个班组分别有 9 名和 10 名工人，其日产量资料如下：

甲班组　20　21　21　23　24　25　25　26　27

乙班组　19　21　22　22　24　26　27　28　29　30

试确定中位数。

**解：** 甲班组工人日产量中位数是 24 件，乙班组工人日产量中位数是 25 件。

(2) 单项数列中位数的确定。由单项数列确定中位数，首先应计算向上或向下累计次数；然后由公式 $\frac{\sum f+1}{2}$ 计算结果与累计次数的结果确定中位数在单项数列中所处组的位置，则该组位置上的变量值就是中位数。

**【例 4—9】** 某小区居民家庭人口数分组资料如表 4—7 所示。

**表 4—7** **居民家庭人口数分组表**

| 家庭人口数（人） | 户数（户） | 向上累计 | 向下累计 |
|---|---|---|---|
| 1 | 50 | 50 | 900 |
| 2 | 230 | 280 | 850 |
| 3 | 480 | 760 | 620 |
| 4 | 120 | 880 | 140 |
| 5 | 20 | 900 | 20 |
| 合计 | 900 | — | — |

试确定该小区居民家庭人口数的中位数。

**解：** 中位数的位置 $=\frac{\sum f+1}{2}=\frac{900+1}{2}=450.5$

从表中资料可以看出，中位数应为第三组的变量值，即 $m_e=3$（人）。

（3）组距数列中位数的确定。由组距数列确定中位数，首先根据组距数列资料计算向上或向下累计次数；然后由公式 $\frac{\sum f+1}{2}$ 的计算结果与累计次数的结果来确定中位数在数列中所在的组；最后由下列两个公式中任意一个均可确定中位数。

下限公式：

$$m_e=L+\frac{\frac{\sum f}{2}-S_{m-1}}{f_m}\times d$$

上限公式：

$$m_e=U-\frac{\frac{\sum f}{2}-S_{m+1}}{f_m}\times d$$

其中：$m_e$ 代表中位数；

$L$、$U$ 分别代表中位数所在组的下限和上限；

$f_m$ 代表中位数所在组的次数；

$S_{m-1}$ 代表变量值小于中位数的各组次数之和；

$S_{m+1}$ 代表变量值大于中位数的各组次数之和；

$d$ 代表中位数所在组的组距。

**【例 4—10】** 某村 2 000 户居民人均年纯收入的分组资料如表 4—8 所示。

表 4—8　　居民人均年纯收入的分组表

| 人均年纯收入（元） | 户数 | 向上累计 | 向下累计 |
|---|---|---|---|
| 3 000 以下 | 30 | 30 | 2 000 |
| 3 000～4 000 | 120 | 150 | 1 970 |
| 4 000～5 000 | 150 | 300 | 1 850 |
| 5 000～6 000 | 300 | 600 | 1 700 |
| 6 000～7 000 | 500 | 1 100 | 1 400 |
| 7 000～8 000 | 400 | 1 500 | 900 |
| 8 000～9 000 | 300 | 1 800 | 500 |
| 9 000～10 000 | 120 | 1 920 | 200 |
| 10 000 以上 | 80 | 2 000 | 80 |
| 合计 | 2 000 | — | — |

试确定该村 2 000 户居民人均年纯收入的中位数。

**解：** 根据 $\frac{\sum f+1}{2}=\frac{2\,000+1}{2}=1\,000.5$ 和累计次数确定中位数的位置应在组距数列第五组。

按下限公式计算中位数：

$$m_e = L+\frac{\frac{\sum f}{2}-S_{m-1}}{f_m}\times d$$

$$=6\,000+\frac{\frac{2\,000}{2}-600}{500}\times 1\,000$$

$$=6\,800(\text{元})$$

按上限公式计算中位数：

$$m_e = U-\frac{\frac{\sum f}{2}-S_{m+1}}{f_m}\times d$$

$$=7\,000-\frac{\frac{2\,000}{2}-900}{500}\times 1\,000$$

$$=6\,800(\text{元})$$

**(三) 众数**

1. 众数的概念

所谓众数，是指某一变量的全部取值中出现次数最多的那个变量值。利用众数作为某一变量取值一般水平的代表，有其特殊的应用条件。例如为了掌握某农贸市场某种农副产品的价格水平，不必全面登记该产品的全部交易量和交易额并采用加权算术平均法求其平均价格，而只需将该产品在市场交易中出现次数最多的价格作为其价格的一般水平，这样做既简便又具有代表性。不仅如此，在许多场合只有众数才合适作为某一变量取值的代表值。例如成衣、鞋帽的生产和销售，厂商为了扩大其产品在市场上的销售，关心的不是所售商品的号码、尺寸、规格的算术平均数或中位数，而是其众数。

2. 众数的确定

由于掌握资料不同，众数的确定方法也有所不同。

若掌握某一变量的一组未分组的变量值，则只需要统计出现次数最多的那个变量值即可；若掌握的资料是单项数列，则频数（或频率）最大组的变量值就是众数。

若掌握的资料是组距数列，要确定众数，首先依据各组变量值出现次数的多少确定众数所在的组；然后采用上限公式或者下限公式确定众数即可。其计算公式如下：

下限公式：

$$m_0=L+\frac{\Delta_1}{\Delta_1+\Delta_2}\times d$$

上限公式：

$$m_0=U-\frac{\Delta_2}{\Delta_1+\Delta_2}\times d$$

式中：$m_0$ 代表众数；

$L$ 和 $U$ 分别代表众数组的下限和上限；

$d$ 代表众数组的组距；

$\Delta_1$ 代表众数组的次数与前一组次数之差；

$\Delta_2$ 代表众数组的次数与后一组次数之差。

**【例 4—11】** 现仍以［例 4—10］居民人均年纯收入资料为例，说明组距数列众数的确定方法。

由表 4—8 很明显地看出，居民人均年收入出现次数最多的是第五组，所对应的变量值是 6 000～7 000 元之间。

按下限公式计算：

$$\begin{aligned} m_0 &=L+\frac{\Delta_1}{\Delta_1+\Delta_2}\times d \\ &=6\,000+\frac{500-300}{(500-300)+(500-400)}\times 1\,000 \\ &=6\,666.67(\text{元}) \end{aligned}$$

上限公式计算：

$$\begin{aligned} m_0 &=U-\frac{\Delta_2}{\Delta_1+\Delta_2}\times d \\ &=7\,000-\frac{500-400}{(500-300)+(500-400)}\times 1\,000 \\ &=6\,666.67(\text{元}) \end{aligned}$$

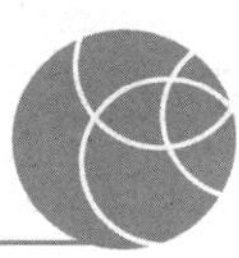

## 三、算术平均数、中位数和众数三者之间的关系

算术平均数、中位数和众数三者之间在数量上的关系取决于变量值在数列中的分布状况。

在正态分布的情况下，变量值的分布是以算术平均数为中心，两边呈对称型，离中心愈远的变量值的次数愈少，离中心愈近的变量值次数愈多，其分布形状类似钟形。这时算术平均数、中位数和众数三者在数量上完全相等，即 $\bar{x}=m_e=m_0$。它们在分布图形中处于同一位置（如图 4—1 所示）。

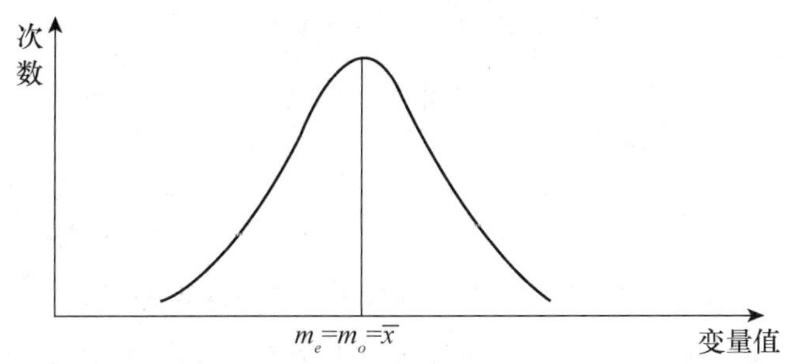


图 4—1　算术平均数、中位数、众数分布图

在偏态分布的情况下，即由于变量值中出现特别大或特别小的极端数值使其分布曲线在图形上呈现出不对称的情形，极端变量值对众数、中位数和算术平均数的影响是不同的，众数一般不受极端值的影响，中位数只受极端值所引起中间位置变动的影响，而不受极端值本身大小的影响，极端值对算术平均数的影响最大。因此，当有极大变量值出现时，算术平均数向右远离众数，中位数居中，众数的位置在图形的最左边，它们三者之间在数值上的关系是 $m_0<m_e<\bar{x}$，这种偏态分布称为正偏分布或右偏分布。如图 4—2 所示。

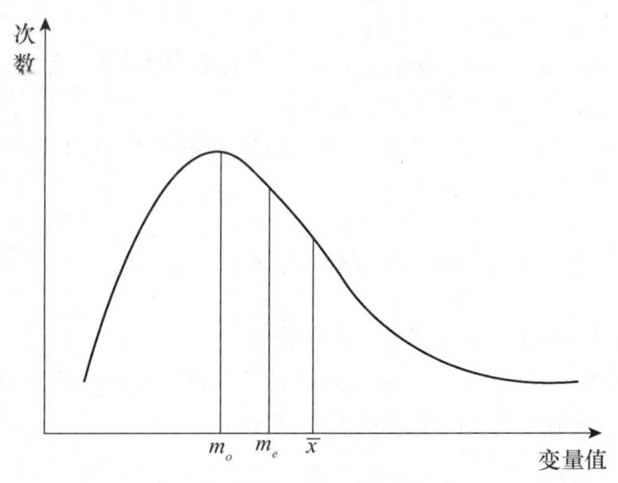


图 4—2　右偏算术平均数、中位数、众数分布图

当有极小的变量值出现时，也是对算术平均数的影响最大，它向左远离众数，中位数

次之，其位置仍处于三者的中间，众数不受影响，其位置处于三者的最右边。它们三者之间在数量上的关系是 $\bar{x}<m_e<m_0$，这种偏态分布称为负偏分布或左偏分布。如图 4—3 所示。

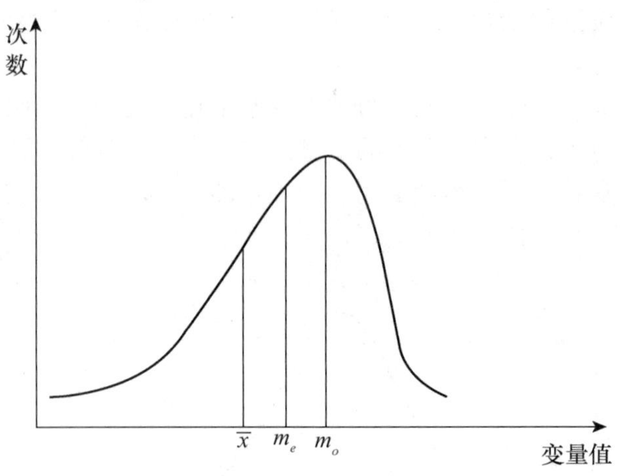


**图 4—3　左侧算术平均数、中位数、众数分布图**

从上述的偏态分布可以看出：无论是左偏还是右偏，中位数总是在众数与算术平均数的中间位置。经验表明，在适度偏斜的情况下，众数与中位数的距离约为中位数与算术平均数距离的 2 倍。即：

$$2(\bar{x}-m_e)=m_e-m_0 \quad 或 \quad 2(m_e-\bar{x})=m_0-m_e$$

则 $\bar{x}=\frac{1}{2}(3m_e-m_0)$

$$m_e=\frac{1}{3}(m_0+2\bar{x})$$

$$m_0=3m_e-2\bar{x}$$

有了上面三个经验公式，对于算术平均数、中位数和众数三者之间只要已知其中的两个，就可以使用上面的经验公式进行近似的推算。

**【例 4—12】** 已知某班学生统计学考试成绩的算术平均数为 78 分，众数是 84 分，则该班学生统计学成绩的中位数的近似值为：

$$m_e=\frac{1}{3}(m_0+2\bar{x})=\frac{1}{3}(84+2\times78)=80(分)$$

三者之间的关系为 $m_0>m_e>\bar{x}$，属于左偏分布。

**【例 4—13】** 已知某单位职工年收入的众数是 58 000 元，中位数是 62 000 元，则该单位职工年收入的算术平均数的近似值为：

$$\bar{x}=\frac{1}{2}(3m_e-m_0)=\frac{1}{2}(3\times62\,000-58\,000)=64\,000(元)$$

三者之间的关系是：$\bar{x}>m_e>m_0$，属于右偏分布。

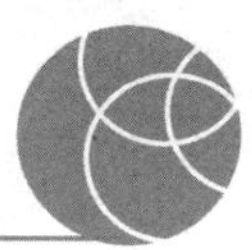

## 第二节　离散程度的测度

### 一、离散程度测度的意义

研究变量的次数分布特征，除考察其取值一般水平的高低外，还需要进一步考察其各个取值的离散程度即差异程度的大小，变量的各个取值之间的离散程度是变量次数分布的另一个重要特征，对其进行测定在实际研究中也具有十分重要的意义。

首先，通过对变量取值之间离散程度的测定，可以反映各个变量值之间的差异大小，从而也就可以反映分布中心指标对各个变量值代表性的高低。若变量的取值紧密地围绕着其分布中心而分布，则各个变量值之间的差异程度小，分布中心指标与其所代表的各个变量值之间的差异也就小，分布中心指标的代表性就高；反之，各个变量值之间的差异程度大，分布中心指标对各个变量值的代表性也就低。

其次，通过对变量取值之间离散程度的测定，可以大致反映变量次数分布密度曲线的形状。由于随机变量的分布密度曲线与代表变量的横轴之间所夹面积等于总频率或总概率即等于 1，所以若变量的取值差异很小，都紧密地围绕在分布中心两侧，则其分布密度曲线必然是又瘦又高的形状；反之，若变量的取值差异很大，分布很宽，则其分布密度曲线必然是又矮又胖。因此，描述变量取值离散程度的指标也可用来描述分布密度曲线的形状。

### 二、离散程度的测度指标

可用来测度变量值之间离散程度的指标有很多种，但在实际研究中最常用的指标主要有极差、四分位全距、平均差、标准差、方差和变异系数等几种。

**(一) 极差**

极差又称全距，是指一组变量值中最大变量值与最小变量值之差，用来表示变量的变动范围。通常用 $R$ 代表极差。

$$R=\max(x_i)-\min(x_i)$$

根据所掌握的资料不同，极差的计算方法也有所差异。在未分组情况下，极差的计算使用上述公式；在单项数列的情况下，极差＝最大一组变量值－最小一组变量值；在组距数列的情况下，极差＝最大一组变量值的上限值－最小一组变量值的下限值。假若在组距数列中出现了开口组，则极差无法计算。

**【例 4—14】** 已知某班级两组同学的英语考试成绩如下：

甲：55　65　75　85　95

乙：65　70　75　80　85

试计算该班级两组同学英语考试成绩的极差。

**解**：由题中资料很容易看出，两组同学的英语平均成绩都是75（分），但他们的极差却差别很大。即：

$$R_{甲}=95-55=40(分)$$
$$R_{乙}=85-65=20(分)$$

计算结果表明：乙组同学英语成绩的极差远远小于甲组同学，说明乙组同学的英语成绩之间差异较少，因而其平均英语成绩代表性要大大地高于甲组。

从上面介绍极差指标的计算可以看出：其计算简单，意义明了，它是离散程度测度指标中最粗略、最简单的一种，常用于工业产品质量的检查和控制。由于极差的确定只根据两个极端变量值计算，它不受中间变量值的影响，所以不能全面反映变量值的差异情况。

**（二）四分位全距**

1. 四分位全距的概念

四分位全距是指将一组由小到大排列的变量值分成四等分，可得到三个分割点$Q_1$、$Q_2$、$Q_3$，分别称为第一个、第二个、第三个四分位数；然后用第一个四分位数$Q_1$减去第三个四分位数$Q_3$所得差的绝对值，即为四分位全距。四分位全距其实是指一组由小到大排列数据的中间50%数据的全距，由于全距最容易受到极端变量值的影响，因此，当研究资料中出现极端数据时，采用四分位全距来衡量数据之间的差异程度要比全距更具代表性。

四分位差的计算公式为：

$$IQR=|Q_1-Q_3|$$

式中：IQR代表四分位全距。

2. 四分位全距的计算

根据所掌握的资料不同，四分位全距的计算方法也有所不同。

在未分组资料的条件下，首先将变量值按照由小到大顺序排列，然后确定。

**【例4—15】**某企业某班组9名工人的日产量如下：

12　13　15　16　17　18　20　22　24

试确定其四分位全距。

**解**：由于变量值已经按顺序排列，故可直接确定$Q_1$和$Q_3$。

$Q_1$的位置：$\frac{n+1}{4}=2.5$　则$Q_1=14$

$Q_3$的位置：$\frac{3(n+1)}{4}=7.5$　则$Q_3=21$

故$IQR=|Q_1-Q_3|=|14-21|=7$（件）

在分组资料的条件下，特别是由组距数列确定的四分位全距计算过程比较复杂，加之其并未考虑全部数据的差异，因而由分组资料确定的四分位全距在实际研究中很少应用，故对其计算方法不作举例说明。

四分位全距虽然不像极差那么容易受极端变量值的影响，但其仍然存在着没有充分地

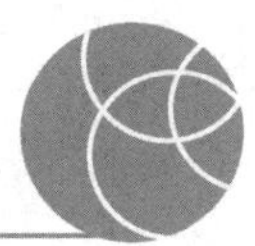

利用所有数据信息的缺点。

**（三）平均差**

1. 平均差的概念

显然，要准确地衡量变量的各个取值之间的离散程度，就必须考虑到观测变量的所有取值。由于算术平均数是最常用的表示变量分布中心的代表性指标，所以可将其作为标准，计算每一个观测变量值与此分布中心值之间的偏差，然后再用算术平均数的方法计算出所有偏差的平均数，将其作为衡量变量的各取值之间差异程度大小的指标。由此思想，便产生了平均差这个指标。平均差是变量的各个取值偏差绝对值的算术平均数。由于变量的各个取值与其算术平均数的偏差有正有负，直接相加会使其正负相互抵消为 0，所以，可将每个偏差取绝对值后再相加求平均，如此便得到了平均差。实际上，平均差反映了变量的各个取值离其算术平均数的平均距离。

2. 平均差的计算

在实际计算时，由于人们所掌握的资料不同，平均差的计算可分为简单平均法和加权平均法两种不同的方法。

若所掌握的资料是未分组资料，则计算平均差应采用简单平均法，其计算公式为：

$$A.D=\frac{\sum_{i=1}^{n}|x_i-\bar{x}|}{n}$$

其中：$A.D$ 代表平均差；

$x_i$ 代表各变量值；

$\bar{x}$ 代表算术平均数；

$n$ 代表 $x_i$ 与 $\bar{x}$ 离差的个数和。

**【例 4—16】** 仍以【例 4—14】的资料为例，分别计算该班级两组同学的英语考试成绩的平均差为：

**解：** $A.D_{甲}=\frac{\sum_{i=1}^{n}|x_i-\bar{x}|}{n}=\frac{|55-75|+|65-75|+|75-75|+|85-75|+|95-75|}{5}$

$=\frac{60}{5}=12$（分）

$A.D_{乙}=\frac{\sum_{i=1}^{n}|x_i-\bar{x}|}{n}=\frac{|65-75|+|70-75|+|75-75|+|80-75|+|85-75|}{5}$

$=\frac{30}{5}=6$（分）

计算结果表明：乙组同学英语成绩的平均差比甲组同学的平均差小，因而，其英语的平均成绩代表性比甲组的高。

若所掌握的是已分组的变量数列资料，则计算平均差应采用加权算术平均法。其计算公式为：

$$A.D=\frac{\sum_{i=1}^{n}|x_i-\bar{x}|f_i}{\sum_{i=1}^{n}f_i}$$

其中：$x_i$ 代表各组变量值；

$f_i$代表各组变量值出现的次数。

由于变量数列有单项数列与组距数列之分，在使用上述公式计算平均差时，对组距数列而言，只要首先将各组的组中值求出来，接下来二者的计算方法完全相同。

**【例 4—17】** 现仍以【例 4—4】资料为例，说明组距数列平均差的计算方法。

由【例 4—4】的计算结果知：$\bar{x}=77.75$（分）

根据表 4—9 的计算结果，则有：

**表 4—9** **平均差计算表**

| 组中值（$x$）（分） | 人数（$f$）（人） | $x-\bar{x}$ | $\lvert x-\bar{x}\rvert f$ |
|---|---|---|---|
| 55 | 3 | −22.75 | 68.25 |
| 65 | 6 | −12.75 | 76.5 |
| 75 | 14 | −2.75 | 38.5 |
| 85 | 11 | 7.25 | 79.75 |
| 95 | 6 | 17.25 | 103.5 |
| 合计 | 40 | — | 366.5 |

$$A.D=\frac{\sum_{i=1}^{n}|x_i-\bar{x}|f_i}{\sum_{i=1}^{n}f_i}=\frac{366.5}{40}=9.16(\text{分})$$

从上面介绍平均差的概念和计算可以看出：平均差虽然意义明确，计算也不复杂，但是由于其计算公式中带有绝对值符号，在运算上很不方便，所以，该指标在实际中并不常用。

**(四) 标准差**

1. 标准差的概念

标准差是变量的各个取值离差平方的平均数的平方根，又称为根方差。它的计算方法与平均差的思想方法类似，为了使变量各取值的偏差相加不会正负相抵，因此，先将每个偏差平方后再相加求平均，然后再开平方求出其平方根，即为标准差。标准差是最常用的反映变量分布离散程度的指标。

2. 标准差的计算

由于所掌握的资料不同，标准差的计算方法有简单平均法与加权平均法两种，即简单标准差和加权标准差。

（1）简单标准差。

当所掌握的资料是未分组资料，计算标准差应采用简单平均的方法，其计算公式为：

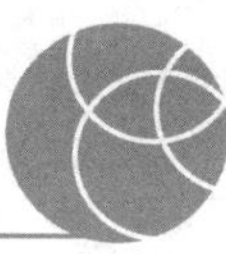

$$\sigma=\sqrt{\frac{\sum(x_i-\bar{x})^2}{n}}$$

**【例 4—18】**仍以【例 4—14】的资料为例，分别计算该班级两组同学的英语考试成绩的标准差为：

$$\begin{aligned}\sigma_{甲}&=\sqrt{\frac{\sum(x_i-\bar{x})^2}{n}}\\&=\sqrt{\frac{(55-75)^2+(65-75)^2+(75-75)^2+(85-75)^2+(95-75)^2}{5}}\\&=\sqrt{\frac{1\,000}{5}}=14.14(分)\end{aligned}$$

$$\begin{aligned}\sigma_{乙}&=\sqrt{\frac{\sum(x_i-\bar{x})^2}{n}}\\&=\sqrt{\frac{(65-75)^2+(70-75)^2+(75-75)^2+(80-75)^2+(85-75)^2}{5}}\\&=\sqrt{\frac{250}{5}}=7.07(分)\end{aligned}$$

上述计算结果表明：由于$\sigma_{乙}<\sigma_{甲}$，说明乙组同学英语成绩的分布相对甲组较为集中，故其平均英语成绩的代表性也比甲组高。

(2) 加权标准差。

当所掌握的资料是已分组的变量数列资料时，则计算标准差应采用加权算术平均法。其计算公式为：

$$\sigma=\sqrt{\frac{\sum(x-\bar{x})^2f}{\sum f}}$$

**【例 4—19】**现仍以【例 4—4】资料为例，说明组距数列标准差的计算方法。

由【例 4—4】的计算结果知：$\bar{x}=77.75$（分），再由表 4—9 资料计算得表 4—10。

**表 4—10**　　**标准差计算表**

| 组中值（$x$）（分） | 人数（$f$）（人） | $x-\bar{x}$ | $(x-\bar{x})^2f$ |
|---|---|---|---|
| 55 | 3 | −22.75 | 1 552.69 |
| 65 | 6 | −12.75 | 975.38 |
| 75 | 14 | −2.75 | 105.88 |
| 85 | 11 | 7.25 | 578.19 |
| 95 | 6 | 17.25 | 1 785.38 |
| 合计 | 40 | — | 4 997.52 |

根据表 4—10 资料计算得：

$$\sigma=\sqrt{\frac{\sum(x-\bar{x})^2f}{\sum f}}=\sqrt{\frac{4\,997.52}{40}}=\sqrt{124.94}\approx 11.18(分)$$

标准差和平均差，同样是根据一组变量值中的所有变量值计算差异程度，也同样以算术平均数作为标准，所不同的是：标准差不是用离差的绝对值求平均数，而是用离差的平方求平均数。通过离差平方和的运算不但可以消除离差正负项的差别，而且还强化了离差的信息，使其在数学性质上也有许多明显的优越性。因此，标准差在实践中较平均差应用更广泛。

**（五）理论分布的方差**

随机变量的数学期望描述了随机变量取值的平均水平，它是随机变量的一个重要的数字特征。但是仅有数学期望对随机变量的认识还是不够的。我们还应该知道随机变量的取值对数学期望的偏离程度，而这种偏离程度不仅可以反映一个随机变量取值的离散程度，而且还能反过来衡量期望值的代表性大小。因此，我们需要构造一个新的数字特征来刻画随机变量 $X$ 取值对数学期望 $E(X)$ 的偏离程度，于是便想到了用 $[X-E(X)]$ 的数学期望，即 $E(X-E(X))$，但由于其常常会出现正负偏差相互抵消，从而掩盖了实际偏差的大小，若采用 $E|X-E(X)|$，则又由于绝对值给运算带来不方便，所以人们常用 $E[X-E(X)]^2$ 来反映随机变量 $X$ 取值对其期望 $E(X)$ 的偏离程度。

1. 离散型随机变量的方差定义

$$D(X)=E[X-E(X)]^2=\sum_{i=1}^{\infty}[X_i-E(X)]^2 p_i$$

2. 连续型随机变量的方差定义

$$D(X)=E[X-E(X)]^2=\int_{-\infty}^{+\infty}[x-E(X)]^2 f(x)\mathrm{d}x$$

3. 方差的计算

为了便于计算方差，下面引入一个计算方差的简捷公式：

$$D(X)=EX^2-(EX)^2$$

下面介绍离散型随机变量方差的计算方法。

**【例 4—20】**设随机变量 $X$ 的分布律如表 4—11 所示。

**表 4—11　分布律**

| $X$ | $-2$ | 0 | 1 | 3 |
|---|---|---|---|---|
| $P_i$ | 1/3 | 1/2 | 1/12 | 1/12 |

求：$D(X)$。

**解：**$E(X^2)=\sum_{i=1}^{4}(x_i^2)p_i=(-2)^2\times\frac{1}{3}+0\times\frac{1}{2}+1^2\times\frac{1}{12}+3^2\times\frac{1}{12}=\frac{13}{6}$

$E(X)=\sum_{i=1}^{4}x_i p_i=-2\times\frac{1}{3}+0\times\frac{1}{2}+1\times\frac{1}{12}+3\times\frac{1}{12}=-\frac{1}{3}$

于是有 $D(X)=E(X^2)-[E(X)]^2=\frac{13}{6}-\left(-\frac{1}{3}\right)^2=\frac{37}{18}$

下面介绍连续型随机变量方差的计算方法。

【**例 4—21**】设随机变量 $X$ 具有概率密度

$$f(x)=\begin{cases}1+x, & -1\leqslant x<0\\1-x, & 0\leqslant x<1\\0, & \text{其他}\end{cases}$$

求 $D(X)$。

**解：**$E(X)=\int_{-\infty}^{+\infty}xf(x)\mathrm{d}x=\int_{-1}^{0}x(1+x)\mathrm{d}x+\int_{0}^{1}x(1-x)\mathrm{d}x=0$

$$E(X^2)=\int_{-\infty}^{+\infty}x^2f(x)\mathrm{d}x=\int_{-1}^{0}x^2(1+x)\mathrm{d}x+\int_{0}^{1}x^2(1-x)\mathrm{d}x=\frac{1}{6}$$

于是有

$$D(X)=E(X^2)-(EX)^2=\frac{1}{6}-0^2=\frac{1}{6}$$

4. 方差的性质

(1) 设 $c$ 为常数，则 $D(c)=0$。

(2) 设 $X$ 为随机变量，$c$ 为常数，则有 $D(cX)=c^2D(X)$。

(3) 设 $X$、$Y$ 是两个相互独立的随机变量，则有 $D(X+Y)=D(X)+D(Y)$。

**(六) 变异系数**

极差、四分位全距、平均差和标准差等都是用来衡量变量各个取值之间绝对差异状况的指标，且都具有一定的量纲。这些指标的数值大小不仅取决于变量各取值之间差异程度，而且还取决于变量取值水平即数量级的高低。显然，对于不同的变量，其变量值的绝对差异状况指标并不便于直接比较，这就需要在这些绝对差异指标的基础上构造出反映变量各取值之间的相对差异程度的无量纲指标。

衡量变量的各个取值之间相对差异程度的指标，可由衡量变量各取值之间绝对差异的指标剔除变量取值水平高低的影响后得出。因为算术平均数是常用的代表变量取值一般水平的指标，所以，可用衡量变量各取值之间绝对差异的指标除以算术平均数而得出衡量变量各取值之间相对差异的指标。各个衡量变量取值之间绝对差异的指标与算术平均数的比率，通称为变异系数，具体来说有极差系数、平均差系数和标准差系数等，各变异系数的计算公式分别为：

$$V_R=\frac{R}{\bar{x}}\times100\%$$

$$V_{A.D}=\frac{A.D}{\bar{x}}\times100\%$$

$$V_\sigma=\frac{\sigma}{\bar{x}}\times100\%$$

变异系数主要用于不同变量的各自取值之间差异程度的比较。例如，对于两个给定的变量，若要比较二者算术平均数对各自变量值一般水平代表性的高低或比较二者各自内部变量值之间差异程度的大小，由于两变量的极差、平均差和标准差各有不同的数量级和不同的量纲，难以直接对比，所以，就需要计算各自的变异系数，用变异系数进行比较。

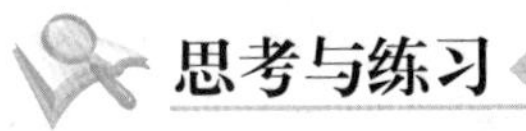

## 思考与练习

1. 在平均指标中，哪些是数值平均数？哪些是位置平均数？

2. 在平均指标中什么叫权数？权数怎样起权衡轻重的作用？在确定权数时为什么要考虑实际意义？试举例说明。

3. 测度变量分布中心有何意义？测度指标都有哪些？各有什么特点？均值、中位数和众数之间有什么关系？

4. 测度变量取值的散布程度有何意义？测度指标都有哪些？各有什么特点？有了极差、平均差和标准差，为什么还要计算离散系数？

5. 为了了解农民工的月生活费支出情况，某市在全市农民工中随机抽取了300名农民工进行调查，调查的样本资料如下：

| 按月生活费支出分组（元） | 人数（人） |
|---|---|
| 100以下 | 10 |
| 100～200 | 30 |
| 200～300 | 120 |
| 300～400 | 100 |
| 400～500 | 25 |
| 500以上 | 15 |
| 合计 | 300 |

根据表中的样本数据计算下列各种分布特征的测度指标：(1) 农民工月生活费支出的算术平均数、中位数和众数；(2) 农民工月生活费支出的标准差和标准差系数。

6. 某公司员工月工资的分组资料如下：

| 月工资（元） | 员工人数 |
|---|---|
| 1 000～1 500 | 40 |
| 1 500～2 000 | 80 |
| 2 000～2 500 | 120 |
| 2 500～3 000 | 150 |
| 3 000～3 500 | 70 |
| 3 500～4 000 | 40 |

试根据以上资料计算某公司员工的月平均工资、工资的平均差、工资标准差以及标准差系数。

7. 下表为130位同学统计学成绩分组资料：

| 考试成绩 | 学生数 |
|---|---|
| 50～55 | 2 |
| 55～60 | 4 |

续前表

| 考试成绩 | 学生数 |
| --- | --- |
| 60～65 | 10 |
| 65～70 | 14 |
| 70～75 | 20 |
| 75～80 | 28 |
| 80～85 | 26 |
| 85～90 | 16 |
| 90～95 | 7 |
| 95～100 | 3 |

要求：计算 130 位同学统计学成绩的算术平均数、中位数和众数，并根据三者之间的关系说明统计学成绩的分布状况。

# 第五章 抽样估计

**本章导学**

通过学习本章，要求学生理解和领会抽样估计的原理，掌握使用样本数据对总体参数进行估计的基本方法，并能将其正确地运用于国民经济统计的分析推断之中。

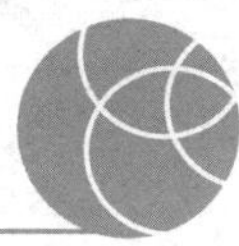

## 第一节　抽样估计的理论基础

抽样估计的基本内容就是研究如何根据总体的部分数据信息（构造样本指标也称统计量）去估计未知总体指标（也称参数）的理论和方法。而要掌握这些理论和方法，首先需要了解抽样估计的理论基础——大数定律和中心极限定理；其次，了解并掌握抽样分布的有关概念及基本原理；最后，在此基础上才能真正搞清楚抽样估计的理论和方法。

### 一、大数定律

由概率的统计定义知道，事件发生的频率具有稳定性，即随着试验次数的不断增加，事件发生的频率逐渐稳定于某个常数。在实践中我们知道，大量的独立重复测量值的算术平均值也具有这样的稳定性。对于这种稳定性的研究构成了大数定律的基本内容。

下面介绍两个重要的大数定律。

**（一）贝努里大数定理**

设事件 $A$ 在一次试验中发生的概率为 $p$，在 $n$ 次独立重复试验中，事件 $A$ 发生了 $m$ 次，那么对任意给定的正数 $\varepsilon$，有

$$\lim_{n\to\infty}P\left\{\left|\frac{m}{n}-p\right|<\varepsilon\right\}=1$$

贝努里大数定理的等价形式是：

$$\lim_{n\to\infty}P\left\{\left|\frac{m}{n}-p\right|\geqslant\varepsilon\right\}=0$$

贝努里大数定理说明：事件发生的频率$\frac{m}{n}$，依概率收敛于事件发生的概率 $p$，这个定理用严格的数学形式表达了频率的稳定性，也就是说，当 $n$ 很大时，事件发生的频率与概率有较大偏差的可能性很小。因此，当 $n$ 很大时，可用事件发生的频率$\frac{m}{n}$近似地代替事件发生的概率 $p$，即 $p\approx\frac{m}{n}$，这种方法称为抽样估计，它是数理统计的主要研究课题。

**（二）辛钦大数定律**

设随机变量 $X_1$，$X_2$，…，$X_n$ 相互独立，服从同一分布，且（$E(X_k)=\mu$，$k=1$，2，…），则对任意正数 $\varepsilon$，恒有

$$\lim_{n\to\infty}P\left\{\left|\frac{1}{n}\sum_{k=1}^{n}x_k-\mu\right|<\varepsilon\right\}=1$$

辛钦大数定律为我们用测量数据的算术平均数代替其真值的方法提供了理论依据。假定要测量某一物理量 $\mu$，在不变条件下测量 $n$ 次，得到的结果 $x_1$，$x_2$，…，$x_n$ 是不完全相同的，它们可以看作 $n$ 个独立随机变量 $X_1$，$X_2$，…，$X_n$（它们服从同一分布且数学期望

均为 $\mu$）的试验观察值。按照辛钦大数定律，当 $n$ 很大时，我们取 $n$ 次测量结果的算术平均数作为真值 $\mu$ 的近似值，即

$$\mu \approx \frac{1}{n}(x_1 + x_2 + \cdots + x_n)$$

这时出现较大偏差的可能性很小。一般说来，测定的次数越多，近似程度越好。

## 二、中心极限定理

中心极限定理有着非常广泛的应用。在实际问题中，只要 $n$ 足够大，便可以把独立同分布的随机变量之和当作正态随机变量来处理。这种做法在数理统计中使用得非常普遍，当处理大样本问题时，将它作为一个非常重要的工具。

在概率论的历史上，有关中心极限定理的研究最初是来源于 Bernoulli 试验，而后才被推广到比较一般的场合。Lindeberg-levy 中心极限定理正是这许多推广之一，它所描述的独立同分布场合是数理统计中最常见的情形。

下面介绍两个常用的中心极限定理。

**定理 1** 设随机变量 $X_1$，$X_2$，…，$X_n$ 相互独立，服从同一分布，且具有数学期望和方差：$E(X_k)=\mu$，$D(X_k)=\sigma^2 \neq 0$，$(k=1, 2, \cdots)$，

记 $Y_n = \dfrac{\sum\limits_{k=1}^{n} X_k - E(\sum\limits_{k=1}^{n} X_k)}{\sqrt{D(\sum\limits_{k=1}^{n} X_k)}} = \dfrac{\sum\limits_{k=1}^{n} X_K - n\mu}{\sqrt{n}\sigma}$，则恒有

$$\lim_{n \to \infty} P\{Y_n \leqslant x\} = \frac{1}{\sqrt{2\pi}} \int_{-\infty}^{x} e^{\frac{t^2}{2}} dt$$

此定理称为林德贝格—勒维（Lindeberg-levy）中心极限定理，也称为独立同分布中心极限定理。

**定理 2** 设 $X_n \sim B(n, p)$，$0<p<1$，则

$$\lim_{n \to \infty} P\left\{\frac{X_n - np}{\sqrt{np(1-p)}} \leqslant x\right\} = \frac{1}{\sqrt{2\pi}} \int_{-\infty}^{x} e^{-\frac{t^2}{2}} dt$$

此定理称为德莫佛—拉普拉斯（De Moivre-Laplace）中心极限定理。它的结果表明：二项分布的极限分布是正态分布，因此，当 $n$ 充分大时，若随机变量 $X_n \sim B(n, p)$，则近似地有：$X_n \sim N(np, np(1-p))$，于是我们可以利用正态分布近似地计算二项分布的概率。同时，这个定理还给离散型随机变量与连续型随机变量之间的转换提供了一种有效途径。

**【例 5—1】** 在一家保险公司里有 10 000 人参加人寿保险，每人每年交保费 12 元，假定一年内一个意外死亡的概率为 0.006，死亡时其家属可向保险公司索赔 1 000 元，计算：保险公司亏本的概率有多大？保险公司一年利润不低于 40 000 元的概率有多大？

**解：** 以 X 表示 10 000 个参加保险的人中一年内意外死亡的人数，则 $X \sim B(10\,000,$

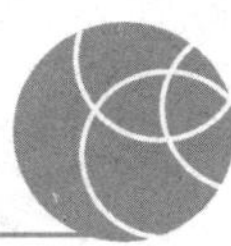

0.006)。因此，

$P\{1\,000X>120\,000\}$ 表示保险公司亏本的概率，

$P\{120\,000-1\,000X\geqslant 400\,000\}$ 表示保险公司一年的利润不低于 40 000 元的概率，由于 $n=10\,000$ 比较大，所以根据定理 2 得：

$$(1)\ P\{1\,000X>120\,000\}=P\{X>120\}$$
$$=P\left\{\frac{X-10\,000\times 0.006}{\sqrt{10\,000\times 0.006\times 0.994}}>\frac{120-60}{\sqrt{59.64}}\right\}$$
$$=1-\Phi(7.769\,3)=0$$

$$(2)\ P\{120\,000-1\,000x\geqslant 40\,000\}=P\left\{\frac{X-10\,000\times 0.006}{\sqrt{10\,000\times 0.006\times 0.994}}\leqslant\frac{80-60}{\sqrt{59.64}}\right\}$$
$$=\Phi(2.589\,8)=0.995\,2$$

## 第二节　抽样方法与抽样分布

### 一、抽样方法

抽样估计的前提条件就是从总体中抽出具有代表性的样本。怎样才能获得这样的样本？通常最有效的方法就是采取随机抽样，即要确保总体中所有个体被抽中的概率相同。但是，由于实际情况的复杂性，进行抽样并不是一件很容易的事，需要专门研究。本节将首先对抽样方法作出简单介绍。

**（一）重复抽样和不重复抽样**

对于无限总体而言，抽样总是可以认为是重复抽样（即重置抽样或放回抽样），因此，它没有重复抽样和不重复抽样的区别。然而，对于有限总体而言，重复抽样与不重复抽样是不一样的。下面我们只对有限总体的重复抽样和不重复抽样进行分别介绍。

1. 重复抽样

首先，我们假设有限总体中所包含的个体数为 $N$，重复抽样可以认为是有限总体条件下的简单随机抽样。其特点是：如果我们做了 $n$ 次独立试验（也就是抽取 $n$ 个个体的样本），那么总样本个数（即所能获得的全部样本数）是 $N^n$，而样本容量为 $n$，每个样本被抽到的概率都为$\frac{1}{N^n}$。

2. 不重复抽样

不重复抽样（即不重置抽样或不放回抽样）是指每次从有限总体中随机抽取一个个体，登记结果后不放回原总体，下一个个体继续从总体中余下的个体中随机抽取。其特点是：第一，$n$ 个个体的样本是由 $n$ 次抽取的结果组成。第二，每次抽取的结果不是独立的。第三，虽然在同次试验中每个个体被抽中的概率是相同的，但在不同次试验中每个个体被抽中的概率是不相同的。对于不重复抽样而言，如果考虑顺序，其总样本个数为$P_N^n=\frac{N!}{(N-n)!}$，但在实践中，抽样一般不考虑顺序，这时其总样本个数为 $C_N^n=\frac{N!}{(N-n)!n!}$，每个样本被抽中的概率都为$\frac{1}{C_N^n}=\frac{(N-n)!n!}{N!}$。正因为每个样本被抽中的概率相等，而且总体中的每个个体被一视同仁，所以，这时我们也称它为简单随机抽样。

**（二）其他抽样方法**

这里所讲的其他抽样方法，主要是指简单随机抽样、类型抽样、等距抽样以及整群抽样等。其内容在前面第二章已经介绍过，故在此不做进一步介绍。

## 二、抽样分布

**（一）抽样分布的概念**

由于抽样估计中所用的样本都是随机样本，用来估计总体指标的样本指标的取值随着所抽取的样本的不同而不同，所以每个样本指标都是一个随机变量。作为一个随机变量，每个样本指标的取值都有其本身特定的概率分布，这一概率分布随着总体和抽样方式以及样本容量的不同而不同。对于给定的总体和抽样方式以及样本容量，样本指标取值的概率分布就称为抽样分布。

**【例 5—2】**对于由 6、7、8 三个数组成的总体，若给定样本容量为 2，并采用有放回的简单随机抽样方式，则样本均值这一统计量共有 5 个不同的取值，且这 5 个不同取值出现的概率不同。列出此样本均值的概率分布，如表 5—1 所示。

表 5—1 样本均值的概率分布

| 样本均值 | 6 | 6.5 | 7 | 7.5 | 8 |
|---|---|---|---|---|---|
| 概率 | 1/9 | 2/9 | 3/9 | 2/9 | 1/9 |

我们绘出此样本均值的概率分布图，如图 5—1 所示。

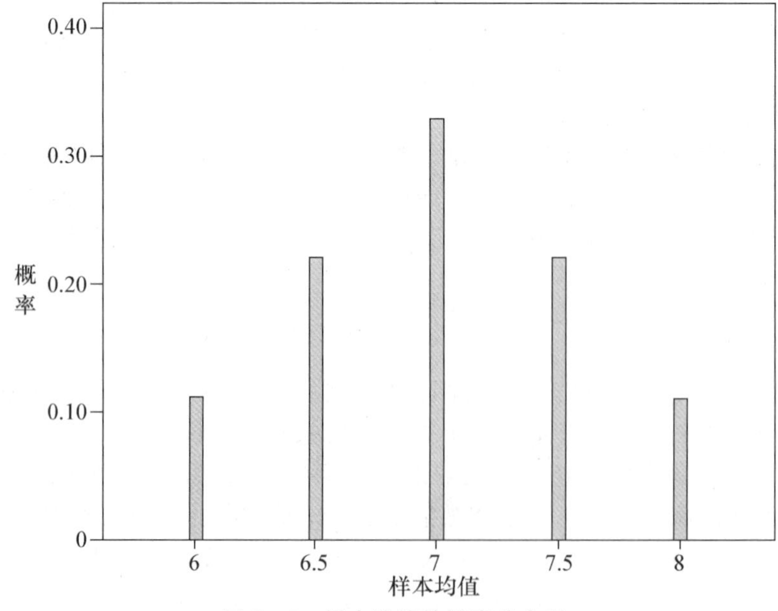


图 5—1 样本均值的概率分布图

样本统计量的抽样分布可以在确定的样本容量下导出，也可以在极限的情况下即在样本容量趋于无穷大的情况下导出。其中在确定样本容量下的抽样分布称为样本统计量的精确分布，而样本容量趋于无穷大时的抽样分布则称为样本统计量的极限分布。目前，已导出的样本统计量的精确分布都是在正态总体条件下的抽样分布，并且主要用在小样本的情况下，所以样本统计量的精确分布通常也称为正态总体小样本分布；而样本统计量的极限分布一般都是在不限定总体分布的具体形式的条件下导出的，并且只能在样本容量较大即大样本的情况下使用，所以样本统计量的极限分布也称为任意总体大样本分布，不过，样本容量究竟大到多少就算大样本，样本统计量的实际概率分布就近似于其极限分布，并没有一个统一的标准。显然，样本统计量的实际概率分布趋近于其极限分布的速度不仅与其究竟是什么统计量有关，而且也与总体的概率分布有关。在实际应用中，考虑到大多数的观测指标都是与正态分布变量可能相差较远的非正态分布变量，所以，在使用样本统计量的极限分布时，通常都要求样本容量至少在 50 以上，以保证样本统计量的实际概率分布能与其极限分布充分近似，从而保证统计推断具有一定的可靠性。

**（二）常用的抽样分布**

统计量的抽样分布在统计推断中具有十分重要的作用，实践中最常用的统计量主要有样本均值、样本比例和样本方差，给出这些常用的统计量的抽样分布，是进行统计推断分析的基础。

1．*样本均值的抽样分布*

由于样本统计量的抽样分布依赖于所观测的总体和样本容量，所以，对于不同的总体和不同的样本容量，样本均值的抽样分布也就可能不同。

如果所观测得到的样本是大样本，则不论总体是什么总体，我们都可以近似地使用样本均值的极限分布。由概率论中的中心极限定理可知：不论所考察总体的概率分布如何，只要样本容量 $n$ 足够大，其样本均值 $\bar{x}$ 的概率分布趋近于以总体均值 $\mu$ 为期望，以 $\sigma_{\bar{x}}=\sigma/\sqrt{n}$ 为标准误差的正态分布，即有：

$$\bar{x}\sim N\left(\mu,\frac{\sigma^2}{n}\right)$$

若将样本均值这一随机变量标准化，即将样本均值 $\bar{x}$ 减去其数学期望 $\mu$，再除以其标准误差 $\sigma_{\bar{x}}=\sigma/\sqrt{n}$，就得到一个数学期望为 0、方差为 1 的标准正态变量，记此标准正态变量为 $z$，则有：

$$z=\frac{\bar{x}-\mu}{\sigma/\sqrt{n}}\sim N(0,1)$$

在实践中，总体的方差 $\sigma^2$ 总是未知的，通常需要用其估计量即样本方差 $S^2$ 来代替。由于修正的无偏样本方差 $S^2=\sum(x_i-\bar{x})^2/(n-1)$ 是总体方差 $\sigma^2$ 的无偏估计，所以实际应用中，通常都用无偏样本方差 $S^2$ 来代替总体方差 $\sigma^2$。

在小样本的情况下，若在上述标准化随机变量中用无偏样本方差 $S^2$ 代替总体方差 $\sigma^2$，则经此替换后的随机变量就不再服从正态分布了，因此，也就不能再使用正态分布。但是，如果所考察的总体是正态总体，则经此替换后的随机变量就服从自由度为（$n-1$）的 $t$ 分布。记用 $s$ 替换 $\sigma$ 后的随机变量为 $t$，对于抽自正态总体的简单随机样本，就有：

$$t=\frac{\overline{x}-\mu}{s/\sqrt{n}}\sim t(n-1)$$

2．样本比例的抽样分布

样本比例是总体比例的估计量，而总体比例则是两点分布总体的均值，因此，样本比例也就是抽自两点分布总体的样本均值。由于两点分布总体并非正态分布总体，所以，只能给出大样本条件下样本比例的抽样分布。

既然样本比例是来自两点分布总体的随机样本的均值，所以对样本比例也可以使用中心极限定理。也就是说，对于来自两点分布总体的一个简单随机样本，如果样本容量 $n$ 足够大，则样本比例 $p$ 的概率分布就趋近于以总体比例 $P$ 为期望、以 $\sigma_P=\sqrt{\frac{P(1-P)}{n}}$ 为标准误差的正态分布，即有：

$$p\sim N\left(P,\frac{P(1-P)}{n}\right)$$

类似于样本均值，对样本比例也可以进行标准化变换，即将样本比例 $p$ 减去其总体比例的数学期望 $P$，然后再除以其标准误差 $\sigma_P=\sqrt{\frac{P(1-P)}{n}}$，从而将其变换为一个数学期望为 0、方差为 1 的标准正态变量，记此标准化变量为 $Z$，则有：

$$Z=\frac{p-P}{\sqrt{\frac{P(1-P)}{n}}}\sim N(0,1)$$

3．样本方差的抽样分布

对于使用样本方差进行的统计推断，实践中主要是在正态分布总体中应用，所以，关于样本方差的抽样分布，目前一般只在正态分布总体条件下讨论。

如果所观测的总体是正态总体，则对于来自该总体的一个容量为 $n$ 的简单随机样本，其无偏样本方差 $S^2=\sum(x_i-\overline{x})^2/(n-1)$ 与总体方差 $\sigma^2$ 的比值的（$n-1$）倍，服从自由度为（$n-1$）的 $\chi^2$ 分布，即有：$\frac{(n-1)\ s^2}{\sigma^2}\sim\chi^2\ (n-1)$。

上述单一总体样本均值、样本比例和样本方差的抽样分布，都是实际应用中最常用的抽样分布。除了这些最基本的抽样分布以外，实际应用中有时还需要用到两个样本均值之差的抽样分布和两个样本方差之比的抽样分布等，这些两样本均值之差和两样本方差之比的抽样分布本教材中将不作介绍。

## 第三节　点估计

抽样估计方法有两种，即点估计和区间估计，本节将首先介绍点估计的有关内容。

## 一、总体参数与其估计量

统计活动的主要目的就是要了解所考察总体的状况，特别是要了解该总体的各种有关指标数值，如总体平均数、总体比例和总体方差等。若总体中每个个体的观测指标值均已知，则所求总体指标数值可通过对全体个体观测指标值的汇总计算而得到。但在实践中，人们所掌握的资料往往并不是总体中全部个体的资料，而仅仅是其中部分个体的数据即样本数据，这就需要人们使用一定的方法根据样本数据来推断总体的指标数值，总体指标又称为参数。根据样本来推断总体指标数值就称为抽样估计。它是推断统计学的主要内容之一。

用来推断总体指标的样本必须对总体具有充分性的代表性，这就要求所用样本必须是从总体中随机抽取出来的随机样本。假设总体容量为 $N$，样本容量为 $n$，对所考察的某个观测变量 $X$，样本观测值为 $x_1$，$x_2$，…，$x_n$。由于样本是从总体中抽出来的，所以，样本观测值中包含有所要推断的总体指标数值的相关信息，这些信息集中起来构成一个样本指标，称为一个统计量，该统计量就可用来估计所需要的总体指标的数值。这种用来估计总体指标数值的统计量又称为该总体指标的估计量，该估计量的数值就称为该总体指标的估计值。

由于推断所用的样本是随机样本，样本观测值 $x_1$，$x_2$，…，$x_n$ 的出现完全是随机的，所以由这些观测值构成的样本指标必然也是随机的。因此，总体指标的估计量是一个随机变量，其数值随着所抽取的样本不同而不同，总体指标的估计值就是其估计量在某个给定样本上的取值。

## 二、构造估计量的方法——矩法估计

对于一个给定的总体指标，用什么样本指标作为其估计量，这是抽样估计首先要解决的问题。构造估计量的方法目前有多种，其中最直观、最简单也是较为常用的方法就是矩法估计。

所谓矩法估计，是指用样本矩作为总体同一矩的估计量或者用样本矩的函数作为总体相应矩的函数的估计量。也就是说，若总体指标是所考察的随机变量的某阶矩，则可用样本观测值的同阶矩作为其估计量；若总体指标虽不是所考察随机变量的某阶矩，但却是某些矩的函数，则也可用样本相应的这些矩来构造成同样的函数作为其估计量。总体指标的估计量通常用代表该总体指标的字母戴一个尖帽表示，如总体指标为 $\theta$，则其估计量就记为 $\hat{\theta}$。

例如，总体均值是总体中所考察随机变量的一阶原点矩，总体方差是其二阶中心矩，因而由矩法估计可知，样本观测值的一阶原点矩即样本均值就可作为总体均值的估计量，而样本观测值的二阶中心矩即样本方差就可作为总体方差的估计量。记总体均值为 $\mu$，总体方差为 $\sigma^2$，样本均值为 $\bar{x}$，样本方差为 $S^2$，则由矩法估计有：

$$\hat{\mu} = \bar{x} = \frac{1}{n}\sum_{i=1}^{n} x_i$$

$$\hat{\sigma}^2 = S^2 = \frac{1}{n}\sum_{i=1}^{n}(x_i - \bar{x})^2$$

又如，总体总值$\theta$和总体标准差$\sigma$，虽然都不是随机变量的矩，但它们都是总体某些矩的函数，故都可以用矩法估计进行估计。由矩法估计有：

$$\hat{\theta} = N\hat{\mu} = N\bar{x} = \frac{N}{n}\sum_{i=1}^{n}x_i$$

$$\hat{\sigma} = S = \sqrt{\frac{1}{n}\sum_{i=1}^{n}(x_i - \bar{x})^2}$$

再如，总体比例$P$是两点分布总体的均值，故由矩法估计可知，来自该总体的样本比例$p$就是该总体比例$P$的估计量。记样本容量为$n$，其中具有所考察特征即标志值为1的个体数为$n_1$，则有：

$$\hat{P} = p = \frac{n_1}{n}$$

对于测定两变量相关程度的总体指标，也可用矩法估计对其数值进行估计。如总体相关系数$\rho_{xy} = \sigma_{xy}/\sigma_x\sigma_y$，它是两个随机变量的总体协方差$\sigma_{xy}$与各自总体标准差之积$\sigma_x\sigma_y$的比率，其中总体协方差的估计量为样本协方差即$s_{xy}$，变量$X$和$Y$各自的总体标准差的估计量分别为其样本标准差$s_x$和$s_y$，所以总体相关系数的矩估计量为样本相关系数，即有：

$$\hat{\rho}_{xy} = r_{xy} = \frac{s_{xy}}{s_x s_y}$$

矩法估计不仅可直接用于构造总体指标的估计量，而且可用于估计总体分布理论模型中的参数。

例如，假设已知所考察的随机变量$X$的总体分布理论模型为均匀分布，即有：

$$f(x) = \frac{1}{b-a} \quad (a \leqslant x \leqslant b)$$

但其中的参数$a$和$b$未知，试求模型中参数$a$和$b$的矩估计量。

由上一章可知，均匀分布的数学期望即一阶原点矩$E(X)$和方差即二阶中心矩$D(X)$分别为：

$$E(X) = \frac{a+b}{2}$$

$$D(X) = \frac{(b-a)^2}{12}$$

用样本均值和样本方差分别替换总体均值和总体方差，可得方程组：

$$\bar{x} = \frac{\hat{a} + \hat{b}}{2}$$

$$s^2 = \frac{(\hat{b} - \hat{a})^2}{12}$$

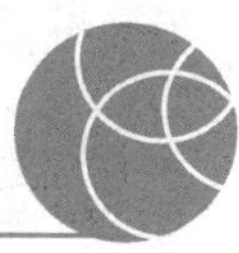

解此方程组，可得参数 $a$ 和 $b$ 的估计量分别为：

$$\hat{a}=\bar{x}-\sqrt{3}s$$

$$\hat{b}=\bar{x}+\sqrt{3}s$$

## 三、判断估计量优劣的标准

为了保证用于估计总体指标的估计量准确可靠，必须要求所使用的估计量具备一些优良性质，这些性质就构成了判断一个估计量优劣的标准。常用的标准主要有一致性、无偏性、有效性、充分性和稳健性等。

### （一）一致性

根据样本指标来估计总体指标的数值，必然会存在估计误差。作为一个好的估计量，最直观、最基本的要求就是估计误差应该随着样本容量的增大而减小。对于总体指标 $\theta$，若其估计量 $\hat{\theta}$ 的取值随着样本容量的增大越来越接近于总体指标的真值，则该估计量 $\hat{\theta}$ 就称为总体指标 $\theta$ 的一致估计量，或称为相合估计量。一致性是对估计量的最基本的要求。

可以证明，由矩法估计所构造出来的估计量都是所要估计的总体指标的一致估计量，即都具有相合性。如样本均值 $\bar{x}$ 是总体均值 $\mu$ 的一致估计量，样本比例 $p$ 是总体比例 $P$ 的一致统计量，样本方差 $s^2$ 也是总体方差 $\sigma^2$ 的一致估计量。

### （二）无偏性

虽然用样本指标去估计总体指标必然存在着估计误差，但是却不应该存在系统性的偏差，即不应该存在一贯偏大或偏小的偏差。因此，有无系统性偏差存在就可以作为判断估计量优劣的又一个标准。对于总体指标 $\theta$，若其估计量 $\hat{\theta}$ 取值的数学期望等于总体指标 $\theta$ 的真值，即 $E(\hat{\theta})=\theta$，或估计误差（$\hat{\theta}-\theta$）的数学期望为0，即 $E(\hat{\theta}-\theta)=0$，则该估计量 $\hat{\theta}$ 就称为总体指标 $\theta$ 的无偏估计量。若 $E(\hat{\theta}-\theta)=B$，且 $B$ 不为0，则 $\hat{\theta}$ 就是总体指标 $\theta$ 的有偏估计量，即 $B$ 为估计偏差。

同样也可以证明，样本均值 $\bar{x}$ 是总体均值 $\mu$ 的无偏估计量，而常规的样本方差 $s^2$ 并不是总体方差 $\sigma^2$ 的无偏估计量。关于这一结论，并不难验证。

**【例5—3】**仍假设总体由6、7、8三个数字组成，试抽取容量为2的随机样本，验证样本均值是总体均值的无偏估计量，而常规的样本方差却不是总体方差的无偏估计量。

对于该总体，由于总体中各个个体的指标值均已知，所以可直接计算出该总体的均值和方差，即有：

$$\mu=\frac{1}{N}\sum_{i=1}^{N}x_i=\frac{6+7+8}{3}=7$$

$$\sigma^2=\frac{1}{N}\sum_{i=1}^{N}(x_i-\mu)^2=\frac{(6-7)^2+(7-7)^2+(8-7)^2}{3}=\frac{2}{3}$$

在该总体中，采用有放回的简单随机抽样，按排列计算共可抽得 $N^n=3^2=9$ 个不同的容量为2的随机样本，各样本及其样本均值和样本方差列在表5—2中。

表 5—2　　　　总体的全部可能样本及其均值和方差

| 样本 | 样本均值 | 常规样本方差 | 无偏样本方差 |
|---|---|---|---|
| (6，6) | 6 | 0 | 0 |
| (6，7) | 6.5 | 0.25 | 0.5 |
| (6，8) | 7 | 1 | 2 |
| (7，6) | 6.5 | 0.25 | 0.5 |
| (7，7) | 7 | 0 | 0 |
| (7，8) | 7.5 | 0.25 | 0.5 |
| (8，6) | 7 | 1 | 2 |
| (8，7) | 7.5 | 0.25 | 0.5 |
| (8，8) | 8 | 0 | 0 |

将表 5—2 中各不同样本的均值相加平均，即得样本均值的数学期望，此期望值为：

$$E(\bar{x})=6\times\frac{1}{9}+6.5\times\frac{2}{9}+7\times\frac{3}{9}+7.5\times\frac{2}{9}+8\times\frac{1}{9}=7=\mu$$

可见样本均值的数学期望等于总体均值，所以样本均值是总体均值的无偏估计。

将表 5—2 中不同样本的常规样本方差也相加平均，即也求常规样本方差的数学期望，得其值为：

$$E(s^2)=0\times\frac{3}{9}+0.25\times\frac{4}{9}+1\times\frac{2}{9}=\frac{1}{3}<\frac{2}{3}=\sigma^2$$

由此可见，常规样本方差的数学期望小于总体方差，这说明用常规样本方差来估计总体方差平均来说偏小，常规样本方差不是总体方差的无偏估计，而是一个有偏估计。为了得到总体方差 $\sigma^2$ 的无偏估计，可对常规样本方差加以修正。将常规样本方差乘上一个大于 1 的因子 $n/(n-1)$，也就是在计算样本方差时分母不是除以 $n$，而是除以 $(n-1)$，就可以得到一个取值较大一点的样本方差，这一样本方差就是总体方差的无偏估计量，在统计推断中，通常就用此计算方法来定义样本方差，也就是直接将样本方差定义为：

$$s^2=\frac{1}{n-1}\sum_{i=1}^{n}(x_i-\bar{x})^2$$

在此无偏样本方差计算公式中，其分母 $(n-1)$ 称为其分子中样本各观测值的离差平方和的自由度。

不难验证，如此修正得出的无偏样本方差 $s^2$ 确实是总体方差 $\sigma^2$ 的无偏估计。在表 5—2 的最后一栏列出了各可能样本的无偏样本方差 $s^2$，此修正的无偏样本方差的数学期望为：

$$E(s^2)=0\times\frac{3}{9}+0.5\times\frac{4}{9}+2\times\frac{2}{9}=\frac{2}{3}=\sigma^2$$

可见，修正的无偏样本方差的数学期望正好等于被估计的总体方差 $\sigma^2$。

修正的无偏样本方差与常规样本方差相比，只是分母少 1。对于小样本来说，常规样本方差和无偏样本方差的值会有一定的差距，估计总体方差 $\sigma^2$ 时应采用无偏样本方差作

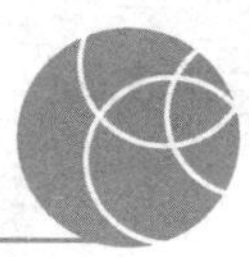



为其估计量。而对于大样本来说，常规样本方差和无偏样本方差的值则相差无几，估计总体方差 $\sigma^2$ 时，用哪一个作估计量都可以。

**（三）有效性**

用样本指标来估计总体指标，显然估计误差越小越好，根据这一直观想法可得出判断估计量优劣的第三个标准。对于任一总体指标 $\theta$，若存在两个无偏估计量 $\hat{\theta}_1$ 和 $\hat{\theta}_2$，其中估计量 $\hat{\theta}_1$ 的估计误差平均来说小于估计量 $\hat{\theta}_2$ 的估计误差，则称估计量 $\hat{\theta}_1$ 比 $\hat{\theta}_2$ 有效。由于无偏估计量的数学期望就等于被估计的总体指标，所以衡量无偏估计量的估计误差大小可用其方差 $D(\hat{\theta})=E[\hat{\theta}-E(\hat{\theta})]^2$。因此，两个无偏估计量比较，方差较小者较为有效，即若有 $D(\hat{\theta}_1)<D(\hat{\theta}_2)$，则估计量 $\hat{\theta}_1$ 比 $\hat{\theta}_2$ 有效。两个估计量的方差之比：

$$\omega=\frac{D(\hat{\theta}_1)}{D(\hat{\theta}_2)}$$

称为二者的相对效率。若比率 $\omega<1$，则称估计量 $\hat{\theta}_1$ 比 $\hat{\theta}_2$ 有效。

比如，估计总体的均值 $\mu$，可以用样本均值 $\bar{x}$，也可用样本中位数 $m_e$，对于正态总体来说，二者都是无偏的，但是二者的方差却不同。可以证明样本中位数的方差 $D(m_e)$ 是样本均值的方差 $D(\bar{x})$ 的 1.57 倍，即有：

$$\omega=\frac{D(m_e)}{D(\bar{x})}=1.57$$

所以，作为正态分布总体均值 $\mu$ 的估计量，样本均值 $\bar{x}$ 比样本中位数 $m_e$ 有效。

对于一个总体指标来说，若在其所有无偏估计量中能够找到一个估计量，其方差最小，则该估计量就称为该总体指标的最佳估计量。可以证明，样本均值 $\bar{x}$ 就是该总体指标均值 $\mu$ 的最佳无偏估计量。

有效性标准是对估计量的方差进行比较，这只能用于无偏估计量的比较判断，而不适用于有偏估计量之间或有偏估计量与无偏估计量之间的比较判断。为了给出适用于所有估计量之间比较判断的指标，可对有效性标准进行适当的修改，即可将判断估计量是否优良的指标改为估计量的均方误差，其计算公式为：

$$\mathrm{MSE}(\hat{\theta})=E(\hat{\theta}-\theta)^2$$

在待估总体指标的所有估计量中，均方误差最小的估计量可认为是最好的估计量，该标准可称为均方误差最小标准。

将估计量的均方误差公式适当变换，可以得到均方误差与估计量的方差及偏差之间的关系式为：

$$\mathrm{MSE}(\hat{\theta})=E(\hat{\theta}-\theta)^2=E[(\hat{\theta}-E\hat{\theta})+(E\hat{\theta}-\theta)]^2=D(\hat{\theta})+B^2$$

这说明估计量的均方误差综合了其方差和偏差两个方面的抽样估计误差。对于两个估计，若两个均为无偏估计量，则其方差最小者也就是均方误差最小者，故方差最小者较好；若其中一个是无偏估计量，另一个是有偏估计量，或者两个均为有偏估计量，则均方误差最小者较好，所以均方误差最小标准也是无偏性标准和有效性标准的综合。

**（四）充分性**

在统计实践中，样本资料的取得往往需要耗费不少的人力、经费和时间，因此，在进行总体指标的估计时，应充分利用样本资料提供的信息，以免造成浪费。根据这一思想，可给出判断估计量优劣的第四个标准。对于总体指标 $\theta$，若其估计量 $\hat{\theta}$ 提取了样本中包含的有关总体指标 $\theta$ 的全部信息，则估计量 $\hat{\theta}$ 就称为总体指标 $\theta$ 的充分估计量。

判断样本指标是否为某个总体指标的充分估计量，一般比较麻烦，不过在多数情况下，常用的总体指标的估计量均是充分的。如在正态分布总体下，样本均值 $\bar{x}$ 是总体均值 $\mu$ 的充分估计量，样本方差 $s^2$ 同样也是总体方差 $\sigma^2$ 的充分估计量。

**（五）稳健性**

在样本数据的采集和整理过程中，难免会发生一些差错，造成样本数据的污染。显然，用来估计总体指标的样本指标抗污染能力的强弱，也是衡量该估计量优劣的一个标准。如果用来估计总体指标 $\theta$ 的样本估计量对样本数据的污染不敏感，也就是说，估计量的数值不受被污染数据的干扰或受其干扰不大，那么该估计量就是总体指标 $\theta$ 的一个稳健统计量。

由矩法估计可知，总体均值 $\mu$ 的矩估计量是样本均值 $\bar{x}$，虽然样本均值 $\bar{x}$ 是总体均值 $\mu$ 最常用的估计量，但是由于样本均值的计算需要用到样本中的每一个数据，任何一个样本数据的错误都会进入样本均值，所以样本均值的抗污染能力很差，也就是说它不是一个稳健估计量。如果用样本中位数 $m_e$ 来估计总体均值 $\mu$，虽然其估计方差较大，有效性较差，但是由于样本中位数只是样本数据顺序排列后位于中点位置上的数值，部分样本数据的差错对其影响不大，所以，样本中位数的抗污染能力较强，它是总体均值的一个稳健估计量。

一般来说，考虑到稳健性，往往会损失一定的有效性，因此，估计量的选择需要根据样本数据的特点在有效性和稳健性二者之间进行折中。例如，在估计总体均值时，考虑到样本均值有效性很高，但稳健性却较低，而样本中位数稳健性很高，但有效性却较低，所以，可以将样本均值和中位数的计算方法综合折中构造一种兼具二者特点的新估计量，这类估计量主要有切尾均值等。所谓切尾均值就是将样本数据按大小顺序排列以后，切掉序列两端的部分数据，只用序列中间的部分数据计算出的均值。实践中常用的一种切尾均值是中均值，即将样本数据排序序列两端各 25％的数据切掉，只用中间一半数据计算的均值。

现实中，在人们的主观判断起主要作用的场合，切尾均值的使用十分普遍，如在歌手的唱歌比赛中，对歌手的评分就常采用评委打分的切尾均值。

上述各个标准均是优良的估计量所应该具备的性质。但是，正如我们已经看到的，一个估计量往往很难同时具备所有这些优良性质，这就需要我们根据研究的目的和样本数据的特点性质进行权衡选择或者进行折中选择。

## 四、估计量的标准误

用样本指标来估计未知的总体指标，就是将样本估计量的指标数值作为未知总体指标真值的估计值。一般来说，样本估计值与总体指标真值之间总是存在着或大或小的抽样估计误差。很显然，估计误差愈大，抽样估计的精确程度就愈低。因此，有必要对抽样估计误差及其影响因素加以研究，以便把它控制到一个较小的范围之内，确保抽样估计的精度，减少决策的失误。

**（一）标准误的概念**

在抽样估计中，由于样本是随机抽取的，随着样本的不同其观测值也不同，由此计算的估计量指标数值也就不同，抽样估计误差的大小也就不同。所以，衡量一个样本估计量的抽样估计误差的大小，不能只以某次抽样的估计误差为依据，而应该用所有可能样本的抽样估计误差的平均数作为其衡量指标。又由于抽样误差有正有负，直接相加会使其正负相抵，所以衡量抽样估计误差不能用抽样误差的直接平均，而应该采用将其平方后再平均的方法，即用样本估计量的方差或标准差。考虑到与总体指标估计量的量纲的一致，实践中一般均采用样本估计量的标准差作为衡量抽样估计误差的指标。样本估计量的标准差通常称为该估计量的标准误差，简称标准误。记所要估计的总体指标为 $\theta$，其估计量为 $\hat{\theta}$，则此估计量的标准误就定义为：

$$\sigma_{\hat{\theta}}=\sqrt{D(\hat{\theta})}=\sqrt{E[\hat{\theta}-E(\hat{\theta})]^2}$$

**【例 5—4】** 在【例 5—2】由 6、7、8 组成的总体中，总体均值为 $\mu=7$，总体方差 $\sigma^2=2/3$。抽取容量为 2 的简单随机样本，全部 9 个可能样本的均值 $\bar{x}$ 已在表 5—2 的第 2 列中列出，由此可计算出样本均值 $\bar{x}$ 的方差和标准误分别为：

$$\begin{aligned}\sigma_{\bar{x}}^2&=D(\bar{x})=E[\bar{x}-E(\bar{x})]^2=E(\bar{x}-\mu)^2\\&=(6-7)^2\times\frac{1}{9}+(6.5-7)^2\times\frac{2}{9}+(7-7)^2\times\frac{3}{9}+(7.5-7)^2\times\frac{2}{9}+(8-7)^2\times\frac{1}{9}\\&=\frac{1}{3}\end{aligned}$$

$$\sigma_{\bar{x}}=\sqrt{D(\bar{x})}=\frac{\sqrt{3}}{3}$$

标准误是衡量一个估计量抽样估计误差大小的尺度。在抽样估计中，由于待估计的总体指标是未知的，所以，抽样估计误差的具体数值是不可知的，而标准误则给出了抽样估计误差的一般数值，可用于估计实际抽样估计误差的大小。

**（二）标准误的计算**

由标准误的定义可知，若总体已知，在给定的样本容量下将全部可能样本都抽出来，由各个样本计算出样本估计量的各个数值，计算出样本估计量的概率分布，则代入定义公式就可计算出标准误的数值。在具体实践中，总体是未知的，人们一般只抽一个样本，根据定义公式直接计算样本指标的标准误显然是不可能的。因此，标准误只能通过它与其他指标的关系用间接的方式求出。下面给出常用总体指标估计量的标准误的计算方法。

1. 样本均值的标准误

样本均值 $\bar{x}$ 是总体均值 $\mu$ 的无偏估计量，所以其标准误可由其方差导出。不过，在不同的抽样方式之下，样本均值 $\bar{x}$ 的方差是不相同的，因而其标准误也就不相同。

若所得样本是采用有放回简单随机抽样方式抽取，则样本的各次观测 $x_1$，$x_2$，…，$x_n$ 是完全相互独立的。由于样本不同，样本中的观测值 $x_1$，$x_2$，…，$x_n$ 也不同，所以，对于全部可能样本来说，$x_1$，$x_2$，…，$x_n$ 都是随机变量；而对某个具体样本来说，$x_1$，$x_2$，…，$x_n$ 则是一组确定的数值，也看作样本各随机变量的一组取值。不过为了表达方便，不论是从全部可能样本角度来看，还是从某个具体样本角度来看，样本 $x_1$，$x_2$，…，$x_n$ 的记号都不变。由于从全部可能样本来看，样本中的每一个 $x_i$ 都要取遍总体中的每个个体的观测指标值，所以，样本中的每个 $x_i$ 都是与总体被观测变量 $x$ 取值完全相同的随机变量。因此，有放回简单随机抽样所得的样本就是由若干个相互独立且与总体被观测变量分布完全相同的随机变量 $x_1$，$x_2$，…，$x_n$ 所组成的一个集合。因此，根据样本均值的计算公式和方差的性质，可导出样本均值 $\bar{x}$ 的方差为：

$$D(\bar{x}) = D\left(\frac{1}{n}\sum_{i=1}^{n} x_i\right) = \frac{1}{n^2}\sum_{i=1}^{n} D(x_i) = \frac{1}{n^2}\sum_{i=1}^{n}\sigma^2 = \frac{\sigma^2}{n}$$

由于样本均值 $\bar{x}$ 的标准误是其方差的算术平方根，所以，样本均值 $\bar{x}$ 的标准误公式为：

$$\sigma_{\bar{x}} = \frac{\sigma}{\sqrt{n}}$$

比如，在【例 5—4】所述 6、7、8 所组成的总体中，已知 $\sigma^2=2/3$，故对于容量为 2 的有放回简单随机样本，其样本均值的标准误为：

$$\sigma_{\bar{x}} = \sqrt{\frac{2/3}{2}} = \sqrt{\frac{1}{3}} = \frac{\sqrt{3}}{3}$$

可见，用该公式计算的结果与用样本均值标准误的定义公式所计算的结果完全相同。

若所得样本是采用不放回简单随机抽样方式抽取，则样本的各次抽取不独立，从而使样本观测变量 $x_1$，$x_2$，…，$x_n$ 相互也不独立，前面的观测结果对后面的观测结果有影响，所以，样本均值的方差不能像有放回抽样方式下样本均值的方差那样很容易地导出。由于不放回抽样下样本均值的方差的推导相当复杂，所以这里不作推导，只给出结论。不放回抽样下样本均值的方差为：

$$D(\bar{x}) = \frac{\sigma^2}{n}\left(\frac{N-n}{N-1}\right)$$

由此可得，不放回简单随机抽样所得样本均值 $\bar{x}$ 的标准误公式为：

$$\sigma_{\bar{x}} = \sqrt{\frac{\sigma^2}{n}\left(\frac{N-n}{N-1}\right)}$$

比如，在上述 6、7、8 所组成的总体中，有 $N=3$，$\sigma^2=2/3$，若采用不放回简单随机抽样方式，则对于容量 $n=2$ 的样本来说，其样本均值的标准误为：

$$\sigma_{\bar{x}} = \sqrt{\frac{2/3}{2}\left(\frac{3-2}{3-1}\right)} = \sqrt{\frac{1}{6}} = \frac{\sqrt{6}}{6}$$

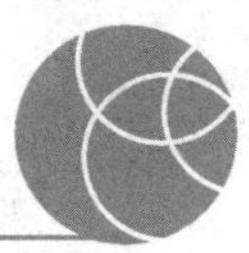

实践中，总体容量 $N$ 一般都很大，为了计算简单，常将不放回抽样下样本均值标准误的计算公式近似地写为：

$$\sigma_{\bar{x}}=\sqrt{\frac{\sigma^2}{n}\left(1-\frac{n}{N}\right)}$$

式中，$n/N$ 称为抽样比，表示总体中抽出的个体数占全部个体数的比重。

比较有放回抽样和不放回抽样各自样本均值的方差可以看出：不放回抽样下样本均值的方差公式中比有放回抽样下样本均值的方差公式中多了一个因子 $(N-n)/(N-1)$，由于该因子小于 1 即 $(N-n)/(N-1)<1$，所以，不放回抽样下样本均值的标准误比放回抽样下样本均值的标准误小。因此，实践中一般只采用不放回抽样的方式抽取样本，而很少采用有放回的抽样方式。因为当总体容量 $N$ 为无穷大时，因子 $(N-n)/(N-1)$ 的值几乎为 1，所以，只有当所考察的总体为有限总体时，该因子才起作用。当总体为无限总体时，不放回抽样下样本均值的标准误公式就简化为与有放回抽样下样本均值的标准误公式相同，故因子 $(N-n)/(N-1)$ 通常称为有限总体校正因子。不过当总体容量 $N$ 较大而抽样比 $n/N$ 很小时，有限总体校正因子 $(N-n)/(N-1)$ 或 $(1-n/N)$ 通常可忽略不计。因此，实践中一般只使用有放回抽样的公式来计算其标准误。

由样本均值的标准误公式可以看出：要计算出样本均值标准误的数值，必须已知总体方差 $\sigma^2$ 的数值，但实践中，总体方差 $\sigma^2$ 一般都是未知，需用其样本方差 $s^2$ 来代替计算，故可得有放回抽样和不放回抽样下样本均值标准误的估计量公式分别为：

有放回抽样：$\hat{\sigma}_{\bar{x}}=\dfrac{s}{\sqrt{n}}$

不放回抽样：$\hat{\sigma}_{\bar{x}}=\sqrt{\dfrac{s^2}{n}\left(1-\dfrac{n}{N}\right)}$

**【例 5—5】**某工厂收到供货方发来的一批电子元件共 1 000 件，随机抽取了 10 件进行检验，测得各电子元件的使用寿命分别为 1 256、1 307、1 180、1 450、1 225、1 198、1 365、1 420、1 295、1 304 小时，试估计该批电子元件的平均使用寿命及其标准误。

**解：**由样本观测数据可计算出样本均值和样本方差分别为：

$$\bar{x}=\frac{\sum x}{n}=\frac{1\,256+1\,307+\cdots+1\,304}{10}=\frac{13\,000}{10}=1\,300(\text{小时})$$

$$s^2=\frac{1}{n-1}\sum_{i=1}^{n}(x_i-\bar{x})^2=\frac{73\,580}{10-1}=8\,175.56(\text{小时})^2$$

所以该批电子元件平均使用寿命的估计值为：

$$\hat{\mu}=\bar{x}=1\,300(\text{小时})$$

而样本均值的标准误，若按放回抽样计算，则其估计值为：

$$\hat{\sigma}_{\bar{x}}=\frac{s}{\sqrt{n}}=\sqrt{\frac{8\,175.56}{10}}=28.59(\text{小时})$$

若按不放回抽样计算，则其估计值为：

$$\hat{\sigma}_{\bar{x}}=\sqrt{\frac{s^2}{n}\left(1-\frac{n}{N}\right)}=\sqrt{\frac{8\,175.56}{10}\left(1-\frac{10}{1\,000}\right)}=28.45(\text{小时})$$

可见，按放回抽样公式计算的标准误与按不放回抽样公式计算的标准误二者相比，数值相差很小，故为了计算简便可只使用有放回抽样的公式。

2. 样本比例的标准误

总体比例 $P$，即总体中具有某种特征的个体数与全部个体数的比例，是一个常用的总体指标。由于总体 $P$ 是两点分布总体的均值，其估计量是样本比例 $p$，所以，估计量样本比例 $p$ 的标准误公式可仿照上述总体均值估计量即样本均值的标准误公式给出。

在两点分布总体中，所考察随机变量的均值为总体比例 $\mu=P$，方差则为 $\sigma^2=P(1-P)$。将此方差的表达式代入上述样本均值的标准误公式，即可得到作为总体比例估计量的样本比例 $P$ 的标准误公式：

有放回抽样：$\sigma_P=\sqrt{\dfrac{P(1-P)}{n}}$

不放回抽样：$\sigma_P=\sqrt{\dfrac{P(1-P)}{n}(1-\dfrac{n}{N})}$

实践中，总体比例 $P$ 的值是未知的，故需用其样本估计值即样本比例 $p$ 代替计算，也就是用样本方差 $s^2=p(1-p)$ 代替总体方差 $\sigma^2=P(1-P)$ 来计算样本比例的标准误。当然，这样计算出的数值必然是样本比例的标准误的估计值，即有样本比例的标准误的估计公式：

有放回抽样：$\hat{\sigma}_P=\sqrt{\dfrac{p(1-p)}{n}}$

无放回抽样：$\hat{\sigma}_P=\sqrt{\dfrac{p(1-p)}{n}\left(1-\dfrac{n}{N}\right)}$

**【例 5—6】** 某城市居民家庭大约有 20 万户，为了解居民家庭生活状况，随机抽取了 300 户进行调查，其中有 75 户和上年相比由于物价上涨过快而使生活的绝对水平下降了。试估计该市全部居民家庭中，由于物价上涨而导致生活绝对水平下降的家庭所占的比重及其标准误。

**解：** 由样本资料可计算出样本中生活绝对水平下降的家庭所占比例，即总体比例的估计值为：

$$\hat{P}=p=\frac{n_1}{n}=\frac{75}{300}=25\%$$

按有放回抽样公式计算，样本比例的标准误的估计值为：

$$\hat{\sigma}_P=\sqrt{\frac{0.25(1-0.25)}{300}}=0.025=2.5\%$$

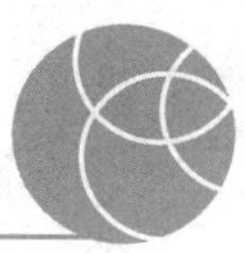

若按不放回抽样公式计算，则样本比例的标准误的估计值为：

$$\hat{\sigma}_P=\sqrt{\frac{0.25(1-0.25)}{300}\left(1-\frac{300}{200\,000}\right)}=2.5\%$$

用有放回抽样公式计算的标准误和用不放回抽样公式计算的标准误，在所取精度范围内完全相同，这又一次说明在总体容量较大且抽样比较小的情形下，完全可用有放回抽样的标准误公式代替不放回抽样的标准误公式进行计算。

**（三）影响标准误的因素**

估计量的标准误是样本指标用于估计总体指标所产生的抽样估计误差，影响估计量标准误的因素也就是影响抽样估计误差的因素。显然，分析影响估计量标准误的因素，对于改进抽样方法和估计方法，以便控制抽样估计误差，具有十分重要的意义。

综观上述各总体指标估计量的标准误计算公式，可以看出：影响估计量的标准误数值大小的因素主要有以下三个方面：

(1) 总体中各个体之间的差异程度。对于所考察的变量来说，总体中各个体在该变量的取值之间的差异程度越大，即 $\sigma^2$ 越大，总体指标估计量的标准误的数值也就越大，抽样估计误差也就越大。反之，若 $\sigma^2$ 较小，则估计量的标准误差也就越小。

(2) 样本容量的大小。样本容量越大，总体指标估计量的标准误就越小，抽样估计误差也就越小；反之，样本容量越小，抽样估计误差及其标准误也就越大。

(3) 抽样的方式与方法。比较不同的抽样方式下各总体指标估计量的标准误的计算公式可以看出：抽取样本的方式与方法也是影响估计量的标准误的重要因素。抽样方式方法不同，总体指标估计量的标准误就会不同，抽样估计误差的大小也就不同。

由总体指标估计量的标准误的意义及上述因素分析可知：要提高抽样估计的精确程度，就必须设法降低抽样误差及其标准误，而要降低抽样误差和标准误，就必须根据其影响因素采取相应的措施。如事先将总体分类以减少总体内部的差异程度，或者采用更好的抽样方式以及增加样本容量等。

## 第四节 区间估计

### 一、区间估计的概念

点估计就是将估计量的样本值作为总体待估参数的估计值。一般来说，样本估计值与未知总体参数值并不完全相等，必然存在着一定的抽样估计误差。该抽样估计误差也无法具体算出，因此，人们并不能确切地知道样本估计值的误差究竟有多大，估计的精度究竟有多高。虽然估计量的标准误指标给出了抽样估计误差大小水平的一种度量，可用以说明全部可能样本估计值的误差大小的一般水平，但仍不能说明某个样本估计值的误差可能有多大以及该样本估计值的精度如何。为了给出样本估计值精度的估计，就需要对未知总体指标进行区间估计。

所谓区间估计，就是在事先给定的概率保证程度下，根据样本估计量的概率分布，确定出可能包含未知总体参数的某个区间，作为对未知总体参数的估计。由于样本是随机抽取的，所以，作为总体指标估计量的样本指标也是随机变量，有各种不同的可能取值和一定的概率分布，并且由于样本估计量包含了样本中关于未知总体参数的有关信息，其概率分布往往和待估计的总体参数有一定的关系。因此，若事先能够确定出作为估计量的该样本指标取各种可能数值的概率及其概率分布，那么，就可由其概率分布计算出样本估计量在未知总体参数周围的某个区间内取值的概率。反之，若事先给定此概率作为抽样估计的可靠程度，也可求得此估计量的取值区间，将此区间进行适当的变换则可得到一个可能包含未知总体参数的区间，从而作为未知总体参数的估计区间。记待估计的未知总体指标为 $\theta$，样本估计量为 $\hat{\theta}$，事先给定的概率为 $1-\alpha$，若根据样本估计量 $\hat{\theta}$ 的概率分布可计算出一个区间（$\hat{\theta}_L$，$\hat{\theta}_U$），使得该区间包含未知总体参数 $\theta$ 的概率等于事先给定的概率 $1-\alpha$，即有等式：

$$P(\hat{\theta}_L<\theta<\hat{\theta}_U)=1-\alpha$$

成立，则该区间（$\hat{\theta}_L$，$\hat{\theta}_U$）就称为未知总体参数的置信区间，其中 $\hat{\theta}_L$ 和 $\hat{\theta}_U$ 分别称为置信下限和置信上限；而概率 $1-\alpha$ 就称为置信概率或置信度，它表明了使用此区间估计的可靠程度或把握程度，其中 $\alpha$ 称为该区间估计的风险。在实践中，$\alpha$ 常取 0.05 或 0.01。

对于置信区间的含义，可以从两方面来理解。一方面，对于反复多次的抽样来说，每次抽样都可得到一个样本，都可计算出未知总体参数 $\theta$ 的一个置信区间（$\hat{\theta}_L$，$\hat{\theta}_U$），在这许多置信区间中，有些包含未知的总体参数 $\theta$，而有些则不包含未知总体参数 $\theta$，其中包含未总体参数 $\theta$ 的区间所占比例为 $1-\alpha$，而不包含未知总体参数 $\theta$ 的区间所占比例为 $\alpha$。另一方面，对某一次抽样来说，只有一个样本，只能计算出未知总体参数 $\theta$ 的一个置信区间（$\hat{\theta}_L$，$\hat{\theta}_U$），该区间或者包含未知总体参数 $\theta$，或者不包含未知总体参数 $\theta$。其中该区间包含 $\theta$ 的可能性也称把握程度或称可靠程度为 $1-\alpha$，而该区间不包含 $\theta$ 的可能性则为 $\alpha$。

区间估计既给出了抽样估计的可靠程度，又给出其精度。其中置信概率是可靠程度的度量，而置信区间的长度则表达了估计的精确程度。置信概率越大，估计的可靠程度越高；置信区间的长度越短，估计的精度则越高。很显然，区间估计的可靠程度和精确程度是相互矛盾的，要提高可靠程度就要增大置信概率，从而就要增加置信区间的长度使估计的精度降低；反之要提高估计的精度就要缩短置信区间的长度，从而就要减小置信概率使估计的可靠程度降低。因此，在实践中，应根据所研究总体的特点在二者之间进行权衡，适当地确定置信概率，既使估计的可靠程度符合要求，又不至于使估计的精度太低。

未知总体参数的区间估计要根据其估计量的概率分布来计算，不同的估计量其概率分布不同，置信区间的计算方法也有所不同。下面仅就常用的总体指标置信区间的计算方法分别进行讨论。

## 二、总体均值的区间估计

由点估计理论可知，总体均值 $\mu$ 的估计量是样本均值 $\bar{x}$。对于不同的总体和不同的样

本容量，样本均值的概率分布是不同的，因此，需要区分不同情形进行说明。

**（一）大样本情形下总体均值的区间估计**

根据本章第一节中介绍的中心极限定理可知：不论所考察的随机变量的总体分布如何，只要样本容量足够大，样本均值的概率分布就趋近于以总体均值为散布中心，以其标准误为散布尺度的正态分布。因此，对于大样本而言，样本均值的概率分布总可近似地看作正态分布，即有：

$$\bar{x} \sim N\left(\mu, \frac{\sigma^2}{n}\right)$$

或者有：

$$z = \frac{\bar{x}-\mu}{\sigma/\sqrt{n}} \sim N(0,1)$$

若事先给定置信概率为 $1-\alpha$，则查标准正态分布概率表，就可得标准正态分布的上侧分位数 $z_{\alpha/2}$，使得：

$$P(-z_{\alpha/2} < z < z_{\alpha/2}) = 1-\alpha$$

将标准化随机变量 $z$ 的表达式代入上式左边括号的不等式中，并对此不等式进行移项变换，则可以得到：

$$P\left(\bar{x} - z_{\alpha/2}\frac{\sigma}{\sqrt{n}} < \mu < \bar{x} + z_{\alpha/2}\frac{\sigma}{\sqrt{n}}\right) = 1-\alpha$$

此式表明，在事先给定的 $1-\alpha$ 的概率保证下，可认为总体均值 $\mu$ 被包含在以样本均值 $\bar{x}$ 为中心，以 $z_{\alpha/2}\sigma/\sqrt{n}$ 为半径的区间之内，由此可得出总体均值 $\mu$ 的置信区间为：

$$\left(\bar{x} - z_{\alpha/2}\frac{\sigma}{\sqrt{n}}, \bar{x} + z_{\alpha/2}\frac{\sigma}{\sqrt{n}}\right)$$

不难看出，在事先给定的置信概率 $1-\alpha$ 之下。由概率关系式 $P(-z_{\alpha/2} < z < z_{\alpha/2}) = 1-\alpha$ 也可以很容易地导出：

$$P\left(|\bar{x}-\mu| < z_{\alpha/2}\frac{\sigma}{\sqrt{n}}\right) = 1-\alpha$$

在该式中，$(\bar{x}-\mu)$ 是用样本均值 $\bar{x}$ 估计总体均值 $\mu$ 所产生的抽样估计误差。该式表明，在给定的 $1-\alpha$ 的概率保证下，可认为抽样估计误差不超过 $z_{\alpha/2}\sigma/\sqrt{n}$，或者说抽样估计误差不超过 $z_{\alpha/2}\sigma/\sqrt{n}$ 的可靠程度为 $1-\alpha$。记为：

$$\delta = z_{\alpha/2}\frac{\sigma}{\sqrt{n}}$$

则此 $\delta$ 就给出了抽样估计误差的范围或界限，因此，通常称此 $\delta$ 为抽样估计的极限误差或误差限。

**【例 5—7】** 某市为了了解在该市打工的民工生活状况，从中随机抽取了 100 个民工进行调查，得到样本民工月平均工资为 630 元，标准差为 80 元，试在 95%的概率保证下，对该市民工的月平均工资进行区间估计。

**解**：由于 $n=100$，$\bar{x}=630$ 元，$s=80$ 元，故用样本均值 $\bar{x}$ 作为总体均值 $\mu$ 的估计量，其标准误的估计值为：

$$\hat{\sigma}_{\bar{x}}=\frac{s}{\sqrt{n}}=\frac{80}{\sqrt{100}}=8(\text{元})$$

由于该样本是大样本，样本均值的概率分布可看作正态分布，在置信概率 $1-\alpha=95\%$ 的条件下，查标准正态分布概率表得上侧分位数 $z_{\alpha/2}=z_{0.025}=1.96$。由此得估计的误差限为：

$$\hat{\delta}_{\bar{x}}=z_{\alpha/2}\,\hat{\sigma}_{\bar{x}}=1.96\times 8=15.68(\text{元})$$

故可得出该市农民工月平均工资 $\mu$ 的置信区间为：

$$(630-15.68)\text{元}<\mu<(630+15.68)\text{元}$$

即有：

$$614.32\text{ 元}<\mu<645.68\text{ 元}$$

这表明在 95%的概率保证下，可以认为该市农民工的月平均工资在 614.32 元至 645.68 元之间。

**（二）小样本情形下，正态总体均值的区间估计**

对于小样本来说，计算总体均值的置信区间，显然不能使用样本均值的极限分布，而应该使用其精确分布，即样本容量固定时的概率分布。由于目前人们只对正态总体的小样本问题作出了研究，所以，这里只讨论正态总体小样本均值的区间估计。

若总体中所考察的变量服从正态分布，则由抽样分布理论可知：不论样本容量多大，样本均值的概率分布仍是正态分布，且有均值 $E(\bar{x})=\mu$，$D(\bar{x})=\sigma^2/n$。因此，若总体方差 $\sigma^2$ 已知，则仍可用类似上述大样本情形下总体均值的区间估计方法进行估计，得出总体均值 $\mu$ 的置信区间，但如前述，实践中总体方差 $\sigma^2$ 或标准差 $\sigma$ 一般是未知的，需用样本估计量来替代。由上节所述的抽样分布理论可知，用无偏样本方差 $s^2$ 代替总体方差 $\sigma^2$ 以后，在小样本情形下，由于样本均值标准化的随机变量将不再服从正态分布，而是服从自由度为（$n-1$）的 $t$ 分布，即有：

$$t=\frac{\bar{x}-\mu}{s/\sqrt{n}}\sim t(n-1)$$

若是先给定置信概率 $1-\alpha$，则查自由度为（$n-1$）的 $t$ 分布表，可得 $t$ 分布的上侧分位数 $t_{\alpha/2}$，使得：

$$P(-t_{\alpha/2}<t<t_{\alpha/2})=1-\alpha$$

将标准化的 $t$ 统计量的表达式代入上式左边括号中的不等式中，并对此不等式进行变换，则可以得到下面的关系式：

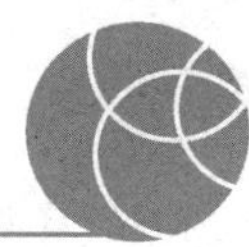

$$P\left(\bar{x}-t_{\alpha/2}\frac{\sigma}{\sqrt{n}}<\mu<\bar{x}+t_{\alpha/2}\frac{\sigma}{\sqrt{n}}\right)=1-\alpha$$

此式表明：对于来自正态总体的一个小样本，在给定的置信概率 $1-\alpha$ 之下，总体均值 $\mu$ 的置信区间为：

$$\left(\bar{x}-t_{\alpha/2}\frac{\sigma}{\sqrt{n}},\bar{x}+t_{\alpha/2}\frac{\sigma}{\sqrt{n}}\right)$$

而用样本均值 $\bar{x}$ 估计总体均值 $\mu$ 所产生的抽样估计误差即（$\bar{x}-\mu$）为：

$$\delta=t_{\alpha/2}\frac{\sigma}{\sqrt{n}}$$

**【例 5—8】** 在【例 5—5】所述某工厂收到供货方发来的一批电子元件的例子中，样本容量 $n=10$，电子元件使用寿命的样本均值 $\bar{x}=1\,300$ 小时，样本标准差 $s=90.42$ 小时，电子元件使用寿命的概率分布可看作正态分布，试在95%的置信概率下，对该批电子元件的平均使用寿命进行区间估计。

**解：** 由于该样本是小样本，故需要使用 $t$ 分布进行区间估计。在给定置信概率 $1-\alpha=0.95$ 的条件下，查 $t$ 分布表得自由度为 $n-1$ 的 $t$ 分布上侧分位数 $t_{\alpha/2}=t_{0.025}=2.26$，于是用样本均值估计总体均值的估计误差的误差限为：

$$\delta=t_{\alpha/2}\frac{s}{\sqrt{n}}=2.26\times\frac{90.42}{\sqrt{10}}=64.62(\text{小时})$$

该批电子元件平均使用寿命的置信区间为：

$$(1\,300-64.62)\text{小时}<\mu<(1\,300+64.62)\text{小时}$$

即有：

$$1\,235.38\text{ 小时}<\mu<1\,364.62\text{ 小时}$$

计算结果表明：在95%的可靠程度下，可以认为该批电子元件的平均使用寿命在1 235.38 小时到1 364.62 小时之间。

## 三、总体比例的区间估计

总体比例是两点分布总体的均值，其估计量样本比例是来自该总体的随机样本的均值。因此，在大样本条件下，可根据中心极限定理用类似于大样本情形下总体均值区间估计的方法来对总体比例进行区间估计。

由上节关于样本比例分布的理论可知，在大样本条件下，样本比例 $p$ 近似服从数学期望为总体比例 $P$、方差为 $P(1-P)/n$ 的正态分布，其标准化的随机变量则近似服从标准正态分布，有：

$$z=\frac{p-P}{\sqrt{\frac{P(1-P)}{n}}}\sim N(0,1)$$

若事先给定置信概率为 $1-\alpha$，则由标准正态分布概率数值表，可查得标准正态分布的上侧分位数 $z_{\alpha/2}$，使得：

$$P(-z_{\alpha/2}<z<z_{\alpha/2})=1-\alpha$$

类似地，将标准化随机变量 $z$ 的表达式代入上式左边括号的不等式之中，并对此不等于进行移项变换，可以得到：

$$P\left(p-z_{\alpha/2}\sqrt{\frac{P(1-P)}{n}}<P<p+z_{\alpha/2}\sqrt{\frac{P(1-P)}{n}}\right)=1-\alpha$$

由此可得在 $1-\alpha$ 的置信概率之下总体比例 $P$ 的置信区间为：

$$\left(p-z_{\alpha/2}\sqrt{\frac{P(1-P)}{n}},p+z_{\alpha/2}\sqrt{\frac{P(1-P)}{n}}\right)$$

以及用样本比例 $p$ 估计总体比例 $P$ 的抽样估计误差限为：

$$\delta=z_{\alpha/2}\sqrt{\frac{P(1-P)}{n}}$$

由此置信区间和抽样估计误差限的公式可以看出：要计算出该置信区间和抽样估计误差限需要用到总体比例 $P$，而总体比例 $P$ 正是所要估计的指标，显然是未知的，所以，在实践中只能用其估计量样本比例 $p$ 代替作近似计算。用样本比例 $p$ 代替总比例 $P$，则总体比例 $P$ 的置信区间可写为：

$$\left(p-z_{\alpha/2}\sqrt{\frac{p(1-p)}{n}},p+z_{\alpha/2}\sqrt{\frac{p(1-p)}{n}}\right)$$

并且，用样本比例 $p$ 估计总体比例 $P$ 的抽样估计误差的误差限可写为：

$$\delta=z_{\alpha/2}\sqrt{\frac{p(1-p)}{n}}$$

**【例 5—9】**在【例 5—6】某城市居民家庭生活状况抽样调查中，共随机抽取 300 户，其中有 75 户和去年相比由于物价上涨过快而使生活水平下降了，试在 95%的概率下对该市居民家庭中由于物价上涨过快而使生活水平下降的家庭所占比例进行区间估计。

**解**：在该例中，$n=300$，$p=75/300=0.25=25\%$，在 95%的置信概率下，查标准正态分布概率表得 $z_{\alpha/2}=1.96$。若采用类似于均值置信区间的计算方法，可先计算出用样本比例 $p$ 估计总比例 $P$ 的抽样估计误差的误差限为：

$$\delta=z_{\alpha/2}\sqrt{\frac{p(1-p)}{n}}=1.96\times\sqrt{\frac{0.25\times(1-0.25)}{300}}=0.049$$

由此得该市由于物价上涨而使生活水平下降的居民家庭所占比例 $P$ 的置信区间为：

$$25\%-4.9\%<P<25\%+4.9\%$$

即有：

$20.1\% < P < 29.9\%$

## 四、总体方差的区间估计

总体方差$\sigma^2$是反映总体中所考察变量取值散布程度的标准，也可用来衡量生产过程的稳定性和加工精度等，其估计量是修正的无偏样本方差$S^2$。显然，总体方差$\sigma^2$的区间估计需要根据其估计量$S^2$的概率分布来进行，这里只给出正态总体方差的区间估计。

若所考察随机变量的总体分布为正态分布，由前面所述的抽样分布理论可知，对于来自该总体的一个简单随机样本，其修正的无偏样本方差$S^2$与总体方差$\sigma^2$比值的$(n-1)$倍服从自由度为$(n-1)$的$\chi^2$分布，即有：

$$\frac{(n-1)S^2}{\sigma^2} \sim \chi^2(n-1)$$

若给定置信概率$1-\alpha$，则查自由度为$(n-1)$的$\chi^2$分布表可得两个分位数$\chi^2_{1-\alpha/2}$和$\chi^2_{\alpha/2}$，分别可称为$\chi^2$分布的$(1-\alpha/2)$分位数和$\alpha/2$分位数，使得：

$$P\left(\chi^2_{1-\alpha/2} < \frac{(n-1)S^2}{\sigma^2} < \chi^2_{\alpha/2}\right) = 1-\alpha$$

将该式左边括号中的不等式变换，可以得到：

$$P\left(\frac{(n-1)S^2}{\chi^2_{\alpha/2}} < \sigma^2 < \frac{(n-1)S^2}{\chi^2_{1-\alpha/2}}\right) = 1-\alpha$$

由此可得到总体方差$\sigma^2$的置信区间为：

$$\left(\frac{(n-1)S^2}{\chi^2_{\alpha/2}}, \frac{(n-1)S^2}{\chi^2_{1-\alpha/2}}\right)$$

**【例5—10】** 在【例5—5】某工厂收到供货方发来的一批电子元件的例子中，共抽取了10件电子元件进行检验，使用样本的方差为$S^2=8\,175.56$（小时），试在95%的置信概率下对该批电子元件使用寿命的方差和标准差进行区间估计。

**解：** 电子元件的使用寿命可看作服从正态分布，则$(n-1)S^2/\sigma^2$服从自由度为$(n-1)=9$的$\chi^2$分布。在95%的置信概率下，查$\chi^2$分布表，得$(1-\alpha/2)$和$\alpha/2$的分位数分别为$\chi_{1-\alpha/2}=\chi^2_{0.975}=2.70$和$\chi^2_{\alpha/2}=\chi^2_{0.025}=19.02$，将$S^2=8\,175.56$和这两个分位数值代入上述正态总体方差置信区间的公式，可得该批电子元件使用寿命的方差的置信区间为：

$$\frac{(10-1)\times 8\,175.56}{19.02} < \sigma^2 < \frac{(10-1)\times 8\,175.56}{2.70}$$

即有：

$3\,868.56$（小时）$^2 < \sigma^2 < 27\,251.87$（小时）$^2$

两边开平方，就可得出该批电子元件使用寿命的标准差的置信区间为：

$62.20$ 小时 $< \sigma < 165.08$ 小时

## 五、单侧置信区间

以上所给出的总体指标的置信区间都是既有置信下限又有置信上限，通常称为双侧置信区间。由于如此给出的双侧置信区间是最短的，所以是最优置信区间，在实践中有广泛的应用。但是在有的情况下，人们只需考虑待估计的总体指标数值是否过小或过大，所以在估计时，两侧应有所偏重，而不能同等对待。例如，机器设备零部件的平均使用寿命长一些并无影响，但短了就会降低整个设备的使用寿命；又如：产品的次品率低一点，没有问题，但过高就会降低产品质量造成损失。因此，在这些情形下，对机器设备零部件的平均使用寿命和产品的次品率进行区间估计就不宜使用双侧置信区间，而应该使用单侧置信区间。

所谓单侧置信区间，是指根据问题的性质将待估总体指标的上置信限或下置信限指定在其上界或下界值上，并根据给定的置信概率求出另一置信限而得到的置信区间。记待估计的总体指标为$\theta$，其取值上界为$\theta_U$，取值下界为$\theta_L$，样本估计量为$\hat{\theta}$，对于给定的置信率$1-\alpha$，若有：

$$P(\hat{\theta}_L<\theta<\theta_U)=1-\alpha$$

或有：

$$P(\theta_L<\theta<\hat{\theta}_U)=1-\alpha$$

则称区间$(\hat{\theta}_L, \theta_U)$和$(\theta_L, \hat{\theta}_U)$为总体指标$\theta$的单侧置信区间，其中估计值$\hat{\theta}_L$称为单侧置信下限，而估计值$\hat{\theta}_U$称为单侧置信上限。

**【例5—11】**在【例5—6】某城市居民家庭生活状况抽样调查的例子中，共抽取了300户，其中由于物价上涨过快使生活水平下降的家庭所占比重为25%，试在95%的置信概率下求该市居民家庭中生活水平下降的家庭所占比重的单侧置信限。

**解：**由于样本比例$p$近似服从正态分布$N(P, P(1-P)/n)$，所以将样本比例$p$标准化后，就有：

$$z=\frac{p-P}{\sqrt{\frac{P(1-P)}{n}}}\sim N(0,1)$$

给定置信概率$1-\alpha$，查标准正态分布表，可得正态分布$\alpha$分位数$z_\alpha$，使得：

$$P\left(-z_\alpha<\frac{p-P}{\sqrt{P(1-P)/n}}\right)=1-\alpha$$

或者：

$$P\left(\frac{p-P}{\sqrt{P(1-P)/n}}<z_\alpha\right)=1-\alpha$$

将这两式左端括号中的不等式变换，可得总体比例$P$的两个置信区间：

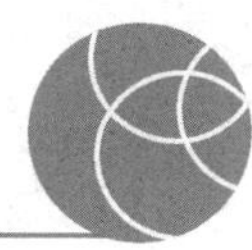

$$0<P<p+z_{\alpha}\sqrt{\frac{P(1-P)}{n}}$$

以及

$$p-z_{\alpha}\sqrt{\frac{P(1-P)}{n}}<P<100\%$$

用样本比例 $p$ 代替总比例 $P$ 计算总体方差 $P(1-P)$ 的估计值，可得到以下两个置信区间：

$$0<P<p+z_{\alpha}\sqrt{\frac{p(1-p)}{n}}$$

以及

$$p-z_{\alpha}\sqrt{\frac{p(1-p)}{n}}<P<100\%$$

将样本值 $n=300$ 和 $p=25\%$ 及正态分布分位数 $z_{\alpha}=z_{0.05}=1.645$ 分别代入上面两式，则可得到总体比例 $P$ 的两个单侧置信区间分别为：

$$0<P<29.1\%$$
$$20.9\%<P<100\%$$

这表明在 95%的可靠程度下，可认为该市生活水平下降的居民家庭所占比重不超过 29.1%或不低于 20.9%。其中 20.9%和 29.1%分别为该市居民家庭中生活水平下降的家庭所占比重的单侧置信下限和单侧置信上限。

## 六、样本容量的确定

显然，用样本指标估计总体指标的估计精度的高低完全取决于抽样估计误差的大小。而由样本估计量的标准误和误差限的计算公式可以看出，样本容量的大小是决定抽样估计误差大小的一个重要因素。样本容量越大，抽样估计误差就越小，而样本容量越小，抽样估计误差就越大。要保证抽样估计具有较高的精度，就必须使样本容量达到一定的数量。但是，样本容量越大，抽样调查的工作量就越大，费用也就越多。因此，样本容量也不能太大，而是应在确保所需要的估计精度的前提下，尽可能地减少样本容量。

在抽样估计的实际应用中，根据抽样调查的目的和所调查总体的特点，通常需要事先确定出各个需要估计的总体指标的估计精度和置信度，根据事先给定的估计精度和置信度，利用抽样估计的误差限的计算公式，就可以计算出必需的最小样本容量数值。

对于有放回的简单随机抽样，如果事先给定在 $1-\alpha$ 的置信概率之下，用样本均值估计总体均值的抽样估计误差不超过 $\delta$，也就是给定总体均值的抽样估计误差限为 $\delta$，则有放回抽样下总体均值的抽样估计误差的计算公式为：

$$\delta=z_{\alpha/2}\frac{\sigma}{\sqrt{n}}$$

解出其中的 $n$，即可得到有放回简单随机抽样的必需最小样本容量计算公式：

$$n=\frac{z_{\alpha/2}\sigma^2}{\delta^2}$$

对于不放回的简单随机抽样，由本章第二节可知，其样本均值统计量的标准误要比有放回抽样的标准误多一个有限总体校正因子，因此，用样本均值估计总体均值的误差限的计算公式也就有所不同，此估计误差的计算公式为：

$$\delta=z_{\alpha/2}\sqrt{\frac{\sigma^2}{n}\left(1-\frac{n}{N}\right)}$$

由此式解出 $n$，就得到不放回简单随机抽样的必需最小样本容量的计算公式：

$$n=\frac{Nz_{\alpha/2}^2\sigma^2}{N\delta^2+z_{\alpha/2}\sigma^2}=\frac{z_{\alpha/2}^2\sigma^2/\delta^2}{1+\frac{z_{\alpha/2}^2\sigma^2/\delta^2}{N}}$$

比较有放回简单随机抽样和不放回简单随机抽样的必需最小样本容量的计算公式，可以看出二者之间具有一定的关系。如果记有放回简单随机抽样的必需最小样本容量为 $n_0$，即令

$$n_0=\frac{z_{\alpha/2}^2\sigma^2}{\delta^2}$$

并记不放回简单随机抽样的必需最小样本容量为 $n_1$，则有：

$$n_1=\frac{n_0}{1+\frac{n_0}{N}}$$

由此可见，不放回简单随机抽样的必需最小样本容量比有放回随机抽样的必需最小样本容量要稍小一些。

**【例 5—12】**某广告公司想要调查了解某城市的地方电视台播出的一则广告的收视率，拟对该市的居民家庭进行一次抽样调查。该市的居民家庭大约有 100 000 户，若在 95%的置信概率下，要求对收视率估计的误差不超过 4%，问需要抽取多少居民家庭进行调查？

**解：**由于收视率是一个比例，即两点分布的均值，所以，若记总体收视率为 $P$，则总体的方差就为 $\sigma^2=P(1-P)$。虽然总体收视率 $P$ 是未知的待估参数，但是由于 $0<P<1$，由此可知：总体方差 $\sigma^2$ 必然不会大于 0.25，即必然会有 $\sigma^2=P(1-P)\leqslant 0.5(1-0.5)=0.25$，故可以用总体方差的此上限值来计算必需的样本容量值。将置信概率为 95%的正态分布分位数值 $z_{\alpha/2}=1.96$ 和抽样估计误差限 $\delta=0.04$ 以及总体方差 $\sigma^2=0.25$ 代入有放回简单随机抽样的必需样本容量计算公式，可得：

$$n_0=\frac{z_{\alpha/2}^2\sigma^2}{\delta^2}=\frac{z_{\alpha/2}^2P(1-P)}{\delta^2}\leqslant\frac{1.96^2\times 0.25}{0.04^2}=600$$

如果采用不放回简单随机抽样，则必需的样本容量为：

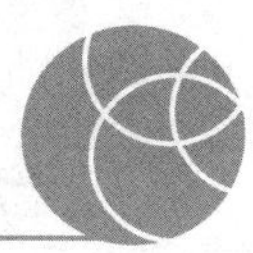

$$n_1=\frac{n_0}{1+\frac{n_0}{N}}=\frac{600}{1+\frac{600}{100\,000}}=596$$

这表明，若采用有放回简单随机抽样方式，则需要抽取 600 个居民家庭，而若采用不放回简单随机抽样方式，则需要抽取 596 个居民家庭。

## 思考与练习

1. 什么是大数定律？它的主要内容有哪些？

2. 什么是中心极限定理？它的主要内容有哪些？

3. 什么是重复抽样？什么是不重复抽样？二者的区别是什么？

4. 什么是类型抽样？它有哪些特点？

5. 简述样本均值、样本比例以及样本方差的抽样分布。

6. 什么是抽样估计？它的方法有哪些？

7. 判断估计量优劣的标准有哪些？

8. 什么是估计标准误？它的影响因素有哪些？

9. 什么是估计区间？什么是置信概率？什么是估计精度？置信概率与估计精度之间是什么关系？

10. 什么是必需最小样本容量？影响它的因素主要有哪些？

11. 为了研究城市居民家庭的构成和生活情况，现从该市抽取了 36 户家庭的简单随机样本，调查得样本资料如下：

| 家庭人口数（人） | 1 | 2 | 3 | 4 | 5 | 6 | 7 |
|---|---|---|---|---|---|---|---|
| 户数（户） | 1 | 8 | 14 | 7 | 4 | 1 | 1 |

试计算并估计：(1) 该市平均每户家庭人口数的点估计；(2) 在 95%的置信概率下估计该市平均每户家庭人口数的置信区间；(3) 该市 4 口人及 4 口人以上的家庭户数在总家庭户数中所占比例的点估计；(4) 在 95.45%的置信概率下估计该市 4 口人及 4 口人以上家庭所占比例的置信区间。

12. 某个区民小区共有居民 500 户，小区管理者准备采取一项新的供水措施，想了解居民是否赞成。采用重复抽样的方法随机抽取了 50 户，其中有 32 户赞成，18 户反对。

(1) 在置信概率为 95%的条件下，求总体中赞成该项改革的户数比例的置信区间。

(2) 如果小区管理者预计赞成的比例能达到 80%，应该抽取多少户进行调查？

13. 从一批电子元件中随机抽取 100 只，若被抽取的电子元件的平均寿命为 1 000 小时，标准差 $S$ 为 40 小时，试求该批电子元件的平均寿命的置信区间（置信概率为 95.45%）。

14. 某饮料食品公司生产的某种冷饮，规定平均重量为 16 盎司，已知该冷饮的重量服从正态分布，并且标准差为 0.1 盎司。现随机抽取 12 个，其重量如下（单位：盎司）：

15.94　16.04　16.25　15.87　16.03　16.01

16.14　15.95　15.98　16.07　15.83　15.90

要求：对该冷饮平均重量作点估计，并在 0.95 的置信概率下求该冷饮平均重量的置信区间。

15. 从某公司生产的袋包装茶叶中随机抽取 5 袋，每袋的重量（克）为：25.2，25.3，24.8，25.0，24.9，假若每袋的重量服从正态分布，试对该公司生产的茶叶每袋重量的平均值与标准差进行区间估计（$\alpha=0.05$）。

16. 某地区粮食播种面积总共为 5 000 万亩，按不重复抽样方法随机抽取了 100 亩进行实割实测。调查结果显示：平均亩产为 450 公斤，标准差为 52 公斤。试以 95%的置信度估计该地区粮食平均亩产量和总产量的置信区间。

17. 某地对上年栽种的一批树苗（共 500 000 株）进行了抽样调查，在随机抽查的 200 株树苗中，有 190 株成活。试以 95.45%的概率估计该批树苗的成活率的置信区间和成活总数的置信区间。

# 第六章 相关与回归分析

**本章导学**

通过学习本章，要求掌握对客观现象之间的相互依存关系进行分析的方法，分析它们之间存在什么样的关系，相关关系的密切程度，并且用一定的数量表现出来。在此基础上，掌握回归分析的概念，并能应用一元回归分析方法进行实际问题的分析。

## 第一节　相关分析

社会、经济与自然科学现象之间的相互联系和制约是一个普遍规律，社会经济的发展总是与一定的经济变量的数量变化紧密联系，很多变量之间都存在着一定的相关性。

研究变量之间的关系并利用这种关系，有助于我们认识客观事物发展变化的规律，并有利于我们进行客观的预测和科学的决策，指导并控制社会经济活动的发展。如企业销售部经理在深入了解了广告费用和销售收入之间的关系后，可以尝试去预测一定水平的广告费用支出可能带来多少销售收入，从而做出广告投入的决策。又例如，企业在了解销售利润率与产品产量、产品价格等因素之间的关系后，可以通过各影响因素的变化去预测可能的销售利润率水平，并以此作为企业经营决策的依据。在研究居民消费支出的问题时，人们通常认为，人均可支配收入水平越高的地区，其消费支出水平也相对较高；相反，人均可支配收入水平较低的地区，其消费支出水平也相对较低。

怎么判断两个变量之间是否相关？它们的相关形式怎样？相关的程度如何？我们是否可能通过收入水平去估计、预测消费支出的水平？要想回答这些问题，就需要进行变量之间的相关关系分析及回归分析。

现象之间数量关系的研究，统计上是从两个方面进行的：一方面是分析现象之间关系的形式及密切程度，另一方面是找出现象之间数量变化的规律。本章针对此问题介绍相关与回归分析基本理论与方法，具体包括相关分析与回归分析两部分，下面首先介绍相关分析。

### 一、相关关系

互有联系的现象（或变量）之间的联系方式及密切程度各不相同。当一个变量的变化完全决定另一个变量的变化，或两变量之间是一种严格的、确定的关系时，我们称之为函数关系。例如银行的一年期的存款利率是3%，若存入的本金用$x$表示，则一年后的本利和为$y=x+3\%x$，在此本利和与本金之间是一种确定性的函数关系，在利率不变的情况下，本金的大小可以完全决定一年期的本利和。虽然经济现象、自然现象中还有很多类似的函数关系，但还有更多的情况是现象之间有密切的联系，而它们的密切程度并没有达到一个现象完全可以决定另一个现象的程度，如人均可支配收入与消费支出之间的关系密切相关，收入水平提高了，消费支出就大，但是由于消费者支出水平还受到价格、消费习惯、年龄、收入预期等很多因素的影响，可支配收入并不能完全决定消费支出水平，这样两者之间就是一种非确定的关系，我们将这种关系，即存在着一定的联系但又不是严格的、确定的关系，称为相关关系。此外，总产出与投资额之间、粮食产量与施肥量之间、广告费用支出与产品销售额之间等也属于相关关系。本章所要研究的也正是这种关系。

相关分析主要是分析现象之间是否存在相关关系，以及相关关系的方向、形式和关系的密切程度。具体来说，相关分析的主要内容有以下几方面：

（1）确定现象之间有无相关关系。这是相关分析的起点，只有存在相关关系，才有必

要进行进一步的分析。

（2）确定相关关系的表现形式。只有判明了现象之间的相关关系的具体表现形式，才能运用相应的回归分析方法去解决，如果把曲线相关误认为是直线相关，按直线相关来分析，便会出现认识上的偏差，导致错误的结论。

（3）测定相关关系的密切程度。现象之间的相关关系是一种不严格的数量关系，因此给人的感觉是松散的。相关分析就是要从这种松散的数量关系中，判定其相关关系的密切程度。

## 二、相关关系的描述——散点图

对于两个变量 $X$ 和 $Y$，通过观察或实验，我们可以得到其若干组数据，记为（$x_i$，$y_i$）（$i=1$，2，…，$n$），将这些数据按 $x$ 的值由大到小（或由小到大）以序列表表示，即构成相关表。通过相关表可以粗略地看出两个变量之间存在着相关关系，如果两变量之间的变化方向是一致的，即存在着正相关；而若变量之间的变化方向是相反的，则为负相关。

如果将一一对应的两变量（$x_i$，$y_i$）描点于坐标系上，即构成散点图，又称为相关图。如将表 6—1 中数据绘制成散点图，如图 6—1 所示。

**表 6—1　　某年各省份城镇家庭平均每人可支配收入与消费支出**　　单位：元

| 省份 | 可支配收入 $X$ | 消费性支出 $Y$ | 省份 | 可支配收入 $X$ | 消费性支出 $Y$ |
|---|---|---|---|---|---|
| 北　京 | 21 988.71 | 15 330.44 | 湖　北 | 11 485.80 | 8 701.18 |
| 天　津 | 16 357.35 | 12 028.88 | 湖　南 | 12 293.54 | 8 990.72 |
| 河　北 | 11 690.47 | 8 234.97 | 广　东 | 17 699.30 | 14 336.87 |
| 山　西 | 11 564.95 | 8 101.84 | 广　西 | 12 200.44 | 8 151.26 |
| 内蒙古 | 12 377.84 | 9 281.46 | 海　南 | 10 996.87 | 8 292.89 |
| 辽　宁 | 12 300.39 | 9 429.73 | 重　庆 | 12 590.78 | 9 890.31 |
| 吉　林 | 11 285.52 | 8 560.30 | 四　川 | 11 098.28 | 8 691.99 |
| 黑龙江 | 10 245.28 | 7 519.28 | 贵　州 | 10 678.40 | 7 758.69 |
| 上　海 | 23 622.73 | 17 255.38 | 云　南 | 11 496.11 | 7 921.83 |
| 江　苏 | 16 378.01 | 10 715.15 | 西　藏 | 11 130.93 | 7 532.07 |
| 浙　江 | 20 573.82 | 14 091.19 | 陕　西 | 10 763.34 | 8 427.06 |
| 安　徽 | 11 473.58 | 8 531.90 | 甘　肃 | 10 012.34 | 7 875.78 |
| 福　建 | 15 506.05 | 11 055.13 | 青　海 | 10 276.06 | 7 512.39 |
| 江　西 | 11 451.69 | 7 810.73 | 宁　夏 | 10 859.33 | 7 817.28 |
| 山　东 | 14 264.70 | 9 666.61 | 新　疆 | 10 313.44 | 7 874.27 |
| 河　南 | 11 477.05 | 7 826.72 | | | |

通过相关图所反映出的坐标点的分布状况，可以更直观地判断变量之间是否存在相关关系，以及相关的形态、方向。

（1）相关的形态。若变量 $Y$ 与变量 $X$ 的相关关系表现为线性组合，或绘制的散点图

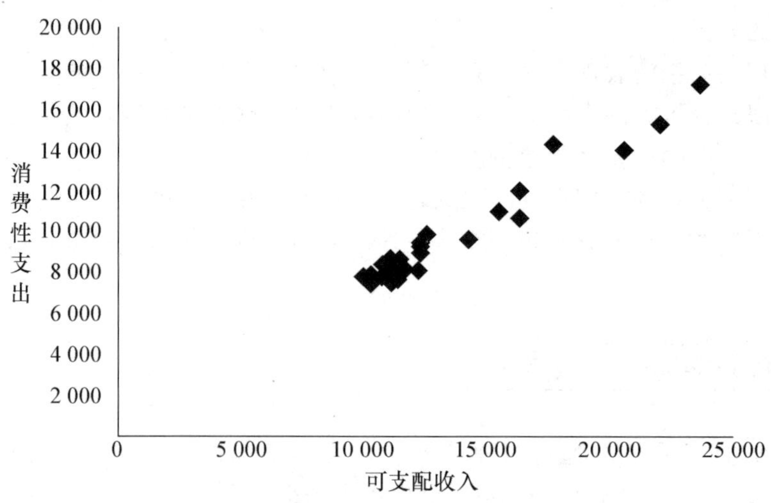


**图 6—1　人均可支配收入与消费支出相关图**

近似地表现为一条直线，则称之为线性相关，如图 6—2（a）和图 6—2（b）所示；若 $Y$ 与 $X$ 是非线性组合，或绘制的散点图近似地表现为一条曲线，则称之为非线性相关或曲线相关，如图 6—2（c）所示。

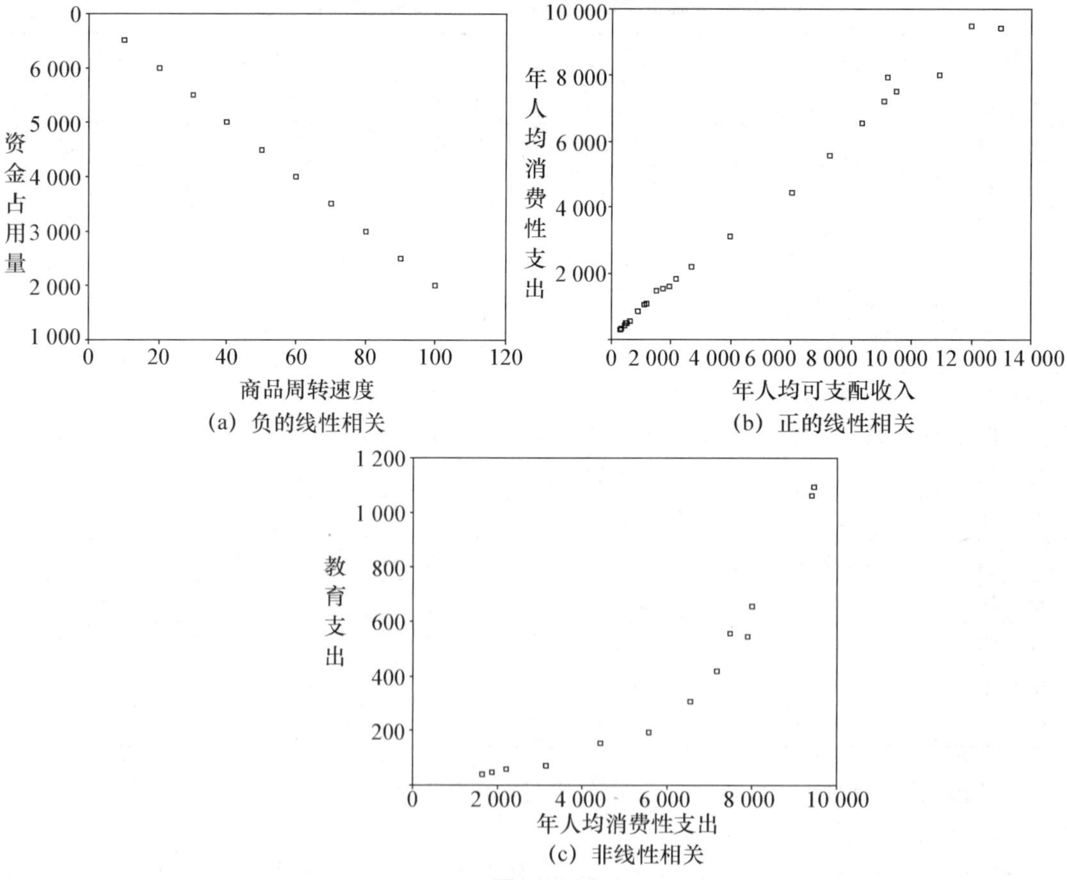

（a）负的线性相关

（b）正的线性相关

（c）非线性相关

**图 6—2**

（2）相关的方向。当两个变量的变动方向相同，即一个变量增加，另一个变量也相应地增加，或一个变量减少，另一个变量也相应地减少时，两个变量之间的关系称为正相关，如图 6—2（b）所示；若两个变量变动的方向相反，即一个变量增加的同时，另一个变量随之减少，则两个变量之间的关系称为负相关，如图 6—2（a）所示。

通过图 6—1 可以看到，人均可支配收入与消费支出之间属于线性相关、正相关。

## 三、相关程度的测定——相关系数的计算

散点图虽然能够直观地展现变量之间的相关关系，但不很精确。相关系数则是测定变量之间关系密切程度的一个指标，它能够以定量的方式准确地描述变量之间的相关程度。相关系数有多种，对于不同类型的变量数据，应计算不同的相关系数。下面只介绍简单相关系数。

简单相关系数是用于度量两个变量 $X$ 与 $Y$ 之间的线性相关程度的指标，是最常用的相关系数之一。如它可以反映人均可支配收入与消费支出的相关程度、身高与体重之间的相关程度。利用总体数据计算的相关系数称为总体相关系数，一般用 $\rho$ 表示。但是很多情况下，我们所掌握的只是样本数据，利用样本数据计算的相关系数称为样本相关系数，用 $r$ 表示，其计算公式为：

$$r=\frac{\sum_{i=1}^{n}(x_i-\bar{x})(y_i-\bar{y})}{\sqrt{\sum_{i=1}^{n}(x_i-\bar{x})^2(y_i-\bar{y})^2}}=\frac{n\sum_{i=1}^{n}x_iy_i-\sum_{i=1}^{n}x_i\sum_{i=1}^{n}y_i}{\sqrt{n\sum_{i=1}^{n}x_i^2-(\sum_{i=1}^{n}x_i)^2}\sqrt{n\sum_{i=1}^{n}y_i^2-(\sum_{i=1}^{n}y_i)^2}}$$

简单相关系数的基本原理是把每一对观测值（$x_i$，$y_i$）中的 $x_i$ 值与均值 $\bar{x}$ 的距离与相应的 $y_i$ 值与均值 $\bar{y}$ 的距离相乘，如果这个乘积为正，则说明相对于各自的均值，两个变量的变化趋势一样，如果这个乘积为负，那么说明它们的变化趋势相反。把样本中所有这些乘积相加，如果样本中的乘积多为正，则和为正，如果样本中的乘积多为负，则和为负，如果乘积正负号的个数差不多，则乘积和就接近零，再将其标准化就得到上面的相关系数的计算公式。

**【例 6—1】** 企业生产性固定资产（$x$）和工业总产值（$y$）之间具有相关关系，其相关数据如表 6—2 所示。

**表 6—2　　企业生产性固定资产与工业总产值**

| 生产性固定资产（$x$，千元） | 318 | 910 | 200 | 409 | 415 | 502 | 314 | 1 210 | 1 022 | 1 225 |
|---|---|---|---|---|---|---|---|---|---|---|
| 工业总产值（$y$，千元） | 524 | 1 019 | 638 | 815 | 913 | 928 | 605 | 1 516 | 1 219 | 1 624 |

由表中数据可以粗略地看出，随着生产性固定资产的增加，工业总产值有升高的趋势。将一一对应的两个变量描点于坐标系上，即构成散点图。用横坐标代表自变量 $x$，用纵坐标代表因变量 $y$，绘制散点图（如图 6—3 所示）。

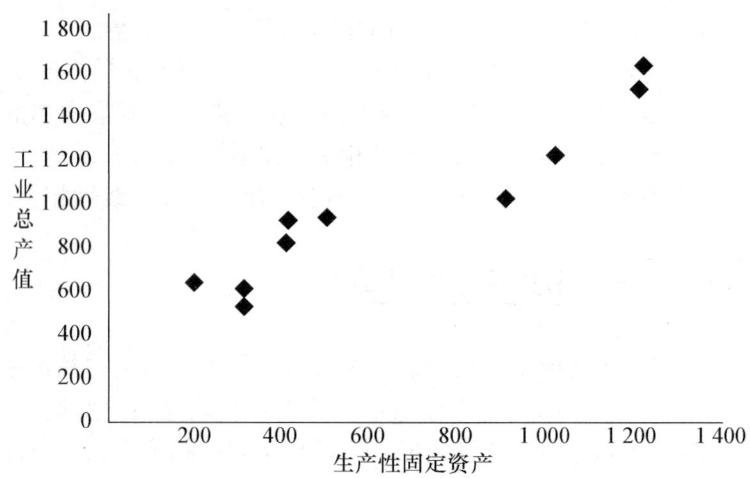


**图 6—3　生产性固定资产与工业总产值散点图**

从图 6—3 可以看到两变量之间存在较高的正线性相关关系。

为进一步测度其相关程度，利用表 6—2 中数据计算其相关系数，见表 6—3。

**表 6—3　相关系数计算表**

| 序号 | 生产性固定资产（$x$，千元） | 工业总产值（$y$，千元） | $x^2$ | $y^2$ | $xy$ |
|---|---|---|---|---|---|
| 1 | 318 | 524 | 101 124 | 274 576 | 166 632 |
| 2 | 910 | 1 019 | 828 100 | 1 038 361 | 927 290 |
| 3 | 200 | 638 | 40 000 | 407 044 | 127 600 |
| 4 | 409 | 815 | 167 281 | 664 225 | 333 335 |
| 5 | 415 | 913 | 172 225 | 833 569 | 378 895 |
| 6 | 502 | 928 | 252 004 | 861 184 | 465 856 |
| 7 | 314 | 605 | 98 596 | 366 025 | 189 970 |
| 8 | 1 210 | 1 516 | 1 464 100 | 2 298 256 | 1 834 360 |
| 9 | 1 022 | 1 219 | 1 044 484 | 1 485 961 | 1 245 818 |
| 10 | 1 225 | 1 624 | 1 500 625 | 2 637 376 | 1 989 400 |
| 合计 | 6 525 | 9 801 | 5 668 539 | 10 866 577 | 7 659 156 |

根据简单相关系数计算公式：

$$r=\frac{n\sum_{i=1}^{n}x_iy_i-\sum_{i=1}^{n}x_i\sum_{i=1}^{n}y_i}{\sqrt{n\sum_{i=1}^{n}x_i^2-(\sum_{i=1}^{n}x_i)^2}\sqrt{n\sum_{i=1}^{n}y_i^2-(\sum_{i=1}^{n}y_i)^2}}$$

$$=\frac{10\times 7\,659\,156-6\,525\times 9\,801}{\sqrt{10\times 5\,668\,539-6\,525^2}\sqrt{10\times 10\,866\,577-9\,801^2}}=0.947\,8$$

计算结果表明，两变量之间的相关系数为 0.947 8。

相关系数的性质与具体含义：

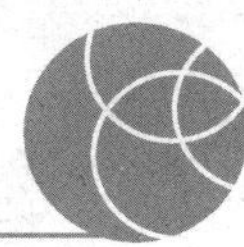

(1) $r$ 的取值范围在 $-1\sim1$ 之间，即 $-1\leqslant r\leqslant1$。$r>0$ 表明两个变量之间存在正线性相关关系；$r<0$ 表明两个变量之间存在负线性相关关系；当 $|r|=1$ 时，表现为完全相关；当 $r=0$ 时，表现为无线性相关；当 $0<|r|<1$ 时，表现为不完全相关。

(2) $r$ 具有对称性。$x$ 与 $y$ 之间的相关系数与 $y$ 与 $x$ 之间的相关系数相等。

(3) $r$ 的数值的大小与 $x$ 和 $y$ 的计量尺度无关。改变 $x$ 和 $y$ 的数据的计量尺度，并不改变 $r$ 的数值。

(4) $r$ 是两个变量之间线性关系的度量指标，但无法反映两变量之间的因果关系，即使 $r$ 很高，也不一定意味着 $x$ 与 $y$ 之间一定存在着因果关系。

此外，应该注意的是，简单相关系数是反映两个变量的线性相关程度，但它并不能够度量变量之间的非线性相关程度。

## 第二节　一元线性回归分析

相关分析旨在测度变量之间关系的密切程度，它所使用的测定工具就是相关系数。而回归分析则是考察若干自变量 $x_1$，$x_2$，…，$x_K$ 与因变量 $y$ 之间的数量依存关系的统计方法和技术。回归分析的内容主要包括以下几个方面：

(1) 从样本数据出发，确定变量之间数量依存关系的数学关系式，即回归模型的形式。

(2) 估计回归模型参数。

(3) 对所确定的回归模型的可信程度进行各种统计检验，并从影响因变量的诸多变量中找出影响显著的自变量。

(4) 利用回归模型，根据一个或几个自变量的值来预测或控制因变量的水平，并给出相应的精确度。

### 一、一元线性回归模型

#### (一) 一元线性回归模型的理论模型

描述变量 $y$ 与 $x$ 之间线性关系的数学结构式，即一元线性理论回归模型为：

$$y=\beta_0+\beta_1x+\varepsilon$$

一般我们称 $y$ 为被解释变量（因变量），称 $x$ 为解释变量（自变量），其中 $\beta_0$ 为回归常数，$\beta_1$ 为回归系数。

该模型显示出 $y$ 与 $x$ 之间的关系可以用两个部分描述：一部分是由于 $x$ 的变化引起的 $y$ 的变化的部分，即 $\beta_0+\beta_1x$；另一部分是由除去 $x$ 外的其他一切被忽略和无法考虑到的随机因素引起的，即 $\varepsilon$，我们称其为随机误差项。

建立线性回归模型时，需要假定被解释变量 $y$ 与解释变量 $x$ 之间具有线性关系，且解释变量的取值是非随机的（即其值是外生的、事先给定的），被解释变量则是随机变量，这就意味着，对于给定的解释变量 $x$ 的值，$y$ 的取值都相应地对应着一个分布。此外，对

于随机误差项 $\varepsilon$ 需要做出以下假定：

（1）正态性。$\varepsilon$ 是一个服从正态分布的随机变量，且其期望值为 0，即：

$$E(\varepsilon)=0$$

这样，对 $y=\beta_0+\beta_1x+\varepsilon$ 两边求数学期望得：

$$E(y)=\beta_0+\beta_1x$$

该式从平均意义上表达了变量 $y$ 与 $x$ 的统计规律性，关于这一点，在应用上是非常重要的，因为我们经常关心的正是这个平均值。

（2）方差齐性。对于任何一个特定的 $x$ 值，$\varepsilon$ 的方差 $\sigma^2$ 都相同。

（3）独立性。对于任何一个特定的 $x$ 值，它所对应的 $\varepsilon$ 与另一个 $x$ 值所对应的 $\varepsilon$ 不相关。这样，对于该特定的 $x$ 值，它所对应的 $y$ 值与其他 $x$ 值所对应的 $y$ 值也不相关。在解释变量 $x$ 值一定的情况下，$y$ 的变化由误差项 $\varepsilon$ 的方差 $\sigma^2$ 来决定。当 $\sigma^2$ 较小时，$y$ 的实际观测值与估计值就比较接近；当 $\sigma^2$ 较大时，$y$ 的实际观测值与估计值偏离就比较大。

**（二）估计的一元线性回归方程**

理论回归模型中的参数是未知的，回归分析的主要任务之一就是通过样本观测值（$y_i$，$x_i$）对 $\beta_0$，$\beta_1$ 进行估计，在此用 $b_0$，$b_1$ 分别表示 $\beta_0$，$\beta_1$ 的估计值，则称

$$\hat{y}=b_0+b_1x$$

为估计的线性经验回归方程，或估计的线性回归方程。

## 二、模型参数估计

利用样本数据对模型中的参数进行估计，依照不同的准则，采用不同的统计方法，可以得到不同的参数估计值，因而模型 $\hat{y}=b_0+b_1x$ 中的 $b_0$，$b_1$ 不是唯一的。为了由样本数据得到回归方程中 $\beta_0$，$\beta_1$ 的理想估计值，即得到这些参数的最小无偏估计量，通常采用普通最小二乘法。

普通最小二乘法的基本思想是：

对每一样本观测值（$y_i$，$x_i$），考虑观测值 $y_i$ 与其回归值 $\hat{y}_i$ 的离差越小越好，综合地考虑 $n$ 个离差值，定义离差平方和为：

$$Q=\sum_{i=1}^{n}(y_i-\hat{y}_i)^2=\sum_{i=1}^{n}[y_i-(b_0+b_1x_i)]^2$$

所谓最小二乘法，就是要寻找 $\beta_0$，$\beta_1$ 的估计值 $b_0$，$b_1$，使 $Q$ 达到最小。求解 $b_0$，$b_1$ 是一个求极值问题，由于 $Q$ 是关于 $b_0$，$b_1$ 的非负二次函数，因而它的最小值总是存在的。根据微积分求极值的原理，$b_0$，$b_1$ 应满足下列方程：

$$\frac{\partial Q}{\partial b_0}=-2\sum_{i=1}^{n}(y_i-b_0-b_1x_i)=0$$

$$\frac{\partial Q}{\partial b_1}=-2\sum_{i=1}^{n}(y_i-b_0-b_1x_i)x_i=0$$

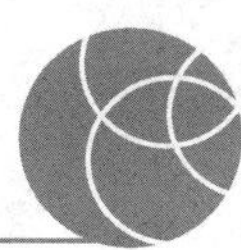

求解该方程组，即可得到 $b_0$，$b_1$。

参数估计值的具体计算公式为：

$$\begin{cases} b_1 = \dfrac{n\sum xy - \sum x \sum y}{n\sum x^2 - (\sum x)^2} \\ b_0 = \bar{y} - b_1\bar{x} \end{cases}$$

**【例 6—2】**根据表 6—2 中数据，拟合企业生产性固定资产（$x$）和工业总产值（$y$）的回归直线方程。

$$b_1 = \frac{n\sum xy - \sum x \sum y}{n\sum x^2 - (\sum x)^2}$$

$$= \frac{10 \times 7\,659\,156 - 6\,525 \times 9\,801}{10 \times 5\,668\,539 - 6\,525^2} = 0.896$$

$$b_0 = \bar{y} - b_1\bar{x}$$

$$= \frac{9\,801}{10} - 0.896 \times \frac{6\,525}{10} = 395.46$$

故拟合的回归方程为：

$$\hat{y} = 395.46 + 0.896x$$

## 三、回归系数的含义

$\hat{y} = b_0 + b_1x$ 中的 $b_0$ 是直线的截距，表示当解释变量为零时 $y$ 的平均值。回归系数 $b_1$ 是直线的斜率，表示解释变量 $x$ 每增加一个单位，被解释变量将相应地平均变化 $b_1$ 个单位。

上面回归方程中回归系数 $b_1$ 的含义为：生产性固定资产每增加 1 千元，工业总产值平均增加 0.896 千元。

## 四、回归方程的评价与检验

当我们得到一个实际问题的经验回归方程后，还不能马上就得出分析结论或进行预测等实际应用，在应用前需要对所估计的回归方程进行评价与检验。进行评价与检验主要是基于以下理由：第一，在利用样本数据估计回归模型时，首先是假设变量 $y$ 与 $x$ 之间存在着线性关系，但这种假设是否存在需要进行检验；第二，用样本数据估计的回归方程是否真正描述了变量 $y$ 与 $x$ 之间的统计规律性，$y$ 的变化能否通过模型中的解释变量去解释，需要进行检验。一般进行的评价与统计检验的主要内容与方法如下。

### （一）经济意义检验

所谓经济意义的检验就是利用相关的经济学原理及我们所积累的丰富的经验，对所估计的回归方程的回归系数进行分析与判断，看其是否能得到合理的解释。若我们以人均消费支出为被解释变量，以人均可支配收入为解释变量，根据表 7—1 中数据建立一元线性回归模型如下：

$$\hat{y}=450.334+0.692x$$

回归系数 0.692 的含义是人均可支配收入每增长 1 元，则人均消费支出将平均增加 0.692 元，其经济意义合理，与经济理论、与实际情况相符。

对回归模型进行检验，首先要进行的就是经济意义的检验。

**（二）回归方程的拟合程度分析**

回归方程在一定程度上描述了变量 $y$ 与 $x$ 之间的数量依存关系与内在规律，根据这一方程，我们可由解释变量的取值来估计被解释变量的取值。但估计的精度如何将取决于回归方程对观测数据的拟合程度。对回归方程的拟合程度进行分析最常用的指标是判定系数。

1. 判定系数 $R^2$

判定系数是说明回归方程对观测数据拟合程度的一个度量值，以一元线性回归方程为例，若各观测数据（$x_i$，$y_i$）在坐标系上形成的散点都落在一条直线上，那么这条直线就是对数据的完全拟合，直线充分代表了各个点，此时，用 $x$ 估计 $y$ 是没有误差的。各样本观测点越是紧密围绕直线，说明直线对观测数据的拟合程度越好，判定系数越高；反之则越差，判定系数越小。

为理解判定系数的含义，我们首先对被解释变量取值的变差进行分析。

被解释变量 $y$ 的取值是不同的，$y$ 取值的这种波动称为变差。变差的产生来自于两个方面：一是由于解释变量 $x$ 的取值不同造成的，二是除 $x$ 外的其他因素的影响，对一个具体的观测值来说，变差的大小可以通过该实际观测值与其均值之差（$y_i-\bar{y}$）来表示。而 $n$ 次观测值的总变差可以由这些离差的平方和来表示，称为总变差平方和，即 $SST=\sum_{i=1}^{n}(y_i-\bar{y})^2$。

以一元线性回归方程 $\hat{y}=b_0+b_1x$ 为例。从图 6—4 可以看到，每个观测点的离差都可以分解为两部分，即：

$$y_i-\bar{y}=(y_i-\hat{y}_i)+(\hat{y}_i-\bar{y})$$

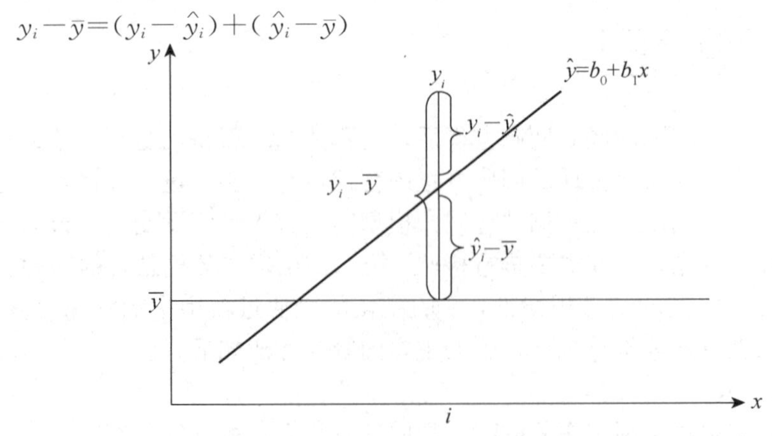


**图 6—4　变差分解图**

将上式两边平方，并对所有 $n$ 个点求和得到（证明略）：

$$\sum_{i=1}^{n}(y_i-\bar{y})^2=\sum(y_i-\hat{y}_i)^2+\sum(\hat{y}_i-\bar{y})^2$$

即总的变差平方和可以分解为两个部分：一部分是 $\sum_{i=1}^{n}(\hat{y}_i-\bar{y})^2$，它是回归值 $\hat{y}_i$ 与均值 $\bar{y}$ 的离差平方和，可以看作 $y$ 的总变差中由于 $x$ 与 $y$ 的线性关系引起的 $y$ 的变化的部分，可以由回归直线来解释，因而称为可解释的变差平方和或回归平方和，记为 SSR；另一部分是 $\sum_{i=1}^{n}(y_i-\hat{y}_i)^2$，即 $y$ 的各实际观测点与其利用回归方程估计值的残差的平方和，它是除了 $x$ 对 $y$ 的线性影响之外的其他因素形成 $y$ 的变差，是不能用回归直线来解释的，因而称为不可解释的变差或剩余平方和，记为 SSE。三个平方和的关系是：

SST＝SSR＋SSE

也可以表示为：

总离差平方和＝回归平方和 ＋ 残差平方和

从变差分解图中可以直观地看到，回归直线拟合的好坏取决于 SSR 及 SSE 的大小，各观察值越是靠近直线，SSR 就越大，即 SSR 占 SST 的比例就越大，这样我们可以通过这一比例来反映直线对观测值的拟合程度，这一比例称为判定系数，记为 $R^2$，即：

$$R^2=\frac{SSR}{SST}=\frac{\sum_{i=1}^{n}(\hat{y}_i-\bar{y})^2}{\sum_{i=1}^{n}(y_i-\bar{y})^2}=1-\frac{\sum_{i=1}^{n}(y_i-\hat{y}_i)^2}{\sum_{i=1}^{n}(y_i-\bar{y})^2}$$

**【例 6—3】**根据表 6—2 中的数据及其所得到的直线回归方程，计算判断系数如表 6—4 所示。

**表 6—4　　判定系数计算表**

| 序号 | 生产性固定资产（$x$，千元） | 工业总产值（$y$，千元） | $\hat{y}_i$ | $(y_i-\hat{y}_i)^2$ | $(y_i-\bar{y})^2$ |
|---|---|---|---|---|---|
| 1 | 318 | 524 | 680.388 | 24 457.206 5 | 208 027.21 |
| 2 | 910 | 1 019 | 1 210.82 | 36 794.912 4 | 1 513.21 |
| 3 | 200 | 638 | 574.66 | 4 011.955 6 | 117 032.41 |
| 4 | 409 | 815 | 761.924 | 2 817.061 78 | 27 258.01 |
| 5 | 415 | 913 | 767.3 | 21 228.49 | 4 502.41 |
| 6 | 502 | 928 | 845.252 | 6 847.231 5 | 2 714.41 |
| 7 | 314 | 605 | 676.804 | 5 155.814 42 | 140 700.01 |
| 8 | 1 210 | 1 516 | 1 479.62 | 1 323.504 4 | 287 188.81 |
| 9 | 1 022 | 1 219 | 1 311.172 | 8 495.677 58 | 57 073.21 |
| 10 | 1 225 | 1 624 | 1 493.06 | 17 145.283 6 | 414 607.21 |
| 合计 | 6 525 | 9 801 | 9 801 | 128 277.138 | 1 260 616.9 |

根据前面计算结果得：

$$\hat{y}=395.46+0.896x$$

又根据表6—4中的计算结果，得：

$$R^2=1-\frac{\sum_{i=1}^{n}(y_i-\hat{y}_i)^2}{\sum_{i=1}^{n}(y_i-\bar{y})^2}=1-\frac{128\,277.139}{1\,260\,616.9}=0.898$$

判定系数 $R^2$ 的取值范围在 [0，1]，$R^2=1$ 时，拟合是最佳的，即所有观测值都在直线上，若 $x$ 与 $y$ 无关，$x$ 完全无助于解释 $y$ 的变差，此时 $\hat{y}_i=\bar{y}$，则 $R^2=0$。可见，$R^2$ 越接近于1，表明回归平方和占总变差平方和的比重越大，回归直线与各观测点越接近，用 $x$ 的变化来解释 $y$ 的变差部分越多，回归直线的拟合程度就越好。反之，$R^2$ 越接近于0，回归直线的拟合程度越差。

【例6—3】中，生产性固定资产与工业总产值的一元线性回归方程的判断系数为0.898。其实际意义是：在工业总产值的总变差中，有89.8%可以由生产性固定资产与工业总产值之间的关系来解释，可见回归方程的拟合程度较高。

2. 估计标准误差

估计标准误差是残差平方和的均方根，用公式表示为：

$$s_e=\sqrt{\frac{\sum_{i=1}^{n}(y_i-\hat{y}_i)^2}{n-p-1}}=\sqrt{\frac{\text{SSE}}{n-p-1}}$$

式中：$n$ 表示样本量；$p$ 表示回归方程中解释变量的个数。

$s_e$ 是对误差项 $\varepsilon$ 的标准差 $\sigma$ 的估计，反映了实际观测值 $y_i$ 与回归估计值 $\hat{y}_i$ 之间的差异程度。从实际意义上看，$s_e$ 反映了用估计的回归方程预测被解释变量时预测误差的大小。$s_e$ 越小，实际观测值与估计值的差异越小，回归方程对各观测点的代表性就越好，拟合程度越高，根据各回归方程进行预测也就越准确。

【例6—3】中拟合的生产性固定资产与工业总产值之间的回归方程的估计标准误差为：

$$s_e=\sqrt{\frac{\sum_{i=1}^{n}(y_i-\hat{y}_i)^2}{n-p-1}}=\sqrt{\frac{128\,277.139}{10-2}}=126.53$$

**（三）回归系数的显著性检验——$t$ 检验**

$t$ 检验是统计推断中常用的一种检验方法，在回归分析中，$t$ 检验主要用于检验回归系数的显著性，即解释变量对被解释变量的影响是否显著。

检验的假设是：

$H_0:\beta_1=0$（解释变量对被解释变量的影响不显著）

$H_1:\beta_1\neq 0$（解释变量对被解释变量的影响显著）

如果 $H_0$ 成立，则可认为因变量 $y$ 对解释变量 $x$ 之间并没有真正的线性关系，即 $x$ 的变化对 $y$ 并没有显著的线性影响。

构造的检验统计量为：

$$t=\frac{b_1}{\sqrt{\text{var}(b_1)}}$$

其中：$\sqrt{\text{var}(b_1)}$为回归系数的标准差，计算公式为：

$$\sqrt{\text{var}(b_1)}=\sqrt{s_e^2/\sum_{i=1}^{n}(x-\bar{x})^2}$$

当确定显著性水平为 $\alpha$，若$|t|\geqslant t_{\frac{\alpha}{2}}$时，拒绝原假设，认为 $\beta_1\neq0$，即解释变量 $x$ 对 $y$ 的线性影响显著；否则，认为 $x$ 对 $y$ 的线性影响不显著。

根据表 6—2 数据所拟合的回归方程，对其回归系数的显著性进行检验如下：

$$H_0:\beta_1=0\quad H_1:\beta_1\neq0$$

计算检验统计量：

$$t=\frac{b_1}{\sqrt{\text{var}(b_1)}}=\frac{0.896}{0.106\,520\,6}=8.41$$

取 $\alpha=0.05$，自由度$=n-2=8$，$t_{\frac{\alpha}{2}}=2.306$

由于 $t=8.41>2.306$，拒绝原假设，说明回归系数是显著的，生产性固定资产与工业总产值确实存在线性关系。

**（四）回归方程线性关系的显著性检验——*F* 检验**

回归方程线性关系的检验称为 $F$ 检验，它用于检验解释变量 $x$ 和被解释变量 $y$ 之间的线性关系是否显著；或者说，它们之间能否用一个线性模型来表示。$F$ 检验是根据平方和分解式，直接根据回归效果检验回归方程的显著性。如果是显著的，说明回归方程线性关系是存在的，如果不显著，说明回归方程的线性关系是不存在的。

$F$ 检验的具体步骤是：

首先，提出假设：

$H_0:\beta_1=0$（回归方程的线性关系不显著）

然后，计算检验统计量：

$$F=\frac{\text{SSR}/p}{\text{SSE}/(n-p-1)}$$

可以证明，在原假设成立的情况下，$F$ 检验统计量服从 $F$ 分布，第一自由度为 $p$（解释变量的个数），第二自由度为 $n-p-1$（$n$ 为观测数据量），即 $F\sim F(p,n-p-1)$。

在确定显著性水平 $\alpha$ 时，若检验统计量的数值大于 $F_\alpha(p,n-p-1)$ 时，拒绝原假设，说明回归方程的线性关系是存在的。

**【例 6—4】**根据【例 6—3】的回归方程，对工业总产值与生产性固定资产之间的线性关系的显著性进行检验。

（1）建立原假设：$H_0:\beta_1=0$（回归方程的线性关系不显著）。

（2）计算检验统计量 $F$：

$$F=\frac{SSR/p}{SSE/(n-p-1)}=\frac{\sum_{i=1}^{n}(\hat{y}_i-\bar{y})^2/1}{\sum_{i=1}^{n}(y_i-\hat{y}_i)^2/(n-2)}=70.644$$

（3）取 0.05 的显著性水平，根据自由度（1，8），查 $F$ 分布表得临界值 $F_\alpha(p, n-p-1)$ 为 5.32。

因为 $F=70.644>F_\alpha(p, n-p-1)=5.32$

故拒绝原假设，认为由解释变量和被解释变量建立的回归方程的线性关系是存在的。

## 五、利用回归方程进行预测

回归分析的主要目的是根据所建立的回归方程，用给定的解释变量来预测被解释变量，如果对于 $x$ 的给定值，求出 $y$ 的一个预测值 $\hat{y}_i$，就是点估计。在点估计的基础上，可以得到 $y$ 的估计区间。

估计区间有两种类型，即平均值的置信区间和个别值的预测区间。

**（一）y 平均值的置信区间**

平均值的置信区间是对于 $x$ 的给定值，求出 $y$ 的平均值的估计区间。如［例 6—2］中生产性固定资产与工业总产值的回归方程，估计当生产性固定资产为某一水平时，工业总产值平均值的估计区间。

在 $x=x_0$、$1-\alpha$ 的置信度下，$y_0$ 的平均值的置信区间计算公式如下：

$$\hat{y}_0 \pm t_{\frac{\alpha}{2}} s_e \sqrt{\frac{1}{n}+\frac{(x_0-\bar{x})^2}{\sum_{i=1}^{n}(x_i-\bar{x})^2}}$$

式中，$s_e \sqrt{\frac{1}{n}+\frac{(x_0-\bar{x})^2}{\sum_{i=1}^{n}(x_i-\bar{x})^2}}$ 为 $\hat{y}_0$ 的标准差的估计量。

**（二）y 个别值的预测区间**

个别值的预测区间是对 $x$ 的给定值，求出 $y$ 的一个个别值的估计区间，如当某企业生产性固定资产为 1 300 千元时根据生产性固定资产与工业总产值的回归方程，估计该企业工业总产值的区间。

在 $x=x_0$、$1-\alpha$ 的置信度下，$y_0$ 的个别值的置信区间计算公式如下：

$$\hat{y}_0 \pm t_{\frac{\alpha}{2}} s_e \sqrt{1+\frac{1}{n}+\frac{(x_0-\bar{x})^2}{\sum_{i=1}^{n}(x_i-\bar{x})^2}}$$

可以看到，即使是解释变量的值及置信水平相同，这两个区间的宽度也是不一样的，预测区间要比置信区间宽一些。

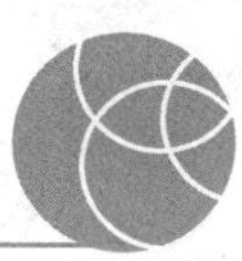

## 第三节 多元线性回归分析

### 一、多元线性回归

前面讨论的一元线性回归是回归分析中最简单的情况，是对客观现象之间的关系进行高度简化的结果。但在实际问题中，由于事物的复杂性，影响被解释变量（因变量）的因素往往不止一个而是多个。比如，产品的成本不仅取决于该产品的产量，而且也与原材料价格、技术水平、管理水平等因素有关。又如，某种经济作物的单位收获量要受种子、肥料、土质、雨量等多种因素的影响。这时，研究被解释变量与多个解释变量的回归问题就要用多元回归的方法。多元线性回归分析的基本原理与一元线性回归分析相同，但在计算上较为繁琐，一般需要借助于计算机完成。

多元线性回归方程的理论方程为：

$$y=\beta_0+\beta_1x_1+\cdots+\beta_px_p+\varepsilon$$

理论回归模型中的参数是未知的，回归分析的主要任务之一就是通过样本观测值（$y_i$，$x_{1i}$，$x_{2i}$，…，$x_{pi}$）对$\beta_0$，$\beta_1$，$\beta_2$，…，$\beta_p$进行估计，在此用$b_0$，$b_1$，…，$b_p$分别表示$\beta_0$，$\beta_1$，$\beta_2$，…，$\beta_p$的估计值，则称

$$\hat{y}=b_0+b_1x_1+\cdots+b_px_p$$

为估计的线性经验回归方程或估计的线性回归方程。

$b_0$，$b_1$，…，$b_p$称为偏回归系数。其中$b_1$表示在其他解释变量保持不变的情况下，解释变量$x_1$变化一个单位时引起被解释变量$y$的平均变动数量，其他$b_2$，$b_3$，…，$b_p$的含义类似。

多元线性回归中最简单的是二元线性回归，本节重点讨论二元线性回归。

### 二、多元线性回归方程的拟合

利用样本数据对模型中的参数进行估计，依照不同的准则，采用不同的统计方法，可以得到不同的参数估计值，因而模型$\hat{y}=b_0+b_1x_1+\cdots+b_px_p$中的$b_0$，$b_1$，…，$b_p$不是唯一的。为了由样本数据得到回归方程中$\beta_0$，$\beta_1$，…，$\beta_p$的理想估计值，即得到这些参数的最小无偏估计量，通常采用普通最小二乘法。

普通最小二乘法的基本思想是：

对每一样本观测值（$y_i$，$x_{1i}$，$x_{2i}$，…，$x_{pi}$），考虑观测值$y_i$与其回归值$\hat{y}_i$的离差越小越好，综合地考虑$n$个离差值，定义离差平方和为：

$$Q=\sum_{i=1}^{n}(y_i-\hat{y}_i)^2=\sum_{i=1}^{n}[y_i-(b_0+b_1x_{1i}+\cdots+b_px_{pi})]^2$$

所谓最小二乘法，就是要寻找$\beta_0$，$\beta_1$，…，$\beta_p$的估计值$b_0$，$b_1$，…，$b_p$，使$Q$达到最

小。求解 $b_0$，$b_1$，…，$b_p$ 是一个求极值问题，由于 $Q$ 是关于 $b_0$，$b_1$，…，$b_p$ 的非负二次函数，因而它的最小值总是存在的。根据微积分求极值的原理，$b_0$，$b_1$，…，$b_p$ 应满足下列方程：

$$\begin{cases} -2\sum_{i=1}^{n}(y_i-b_0-b_1x_{1i}-b_2x_{2i}-\cdots-b_px_{pi})=0 \\ -2\sum_{i=1}^{n}(y_i-b_0-b_1x_{1i}-b_2x_{2i}-\cdots-b_px_{pi})x_{1i}=0 \\ \qquad\qquad\vdots \\ -2\sum_{i=1}^{n}(y_i-b_0-b_1x_{1i}-b_2x_{2i}-\cdots-b_px_{pi})x_{pi}=0 \end{cases}$$

求解该方程组，即可得到 $b_0$，$b_1$，…，$b_p$。

对于二元线性回归方程，其回归方程为：

$$\hat{y}=b_0+b_1x_1+b_2x_2$$

采用最小二乘法，就是要使得 $Q=\sum_{i=1}^{n}(y_i-\hat{y}_i)^2=\sum_{i=1}^{n}(y_i-b_0-b_1x_{1i}-b_2x_{2i})^2$ 为最小。

根据微积分中的极值定理，可得出求解 $b_0$，$b_1$，$b_2$ 的标准方程式为：

$$\begin{cases} -2\sum_{i=1}^{n}(y_i-b_0-b_1x_{1i}-b_2x_{2i})=0 \\ -2\sum_{i=1}^{n}(y_i-b_0-b_1x_{1i}-b_2x_{2i})x_{1i}=0 \\ -2\sum_{i=1}^{n}(y_i-b_0-b_1x_{1i}-b_2x_{2i})x_{2i}=0 \end{cases}$$

经整理得：

$$\sum_{i=1}^{n}y_i=nb_0+b_1\sum_{i=1}^{n}x_{1i}+b_2\sum_{i=1}^{n}x_{2i}$$

$$\sum_{i=1}^{n}x_{1i}y_i=b_0\sum_{i=1}^{n}x_{1i}+b_1\sum_{i=1}^{n}x_{1i}^2+b_2\sum_{i=1}^{n}x_1x_{2i}$$

$$\sum_{i=1}^{n}x_{2i}y_i=b_0\sum_{i=1}^{n}x_{2i}+b_1\sum_{i=1}^{n}x_{1i}x_{2i}+b_2\sum_{i=1}^{n}x_{2i}^2$$

解上面三个联立方程便可得出 $b_0$，$b_1$，$b_2$ 的计算结果。

**【例 6—5】** 以商业企业为例，经初步分析可知商品销售利润率与劳动效率、流通费用率有密切的关系，提高劳动效率和降低流通费率可导致利润率的增加。我们将利润率作为被解释变量，用 $y$ 表示，将劳动效率和流通费率作为解释变量，分别用 $x_1$、$x_2$ 表示，并得到统计数据资料如表 6—5 所示。

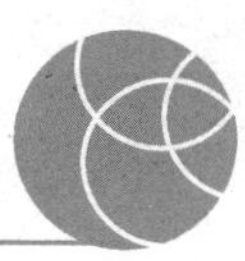

表 6—5　　企业销售有关统计数据

| 序号 | 利润率（y，%） | 劳动生产率（$x_1$，万元/人） | 流通费率（$x_2$，%） |
| --- | --- | --- | --- |
| 1 | 9 | 9.4 | 2.5 |
| 2 | 9.2 | 8.8 | 2.6 |
| 3 | 9.6 | 11.8 | 2.4 |
| 4 | 7.9 | 8.6 | 4.1 |
| 5 | 8 | 6.1 | 3 |
| 6 | 8.1 | 8.7 | 2.3 |
| 7 | 8.8 | 67 | 2.9 |
| 8 | 7.3 | 7 | 3.1 |
| 9 | 9.8 | 12.1 | 1.7 |
| 10 | 7.1 | 7.4 | 3.4 |

根据表 6—5 中的统计资料，如果设利润率与劳动生产率及流通费率之间的关系可表现为二元线性回归方程：

$$\hat{y}=b_0+b_1x_1+b_2x_2$$

则可通过最小二乘法确定标准方程式：

$$\sum_{i=1}^{n}y=nb_0+b_1\sum_{i=1}^{n}x_{1i}+b_2\sum_{i=1}^{n}x_{2i}$$

$$\sum_{i=1}^{n}x_{1i}y=b_0\sum_{i=1}^{n}x_{1i}+b_1\sum_{i=1}^{n}x_{1i}^2+b_2\sum_{i=1}^{n}x_{1i}x_{2i}$$

$$\sum_{i=1}^{n}x_{2i}y=b_0\sum_{i=1}^{n}x_{2i}+b_1\sum_{i=1}^{n}x_{1i}x_{2i}+b_2\sum_{i=1}^{n}x_{2i}^2$$

并得到：

$$b_0=\bar{y}-b_1\bar{x}_1-b_2\bar{x}_2$$

$$b_1=\frac{(\sum x_{2i}^2-n(\bar{x}_2)^2)(\sum x_{1i}y-n\bar{x}_1\bar{y})-(\sum x_{1i}x_{2i}-n\bar{x}_1\bar{x}_2)(\sum x_{2i}y-n\bar{x}_2\bar{y})}{(\sum x_{1i}^2-n(\bar{x}_1)^2)(\sum x_{2i}^2-n(\bar{x}_2)^2)-(\sum x_{1i}x_{2i}-n\bar{x}_1\bar{x}_2)^2}$$

$$b_2=\frac{(\sum x_{1i}^2-n(\bar{x}_1)^2)(\sum x_{2i}y-n\bar{x}_2\bar{y})-(\sum x_{1i}x_{2i}-n\bar{x}_1\bar{x}_2)(\sum x_{1i}y-n\bar{x}_1\bar{y})}{(\sum x_{1i}^2-n(\bar{x}_1)^2)(\sum x_{2i}^2-n(\bar{x}_2)^2)-(\sum x_{1i}x_{2i}-n\bar{x}_1\bar{x}_2)^2}$$

经计算得到回归数据计算表，如表 6—6 所示。

表 6—6　　计算表

| 序号 | 利润率（y，%） | 劳动生产率（$x_1$，万元/人） | 流通费率（$x_2$，%） | $x_1^2$ | $x_2^2$ | $x_1y$ | $x_2y$ | $x_1x_2$ |
| --- | --- | --- | --- | --- | --- | --- | --- | --- |
| 1 | 9.0 | 9.4 | 2.5 | 88.36 | 6.25 | 84.6 | 22.5 | 23.5 |
| 2 | 9.2 | 8.8 | 2.6 | 77.44 | 6.76 | 80.96 | 23.92 | 22.88 |
| 3 | 9.6 | 11.8 | 2.4 | 139.24 | 5.76 | 113.28 | 23.04 | 28.32 |

续前表

| 序号 | 利润率 ($y$, %) | 劳动生产率 ($x_1$, 万元/人) | 流通费率 ($x_2$, %) | $x_1^2$ | $x_2^2$ | $x_1y$ | $x_2y$ | $x_1x_2$ |
|---|---|---|---|---|---|---|---|---|
| 4 | 7.9 | 8.6 | 4.1 | 73.96 | 16.81 | 67.94 | 32.39 | 35.26 |
| 5 | 8.0 | 6.1 | 3.0 | 37.21 | 9.0 | 48.8 | 24 | 18.3 |
| 6 | 8.1 | 8.7 | 2.3 | 75.69 | 5.29 | 70.47 | 18.63 | 20.01 |
| 7 | 8.8 | 67 | 2.9 | 4 489 | 8.41 | 589.6 | 25.52 | 194.3 |
| 8 | 7.3 | 7.0 | 3.1 | 49 | 9.61 | 51.1 | 22.63 | 21.7 |
| 9 | 9.8 | 12.1 | 1.7 | 146.41 | 2.89 | 118.58 | 16.66 | 20.57 |
| 10 | 7.1 | 7.4 | 3.4 | 54.76 | 11.56 | 52.54 | 24.14 | 25.16 |
| 合计 | 84.8 | 146.9 | 28 | 5 231.07 | 82.34 | 1 277.87 | 233.43 | 410 |

将上述数据代入 $b_0$，$b_1$，$b_2$ 的计算公式中，得：

$$b_0=5.493\,3$$

$$b_1=0.01$$

$$b_2=-1.014\,2$$

从而，$\hat{y}=5.493\,3+0.01x_1-1.014\,2x_2$

此结果表明，若流通费率不变，劳动生产率每增加 1 万元/人，利润率将平均增加 0.231%；若劳动生产率不变，流通费率每提高 1%，利润率将平均降低 0.587%。

## 思考与练习

1. 如何理解自变量和因变量？
2. 什么是相关关系？它与函数关系有何不同？
3. 从某行业中随机抽取 12 家企业，对其产量和生产费用进行调查，数据如下：

| 企业编号 $n$ | 产量（万台） $x$ | 生产费用（万元） $y$ |
|---|---|---|
| 1 | 40 | 130 |
| 2 | 42 | 150 |
| 3 | 50 | 155 |
| 4 | 55 | 140 |
| 5 | 65 | 150 |
| 6 | 78 | 154 |
| 7 | 84 | 165 |
| 8 | 100 | 170 |
| 9 | 116 | 167 |
| 10 | 125 | 180 |
| 11 | 130 | 175 |
| 12 | 140 | 185 |
| 合计 | 1 025 | 1 921 |

要求：

(1) 根据数据绘制散点图，判断产量与生产费用之间的关系形态；

(2) 计算产量与生产费用之间的相关系数；

(3) 对相关系数的显著性进行检验 ($\alpha=0.05$)，并说明二者之间的关系密切程度。

4. 利用表 6—1 中的数据资料，计算：

(1) 以可支配收入为自变量，消费性支出作因变量，绘制散点图，并说明二者之间的关系形态；

(2) 计算两个变量之间的线性相关系数，说明两个变量之间的关系强度；

(3) 利用最小二乘法求出估计的回归方程，并解释回归系数的实际意义；

(4) 计算判定系数，并解释其意义；

(5) 检验回归方程线性关系的显著性 ($\alpha=0.05$)。

5. 随机抽取的 10 家航空公司，对其最近一年的航班正点率和顾客投诉次数进行了调查，所得数据如下：

| 航空公司编号<br>$n$ | 航班正点率（%）<br>$x$ | 投诉次数（次）<br>$y$ |
|---|---|---|
| 1 | 81.8 | 21 |
| 2 | 76.6 | 58 |
| 3 | 76.6 | 85 |
| 4 | 75.7 | 68 |
| 5 | 73.8 | 74 |
| 6 | 72.2 | 93 |
| 7 | 71.2 | 72 |
| 8 | 70.8 | 122 |
| 9 | 91.4 | 18 |
| 10 | 68.5 | 125 |
| 合计 | 758.6 | 736 |

要求：

(1) 绘制散点图，说明二者之间的关系形态；

(2) 用航班正点率作自变量，顾客投诉次数作因变量，求出估计的回归方程，并解释回归系数的意义；

(3) 检验回归系数的显著性 ($\alpha=0.05$)；

(4) 如果航班正点率为 80%，估计顾客的投诉次数。

6. 已知 12 对父子身高资料如下：

| 父身高（寸） | 64 | 63 | 66 | 65 | 69 | 62 | 70 | 66 | 68 | 67 | 69 | 71 |
|---|---|---|---|---|---|---|---|---|---|---|---|---|
| 子身高（寸） | 67 | 66 | 67 | 66 | 70 | 66 | 68 | 65 | 71 | 67 | 68 | 70 |

要求：

（1）作出散点图；

（2）估计 $y$（儿）对 $x$（父）的直线回归方程；

（3）估计 $x$ 对 $y$ 的直线回归方程；

（4）计算父子身高的相关系数。

7. 有10个同类企业的生产性固定资产年均价值和工业增加值资料如下：

| 企业编号 | 生产性固定资产价值（万元） | 工业增加值（万元） |
| --- | --- | --- |
| 1 | 320 | 530 |
| 2 | 900 | 1 008 |
| 3 | 210 | 648 |
| 4 | 419 | 825 |
| 5 | 405 | 903 |
| 6 | 512 | 938 |
| 7 | 324 | 615 |
| 8 | 1 230 | 1 536 |
| 9 | 1 052 | 1 249 |
| 10 | 1 125 | 1 524 |
| 合计 | 6 497 | 9 776 |

根据资料：

（1）计算相关系数，说明两变量相关的方向和程度；

（2）估计直线回归方程，指出方程回归系数的经济意义；

（3）计算估计标准误差；

（4）估计生产性固定资产（自变量）为1 100万元时，工业增加值（因变量）的可能值。

8. 某商场资料如下：

| 年份 | 商场销售量（千件） | 价格（元/件） |
| --- | --- | --- |
| 2005 | 4 | 59 |
| 2006 | 8 | 54 |
| 2007 | 7 | 56 |
| 2008 | 9 | 57 |
| 2009 | 10 | 53 |
| 2010 | 8 | 57 |

要求：

（1）定量判断商场销售量和价格间的相关系数；

（2）用最小二乘法建立线性回归方程，并说明回归系数的经济含义；

（3）计算估计标准误差。

# 第七章　时间数列分析与预测

**本章导学**

通过学习本章，要求掌握时间数列的概念、种类和编制原则，掌握时间数列水平指标的含义及计算方法；掌握时间数列速度指标的计算方法及应用；了解时间数列的构成要素，并熟悉时间数列中测定长期趋势的方法，以及季节变动分析的意义和计算方法。

## 第一节　时间数列的编制与分类

### 一、时间数列

时间数列是把不同时间上的同一指标数据按时间先后顺序排列所形成的数列。如表7—1中包含有四个时间数列：企业职工工资总额、年末职工人数、年轻职工所占比重和人均日产量。

表7—1　　某企业职工工资总额等时间数列

| 年份 | 2007 | 2008 | 2009 | 2010 | 2011 | 2012 | 2013 |
|---|---|---|---|---|---|---|---|
| 企业职工工资总额（万元） | 9 405 | 9 926 | 9 875 | 10 656 | 11 830 | 13 161 | 14 050 |
| 年末职工人数（人） | 950 | 952 | 940 | 944 | 951 | 949 | 844 |
| 年轻职工所占比重（%） | 76.6 | 73.2 | 72.1 | 74.5 | 75.1 | 73.5 | 76 |
| 人均日产量（件/日） | 42 | 48 | 40 | 41 | 46 | 52 | 51 |

编制时间数列对于描述经济现象的发展变化过程、反映社会经济现象发展趋势和发展速度、探索社会经济现象发展变化的规律性、预测未来发展方向具有重要的意义。

### 二、编制时间数列的基本原则

编制时间数列时要注意保证各指标值之间的可比性，这是编制时间数列的基本原则。可比性的具体要求主要有：

第一，同一时间数列的数据所属时间长短及数据之间的间隔长度具有可比性。一方面，由于有些指标值的大小与其包含的时间长短有直接关系，因此各指标数值所属的时间长短应当一致。另一方面，为更准确地研究现象发展变化的动态或趋势，要求各指标数值之间的时点间隔期尽量相同。

第二，不同时期的数据核算范围应当一致。数据的大小与被研究现象所属总体空间范围有直接关系，当所研究范围发生了变化时，应当对前后期各数据进行调整。

第三，不同时期的数据的内容应具有一致性。随着时间的变化，有些统计指标尤其是社会经济指标的内容、核算方法、计算方法发生了变化，这时即使指标的名称相同，而前后时期经济内容不一致时，也需要进行调整。

第四，计算价格和计量单位应具有一致性。时间数列中同类价值指标的计算价格应统一，如用不变价格均用不变价格，如用现价则均用现价，切忌有些时期用不变价，而另外一些时期用现价。

### 三、时间数列的种类

时间数列根据指标的表现形式不同，可分为绝对数时间数列、相对数时间数列和平均

数时间数列。如表7—1中的企业职工工资总额数列、年末职工人数数列属于绝对数数列；年轻职工所占比重数列属于相对指标时间数列，人均日产量数列属于平均数时间数列。

**（一）绝对数时间数列**

又称总量指标时间数列。总量指标是反映总体数量绝对规模和水平的指标，其数值大小受总体范围的影响，将其按时间先后顺序排列而成的时间数列称为绝对数时间数列。

总量指标按其指标所属时间的特点不同，可分为时期指标和时点指标，因而绝对数时间数列又可分为时期指标时间数列和时点指标时间数列。其中时期指标表明总体在一段时间内数量发展过程的累积结果，如某种产品的产量、职工工资总额、商品销售额等，它是通过对一定时期内事物的数量进行连续登记并累计加总得到的，表7—1中企业工资总额时间数列就是时期数列。而时点指标是反映某一时刻或某一时点上的总量水平，其数值是通过对事物在某一时点上数量的登记，将同一时点上各部分数量加总得到的，如年末职工人数时间数列就是时点数列。根据指标的性质，时期数列是反映一定时期内数据的总量，各个时期数据可以相加，其数值的大小与时期的长短有关，而时点数列的各指标数值不能相加，数值大小与时间间隔长短不存在依存关系。

**（二）相对数时间数列**

又称相对指标时间数列。相对指标是两个有联系的统计指标对比得到的派生指标，其具体数值表现为相对数。相对数时间数列是将同类的相对指标按时间先后顺序排列起来形成的数列，它可以用来反映社会经济现象之间相互数量关系的发展过程。由于相对数时间数列是派生数列，因此构成相对指标的分子、分母可以是时期指标，也可以是时点指标。并且由于其计算的基数不一定相同，各期的相对指标之间不具有直接可加性。如表7—1中的年轻职工所占比重的时间数列就属于相对数时间数列。

**（三）平均数时间数列**

又称平均指标时间数列，是将同类指标数值按时间先后顺序排列起来形成的数列，它可以用来反映社会经济现象总体一般水平的发展变动趋势。如表7—1中的人均日产量数列就属于平均数时间数列，与相对数时间数列相同，平均数时间数列的各项数据也不具有直接可加性。

## 第二节　时间数列特征指标的测度

对时间数列进行分析需要首先客观地反映其发展变化的基本特征，对其特征进行基本测度与分析。一般经常计算的、用于测度时间数列特征的指标包括两大类：水平指标和速度指标。其中水平指标包括发展水平、平均发展水平、增长量和平均增长量；速度指标包括发展速度、平均发展速度、增长速度和平均增长速度。

### 一、水平指标

**（一）发展水平**

发展水平是指时间数列中的每个指标数值，反映现象在各个时期或时点上所达到的规模和水平。在表 7—1 中的所有数据均为现象的发展水平。在对比不同时间的发展水平时，所研究时期的发展水平称为报告期水平，而作为对比基础的发展水平为基期水平。

**（二）平均发展水平**

时间数列的平均发展水平又称为序时平均数或动态平均数，它是将社会经济现象在不同时间上的数量差异抽象化，从动态上反映各期数据在一段时间内达到的一般发展水平。平均发展水平可以用来消除某一现象在短时期内波动的影响，便于广泛地对比及观察现象的总发展趋势，时间数列平均发展水平的计算需要考虑到时间数列的类型与特征。

1. 绝对数时间数列计算平均发展水平

（1）时期数列计算平均发展水平。

时期数列中各个数据具有可加性，因而计算其平均发展水平时，可以采用简单算术平均法，即将各个时期的数据加总后除以时期的项数。其计算公式为：

$$\bar{y}=\frac{\sum_{i=1}^{n}y_i}{n}$$

**【例 7—1】**某公司某年四个季度的销售收入（单位：亿元）分别为：2.8，3.4，4.2，3.6。则该公司年平均每个季度的销售收入为：

$$\bar{y}=\frac{\sum_{i=1}^{n}y_i}{n}=\frac{2.8+3.4+4.2+3.6}{4}=3.5(\text{亿元})$$

（2）时点数列计算平均发展水平。

由于时点数列中的各指标值通常都是在某个瞬间时点上取得的，加之观察时点的时间间隔长度有所不同，因而求其平均发展水平的方法也不同。

1）对于以“天”为统计间隔的时点数列，计算其序时平均数可用上面时期数列的公式。

2）对于统计时点间隔不是以“天”为单位的时点数列，如间隔为“月”的，间隔为“季”的，以及间隔为“年”的等，计算其平均发展水平的方法有两种：

一种是在间隔时间相等的条件下，采用公式

$$\bar{y}=\frac{\frac{y_1}{2}+y_2+\cdots+\frac{y_n}{2}}{n-1}$$

式中：$y_i$（$i=1$，2，…，$n-1$）代表时点数列各时点上的观察值。

另一种是在间隔时间不相等的条件下，采用公式

$$\bar{y}=\frac{\left(\frac{y_1+y_2}{2}\right)t_1+\left(\frac{y_2+y_3}{2}\right)t_2+\cdots+\left(\frac{y_{n-1}+y_n}{2}\right)t_{n-1}}{t_1+t_2+\cdots+t_{n-1}}$$

式中：$t_i$（$i=1$，2，…，$n-1$）代表时点序列中各时点观察值之间的时间间隔。

**【例 7—2】**某企业 2013 年第一季度的职工人数资料如表 7—2 所示。

表 7—2　　某企业 2013 年第一季度职工人数

| 时间（月） | 一 | 二 | 三 | 四 |
| --- | --- | --- | --- | --- |
| 月初职工人数（人） | 600 | 580 | 620 | 600 |

试计算该企业 2013 年第一季度的平均职工人数。

**解：** 由于表 7—2 中月初职工人数时间序列属于间隔相等的时点序列，其计算方法如下：

$$\bar{y}=\frac{\frac{y_1}{2}+y_2+\cdots+\frac{y_n}{2}}{n-1}=\frac{\frac{600}{2}+580+620+\frac{600}{2}}{4-1}=600(\text{人})$$

**【例 7—3】** 已知某种农产品在甲、乙两市场 2013 年的价格变动资料如表 7—3 所示。

表 7—3　　某农产品 2013 年价格变动情况

| 时间 | 1 月 1 日 | 3 月 1 日 | 8 月 31 日 | 12 月 1 日 | 12 月 31 日 |
| --- | --- | --- | --- | --- | --- |
| 甲市场（元） | 1.81 | 1.75 | 1.81 | 1.75 | 1.91 |
| 乙市场（元） | 1.86 | 1.80 | 1.90 | 1.88 | 2.04 |

试计算甲、乙两个市场 2013 年的平均价格。

**解：** 由于表 7—3 中的时间序列属于间隔不相等的时点序列，其计算方法如下：

$$\bar{y}_{\text{甲}}=\frac{\left(\frac{y_1+y_2}{2}\right)t_1+\left(\frac{y_2+y_3}{2}\right)t_2+\cdots+\left(\frac{y_{n-1}+y_n}{2}\right)t_{n-1}}{t_1+t_2+\cdots+t_{n-1}}$$

$$=\frac{\left(\frac{1.81+1.75}{2}\right)\times2+\left(\frac{1.75+1.81}{2}\right)\times6+\left(\frac{1.81+1.75}{2}\right)\times3+\left(\frac{1.75+1.91}{2}\right)\times1}{2+6+3+1}$$

$$=\frac{3.56+10.68+5.34+1.83}{12}=1.78(\text{元})$$

$$\bar{y}_{\text{乙}}=\frac{\left(\frac{y_1+y_2}{2}\right)t_1+\left(\frac{y_2+y_3}{2}\right)t_2+\cdots+\left(\frac{y_{n-1}+y_n}{2}\right)t_{n-1}}{t_1+t_2+\cdots+t_{n-1}}$$

$$=\frac{\left(\frac{1.86+1.80}{2}\right)\times2+\left(\frac{1.80+1.90}{2}\right)\times6+\left(\frac{1.90+1.88}{2}\right)\times3+\left(\frac{1.88+2.04}{2}\right)\times1}{2+6+3+1}$$

$$=\frac{3.66+11.1+5.67+1.96}{12}=1.87(\text{元})$$

2. 相对数时间数列和平均数时间数列计算平均发展水平

由于相对数和平均数是由两个有联系的总量指标对比的结果，因此相对数和平均数时间数列不能像绝对数时间数列那样直接计算平均发展水平，而是应先分别计算出分子、分母两个绝对数时间数列的平均发展水平，然后再对比求出相对数或平均数时间数列的平均发展水平，其计算公式为：

$$\bar{y}=\frac{\bar{a}}{\bar{b}}$$

其中，$\bar{a}$，$\bar{b}$ 分别表示分子、分母的绝对数时间数列的平均发展水平。

**【例 7—4】** 已知某企业第一季度的商品销售额、库存额统计资料，试计算该企业第一季度各月的商品流转次数和第一季度平均商品流转次数。

**表 7—4　　商品销售额与月初商品库存额数据**

| 月份 | 1 | 2 | 3 | 4 |
|---|---|---|---|---|
| 商品销售额 $a$（万元） | 120 | 143 | 289 | — |
| 月初商品库存额 $b$（万元） | 50 | 70 | 60 | 110 |

**解：**（1）第一季度各月商品流转次数：

$$商品流转次数=\frac{商品销售额}{平均库存额}$$

$$1\text{ 月}:商品流转次数=\frac{120}{\frac{(50+70)}{2}}=2(次)$$

$$2\text{ 月}:商品流转次数=\frac{143}{\frac{(70+60)}{2}}=2.2(次)$$

$$3\text{ 月}:商品流转次数=\frac{289}{\frac{(60+110)}{2}}=3.4(次)$$

（2）第一季度平均商品流转次数：

$$\bar{y}=\frac{\bar{a}}{\bar{b}}=\frac{\frac{(120+143+289)}{3}}{\frac{\frac{50+70}{2}+\frac{70+60}{2}+\frac{60+110}{2}}{3}}=2.63(次)$$

**（三）增长量**

增长量是指报告期水平与基期水平之差，它反映报告期较基期增长（或减少）的绝对数量，由于计算时采用的基期不同，增长量分为逐期增长量和累计增长量。其中逐期增长量是报告期比前一时期增长的绝对数量，即报告期与前一期水平之差。而累计增长量是报告期水平与某一固定时期水平之差，说明本期比某一固定基期增长的绝对数量，即在某一段较长时期内总的增量。其计算公式为：

$$逐期增长量=报告期水平-前一期水平=y_i-y_{i-1}$$
$$累计增长量=报告期水平-某一固定时期水平=y_i-y_0$$

从计算公式上可以看到，逐期增长量与累计增长量之间的关系是：逐期增长量之和等于相应时期的累计增长量，即：

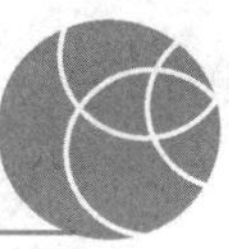



$$y_i - y_0 = \sum_{i=1}^{n}(y_i - y_{i-1})$$

**【例 7—5】** 利用表 7—1 数据资料，计算企业职工年工资总额的增长量指标，结果如表 7—5 所示。

表 7—5 企业职工年工资总额增长量

| 年份 | 2007 | 2008 | 2009 | 2010 | 2011 | 2012 | 2013 |
|---|---|---|---|---|---|---|---|
| 职工工资总额（万元） | 9 405 | 9 926 | 9 875 | 10 656 | 11 830 | 13 161 | 14 050 |
| 逐期增长量 | — | 521 | −51 | 781 | 1 174 | 1 331 | 889 |
| 累计增长量 | — | 521 | 470 | 1 251 | 2 425 | 3 756 | 4 645 |

在实际工作中，有时为了消除季节变动的影响，针对各年的月度或季度数据资料计算增长量时还往往可以计算年距增长量，即：

年距增长量＝报告期某月(或某季)水平－基年同月(或同季)水平

**（四）平均增长量**

平均增长量是逐期增长量的序时平均数，它反映一定时期内平均每期增加（或减少）的绝对数量。一般用简单算术平均法计算，计算公式为：

$$平均增长量=\frac{逐期增长量之和}{逐期增长量的项数}=\frac{累计增长量}{数列项数-1}$$

**【例 7—6】** 根据表 7—5 的数据，计算企业职工工资总额的平均增长量如下：

$$平均增长量=\frac{逐期增长量之和}{逐期增长量的项数}=\frac{4\ 645}{6}=774.17(万元)$$

## 二、速度指标

**（一）发展速度**

发展速度是报告期水平和基期水平之比，又称动态相对数，它反映报告期较基期发展变化的相对程度。其计算公式为：

$$发展速度=\frac{报告期水平}{基期水平}\times100\%$$

发展速度一般用百分数表示，有时也可以用倍数表示。由于采用的基期可以用前一期，也可以用固定时期作为对比基期，因而发展速度可分为环比发展速度和定基发展速度。其中环比发展速度反映了现象逐期发展的变动程度，而定基发展速度表明现象在较长时期内总的发展速度，也称总速度。其计算公式如下：

$$环比发展速度=\frac{报告期水平}{前一期水平}\times100\%=\frac{y_t}{y_{t-1}}\times100\%$$

$$定基发展速度=\frac{报告期水平}{某一固定时期水平}\times100\%=\frac{y_t}{y_0}\times100\%$$

【例 7—7】利用表 7—1 数据，计算企业年职工工资总额的环比发展速度和定基发展速度，结果如表 7—6 所示。

表 7—6　　企业职工年工资总额发展速度

| 年份 | 2007 | 2008 | 2009 | 2010 | 2011 | 2012 | 2013 |
|---|---|---|---|---|---|---|---|
| 职工工资总额（万元） | 9 405 | 9 926 | 9 875 | 10 656 | 11 830 | 13 161 | 14 050 |
| 环比发展速度（%） | — | 105.54 | 99.49 | 107.91 | 111.02 | 111.25 | 106.75 |
| 定基发展速度（%） | — | 105.54 | 105.00 | 113.30 | 125.78 | 139.94 | 149.39 |

从两种速度的计算公式可以看出环比发展速度与定基发展速度之间存在如下关系：

第一，环比发展速度的连乘积等于对应的定基发展速度，即：

$$\frac{y_t}{y_0}=\frac{y_1}{y_0}\times\frac{y_2}{y_1}\times\cdots\times\frac{y_t}{y_{t-1}}$$

第二，相邻时期的两个定基发展速度相除，等于相应的环比发展速度，即：

$$\frac{y_t}{y_0}\div\frac{y_{t-1}}{y_0}=\frac{y_t}{y_{t-1}}$$

此外，对于具有季节变动的一些社会经济现象，为了消除季节变动的影响，可以计算年距发展速度，用以说明本期发展水平与去年同期发展水平对比的发展程度。其计算公式为：

$$\text{年距发展速度}=\frac{\text{本年某月(季)发展水平}}{\text{去年同月(季)发展水平}}\times 100\%$$

**（二）增长速度**

增长速度是增长量与基期水平对比的结果，反映现象增长程度的动态相对指标，其计算公式为：

$$\text{增长速度}=\frac{\text{增长量}}{\text{基期发展水平}}\times 100\%=\text{发展速度}-1\times 100\%$$

增长速度与发展速度相同，由于采用的基期不同，因而可分为环比增长速度和定基增长速度。环比增长速度是逐期增长量与前一时期发展水平对比的结果，反映现象的逐期增长程度；定基增长速度是累计增长量与某一固定时期发展水平对比的相对数，反映现象在较长时期内总的增长程度，其公式为：

$$\text{环比增长速度}=\frac{\text{逐期增长量}}{\text{前一期发展水平}}\times 100\%=\text{环比发展速度}-100\%$$

$$\text{定基增长速度}=\frac{\text{累计增长量}}{\text{某一固定时期发展水平}}\times 100\%=\text{定基发展速度}-100\%$$

【例 7—8】利用表 7—1 中数据资料，计算企业职工年工资总额增长速度，结果如表 7—7 所示。

表 7—7　　企业职工年工资总额增长速度

| 年份 | 2007 | 2008 | 2009 | 2010 | 2011 | 2012 | 2013 |
|---|---|---|---|---|---|---|---|
| 职工工资总额（万元） | 9 405 | 9 926 | 9 875 | 10 656 | 11 830 | 13 161 | 14 050 |
| 环比增长速度（%） | — | 5.54 | −0.51 | 7.91 | 11.02 | 11.25 | 6.75 |
| 定基增长速度（%） | — | 5.54 | 5.00 | 13.30 | 25.78 | 39.94 | 49.39 |

与发展速度不同，环比增长速度与定基增长速度之间不存在直接的数量换算关系，即

定基增长速度≠环比增长速度之乘积

与年距发展速度相对应，年距增长速度是年距增长量与前一年同期水平对比的结果，也可以用年距发展速度减1，即：

$$年距增长速度=\frac{年距增长量}{去年同期发展水平}\times100\%=年距发展速度-100\%$$

**(三）平均发展速度与平均增长速度**

平均发展速度是一定时期内各个环比发展速度的平均数，它反映现象在一定时期内逐期平均发展变化的相对程度。平均增长速度是平均发展速度减1，反映现象在一个较长时期内逐期平均增长变化的相对程度。即：

平均增长速度=平均发展速度-100%

平均增长速度在实际工作中具有重要的作用，它通常用来对比不同阶段、不同时期、不同国家或地区同类现象发展变化的情况，但其计算往往是通过平均发展速度进行。

平均发展速度的计算方法有水平法（又称几何平均法）和累计法（又称方程式法）两种。

1. 水平法

水平法计算平均发展速度，是计算各环比发展速度的几何平均数，即：

$$\bar{x}=\sqrt[n]{x_1x_2\cdots x_n}=\sqrt[n]{\frac{y_1}{y_0}\times\frac{y_2}{y_1}\times\cdots\times\frac{y_n}{y_{n-1}}}=\sqrt[n]{\frac{y_n}{y_0}}$$

**【例7—9】**利用7—1数据资料，计算企业职工年工资总额的平均发展速度和平均增长速度如下：

$$\bar{x}=\sqrt[6]{\frac{14\ 050}{9\ 405}}-106.92\%$$

平均增长速度=平均发展速度-1=6.92%

2. 累计法

这种方法要求按平均发展速度计算出来的各期水平累计总和与各年实际所具有的发展水平累计总和相等，即：

$$y_0\bar{x}+y_0\bar{x}^2+\cdots+y_0\bar{x}^{n-1}+y_0\bar{x}^n=y_0+y_1+\cdots+y_{n-1}+y_n$$

这样：

$$y_0(\bar{x}+\bar{x}^2+\cdots+\bar{x}^{n-1}+\bar{x}^n)=\sum_{i=1}^{n}y_i$$

$$\bar{x}+\bar{x}^2+\cdots+\bar{x}^{n-1}+\bar{x}^n=\frac{\sum_{i=1}^{n}y_i}{y_0}$$

解此方程即可得到平均发展速度 $\bar{x}$。

计算平均发展速度的两种方法，各有不同的出发点和应用条件，当然计算结果也不相同。水平法侧重于考察期末发展水平，它不反映中间各期水平的变化，所以在计算平均发展速度时，必须对间隔期内的各期经济情况进行分析。如果中间各期发展水平忽高忽低或者最末水平受特殊因素的影响而过高或过低时，运用水平法计算出的平均发展速度就没有代表性。累计法则侧重于考察整个时期内各年发展水平的总和。因此，利用这种方法计算出的水平，决定于间隔期内中间各个时期的变化情况。

**【例 7—10】**已知某企业 2005—2013 年产品产量资料（见表 7—8），要求根据资料计算逐期增长量、累计增长量、环比发展速度、定基发展速度、水平法平均发展速度、环比增长速度、定基增长速度和平均增长速度。

**表 7—8　　2005—2013 年产品产量资料**

| 年份 | 2005 | 2006 | 2007 | 2008 | 2009 | 2010 | 2011 | 2012 | 2013 |
|---|---|---|---|---|---|---|---|---|---|
| 产量（吨） | 1 089 | 1 156 | 1 242 | 1 285 | 1 516 | 1 823 | 1 915 | 1 980 | 2 015 |

**解：**(1) 根据表 7—8 资料计算增长量、发展速度和增长速度，结果如表 7—9 所示。

**表 7—9　　增长量、发展速度、增长速度计算表**

| 年份 | | 2005 | 2006 | 2007 | 2008 | 2009 | 2010 | 2011 | 2012 | 2013 |
|---|---|---|---|---|---|---|---|---|---|---|
| 增长量 | 逐期 | — | 67 | 86 | 43 | 231 | 307 | 92 | 65 | 35 |
| | 累计 | — | 67 | 153 | 196 | 427 | 734 | 826 | 891 | 926 |
| 发展速度(%) | 环比 | — | 106.15 | 107.44 | 103.46 | 117.98 | 120.25 | 105.05 | 103.39 | 101.77 |
| | 定基 | — | 106.15 | 114.05 | 118.00 | 139.21 | 167.40 | 175.85 | 181.82 | 185.03 |
| 增长速度(%) | 环比 | — | 6.15 | 7.44 | 3.46 | 17.98 | 20.25 | 5.05 | 3.39 | 1.77 |
| | 定基 | — | 6.15 | 14.05 | 18.00 | 39.21 | 67.40 | 75.85 | 81.82 | 85.03 |

(2) 用水平法计算平均发展速度为：

$$\bar{x}=\sqrt[n]{\frac{y_n}{y_0}}=\sqrt[8]{\frac{2015}{1\,089}}=108\%$$

(3) 平均增长速度＝108%－100＝8%。

## 第三节　时间数列的影响因素分析

影响社会经济现象发展变化的因素很多，有些因素属于基本因素，它对事物的发展变化起决定性作用，会使事物的发展呈现出一定的规律性；有些因素属于偶然的非基本因素，对事物的发展变化不会起到决定的作用，表现出一种不规则的波动。为了对事物的未来进行预测，就需要了解事物在过去的一段时间里是如何变化的，掌握事物发展变化的形态、趋势与规律，进而建立适当的预测模型。导致时间数列形成的原因很多，但从另一角度，我们可以将时间数列分解为四个基本要素，即长期趋势、季节变动、循环变动和不规

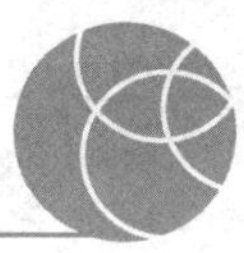

则变动。

## 一、时间数列的构成要素

### （一）长期趋势

长期趋势是指客观现象在一个相当长的时期内，受某种稳定性因素影响所呈现出的上升或下降趋势。例如，我国国内生产总值呈现出逐年稳步上升的趋势即长期趋势。长期趋势可能是线性的（见图 7—1（a）），也可能是非线性的（见图 7—1（b））。

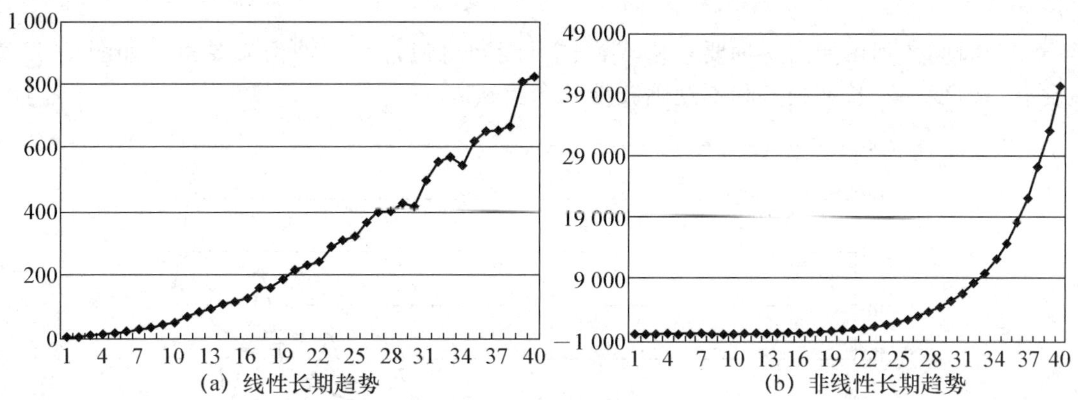


图 7—1　包含长期趋势的时间数列

### （二）季节变动

季节变动是时间数列受季节因素的影响，在一定时期内随季节变化呈现出来的一种周期性的波动。如工业企业产品订单会受到季节因素的影响形成季节性的波动；零售企业商品零售额也会随着季节变化表现出明显的季节波动，像十一、元旦、春节期间的销售额明显地高于其他时间的销售额、夏季空调的销售是旺季，明显高于其他季节性的销售，铁路和航空客运在节假日会迎来客流的高峰，等等，这样订单数、零售额、客流量等时间数列都包含明显的季节变动，其图形类似于图 7—2 的形状。

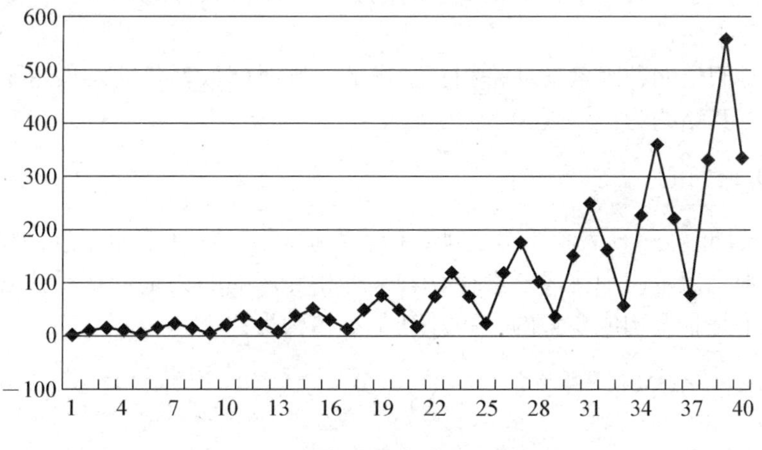


图 7—2　包含季节变动的时间数列

**（三）循环变动**

循环变动也是一种周期性的波动，但其是一种非固定周期长度且周期相对较长的周期性波动，即事物以若干年为周期的涨落起伏的变动。在经济研究中经济周期、景气周期就是一种循环变动。循环波动的周期可能会持续一段时间，但与长期趋势不同，它不是朝着一个方向持续变动，而是涨落起伏；它与季节变动也不同，循环变动周期性相对较长，且不固定，而季节变动周期较短，一般短于一年。

**（四）不规则波动**

不规则波动是指客观现象由于突发事件或偶然因素引起的无规律性的变动，也称为随机波动。

一个时间数列可能由一种要素构成，也可能同时包含有多种构成要素，如图 7—3 就包含有季节变动、长期趋势和不规则波动三个要素。

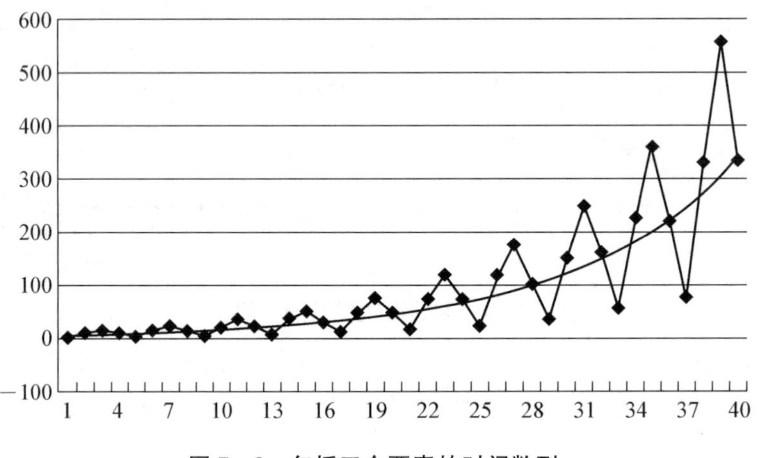


图 7—3　包括三个要素的时间数列

**（五）构成模式**

这四种因素的变化构成了事物在一定时期内的变动。在对时间数列分析时，首先要明确这四种因素的构成形式，即它们是如何结合及相互作用的。把这些构成要素和时间数列的关系用一定的数学模型表示，就构成了时间数列影响因素分解模型。一般常用的数学模型有加法模型和乘法模型。

加法模型是假定四种因素变动是相互独立的，则时间数列各期发展水平是各个影响因素相加的总和。其结构为：

$$Y=T+S+C+I$$

其中：$Y$ 表示长期趋势；$S$ 表示季节变动；$C$ 表示循环变动；$I$ 表示不规则变动。

乘法模型则是假定四种构成要素存在着某种相互影响的关系，互不独立。因此时间数列各期发展水平是各个构成要素的乘积。其基本结构为：

$$Y=T\times S\times C\times I$$

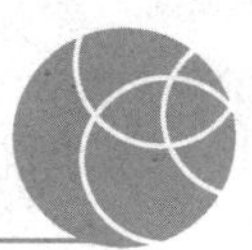

## 二、时间数列的长期趋势分析

长期趋势是指客观现象受某种普遍的、持续的、决定性的、稳定性因素的影响，各期发展水平在相当长的时间内沿着一定的方向上升或下降的势态。因此，长期趋势是时间数列变动中最基本的形式。研究长期趋势，有助于认识客观现象的变动规律，可以为预测事物未来的发展情况提供依据。

### （一）长期趋势的确定——时间数列的修匀

时间数列长期趋势的确定，主要是对时间数列进行修匀。修匀的方法主要有时距扩大法、移动平均法等。其主要目的是通过剔除时间数列中的其他构成要素，直接显示最主要的长期趋势。

1. 时距扩大法

时距扩大法是把原来时间数列中各数据的时间距离扩大，求各数据的和或平均数，得出较长时间的时距资料，组成新的时间数列，用以消除由于时距较短受偶然因素影响所引起的波动。这样，经过整理后的时间数列就可以清楚地反映出数据变动的总趋势。

**【例 7—11】**某商品连续四年的季度销售量资料如表 7—10 所示。

**表 7—10**　　季度销售量资料

| 年份 | 2010 | | | | 2011 | | | | 2012 | | | | 2013 | | | |
|---|---|---|---|---|---|---|---|---|---|---|---|---|---|---|---|---|
| 季度 | 1 | 2 | 3 | 4 | 1 | 2 | 3 | 4 | 1 | 2 | 3 | 4 | 1 | 2 | 3 | 4 |
| 销售量（万件） | 13 | 18 | 5 | 8 | 14 | 18 | 6 | 10 | 16 | 22 | 8 | 12 | 19 | 25 | 15 | 17 |

从表 7—10 中的数据可以看到，2010—2013 年各季度的销售量由于受多种因素的影响，增长趋势不够明显。但是如果将其时间扩大为年，则可整理出新的时间数列数据如表 7—11 所示。

**表 7—11**　　年度销售量资料

| 年份 | 2010 | 2011 | 2012 | 2013 |
|---|---|---|---|---|
| 销售量（万件） | 44 | 48 | 58 | 76 |
| 季平均销售量（万件） | 11 | 12 | 14.5 | 19 |

表 7—11 中销售量数据是时距扩大后按年计算的总数，季平均销售量是时距扩大后计算的平均数，从处理后的数据可以明显地看到该商品的销售量有明显的上升趋势。

运用时距扩大法修匀时间数列时，应该使各时期扩大的时距长短保持一致，否则难以比较。在确定时距时，时距的大小要适中。如果时距过大，整理出的新的时间数列数据太少，现象的发展的具体变化过程会被掩盖；如果时距过小，则偶然因素或季节波动不易消除，反映现象的发展趋势的目的就不能达到。一般扩大时距应与现象的变化周期相一致，否则也会影响对发展趋势的分析。

2. 移动平均法

移动平均法是采取逐项依次递移的方法将时间数列的时距扩大，计算扩大时距后的序时平均数，形成一个新的时间数列。在这一新的数列中，由于短期起作用的偶然因素的影响已经削弱，甚至已被排除，从而显示出现象发展的基本趋势。

**【例 7—12】** 某企业各期产品产量数据资料见表 7—12，请根据产值数据资料计算移动平均数。结果见表 7—21。

表 7—12　　移动平均数计算表

| | 总产值（万元） | 三项移动平均 | 四项移动平均 | 移正平均 |
|---|---|---|---|---|
| 1 | 81 | — | — | — |
| 2 | 70 | 78.33 | — | — |
| 3 | 84 | 78.33 | 79.00 | 80.38 |
| 4 | 81 | 85.67 | 81.75 | 85.13 |
| 5 | 92 | 90.00 | 88.50 | 89.63 |
| 6 | 97 | 94.00 | 90.75 | 92.88 |
| 7 | 93 | 96.00 | 95.00 | 95.75 |
| 8 | 98 | 96.33 | 96.50 | 97.25 |
| 9 | 98 | 99.67 | 98.00 | 98.88 |
| 10 | 103 | 100.33 | 99.75 | 101.13 |
| 11 | 100 | 104.00 | 102.50 | — |
| 12 | 109 | — | — | — |

移动平均数的计算需要确定计算平均数的项数，移动平均数的项数有奇数项和偶数项。其中奇数项移动平均求的平均数，应对准所平均时期的中间时期，如利用第 1、2、3 期数据计算的移动平均数 78.33 应置于第二期，而用第 3、4、5 期数据计算的移动平均数 85.67 应置于第 4 期，等等。而偶数项移动平均计算得到的移动平均数，应置于所平均时期的中间两项之间，如计算四项移动平均数时，如用第 1、2、3、4 期数据计算的平均数 79 应置于 2、3 期中间，以下类同。这样组成的新数列中，每个数值都错后半期，这时可采用移正平均的方式，即再计算一次二项移动平均，使之与具体的时间相对应。

移动平均前的时间数列图见图 7—4。

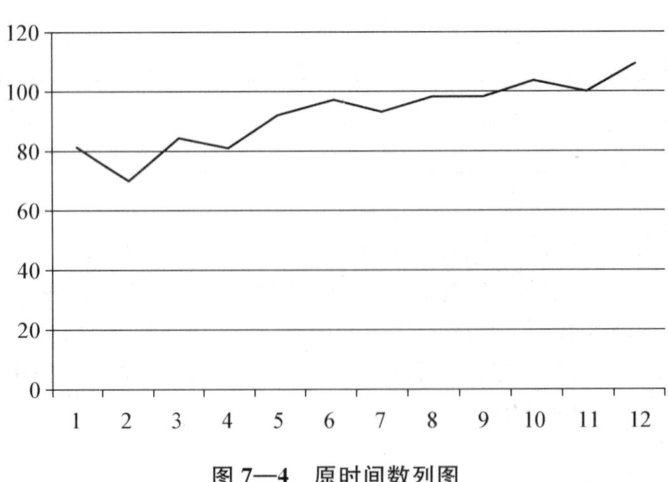


图 7—4　原时间数列图

从图 7—5 可以看到，移动平均后的时间数列对原时间数列作了修匀，去掉了部分波动而比原时间数列要平滑一些。采用移动平均法所得的新数列项数比原数列项数要少。一般讲，被平均的项数越多，修匀的作用越大，数据就越平滑，而所得到的移动平均数就越少。通常情况下，若要消除或降低随机波动（不规则波动）可以计算奇数项移动平均数，移动平均的项数要适中，否则不利于现象的发展趋势分析；当然，如果数列存在着周期性的变动如季节变动，则为去掉周期性的变动可以用周期的长度作为被平均的项数。

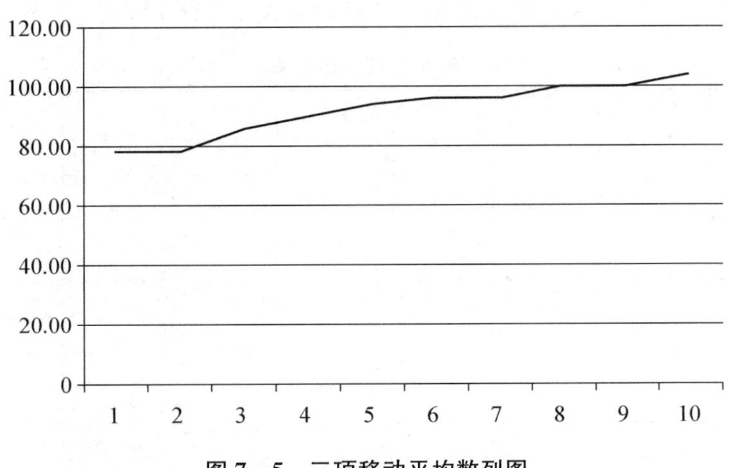


图 7—5 三项移动平均数列图

**（二）长期趋势模型的建立——趋势线配合**

趋势线配合法是依据数学模型给时间数列配合一条较为理想的趋势线，然后据此计算其趋势值。在建立趋势线方程之前，首先要确定趋势线的形态，最常用的确定方法是画散点图。若散点图属直线趋势形态，可配合直线方程；若为曲线形态，则可配合曲线方程。此外，还可以根据动态分析指标判断。以下介绍线性及非线性趋势两类模型的建立。

1. 线性趋势模型

线性趋势模型为：

$$\hat{Y}=a+bt$$

对于线性趋势模型，只要估计出模型中的参数 $a$，$b$ 的值，并将时间 $t$ 代入模型中，即可计算出各期的趋势值及未来某一时间的预测值。线性趋势模型参数的最常用的估计方法是最小二乘法。

最小二乘法，也称为最小平方法。这种方法的数学依据是实际值 $Y$ 与趋势值 $\hat{Y}$ 的离差平方和为最小，即 $\sum_{t=1}^{n}(Y_t-\hat{Y})^2=\sum_{t=1}^{n}(Y_t-a-bt)^2$ 为最小值。具体方法是采用偏导数求极值的方法建立二元联系方程，求解 $a$，$b$ 的值，其计算公式为：

$$\begin{cases} b=\dfrac{n\sum_{t=1}^{n}tY_t-\sum_{t=1}^{n}t\sum_{t=1}^{n}Y_t}{n\sum_{t=1}^{n}t^2-(\sum_{t=1}^{n}t)^2} \\ a=\overline{Y}-b\bar{t} \end{cases}$$

【例 7—13】已知某时间数列数据（如表 7—13 所示），请计算其趋势值。

表 7—13 时间数列数据

| $t$ | 1 | 2 | 3 | 4 | 5 | 6 | 7 | 8 | 9 | 10 | 11 | 12 |
|---|---|---|---|---|---|---|---|---|---|---|---|---|
| 总产值（万元） | 81 | 70 | 84 | 81 | 92 | 97 | 93 | 98 | 98 | 103 | 100 | 109 |

绘制时间数列散点图可以看到该时间数列总体呈现出线性趋势，故可配合直线趋势模型 $\hat{Y}=a+bt$。根据已知数据资料计算参数的过程如表 7—14 所示。

表 7—14 时间数列数据计算

| 年份 | $t$ | 总产值 $Y$ | $tY$ | $t^2$ |
|---|---|---|---|---|
| 2001 | 1 | 81 | 81 | 1 |
| 2002 | 2 | 70 | 140 | 4 |
| 2003 | 3 | 84 | 252 | 9 |
| 2004 | 4 | 81 | 324 | 16 |
| 2005 | 5 | 92 | 460 | 25 |
| 2006 | 6 | 97 | 582 | 36 |
| 2007 | 7 | 93 | 651 | 49 |
| 2008 | 8 | 98 | 784 | 64 |
| 2009 | 9 | 98 | 882 | 81 |
| 2010 | 10 | 103 | 1 030 | 100 |
| 2011 | 11 | 100 | 1 100 | 121 |
| 2012 | 12 | 109 | 1 308 | 144 |
| 合计 | 78 | 1 106 | 7 594 | 650 |

将数据代入参数的估计公式得到：$\begin{cases} b=2.83 \\ a=73.76 \end{cases}$

则：$\hat{Y}=73.76+2.83t$

若要预测第 13 期数值，则将 $t=13$ 代入模型中，即可得到：

$$\hat{Y}_{13}=73.76+2.83\times13=110.55(\text{万元})$$

2. 非线性趋势模型

实际工作中，我们会发现很多现象的发展变化趋势并不总是表现为直线趋势，更多的情况下则呈现出某种曲线变动趋势。当然，曲线有许多不同的种类与形态，常用的非线性趋势模型主要有：

（1）二次曲线趋势模型。

在时间数列中，当各期发展水平的二次差大致相同，且散点图围绕二次抛物线趋势波动时，可以配合二次曲线趋势模型进行长期趋势分析及预测。

二次曲线趋势模型为：

$$\hat{Y}=a+bt+ct^2$$

其中：$a$，$b$，$c$ 为模型的参数。

二次曲线趋势模型最常用的参数估计方法是最小二乘法，其基本原理是：求实际值 $Y$

与趋势值 $\hat{Y}$ 的离差平方和为最小，即 $\sum_{t=1}^{n}(Y_t-\hat{Y}_t)^2=\sum_{t=1}^{n}(Y_t-a-bt-ct^2)^2$ 为最小值时的 $a$，$b$，$c$。

对此式求偏导数得到三个标准方程式如下：

$$\begin{cases}\sum_{t=1}^{n}Y_t=na+b\sum_{t=1}^{n}t+c\sum_{t=1}^{n}t^2\\ \sum_{t=1}^{n}tY_t=a\sum_{t=1}^{n}t+b\sum_{t=1}^{n}t^2+c\sum_{t=1}^{n}t^3\\ \sum_{t=1}^{n}t^2Y_t=a\sum_{t=1}^{n}t^2+b\sum_{t=1}^{n}t^3+c\sum_{t=1}^{n}t^4\end{cases}$$

据此三元联立方程组，可求解出 $a$，$b$，$c$ 三个参数，即完成二次曲线趋势模型的配合。

（2）指数曲线趋势模型。

指数曲线趋势模型用于描述以几何级数递增或递减的现象，即时间数列的观察值 $Y_t$ 按指数规律变化，或者说较长时期内时间数列的观察值的环比发展速度或环比增长速度比较稳定。指数曲线趋势模型为：

$$\hat{Y}=ab^t$$

其中，$a$，$b$ 为模型参数。

至于指数曲线趋势模型参数的估计方法，可以通过数学变换的方法先将模型线性化，然后再采用最小二乘法计算参数的估计值。

在指数曲线模型等号两边同时取对数，得到：$\log\hat{Y}=\log a+t\log b$

然后进行数据变换，令 $Y'=\log\hat{Y}$，$A=\log a$，$B=\log b$

则：$Y'=A+Bt$

对此模型可以采用最小二乘法估计参数 $A$ 和 $B$，再求其反对数得到 $a$，$b$。

此外，更简单的方法是将 $a$ 作为基期水平，$b$ 看作平均发展速度，$t$ 为时间，只要用水平法计算出时间数列的平均发展速度后，就可得到指数曲线趋势模型。

**【例 7—14】** 已知某企业近 10 年产值数据资料（如表 7—5 所示），要求配合趋势线模型。

**表 7—15**　　**某企业产值数据**

| 年份 | $t$ | 产值 $Y$（万元） | $\log Y$ | $t\log Y$ | $t^2$ |
|---|---|---|---|---|---|
| 2004 | 1 | 1 395 | 3. 144 574 | 3. 144 574 | 1 |
| 2005 | 2 | 1 515 | 3. 180 413 | 6. 360 825 | 4 |
| 2006 | 3 | 1 729 | 3. 237 795 | 9. 713 385 | 9 |
| 2007 | 4 | 1 916 | 3. 282 396 | 13. 129 58 | 16 |
| 2008 | 5 | 2 146 | 3. 331 63 | 16. 658 15 | 25 |
| 2009 | 6 | 2 393 | 3. 378 943 | 20. 273 66 | 36 |
| 2010 | 7 | 2 682 | 3. 428 459 | 23. 999 21 | 49 |
| 2011 | 8 | 2 999 | 3. 476 976 | 27. 815 81 | 64 |
| 2012 | 9 | 3 374 | 3. 528 145 | 31. 753 31 | 81 |
| 2013 | 10 | 3 812 | 3. 581 153 | 35. 811 53 | 100 |
| 合计 | 55 | — | 33. 570 48 | 188. 66 | 385 |

首先，根据表 7—15 中的产值数据资料，得到曲线图（见图 7—6），可考虑配合指数曲线。

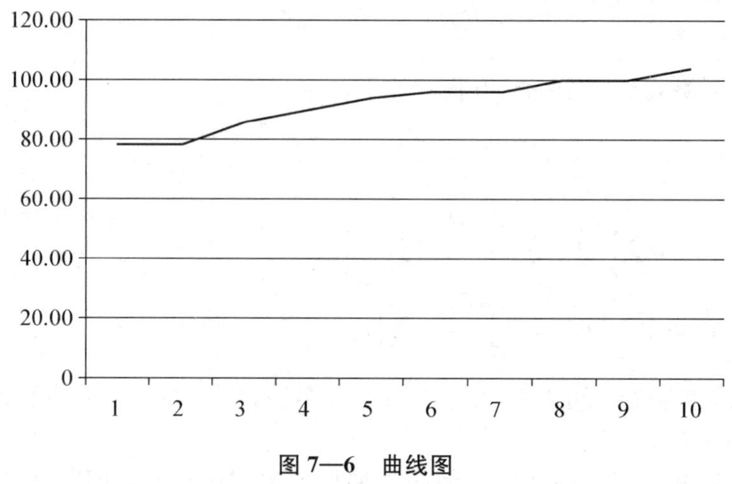


**图 7—6　曲线图**

然后，进行模型的变换，令 $Y'=\log\hat{Y}$，$A=\log a$，$B=\log b$

采用最小二乘法估计 $A$ 和 $B$，计算过程见表 7—15。

最后得到：
$$\begin{cases} B=\dfrac{n\sum\limits_{t=1}^{n}t\log Y_t-\sum\limits_{t=1}^{n}t\sum\limits_{t=1}^{n}\log Y_t}{n\sum\limits_{t=1}^{n}t^2-(\sum\limits_{t=1}^{n}t)^2}=0.048\ 76 \\ A=\log\bar{Y}-B\bar{t}=3.089 \end{cases}$$

求 $A$ 和 $B$ 的反对数得到：$a=1\ 227.13$，$b=1.118\ 8$

则配合的指数曲线模型为：$\hat{Y}=1\ 227.13\times(1.118\ 8)^t$

3. 长期趋势模型的选择

上面介绍了对时间数列的长期趋势配合趋势线的一般方法。但在实际应用中，对于一个具体的时间数列，应如何选择所要配合的趋势线类型是我们必须面对的一个问题。趋势线的选择是十分重要的一个问题，它直接关系到我们对现象的描述及其规律性的认识的结论。趋势线选择的不合适，不仅不能正确地描述出现象的发展变化规律，而且还可能得出错误的结论。一般确定长期趋势模型的方法有两类：

第一类方法是根据时间数列的观测数据绘制时间数列曲线图，观察图形的基本特征选择相对比较合适的、符合现象发展变化特征的趋势线。如绘制出的时间数列曲线图近似地表现为一条直线，则可配合直线趋势模型；若近似地表现为抛物线形式，则可配合二次曲线趋势模型；若表现为 S 形曲线，则可配合戈珀兹曲线趋势模型；等等。

第二类方法是可以根据数据本身的特点确定曲线趋势模型的类型。如观察数据的逐期增长量大致相同，可配合直线趋势模型；若时间数列的观察数据的二次差即逐期增长量大致相同，可配合二次曲线趋势模型；若观察数据的环比发展速度或环比增长速度大致相同，则可配合指数曲线趋势模型；若各观察值的一次差的环比值大体相同，可配合修正指数曲线趋势模型；若观察值的对数的一次差的环比值大致相同，则可配合戈珀兹曲线趋势模型。

当然，如果对同一时间数列有多种趋势模型均可考虑，则可以选择估计标准误差最小

的模型作为趋势模型。估计标准误差的计算公式为：

$$S_y=\sqrt{\frac{\sum_{t=1}^{n}(Y_t-T_t)^2}{n-m}}$$

其中，$m$ 为趋势方程中需要估计的参数的个数。

## 三、季节变动分析

在现实生活中，季节变动是一种极为普遍的现象。例如，许多农副产品的产量都因季节更替而有淡季、旺季之分；商业部门的许多商品的销售量也随着气候变化的影响而形成有规则的周期性的变动。季节变动有三个基本特点：一是季节变动每年重复进行；二是季节变动按照一定的周期进行；三是每个周期的变化强度大体相同。

研究季节变动的目的在于了解季节变动对社会经济和人们生活的影响，以便更好地组织生产和安排生活。分析季节变动，还可以根据季节变动的规律，配合适当的季节模型，结合长期趋势进行预测。

### （一）包含季节变动的时间数列构成模型

当时间数列中包含长期趋势、季节变动和不规则变动时，其最常用的基本构成模型的形式是：$Y=T\times S\times I$。

确定这一模型时，首先需要配合其长期趋势模型；然后，还需要计算各月（或季度）季节指数；最后将其进行合成即形成时间数列模型。

如长期趋势为线性趋势模型，季节变动的周期为一年四个季度，则时间数列模型为：

$$Y=T\times S\times I$$

$$Y=(a+bt)\times S_i,\quad i=1,2,3,4$$

其中：$S_i$ 为各月（或季度）季节指数。

所谓季节指数，是某一月份或季度数值与全年平均数值之比。分析季节变动时，主要就是依据这些季节指数，然后根据各季节指数与其平均数（100%）的偏差程度来测定季节变动的程度。如果现象的发展没有季节变动，则各期的季节指数应等于100%，如果某一个月（或季度）有明显的季节变动，则各期的季节指数应大于或小于100%。一年中各月（或季度）季节指数之和为1 200%（或400%）。

### （二）季节指数的计算

上述模型中，长期趋势模型在前面已有介绍，包括线性趋势模型和非线性趋势模型等。而季节指数的计算最常用的方法主要有两种：一是简单平均法；二是趋势剔除法。

1. 简单平均法

首先要计算各年同期（月或季度）发展水平的序时平均数；其次，再计算全时期总平均数；最后将各年同期平均数与全时期总平均数对比，即得到各期（月或季度）的季节指数。

**【例7—15】** 某食品厂近五年各季度的生产量（万件）如表7—16所示，要求计算各季度季节指数。

表 7—16　　　　某厂各季度生产量情况

| 年份 | 一季度 | 二季度 | 三季度 | 四季度 | 合计 |
|---|---|---|---|---|---|
| 2009 | 10 | 6 | 7 | 9 | 32 |
| 2010 | 12 | 8 | 6 | 11 | 37 |
| 2011 | 15 | 10 | 8 | 10 | 43 |
| 2012 | 13 | 8 | 5 | 12 | 38 |
| 2013 | 14 | 9 | 8 | 15 | 46 |
| 季度平均数 | 12.8 | 8.2 | 6.8 | 11.4 | 9.8 |
| 季节指数% | 130.61 | 83.67 | 69.39 | 116.33 | — |

利用简单平均法计算季节指数的方法如下：

首先，计算各年同一季度的平均数，如一季度为 12.8 万件，二季度为 8.2 万件，三季度为 6.8 万件，四季度为 11.4 万件。

其次，计算各年所有季度总的平均数为 9.8 万件。

最后，计算各季度季节指数：

$$第一季度季节指数=\frac{12.8}{9.8}=130.61\%$$

$$第二季度季节指数=\frac{8.2}{9.8}=83.67\%$$

$$第三季度季节指数=\frac{6.8}{9.8}=69.39\%$$

$$第四季度季节指数=\frac{11.4}{9.8}=116.33\%$$

从时间上看，第一季度、第四季度的季节指数大于 100%，是该产品的生产旺季，而第二、第三季度的季节指数小于 100%，是该产品的生产淡季。

简单平均法的优点是计算简便，但其也存在着缺陷：第一，未能消除长期趋势的影响；第二，季节指数的高低受各年数值大小的影响，数值大的年份，对季节指数影响大，数值小的年份，对季节指数的影响小。从上面特点看，简单平均法适合于长期趋势是水平趋势的时间数列的季节指数的变动，若时间数列中不仅存在季节变动，同时还存在着上升或下降的长期趋势，用此方法计算的季节指数就会出现偏差。这时，就需要采用趋势剔除法。

2. 移动平均趋势剔除法

当时间数列中不仅存在季节变动，同时也存在明显的上升或下降的长期趋势时，计算季节指数时，就需要首先消除长期趋势的影响。剔除长期趋势的方法有很多，如移动平均趋势剔除法、趋势线趋势剔除法等。

移动平均趋势剔除法的基本思想是先将时间数列中的趋势变动予以消除，而后再计算季节指数。具体的做法是：首先根据各年的月（或季度）数据资料计算 12 个月（或 4 个季度）移动平均趋势值 $T$，然后将各实际观察值除以相应的趋势值，即 $Y/T=S\times I$，最后，将 $S\times I$ 重新按月（或季度）排列，求得同月（或季度）平均数，即将降低或消除不规则变动，得到各月（或季度）季节指数 $S$。

**【例 7—16】**根据表 7—16 的数据，利用移动平均趋势剔除法计算食品生产的季节指数。

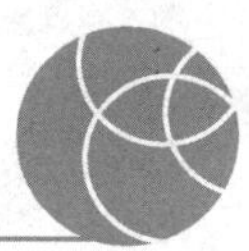

首先，求出四季度移动平均并进行移正后得到时间数列的趋势值 $T$；然后计算 $Y/T$，计算过程见表7—17。

表7—17　　食品生产季节指数计算

| 年份 | 季度 | $Y$ | 四项移动平均 | 移正平均（趋势值 $T$） | $Y/T$ |
|---|---|---|---|---|---|
| 2009 | 1 | 10 | — | | — |
| | 2 | 6 | 8.00 | — | — |
| | 3 | 7 | 8.50 | 8.25 | 84.85 |
| | 4 | 9 | 9.00 | 8.75 | 102.86 |
| 2010 | 1 | 12 | 8.75 | 8.88 | 135.21 |
| | 2 | 8 | 9.25 | 9.00 | 88.89 |
| | 3 | 6 | 10.00 | 9.63 | 62.34 |
| | 4 | 11 | 10.50 | 10.25 | 107.32 |
| 2011 | 1 | 15 | 11.00 | 10.75 | 139.53 |
| | 2 | 10 | 10.75 | 10.88 | 91.95 |
| | 3 | 8 | 10.25 | 10.50 | 76.19 |
| | 4 | 10 | 9.75 | 10.00 | 100.00 |
| 2012 | 1 | 13 | 9.00 | 9.38 | 138.67 |
| | 2 | 8 | 9.50 | 9.25 | 86.49 |
| | 3 | 5 | 9.75 | 9.63 | 51.95 |
| | 4 | 12 | 10.00 | 9.88 | 121.52 |
| 2013 | 1 | 14 | 10.75 | 10.38 | 134.94 |
| | 2 | 9 | 11.50 | 11.13 | 80.90 |
| | 3 | 8 | — | — | — |
| | 4 | 15 | | — | — |

在上面计算的基础上，计算各年同一季度的 $Y/T$ 的平均数，得到季节指数（见表7—18）。

表7—18　　季节指数计算结果

| | 一季度 | 二季度 | 三季度 | 四季度 |
|---|---|---|---|---|
| 2009年 | — | — | 84.85 | 102.86 |
| 2010年 | 135.21 | 88.89 | 62.34 | 107.32 |
| 2011年 | 139.53 | 91.95 | 76.19 | 100.00 |
| 2012年 | 138.67 | 86.49 | 51.95 | 121.52 |
| 2013年 | 134.94 | 80.90 | — | — |
| 平均 | 137.09 | 87.06 | 68.83 | 107.92 |
| 季节指数（%） | 136.78 | 86.86 | 68.68 | 107.68 |

理论上，四个季度的季节指数之和为400%，本例中四个季度季节指数之和为400.9%，因此需要校正。校正系数为400/400.9=0.997 755 1，用这个系数分别乘上表7—18中各季度的平均数，即得到表7—18中的季节指数。

这种方法由于先消除了长期趋势，所得的季节指数已不受长期趋势的影响，因此测定的季节波动比较精确。

利用配合的长期趋势模型可以进行趋势预测，利用季节指数计算方法计算了季节指数，可以反映现象的季节波动特征。利用长期趋势预测值和季节指数我们就可以对时间数列的未来值进行预测，其预测模型为：$Y=T_t \times S_i$。即用长期趋势预测值乘以该预测期对应季节的季节指数。

## 思考与练习

1. 简述时间数列的构成要素及其特点。
2. 简述几何平均法与方程式法的应用条件。
3. 时间数列分析与回归分析有什么不同？
4. 面对一个时间数列，如何将主要构成要素测定出来？
5. 已知某企业第一季度的商品销售额、人数的统计资料，试计算该企业第一季度各月的人均销售额和第一季度人均月商品销售额。

| 月份 | 1 | 2 | 3 | 4 |
|---|---|---|---|---|
| 商品销售额 $a$（万元） | 120 | 143 | 289 | — |
| 月初人数 $b$（人） | 50 | 70 | 60 | 110 |

6. 以下是某企业 2005—2013 年产品产量资料，要求根据数据资料计算逐期增长量、累计增长量、环比发展速度、定基发展速度、平均发展速度、环比增长速度、定基增长速度和平均增长速度。

| 年份 | 2005 | 2006 | 2007 | 2008 | 2009 | 2010 | 2011 | 2012 | 2013 |
|---|---|---|---|---|---|---|---|---|---|
| 产量（吨） | 1 005 | 1 150 | 1 240 | 1 280 | 1 520 | 1 830 | 1 920 | 1 990 | 2 020 |

7. 利用第 6 题中数据，绘制时间数列曲线图，配合恰当的曲线趋势方程，对 2015 年的产品产量进行预测。
8. 某地区 2005—2012 年啤酒产量资料如下：

| 年份 | 产量 $Y$（万吨） |
|---|---|
| 2005 | 10.54 |
| 2006 | 10.8 |
| 2007 | 10.87 |
| 2008 | 11.16 |
| 2009 | 11.51 |
| 2010 | 12.40 |
| 2011 | 13.61 |
| 2012 | 13.75 |
| 合计 | 94.64 |

要求：(1) 根据上述资料用最小二乘法拟合该厂啤酒产量的直线趋势方程。

(2) 利用所拟合的趋势方程，对该厂 2013 年啤酒产量进行估计。

# 第八章　国民生产统计

**本章导学**

通过学习本章，要求掌握国民生产统计的范围，国民经济行业和产业分类，国民经济产出主要实物量如粮食产量、能源产量等的统计方法，国民经济产出价值总量如总产出和国内生产总值的统计计算方法，生产要素——资本和劳动力的统计方法，单要素生产率和全要素生产率的统计计算方法，以及经济增长核算的方法。

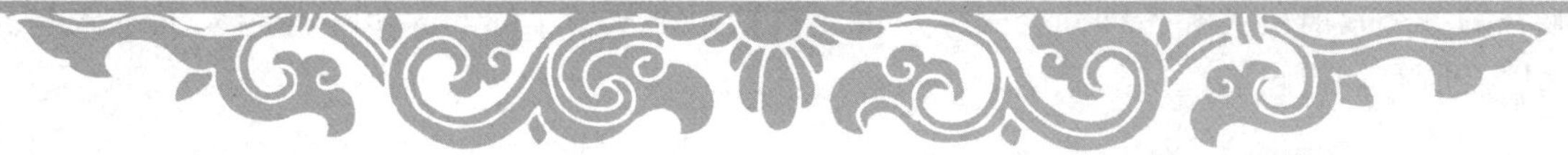

## 第一节　国民生产统计的范围与行业分类

人类每天的生产和生活过程形成了社会的经济活动过程，这是人类生存和发展的基础。在现代社会，不同的国家构成了一个个相对独立而又相互依赖和联系的政治经济体，所谓国民经济就是指一个国家全体国民的经济活动过程，也就是国家的整体经济活动过程，其中既包括不同的企业所进行的物质产品生产活动，也包括每个居民在其家庭内外的消费活动，还包括政府机关和各种社会团体为居民和社会提供各种公共服务的服务活动。国民经济统计就是要通过对国家的整体经济活动过程及其结果的调查、测度、计量与核算，得出国民经济的各种统计数据。

### 一、国民生产统计的范围

显然，国民经济活动过程，首先是各种产品和服务的生产过程。在现代社会，按照联合国等组织制定的《国民经济核算体系》的规定，国民经济的生产过程并不仅仅是狭义地指各种物质产品的加工制造过程，而是广义地指各种物质产品的制造、加工、运输、保管和买卖过程，以及各种服务如理发师的理发服务、律师的法律服务、教师的教学与培训服务、银行的理财服务、证券公司的证券交易服务、保险公司的财产和人身保险服务、互联网的网络服务、旅游公司的导游服务、警察的社会治安服务、政府机关的社会保障服务、房屋中介公司的房屋买卖和租赁交易服务、家政公司的家政服务等的提供过程。

面对多种多样的物质产品和服务的生产，为了统计核算与结果的一致，十分有必要对国民经济的生产统计范围有一个明确的界定。按照联合国等组织制定的《国民经济核算体系2008》的规定，凡是有形产品的生产，不论其产品是面向市场对外销售还是只供自己使用，都须纳入生产统计的范围；而对于各种服务的生产，则只有向市场和社会提供的服务以及家庭和机构自有住房的自用服务才纳入生产统计的范围。居民家庭成员在自己家里所进行的各种家务劳动，如家庭主妇在自己家里为家人做饭、清扫卫生、伺候老人、照看孩子等各种家务劳动，不属于市场活动，没有报酬的支付，则不纳入国民经济生产统计的范围。

因此，国民经济生产的主体并不仅仅是从事物质产品生产的制造企业，也包括从事交通运输、邮电通信、互联网、仓储、商品买卖、餐饮、旅游、金融服务如银行和保险、科学技术研究、教育培训等活动的各种企业和机构，还包括为社会提供各种公共服务与自我服务的各类政府机关和各种社会团体，也还包括每个从事个体与家庭生产经营的个人与家庭以及所有拥有自有住房的家庭。

### 二、国民经济行业和产业分类

由此可见，国民生产的范围广泛，生产活动的种类繁多，为了更精细地反映国民生产的过程，可以根据各种不同生产活动的性质和特征对其进行分类。在国民经济统计中，重

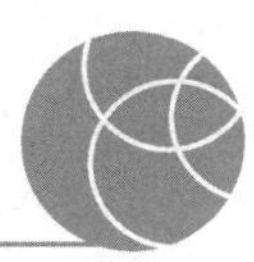



要的国民经济活动分类主要有国民经济行业分类和三次产业分类两种。但不论是进行国民经济行业分类，还是进行三次产业分类，都需要先对国民经济生产活动分类和统计的基本单位进行界定。

**（一）生产活动的基本单位的界定**

对国民经济生产活动的分类，就是要把性质相同的生产活动归并为一类，而把性质不同的生产活动划分为不同的种类，其目的是为了分门别类地对国民经济生产活动的产出数量等相关数据进行统计。显然，为了能够取得这些数据，进行分类的各个个体必须是有自身生产记录的生产组织单位，而为了能将不同性质的生产活动明确地区分开来，也就是将不同性质的生产活动明确地划分在不同的行业类别，进行分类的各个个体还必须尽可能单纯，即其所进行的生产活动应尽可能单一，最好不要有不同性质的生产活动的混杂。因此，在进行国民经济生产活动分类时，首先要确定分类的基本单位。

在现代社会，许多生产经营活动的主体通常都是各种法人单位。所谓法人单位，是指依法成立，有自己的名称、组织机构和场所，独立拥有和使用资产，承担负债，会计上独立核算，有权与其他单位签订合同，能够独立承担民事责任的企业或机构。而许多法人单位往往会从事多种不同性质的生产经营活动，如一个企业单位，可能同时进行多个种类的产品的生产，并且还可能同时进行其生产的产品的销售和进出口贸易，也可能同时还经营着一些酒店餐饮和住宿的服务活动，这些不同的生产经营活动通常将由企业下属不同的子部门负责管理。因此，为了能将不同性质的生产活动划分在不同的类别，不至于发生混杂，在进行国民经济生产活动分类时就应该将这些法人单位拆分，将其下属的从事单一类型生产活动的子部门分别作为一个独立的分类和统计的个体单位。这种从国民经济生产活动统计分类角度确定的个体单位，称为产业活动单位（Establishment），是进行国民经济生产活动分类和统计的基层单位。

为了能够既尽可能地区分不同性质的生产活动，又能够取得相应的生产活动的数据资料，国民经济核算体系对产业活动单位做了明确的定义和界定。根据其中的规定，所谓产业活动单位，是指法人单位的附属单位，且应具备下列条件：（1）在一个场所从事一种或主要从事一种经济活动；（2）相对独立地组织生产、经营或业务活动；（3）能够掌握收入和支出等资料。

**（二）国民经济行业分类**

我国的国民经济行业分类由国家统计局和中国标准化研究院根据联合国的《国际标准产业分类》起草制订，并经国家质检总局和国家标准委批准颁布，成为一种国家标准。行业划分的原则是经济活动的同质性原则，分类的基本单位主要是产业活动单位，每一个行业类别是指从事相同性质的经济活动的所有单位的集合。

根据2011年修订颁布的国家标准《国民经济行业分类》（GB/T 4754—2011），我国对国民经济活动采用四级行业分类。首先，将整个国民经济活动分为20个门类，分别用拉丁字母A、B、…、S、T作为代码标示；其次，每个门类又分为若干个大类，总共有96个大类，分别用两位阿拉伯数字01、02、…、95、96作为代码标示；再次，每个大类又分为若干个中类，每个中类的代码是在其所属大类的两位数代码后再加一位数组成一个三位阿拉伯数字的代码；最后，每个中类又分为若干个小类，每个小类的代码是在其所属中类的三位数代码后再加一位数组成一个四位阿拉伯数字的代码。现将国民经济行业分类中的各个门类和其中的大类列示如下：

A. 农、林、牧、渔业：包括 01 农业，02 林业，03 畜牧业，04 渔业，05 农、林、牧、渔服务业，共 5 个大类。

B. 采矿业：包括 06 煤炭开采和洗选业，07 石油和天然气开采业，08 黑色金属矿采选业，09 有色金属矿采选业，10 非金属矿采选业，11 开采辅助活动，12 其他采矿业，共 7 个大类。

C. 制造业：包括 13 农副食品加工业，14 食品制造业，15 酒、饮料和精制茶制造业，16 烟草制品业，17 纺织业，18 纺织服装、服饰业，19 皮革、毛皮、羽毛及其制品和制鞋业，20 木材加工和木、竹、藤、棕、草制品业，21 家具制造业，22 造纸和纸制品业，23 印刷和记录媒介复制业，24 文教、工美、体育和娱乐用品制造业，25 石油加工、炼焦和核燃料加工业，26 化学原料和化学制品制造业，27 医药制造业，28 化学纤维制造业，29 橡胶和塑料制品业，30 非金属矿物制品业，31 黑色金属冶炼和压延加工业，32 有色金属冶炼和压延加工业，33 金属制品业，34 通用设备制造业，35 专用设备制造业，36 汽车制造业，37 铁路、船舶、航空航天和其他运输设备制造业，38 电气机械和器材制造业，39 计算机、通信和其他电子设备制造业，40 仪器仪表制造业，41 其他制造业，42 废弃资源综合利用业，43 金属制品、机械和设备修理业，共 31 个大类。

D. 电力、热力、燃气及水生产和供应业：包括 44 电力、热力生产和供应业，45 燃气生产和供应业，46 水的生产和供应业，共 3 个大类。

E. 建筑业：包括 47 房屋建筑业，48 土木工程建筑业，49 建筑安装业，50 建筑装饰和其他建筑业，共 4 个大类。

F. 批发和零售业：包括 51 批发业，52 零售业，共 2 个大类。

G. 交通运输、仓储和邮政业：包括 53 铁路运输业，54 道路运输业，55 水上运输业，56 航空运输业，57 管道运输业，58 装卸搬运和运输代理业，59 仓储业，60 邮政业，共 8 个大类。

H. 住宿和餐饮业：包括 61 住宿业，62 餐饮业，共 2 个大类。

I. 信息传输、软件和信息技术服务业：包括 63 电信、广播电视和卫星传输服务，64 互联网和相关服务，65 软件和信息技术服务业，共 3 个大类。

J. 金融业：包括 66 货币金融服务，67 资本市场服务，68 保险业，69 其他金融业，共 4 个大类。

K. 房地产业：包括 70 房地产业，只有 1 个大类。

L. 租赁和商务服务业：包括 71 租赁业，72 商务服务业，共 2 个大类。

M. 科学研究和技术服务业：包括 73 研究和试验发展，74 专业技术服务业，75 科技推广和应用服务业，共 3 个大类。

N. 水利、环境和公共设施管理业：包括 76 水利管理业，77 生态保护和环境治理业，78 公共设施管理业，共 3 个大类。

O. 居民服务、修理和其他服务业：包括 79 居民服务业，80 机动车、电子产品和日用产品修理业，81 其他服务业，共 3 个大类。

P. 教育：包括 82 教育，只有 1 个大类。

Q. 卫生和社会工作：包括 83 卫生，84 社会工作，共 2 个大类。

R. 文化、体育和娱乐业：包括 85 新闻和出版业，86 广播、电视、电影和影视录音制作业，87 文化艺术业，88 体育，89 娱乐业，共 5 个大类。

S. 公共管理、社会保障社会组织：包括 90 中国共产党机关，91 国家机构，92 人民政协、民主党派，93 社会保障，94 群众团体、社会团体和其他成员组织，95 基层群众自治组织，共 6 个大类。

T. 国际组织：包括 96 国际组织，只含 1 个大类。

**(三) 三次产业分类**

我国三次产业的划分标准由国家统计局根据《国民经济行业分类》制定，用以满足国民经济核算、服务业统计及其他统计调查对三次产业划分的需求。根据国家统计局 2013 年的修订规定，第一、二、三次产业的范围分别是：

第一产业是指农、林、牧、渔业（不含农、林、牧、渔服务业）。

第二产业是指采矿业（不含开采辅助活动），制造业（不含金属制品、机械和设备修理业），电力、热力、燃气及水生产和供应业，建筑业。

第三产业即服务业，是指除第一产业、第二产业以外的其他行业。第三产业包括：批发和零售业，交通运输、仓储和邮政业，住宿和餐饮业，信息传输、软件和信息技术服务业，金融业，房地产业，租赁和商务服务业，科学研究和技术服务业，水利、环境和公共设施管理业，居民服务、修理和其他服务业，教育，卫生和社会工作，文化、体育和娱乐业，公共管理、社会保障和社会组织，国际组织，以及农、林、牧、渔业中的农、林、牧、渔服务业，采矿业中的开采辅助活动，制造业中的金属制品、机械和设备修理业。

从人类历史发展的长河来看，人类社会最先从事的生产活动就是农业，其次是产品制造和加工业，然后才是服务业。在原始社会初期，人类依赖采摘野生植物的果实和种子以及捕猎一些野生动物生活；随着人类的不断进化，人类逐步开始了植物种植和动物饲养，农业得以出现；随着农业的发展和人类的进步，各种以农产品为原料的加工工业和以矿产品为原料的制造业开始出现和发展；然后随着劳动分工的细化和深入，社会生产分解为许多行业，各种服务行业逐渐出现和得以发展。并且，随着社会的发展和经济的进步，农业在整个国民经济活动中所占的比重越来越低，工业在整个国民经济活动中所占的比重则呈现出先上升后下降的态势，即在一个国家实现工业化以前，工业的比重是逐步上升，而当一个国家实现了工业化逐步进入后工业化时代以后，工业的比重则逐步下降，而服务业的比重则逐步上升。因此，三次产业的划分不仅反映了人类社会的发展过程，而且三次产业的比例关系也反映了一个国家经济发展所处的阶段和水平。

## 三、国民生产统计的内容

企业不论是从事物质产品的生产，还是从事某种服务活动，都需要一定的物质资本如房屋和设备等，以及劳动力，所以资本和劳动力是国民生产的两个基本要素。企业的生产过程就是资本和劳动力相结合生产出某种物质产品和服务的过程。因此，对国民生产过程的统计，应该既包括对产出的统计，即包括各种物质产品和服务的统计，也应包括对生产投入的统计，即包括各种生产要素投入的统计。

## 第二节　产出实物量统计

国民生产过程的产出就是各种有形的和无形的物质产品以及服务，如农业生产出的稻谷、小麦、玉米等各种谷物，工厂生产出的各种类型的电视机、计算机、汽车，发电厂提供的电力，银行提供的各种理财、存贷款服务，学校提供的各类教育、培训服务，互联网提供的网络服务，等等。这些产品和服务首先是以实物和使用价值的形态存在，所以统计首先需要计算这些产品和服务的实物数量。

### 一、产品分类

国民经济行业众多，而其产品更是种类繁多，不胜枚举，为了便于统计计算，首先也需要对所有产品进行分类。联合国制定有《产品总分类》，各国海关也都制定有《海关统计商品目录》，我国国家统计局也于2010年制定颁布了《统计用产品分类目录》。《统计用产品分类目录》是对全社会经济活动的全部实物类产品和服务类产品进行标准分类和统一编码，它适用于以产品为对象的所有统计调查活动。分类的原则有二，一是与行业大类一致性原则，产品分类目录的框架结构采用《国民经济行业分类》大类的框架；二是产品分类唯一性原则，按照产品的同质性原则划分产品类别，即在同一个类别内，产品具有某一相同的属性。产品分类的依据则主要是产品的物理（或自然）属性或化学属性，或工艺、技术属性，或用途属性（服务功能），或服务属性（服务对象）。

《统计用产品分类目录》的基本产品类别与代码分为五层，每层为2位代码，用阿拉伯数字表示，共有10位代码。各层代码为：第一层为大类产品，由2位代码表示；第二层为中类产品，由4位代码表示；第三层为小类产品，由6位代码表示；第四层为组产品，由8位代码表示；第五层为小组产品，由10位代码表示。

《统计用产品分类目录》涉及国民经济行业活动的全部36 142个产品，其中，实物类产品30 015个，服务类产品6 127个。在实物类产品中，农、林、牧、渔业产品1 527个，工业产品28 028个，建筑业产品450个。共分成97个大类，814个中类，2 753个小类，3 488个组，28 992个小组。表8—1列出了《统计用产品分类目录》的结构。

**表8—1　　《统计用产品分类目录》结构表**

| 大类 | | 中类 | 小类 | 组 | 小组 |
|---|---|---|---|---|---|
| 01 | 农业产品 | 19 | 54 | 60 | 612 |
| 02 | 林业产品 | 4 | 15 | 11 | 173 |
| 03 | 畜禽及其产品 | 5 | 26 | 27 | 149 |
| 04 | 渔业产品 | 6 | 33 | 5 | 271 |

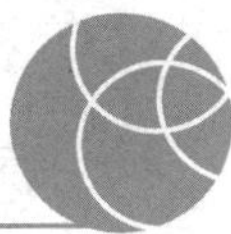

续前表

| 大　类 | | 中类 | 小类 | 组 | 小组 |
|---|---|---|---|---|---|
| 05 | 农、林、牧、渔服务 | 4 | 8 | 1 | 39 |
| 06 | 煤炭采选产品 | 3 | 9 | 3 | 42 |
| 07 | 石油和天然气开采产品 | 6 | 0 | 0 | 10 |
| 08 | 黑色金属矿 | 3 | 7 | 0 | 26 |
| 09 | 有色金属矿 | 5 | 30 | 59 | 210 |
| 10 | 非金属矿 | 12 | 23 | 5 | 164 |
| 11 | 其他矿产品 | 3 | 0 | 0 | 3 |
| 13 | 农副食品，动、植物油制品 | 15 | 67 | 78 | 626 |
| 14 | 食品及加工盐 | 13 | 59 | 51 | 494 |
| 15 | 饮料、酒及酒精 | 11 | 28 | 19 | 173 |
| 16 | 烟草制品 | 4 | 0 | 0 | 16 |
| 17 | 纺织产品 | 15 | 80 | 146 | 612 |
| 18 | 服装、鞋、帽 | 7 | 47 | 112 | 436 |
| 19 | 皮革、毛皮及其制品 | 7 | 13 | 10 | 89 |
| 20 | 木材及木、竹、藤、棕、草制品 | 10 | 30 | 15 | 184 |
| 21 | 家具及配件 | 2 | 13 | 26 | 128 |
| 22 | 纸及纸制品 | 5 | 22 | 25 | 157 |
| 23 | 印刷品、记录媒介复制品 | 5 | 14 | 22 | 108 |
| 24 | 文教体育用品 | 10 | 49 | 58 | 543 |
| 25 | 石油加工、炼焦及核燃料 | 5 | 16 | 9 | 123 |
| 26 | 化学原料及化学制品 | 27 | 172 | 349 | 2 945 |
| 27 | 医药 | 8 | 64 | 204 | 1 901 |
| 28 | 化学纤维 | 4 | 16 | 10 | 60 |
| 29 | 橡胶制品 | 12 | 29 | 16 | 161 |
| 30 | 塑料制品、半成品及辅料 | 2 | 14 | 49 | 249 |
| 31 | 非金属矿物制品 | 34 | 121 | 150 | 1 143 |
| 32 | 黑色金属冶炼及压延产品 | 11 | 57 | 228 | 952 |
| 33 | 有色金属冶炼及压延产品 | 25 | 70 | 116 | 652 |
| 34 | 金属制品 | 33 | 111 | 95 | 778 |
| 35 | 通用设备 | 40 | 167 | 201 | 1 634 |
| 36 | 专用设备 | 58 | 315 | 390 | 3 699 |
| 37 | 交通运输设备 | 24 | 72 | 69 | 660 |
| 38 | 收费的生产服务及修理 | 2 | 14 | 1 | 119 |
| 39 | 电气机械及器材 | 26 | 113 | 116 | 888 |
| 40 | 通信设备、计算机及其他电子设备 | 23 | 86 | 103 | 796 |
| 41 | 仪器仪表及文化、办公用机械 | 27 | 136 | 108 | 1 187 |
| 42 | 工艺品及其他制造产品 | 13 | 50 | 52 | 375 |
| 43 | 废弃资源和废旧材料回收加工品 | 2 | 11 | 6 | 67 |
| 44 | 电力和热力 | 2 | 3 | 1 | 20 |

续前表

| 大类 | | 中类 | 小类 | 组 | 小组 |
|---|---|---|---|---|---|
| 45 | 燃气 | 2 | 0 | 0 | 11 |
| 46 | 水 | 2 | 0 | 0 | 9 |
| 47 | 房屋和土木工程服务与产品 | 2 | 10 | 54 | 298 |
| 48 | 建筑安装服务 | 6 | 0 | 0 | 33 |
| 49 | 建筑装饰服务 | 2 | 1 | 0 | 16 |
| 50 | 其他建筑服务 | 3 | 2 | 0 | 19 |
| 51 | 铁路运输服务 | 5 | 9 | 0 | 54 |
| 52 | 道路运输服务 | 5 | 6 | 2 | 43 |
| 53 | 城市公共交通服务 | 6 | 3 | 2 | 20 |
| 54 | 水路运输服务 | 3 | 7 | 1 | 68 |
| 55 | 航空运输服务 | 3 | 7 | 2 | 38 |
| 56 | 管道运输服务 | 3 | 0 | 0 | 6 |
| 57 | 装卸搬运和其他运输服务 | 2 | 7 | 0 | 32 |
| 58 | 仓储服务 | 5 | 0 | 0 | 18 |
| 59 | 邮政寄递服务 | 2 | 0 | 0 | 8 |
| 60 | 电信和其他信息传输服务 | 5 | 9 | 0 | 64 |
| 61 | 计算机信息服务 | 4 | 3 | 0 | 24 |
| 62 | 软件及服务 | 4 | 10 | 4 | 71 |
| 63 | 批发服务 | 16 | 78 | 190 | 1 382 |
| 65 | 零售服务 | 4 | 33 | 68 | 488 |
| 66 | 住宿服务 | 3 | 4 | 0 | 26 |
| 67 | 餐饮服务 | 5 | 3 | 0 | 30 |
| 68 | 银行服务 | 3 | 5 | 0 | 27 |
| 69 | 证券服务 | 5 | 5 | 0 | 28 |
| 70 | 保险服务 | 5 | 3 | 2 | 41 |
| 71 | 其他金融服务 | 7 | 3 | 0 | 24 |
| 72 | 房地产服务 | 6 | 10 | 18 | 93 |
| 73 | 租赁服务 | 2 | 2 | 0 | 24 |
| 74 | 商务服务 | 19 | 61 | 19 | 416 |
| 75 | 研究与试验发展服务 | 6 | 0 | 0 | 64 |
| 76 | 专业技术服务 | 12 | 62 | 29 | 430 |
| 77 | 科技交流和推广服务 | 4 | 1 | 0 | 25 |
| 78 | 地质勘查服务 | 3 | 4 | 3 | 49 |
| 79 | 水利管理服务 | 6 | 3 | 0 | 29 |
| 80 | 环境管理服务 | 4 | 14 | 7 | 99 |
| 81 | 公共设施管理服务 | 3 | 10 | 3 | 53 |
| 82 | 居民服务 | 10 | 11 | 4 | 74 |
| 83 | 维修、清洁和其他服务 | 3 | 8 | 16 | 94 |
| 84 | 教育服务 | 9 | 3 | 1 | 49 |

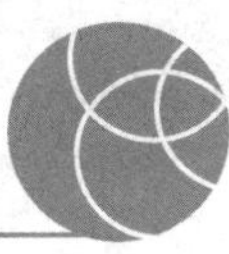

续前表

| 大　类 | | 中类 | 小类 | 组 | 小组 |
|---|---|---|---|---|---|
| 85 | 卫生服务 | 8 | 2 | 0 | 70 |
| 86 | 社会保障服务 | 6 | 1 | 0 | 12 |
| 87 | 社会福利服务 | 4 | 5 | 0 | 36 |
| 88 | 新闻出版服务 | 2 | 8 | 11 | 120 |
| 89 | 广播、电视、电影和音像服务 | 5 | 19 | 23 | 162 |
| 90 | 文化艺术服务 | 11 | 33 | 16 | 284 |
| 91 | 体育服务 | 5 | 12 | 4 | 135 |
| 92 | 娱乐服务 | 5 | 0 | 0 | 16 |
| 93 | 公共管理服务 | 6 | 7 | 0 | 47 |
| 94 | 民主党派、工商联、群众团体服务 | 2 | 0 | 0 | 13 |
| 95 | 社会团体、基金会及宗教组织服务 | 3 | 5 | 3 | 36 |
| 96 | 基层群众自治组织服务 | 2 | 0 | 0 | 6 |
| 97 | 国际组织及使领馆服务 | 4 | 0 | 0 | 4 |
| 合计 | 97 | 814 | 2 753 | 3 488 | 28 992 |

产品和服务实物量的统计，还需根据产品的特性分别采用各自适合的计量单位，《统计用产品分类目录》中提供的计量单位有长度单位如米、千米，面积单位如平方米、平方英尺，体积单位如立方米、毫升、升，质量单位如千克、吨、克、克拉，能量和功率单位如千伏安、焦耳、千瓦时、瓦等，货币单位如元，数量单位如个、件、辆、块、箱等，专用单位如信道、令、标准米、标准箱、印张、车位等。

## 二、重要大宗产品实物量统计

在现代社会，粮食和能源等大宗产品的数量对于一个国家的经济安全至关重要，所以各国对这些产品的产量都有专门的调查和统计。

**（一）主要农产品统计**

农业是国民经济的基础，农业生产为社会提供的粮食、油料、棉花、肉类是人类生存需要的最基本的物质，所以对这些产品的数量需要进行专门的统计。

1. 粮食产量统计

民以食为天，粮食产量关系到一个国家的食物安全，尤其是像我国这样一个人口众多的大国，粮食供应必须依靠国内生产。对于每年的粮食生产，我国有专门的统计调查，实行以省为总体的抽样调查，推算全国的粮食总产量。粮食产量包括稻谷、小麦、玉米、谷子、高粱和其他杂粮谷物的产量，以及豆类和作为粮食的薯类（包括甘薯和马铃薯，不包括芋头和木薯）的产量，其中薯类产量按 5∶1 折算，而作为蔬菜的薯类（如马铃薯等）则不作粮食统计。各种谷物和豆类一律按脱粒后的原粮计算，计量单位为吨。

2. 油料产量统计

农业生产统计的油料作物指的是草本油料作物，包括花生、油菜、芝麻、向日葵、胡麻和其他油料，不包括大豆、木本油料和野生油料。油料产量是带壳干花生、油菜籽、芝麻籽、向日葵籽、胡麻籽等产量的总和，计量单位为吨。

3. 棉花产量统计

棉花是重要的纺织原料，从棉棵上摘下来的棉花是籽棉，无法直接进行纺织加工，必须先将籽棉中的棉籽除去，得到皮棉。棉花产量指的是皮棉产量，计量单位为吨。

4. 肉类产量统计

肉类产量是指当年出栏并已屠宰的猪、牛、羊、马、骡、驴、家禽、兔等肉产量，即屠宰后除去头、蹄、下水后带骨肉的重量，计量单位为吨。

5. 禽蛋产量统计

禽蛋产量是指鸡、鸭、鹅三种家禽的蛋产量总和，计量单位为吨。

6. 水产品产量统计

包括人工养殖捕获的水产品和捕捞天然生长的水产品产量，计量单位为吨。水产品可分为海水产品和淡水产品两大类。其中，淡水产品包括淡水的鱼类、虾蟹类和贝类，不包括淡水水生植物。在淡水生长的各种水生植物如莲藕、菱角等，属农作物的范畴，不包括在水产品产量之内。

**（二）主要工业产品统计**

工业是国民经济的支柱和主导，一个国家的现代化，必然要经过工业化。当今，我国正处于工业化的过程之中，经过改革开放 30 多年的发展，已经成为一个制造业大国，被称为“世界工厂”。因此，工业产品产量的统计是国民经济统计的核心内容。国家统计局每年统计公布的主要工业品产量有纱、布、化学纤维、成品糖、卷烟、啤酒、精制食用植物油、彩色电视机、家用电冰箱、房间空气调节器、一次能源生产总量、原煤、原油、天然气、发电量、粗钢、钢材、铜铝等十种有色金属、氧化铝、水泥、平板玻璃、机制纸及纸板、硫酸、纯碱、烧碱、乙烯、化肥、合成橡胶、化学药品原药、中成药、发动机、发电机组、金属切削机床、采矿专用设备、炼油和化工生产专用设备、汽车、大中型拖拉机、铁路客车、铁路货车、集成电路、程控交换机、移动通信手持机、微型计算机设备、等。现就其中一些产品产量统计的内容说明如下：

1. 一次能源生产总量

所谓一次能源是指直接取自自然界、没有经过加工转换的各种能量资源，它包括：原煤、原油、天然气、油页岩、核能、太阳能、水力、风力、波浪能、潮汐能、地热、生物质能和海洋温差能等。由一次能源经过加工转换以后得到的能源产品，称为二次能源，例如：电力、蒸汽、煤气、汽油、柴油、重油、液化石油气、酒精、沼气、氢气和焦炭等。我国统计的一次能源生产总量是指一定时期内全国包括原煤、原油、天然气、水电、核能及其他动力能（如风能、地热能等）一次能源生产量的总和，但不包括低热值燃料生产量、生物质能、太阳能的利用和由一次能源加工转换而成的二次能源产量。为了综合反映能源生产总量，必须将各种能源产品按各自不同的发热量计算出共同的换算标准。我国采用标准煤计算，每千克标准煤含热值为 7 000 卡。能源生产总量是各种一次能源生产量折合成标准煤的数量之和，计量单位为万吨标准煤。

一次能源可以进一步分为再生能源和非再生能源两大类。再生能源包括太阳能、水力、风力、生物质能、波浪能、潮汐能、海洋温差能等，它们在自然界可以循环再生。而

非再生能源包括原煤、原油、天然气、油页岩、核能等，它们是不能再生的。

2. 粗钢产量

粗钢，即钢坯。将生铁水经过加工去除杂质，并加入合金、碳等元素后，浇铸成型的产品，就是钢坯，其主要用途是作为原料，制成各种规格的板材、管材、条钢、线材、铸件等，其性能由钢中所含的合金元素及制造工艺决定。许多国家用粗钢重量来统计钢产量，计量单位为万吨。

3. 钢材产量

钢材有许多种类，包括重轨、大型型钢、中小型型钢、棒材、钢筋、线材（盘条）、特厚板、厚钢板、中厚宽钢带、热轧薄宽钢带、冷轧薄宽钢带、镀层板（带）、无缝钢管等。钢材产量就是所有各种钢材的总产量，计量单位为万吨。

4. 集成电路产量

集成电路（Integrated Circuit，简称 IC）是 20 世纪 50 年代后期至 60 年代发展起来的一种微型半导体电子器件。它是通过一定的工艺，把构成具有一定功能的电路所需的半导体、电阻、电容等元件及它们之间的连接导线全部集成在一小块硅片上，然后焊接封装在一个管壳内的电子器件。其封装外壳有圆壳式、扁平式或双列直插式等多种形式。集成电路具有体积小、重量轻、引出线和焊接点少、寿命长、可靠性高、性能好等优点，同时成本低，便于大规模生产。它不仅在工业和民用电子设备如收录机、电视机、计算机等方面得到广泛的应用，同时在军事、通信、遥控等方面也得到广泛的应用。集成电路技术包括芯片制造技术与设计技术，主要体现在加工设备、加工工艺、封装测试、批量生产及设计创新的能力上。最先进的集成电路是微处理器或多核处理器的核心，可以控制计算机到手机到数字微波炉的一切。集成电路的生产能力是当代微电子生产的基础，其产量的计量单位为块。2013 年，我国共生产了 866.5 亿块集成电路。

5. 移动通信手持机产量

移动通信手持机，简称手机，是当代社会最重要的无线通信工具。2013 年，我国手机产量达到了 145 561 万台。

## 三、污染物排放统计

国民经济的生产过程除了可以生产出人们期望的各种产品以外，同时也必然会产生一些人们不期望的废弃物，如废水、废气、废渣等。这些废弃物中有许多会对环境造成污染，从而影响社会公众的健康。特别是大量使用化石能源造成的二氧化碳排放的持续增加，导致了全球气候变暖，已引起了世界各国政府的高度重视，以致节能减排已成为全球都十分关注的一个重要议题。因此，在统计国民生产的各种期望产出数量的同时，也需要对各种非期望的废弃物排放数量进行统计，以便社会能采取有效的措施对这些污染物的排放加以治理，保护环境。

对生产中废弃物排放量的统计首先需要按照排放物的形态分类进行统计，即将废弃物按照废水、废气、固体废物三种进行计量统计，其次对每种废物中所含污染物的种类进行测度、计量和统计。例如，表 8—2 列出了中国 2011 年和 2012 年的废水排放总量和废水中主要污染物的排放量。

表 8—2　　中国废水及其中主要污染物的排放量

| 项目 | | 计量单位 | 2011 年 | 2012 年 |
|---|---|---|---|---|
| 废水排放总量 | | 万吨 | 6 591 922 | 6 847 612 |
| 废水中主要污染物排放量 | 化学需氧量 | 万吨 | 2 499.9 | 2 423.73 |
| | 氨氮 | 万吨 | 260.4 | 253.59 |
| | 总氮 | 万吨 | 447.1 | 451.37 |
| | 总磷 | 万吨 | 55.4 | 48.88 |
| | 石油类 | 吨 | 21 012.1 | 17 493.9 |
| | 挥发酚 | 吨 | 2 430.6 | 1 501.3 |
| | 铅 | 千克 | 155 242.0 | 99 358.8 |
| | 汞 | 千克 | 2 829.2 | 1 223.4 |
| | 镉 | 千克 | 35 899.0 | 27 249.9 |
| | 六价铬 | 千克 | 106 395.4 | 70 533.6 |
| | 总铬 | 千克 | 293 166.3 | 190 079.1 |
| | 砷 | 千克 | 146 616.0 | 128 493.8 |

显然，要减少生产中污染物的排放，就要尽量减少废水、废气、固体废物的排放，并需要在生产中尽可能地提高各种原材料、辅助材料、能源的综合利用率。

## 第三节　国内生产总值统计

各种产品的实物产量统计可以反映每种产品的数量和生产规模，但是，由于不同的产品其形状、性能、使用价值各异，计量单位互不相同，以致各种不同产品的实物数量无法加总计算，因此难以用实物数量反映整个国民经济的生产总规模和产出总量。然而，如果从价值的角度来考虑，任何社会产品都有一定的价值，都可用货币单位来计价和计量，如一台手机价值 1 800 元，则生产了 50 000 台手机就值 9 000 万元；又如，一吨小麦价值 2 000 元，则生产了 80 000 吨小麦就值 16 000 万元；手机和小麦两种产品的总产量就价值 25 000 万元。因此，若每种产品都从价值的角度来用货币单位计价和计量，则不同产品的数量就可以直接加总，就可以求出国民经济全部产品的总产量，从而就可以反映出整个国民经济的生产总规模。

### 一、总产出和增加值

国民经济生产统计的范围是广义的生产，既包括诸如农业、工业和建筑业等各种物质产品的生产，也包括诸如交通运输业、商业、金融业等各种服务业的生产，所以国民经济总产出的计算不仅包括物质产品的总产出，而且也要包括各种服务的总产出。

物质产品的生产，有农业中各种农产品的生产，工业中各种工业品的生产，以及建筑业中各种房屋、构筑物的生产，生产的基本单位是每个农民家庭或工业与建筑企业。可以将每个农民家庭或工业与建筑企业在一定时期内生产出的各种产品的实物数量乘上各自的市场价格，然后再加总，就得到了每个物质产品生产企业在该时期内全部产出的价值总量，可称为每个企业的总产出。即有：

$$总产出 = \sum 产品产量 \times 价格$$

对于服务业来说，由于许多服务业的生产都不是规格化和标准化的，不仅服务产出的数量难以统计，而且每次服务的价值可能也不相同，难以按物质产品产出的方法计算其总产出。所以不同的服务业需要根据自身的特点采用不同的方法来计算其总产出。

根据我国现行国民经济核算体系的规定，交通运输仓储和邮政业、住宿和餐饮业、营利性的社会服务业的总产出按其营业收入计算。

对于批发和零售业，按照国民经济核算体系的规定，其总产出则按其商品销售收入减去商品进价后的余额计算。这是因为商品批发和零售业的生产性主要体现在商品的购进、保管、整理、分类、包装和销售等商品流通服务活动上，商品销售收入中既包含批发和零售企业所提供的这些商品流动服务的价值，也包含有商品本身的价值，所以只有从商品的销售收入中扣除购进时商品本身的价值，所余才是商品批发和零售企业所提供商品流通服务的价值，即商品批发和零售企业的总产出。

对于金融行业，其总产出应该是其为社会提供融资、结算、保险等金融业务服务的价值。由于金融行业在提供金融服务时，有些服务项目直接收取服务费，如银行间的汇款业务，而有些服务项目则不直接收取服务费，如银行的存贷款业务，其服务费只是隐含在所支付和收取的利息收入之中，并不明确列出，又如保险公司的保险业务，其服务费是隐含在保费之中，也不明确列出，所以计算金融业的服务总产出，除了要计算各种明确收取的服务费之外，还需要计算各种隐含的服务费。根据现行国民经济核算体系的规定，金融业的服务总产出由其明确收取的服务费收入和隐含收取的服务费收入两部分构成。其中，银行和证券业隐含收取的服务费收入根据其利息收入和利息支出的差额虚拟计算，保险公司隐含收取的服务收入根据其保费业务收入减去应付保险赔款和提取的保险准备金后的余额计算。

对于房地产行业，其总产出应该是其进行房地产开发、管理、交易和租赁服务的总价值，包括房地产开发经营总产出、物业管理总产出、房地产交易和租赁中介服务总产出以及居民自有住房服务总产出。其中，房地产开发经营的总产出为其经营房屋的销售差价收入与其房地产出租的租金收入之和，物业管理总产出为其进行物业管理的管理费收入，房地产中介服务总产出为房地产交易与租赁业务经纪和代理中介的服务收入，而居民自有住房服务总产出则应为按市场价格计算的虚拟房租收入。但是，由于我国房地产市场的发展还不成熟，并且房地产的市场租金价格随地段、区位等变化很大，按市场价格计算居民家庭自有住房的虚拟租金非常麻烦，所以我国现行的统计制度规定，居民家庭自有住房的虚拟租金按当前的建筑成本和规定的折旧率所计算的折旧金额计算。

对于非营利性的服务行业或单位，虽然其服务总产出也应该按其所提供服务的总价值计算，但是由于其自身的经营服务收费无法弥补其自身经营活动的成本，其经费来源主要是国家财政拨款和其他赞助，如各类公共管理和社会组织，所以按现行统计制度的规定，这类服务业的总产出一般按其业务活动的支出计算，其服务总产出等于其经常性支出加上办公用房屋等固定资产虚拟折旧费用。

显然，企业的总产值只是企业所生产出的全部产品和服务的价值，而并不是企业对整个国民经济产出的实际贡献，这是因为每个企业的总产值中都还包含了企业为生产其产品和服务而从外部购进投入的原材料的价值。例如，面包厂为生产面包，需从市场上购进面粉，其产品面包的价值中包含有面粉的价值；又如，珠宝首饰生产企业为生产珠宝首饰，需从市场上购进宝石、珍珠、黄金等原材料，其产品珠宝首饰的价值中包含有所用宝石、珍珠、黄金的价值。很明显，企业所用原材料价值的高低对其产品价值的大小影响很大，因此，企业总产值的大小并不能真实准确地反映企业对整个国民经济贡献的大小。实际上，一个企业对整个国民经济的真实贡献应该是企业本身内部所做工作的价值，也就是企业对所购进投入生产的原材料进行加工所增加的价值。

当然，企业的生产加工过程除了需要使用原材料以外，通常还需要使用一定的燃料或动力如电力等，以及一些辅助材料，并且往往还需要使用一些外部的服务，如银行的服务、邮政服务、运输服务等。例如，面包厂为了生产面包，不仅需要从面粉厂购进面粉，而且可能还需要运输公司的运输服务将面粉运回本厂，而在生产面包的过程中，不仅需要使用面粉，也需要使用水和发酵粉等，并且还需要使用一定的能源如电力。这表明，企业所生产产品的价值中不仅包含了原材料的价值，而且也包含了各种辅助材料、燃料动力和外购服务的价值。因此，企业生产所增加的价值就是企业产品的总产值减去其生产过程中所消耗的各种原材料及辅助材料、燃料及动力以及外购服务的价值以后所余的价值。在国民经济统计中，企业生产过程中所消耗的各种原材料及辅助材料、燃料及动力以及外购服务，统称为中间投入或中间消耗。由此，可得企业增加值的计算式为：

增加值＝总产值－中间投入价值

## 二、国内生产总值

为了反映一个国家整个国民经济生产活动的产出总量，一个直观的想法就是将该国所有企业在一定时期内如某年的总产值加总，得出该时期全社会的总产值。然而，如此计算的总产值可能包含许多重复计算。例如，本年农民家庭生产的棉花，被纺纱厂收购，作为纺纱的原材料，纺出棉纱；而棉纱又被织布厂购进，作为织布的原材料，织成棉布；而棉布又被服装厂购进，作为生产服装的原料，做成服装。如果我们将农民家庭、纺纱厂、织布厂、服装厂的总产值相加，也就是将棉花的价值、棉纱的价值、棉布的价值、服装的价值相加，则所得到的总产值中棉花的价值就重复计算了四次，棉纱的价值重复计算了三次，棉布的价值重复计算了两次。而实际上，虽然这里有棉花、棉纱、棉布、服装四种产品，但是从整个国民经济的生产过程来看，前三种产品不过都是整个国民经济生产链条中还需要进一步加工的中间产品或中间投入，它们既是前一个生产工序的产出，又是下一个生产工序的投入，而只有服装才是不需要再继续加工、可以提供给居民家庭即消费者使用的最终产品，并且中间产品棉花、棉纱、棉布的价值都已包含在了最终产品服装的价值之中了。

显然，从整个国民经济的角度来看，每个企业都只是整个国民经济生产链条上的一环，许多企业生产出来的产品实际上只是一种零件品或半成品，只有从整个生产链条的最

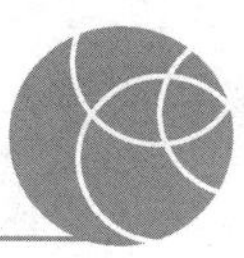

后一环出来的最终产品才是完整的产成品。所以，从整个国民经济的角度来看，其产出总量应该就是全部最终产品的总量，而最终产品的价值量就是国民经济生产的总价值。

为了计算一个国家一定时期内国民经济生产的价值总量，我们可以将该国家所有企业在本时期内生产的增加值加总，称为该国国民经济的生产总值。即有：

$$生产总值=\sum 增加值$$

例如，如果我们把上述农民家庭生产棉花的增加值与纺纱厂、织布厂、服装厂的增加值相加，那么其数量就等于最终产品服装的价值。

在当代社会，资本不仅可以在一个国家内随意流动，而且在国际间通常也都可以自由流动，一个国家的公民不仅可以在本国内投资办厂进行生产经营，而且也可以到外国投资办厂进行生产经营。实际上，当代几乎每个国家都有不少外资企业，以及众多的合资企业。显然，在这种情况下，要统计计算出本国公民具有所有权的最终产品的生产总值是相当麻烦的。因此，根据联合国制定的方法，目前世界各国均按国土原则来统计计算本国的最终产品生产总值，即只要是在本国经济领土上的常住单位，不论其是否属于本国公民所有，其生产经营活动的成果即其生产的增加值就都计入本国的国民经济生产总值。

所谓经济领土，简单地说，就是指一国政府拥有、控制或管理的、其公民及其货物和资本可在其中自由流动的地域，包括：(1) 本国的地理领土、领空、领海，以及位于国际水域但该国对其享有专利权或对其具有捕捞和海底开采管辖权的大陆架和专属经济区。(2) 在国外的飞地即治外法权单位，即在其他国家中，经所在国政府正式政治协议，由本国政府拥有或租借用于外交、军事、科研或其他目的的明确划出的地域——如大使馆、领事馆、军事基地、科研站、新闻或移民办事处及授权机构等。相应地，一国经济领土不包括位于该国地理边界范围内由外国政府或国际组织使用的飞地即治外法权单位。

而一个国家的常住单位，则是指在一个国家的经济领土范围内具有一定的场所，如住房、厂房或其他建筑物，从事一定规模的经济活动，并超过一定的时期（通常为一年）的法人机构和个人家庭。

计算国民经济生产总值的计价原则是市场价格原则。对于经过市场交易的产品和服务，其价值就按实际的市场交易价格计算；而对于自用的产品则需要仿照市场交易进行虚拟计算。例如，农民家庭消费自己生产的粮食和蔬菜，其价值应该按市场上同类粮食和蔬菜的价格计算；又如，城镇和农村居民家庭使用自有住房，其房租金额应该按照当地市场上同类房屋的租赁价格计算。当然，实践中，考虑到核算的可操作性，可以有一些变通处理。

按市场价格计算的一个国家所有常住单位在一定时期内生产活动的最终成果称为该国的国内生产总值，英文名称为 Gross Domestic Product，简称为 GDP。即有：

$$国内生产总值(GDP)=\sum 本国经济领土内各常住单位增加值$$

国内生产总值的这一计算方法是从生产的角度得出的，称为生产法。

根据生产法计算一个国家在一定时期内的国内生产总值，具体的计算过程相当繁杂，首先需要按照国民经济的行业分类，分行业计算出每个行业的总产出和中间投入总值，然后再计算出每个行业的增加值，最后加总得出全国的国内生产总值。

其中，每个行业的增加值的计算，可以通过编制该行业的生产账户进行。如表 8—3

列出了我国 2010 年农林牧渔业的生产账户。

表 8—3　　**中国 2010 年农林牧渔业生产账户**　　单位：亿元

| 运用 | | 来源 | |
|---|---|---|---|
| 中间投入合计 | 28 786.2 | 总产出 | 69 319.8 |
| 农、林、牧、渔业 | 9 220.3 | | |
| 采矿业 | 56.2 | | |
| 食品、饮料制造及烟草制品业 | 7 124.6 | | |
| 纺织、服装及皮革产品制造业 | 36.2 | | |
| 其他制造业 | 200.4 | | |
| 电力、热力及水的生产和供应业 | 709.3 | | |
| 炼焦、燃气及石油加工业 | 490.1 | | |
| 化学工业 | 5 442.1 | | |
| 非金属矿物制品业 | 98.7 | | |
| 金属产品制造业 | 236.3 | | |
| 机械设备制造业 | 676.1 | | |
| 建筑业 | 17.3 | | |
| 运输仓储邮政、信息传输、计算机服务和软件业 | 1 548.8 | | |
| 批发零售贸易、住宿和餐饮业 | 1 137.7 | | |
| 房地产业、租赁和商务服务业 | 117.1 | | |
| 金融业 | 551.4 | | |
| 其他服务业 | 1 123.6 | | |
| 增加值 | 40 533.6 | | |

资料来源：《中国统计年鉴》2013 年卷，北京，中国统计出版社。

在表 8—3 中，账户右方来源栏中的总产出根据国家统计部门农产量调查和各种林牧渔总产量调查得出的各种产品产量与各自的市场价格计算得出，而左方运用栏中来自各个行业的中间投入则根据国家统计部门的农林牧渔业中间消耗调查资料计算得出。由表中数据可以看出，我国 2010 年农林牧渔业的总产出为 69 319.8 亿元，其中来自各个部门的中间产品和服务消耗合计 28 786.2 亿元，二者相减得到全国农林牧渔业增加值为 40 533.6 亿元。

计算出每个行业的增加值以后，将所有行业的生产账户合并，就得到国民生产总账户，将全部行业的增加值加总，就得到全国的国内生产总值。表 8—4 就是将我国 2010 年所有行业的生产账户合并得出的国内生产总值的计算表。

表 8—4　　**中国 2010 年国内生产总账户和国内生产总值计算表**　　单位：亿元

| 行业 | 总产出 | 中间投入 | 增加值 |
|---|---|---|---|
| 农、林、牧、渔业 | 69 319.8 | 28 786.2 | 40 533.6 |
| 采矿业 | 48 639.3 | 26 647.7 | 21 991.5 |
| 食品、饮料制造及烟草制品业 | 67 432.3 | 53 219.4 | 14 212.9 |
| 纺织、服装及皮革产品制造业 | 56 771.8 | 45 419.2 | 11 352.6 |
| 其他制造业 | 49 495.3 | 36 263.2 | 132 32.1 |
| 电力、热力及水的生产和供应业 | 47 730.7 | 35 524.7 | 12 206.0 |

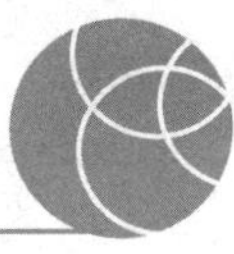

续前表

| 行业 | 总产出 | 中间投入 | 增加值 |
|---|---|---|---|
| 炼焦、燃气及石油加工业 | 30 148.6 | 24 166.4 | 5 982.2 |
| 化学工业 | 93 251.1 | 75 196.0 | 18 055.0 |
| 非金属矿物制品业 | 40 064.1 | 31 270.7 | 8 793.4 |
| 金属产品制造业 | 106 578.6 | 87 379.0 | 19 199.5 |
| 机械设备制造业 | 234 573.7 | 191 849.3 | 42 724.4 |
| 建筑业 | 102 343.3 | 75 682.3 | 26 661.0 |
| 运输仓储邮政、信息传输、计算机服务和软件业 | 66 134.4 | 37 820.2 | 28 314.1 |
| 批发零售贸易、住宿和餐饮业 | 64 694.4 | 26 071.0 | 38 623.4 |
| 房地产业、租赁和商务服务业 | 51 894.8 | 21 327.7 | 30 567.0 |
| 金融业 | 32 286.6 | 11 305.9 | 20 980.6 |
| 其他服务业 | 91 286.3 | 41 066.7 | 50 219.6 |
| 合计 | 1 252 644.8 | 848 995.9 | 403 648.9 |

资料来源：《中国统计年鉴》2013 年卷，北京，中国统计出版社。

由表 8—4 的计算结果可以看出，我国 2010 年的国内生产总值为 403 648.9 亿元。国内生产总值反映了一个国家国民经济的总规模和生产的总成果，是国民经济统计中最重要的指标。如果将国内生产总值用人口总数相除，则得到人均国内生产总值指标，可用来反映一个国家的经济发展水平。例如，我国 2010 年平均人口数为 133 770.5 万人，与全国国内生产总值相除，可得人均最终产出为 30 174.73 元。

## 第四节 生产要素——资本和劳动力统计

企业要进行生产，首先必须具有一定的资本和劳动力，因此资本和劳动力是国民经济生产的两个基本要素。

### 一、资本统计

所谓资本，从企业的角度来看，就是企业所有者投入企业用于生产经营的资金，其表现形式为企业拥有的现金和银行存款、厂房和机器设备、库存原材料和产成品、加工过程中的半成品等货币金融资产和物质资产。而从整个国民经济的角度来看，所谓资本则只是指用于国民经济生产的各种厂房和机器设备、库存的原材料和产成品、加工过程中的半成品，即各种物质资产，不包括现金和银行存款等各种国内货币金融资产。因为一个国家的货币只是本国中央银行发行的一种商品计价与交换媒介，其本身并不具有价值。一个国家发行的货币量越多，社会的物价水平就可能越高，通货膨胀的速度就可能越快，但并不会增加社会的财富总量。而一个企业或部门拥有的金融债权，必然是另一个或几个其他企业的金融负债，从整个国民经济的封闭角度来看，国内企业间的金融债权债务将会相互抵消。

### (一) 资产的分类

资产作为资本的具体表现形式，从整个国民经济的角度来看，可以划分为固定资产和流动资产两大类。

1. 固定资产

固定资产是指企业为生产商品、提供服务、出租或经营管理而持有的、使用期限在一年以上，单位价值在规定的标准以上，并在使用过程中保持原来物质形态的有形资产，包括房屋及建筑物、机器设备、运输设备、工具器具等。固定资产属于产品生产过程中用来改变或者影响劳动对象的劳动资料，是固定资本的实物形态，其特点有二：一是其价值一般比较大，使用时间比较长，能长期地、重复地参加生产过程；二是在生产过程中虽然发生磨损，但是并不改变其本身的实物形态，但其价值则随着其磨损程度而逐渐地转移到产品中去，并构成产品价值的一个组成部分。

根据经济用途的不同，企业的固定资产可以分为生产经营用和非生产经营用两类。生产经营用固定资产是指直接服务于生产经营全过程的固定资产，如厂房、机器设备、仓库、销售场所、运输车辆等。非生产经营用固定资产是指不直接服务于生产经营，而是为了满足职工物质文化、生活福利需要的固定资产，如职工宿舍、食堂、托儿所、幼儿园、浴室、医务室、图书馆以及科研等其他方面使用的房屋、设备等固定资产。

根据实物形态的不同，企业的固定资产又可分为房屋和建筑物、机器设备、电子设备、运输设备及其他设备五大类。其中，房屋和建筑物包括厂房、办公楼、会堂、宿舍、食堂、车库、仓库、油库、档案馆、活动室、锅炉房、烟囱、水塔、水井、围墙等及其附属的水、电、煤气、取暖、卫生等设施；机器设备包括企业生产过程中各种通用和专用设备，如各种锅炉及原动机、金属加工设备、起重设备、输送设备、装卸设备、包装设备等；电子设备包括电子计算机、摄像机、打印机、复印机等；运输设备包括各种交通运输工具，包括轿车、吉普、摩托车、面包车、客车、轮船、运输汽车、三轮卡车、人力拖车、板车、自行车和小轮车等；其他设备是指上述设备未包括的各种设备，如办公桌、椅、凳、橱、架、沙发、家具用具等。

2. 流动资产

从企业的角度来说，流动资产是指预计在一个正常营业周期内或一个会计年度内变现、出售或耗用的资产和现金及现金等价物，如库存现金、银行存款、交易性金融资产、应收及预付款、存货等，既包括实物资产，也包括货币和金融资产。但从整个国民经济的角度来说，流动资产则仅仅是指实物形态的流动资产，也就是说，仅仅包括企业的库存原材料和产成品，以及尚处于生产加工过程中的在制品和半成品，即企业的存货。

### (二) 资产数量的统计

通常来说，各个企业对其各种资产都会有详细的登记和核算，并且在企业的资产负债表中都会列出各种固定资产和流动资产的价值数额，这些数据为资产数量的统计奠定了基础。

1. 固定资产总量统计

企业的固定资产有各种房屋及建筑物、各种机器设备、各种车辆和运输设备以及各种工具器具等，要计算其总量，显然只能用价值总量来表示。

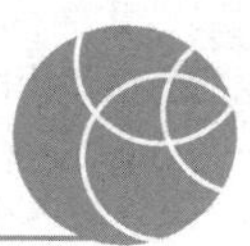

企业为取得某项固定资产所支付的全部价款以及使固定资产达到预期工作状态前所发生的一切合理、必要的支出构成了该项固定资产的原始价值，称为固定资产原值。这些支出包括直接发生的价款、运杂费、包装费和安装成本等，也包括间接发生的，如应承担的借款利息、外币借款折算差额以及应分摊的其他间接费用。固定资产在使用过程中由于磨损而会使其价值逐渐减少，而磨损掉的价值则转移到企业的产品价值之中，为了补偿固定资产磨损而减少的价值，企业需对固定资产逐期提取折旧。固定资产的原值减去累计折旧，就是固定资产净值。

虽然企业的资产负债表既提供了企业固定资产原值的数据，也提供了累计折旧额和固定资产净值的数据，但是要根据这些数据计算得出整个国民经济的资产总值却是困难的。因为企业的固定资产价值通常都是按照购建时的成本价值计入其原值的，虽然这种计价方法具有客观性和可验证性的优点，但是由于社会物价水平的变化，即使是相同的固定资产，在不同时期购建就会有不同的购建成本，所以不论是企业的固定资产原值，还是固定资产净值，都不能反映企业固定资产的真实价值，也不具备与其他企业的固定资产原值和净值数据的可比性。因此，即使能够调查取得国民经济中每个企业的固定资产原值和净值数据，虽然将它们各自相加可以得到全国的固定资产原值和净值数据，但这样的数据并不能真实地反映整个国民经济的固定资产数量。

显然，如果要真实准确地反映整个国民经济中全部固定资产的数量，就需要在同一个时间对全国每个企业的每件固定资产进行重新估值，计算出每件固定资产在当前的生产技术条件和市场价格水平下重新购建所需要的全部费用，即现时重置成本，也称为重置完全价值。然而，虽然按重置完全价值计价可以比较真实地反映固定资产的现时价值，但是这种方法的具体操作却很复杂，实行难度很大。因此，直到目前，我国都还没有进行过全国的固定资产统计，也还没有编制过全国的资产负债表。

尽管没有官方正式的全国固定资产统计数据，但是在经济分析中，还是经常需要全国的固定资产总量数据。为此，可采用一些估算的方法来估计全国的固定资产总量数据，其中最常用的估算方法是永续盘存法。由于本期初的固定资产存量与上期初的固定资产存量之间具有下列关系：

本期初固定资产存量＝上期初固定资产存量－本期折旧＋本期购建固定资产

因此，若用 $K_t$ 表示第 $t$ 期初的固定资产存量，$I_t$ 表示第 $t$ 期投资购建的固定资产数量，$\delta$ 表示固定资产的折旧率，则有永续盘存法公式为：

$$K_{t+1}=I_t+(1-\delta)K_t$$

为了给出初始年份全社会的固定资产存量数据的一个估计值，假设在初始年份以前每年的全社会固定资产总投资额以同样的速度 $g$ 增长，即假设有：

$$I_t=(1+g)I_{t-1}$$

由此假设，根据永续盘存法公式，就有：

$$\begin{aligned}K_1&=I_0+(1-\delta)K_0\\&=I_0+(1-\delta)I_{-1}+(1-\delta)^2K_{-1}\end{aligned}$$

$$=I_0+(1-\delta)I_{-1}+(1-\delta)^2I_{-2}+(1-\delta)^3I_{-3}+\cdots$$
$$=I_0+\frac{(1-\delta)I_0}{(1+g)}+\frac{(1-\delta)^2I_0}{(1+g)^2}+\frac{(1-\delta)^3I_0}{(1+g)^3}+\cdots$$
$$=I_0\left[1+\frac{1-\delta}{1+g}+\left(\frac{1-\delta}{1+g}\right)^2+\left(\frac{1-\delta}{1+g}\right)^3+\cdots\right]$$

使用几何级数求和公式，可以得到初始年份固定资产存量的估计值为：

$$K_1=\frac{I_0(1+g)}{(\delta+g)}=\frac{I_1}{(\delta+g)}$$

估计出初始年份第1年初全国固定资产的存量数据 $K_1$ 以后，再将以后各年全国投资新建固定资产的数据用投资价格指数缩减为按初始年份价格计算的投资新建数据，然后就可以依据永续盘存法公式推算出以后各个年份的全国固定资产存量数据 $K_2$，$K_3$，$K_4$，…。

2. 流动资产总量统计

由于从整个国民经济的角度来看，流动资产只表现为企业库存的原材料和产成品，以及尚处于生产加工过程中的在制品和半成品，所以只要将全国全部企业某个时刻的存货数额加总，就可得出整个国民经济在该时刻的流动资产总量。

## 二、劳动力统计

国民经济的生产过程就是劳动者使用生产资料生产出各种物质产品和服务的过程，劳动力统计的基本任务就是要计算出国民经济生产过程中所使用的劳动力数量，以及全社会劳动力中未能被使用的劳动力数量，即就业人员数量和失业人员数量。

劳动力是否实现就业对于劳动者本人及其家庭的生活无疑具有很大的影响，而一个国家的整体就业状况则不仅关系到该国的经济发展，而且还对该国的社会与政治稳定影响巨大。因此，世界各国都把实现充分就业作为宏观经济政策的一个重要目标，也都十分重视就业和失业的统计。1982年10月，在日内瓦举行的第13届国际劳工统计大会上，国际劳工组织对以前有关劳动力就业与失业的统计标准进行了修订，做出了《关于经济活动人口、就业、失业及不充分就业统计的决议》。目前，欧盟国家、经济合作与发展组织国家以及世界上很多国家在进行劳动力统计时都基本遵循了国际劳工组织规定的标准。

### （一）经济活动人口和非经济活动人口

每个人从出生以后，随着年龄的逐渐长大，体力和智力也在逐渐提高，也就逐渐具有了一定的劳动能力，从而可以开始参加一定的社会生产劳动，成为社会劳动力。但是，在世界许多国家，为了保障少年儿童健康成长和接受基本的教育，都对企业可以雇用的人员的年龄下限进行了规定。因此，只有达到了法定的可以被雇用年龄的人员才有可能成为劳动力。在我国，按照中华人民共和国义务教育法的规定，国家实行九年义务教育制度，凡年满六周岁的儿童，其父母或者其他法定监护人应当送其入学接受并完成义务教育。义务教育是国家统一实施的所有适龄儿童、少年必须接受的教育，是国家必须予以保障的公益性事业。与此相呼应，我国的劳动法规定，禁止用人单位招用未满十六周岁的未成年人。因此，在我国，劳动力必须是达到了16周岁及以上人口。

然而，达到了法定的可以被雇用的年龄，只是成为劳动力的必要条件，但并不是充分条件。如果一个人虽然已经达到了法定可以被雇用年龄以上，但由于患病或事故等原因丧失了劳动能力，那么这个人就不可能参加劳动，自然就不能成为一个劳动力。而如果一个人虽然已经达到了法定可以被雇用年龄，也具有一定的劳动能力，但自己却没有意愿参加劳动，那么这个人也就不会加入到劳动力队伍，也就不能成为劳动力。因此，达到了法定的可以被雇用的年龄、具有劳动能力、有意愿参加生产劳动，是一个人成为劳动力的三个必备条件。在我国，劳动力就是指年龄已达到了 16 周岁及以上、具有劳动能力且有意愿参加生产劳动的个人。

显然，一个国家劳动力人口数量的多少，以及劳动力数量在整个人口中所占的比例，对于该国的经济发展至关重要。国际劳工组织规定，可以将一个国家的全部人口划分为经济活动人口和非经济活动人口两类。

经济活动人口就是劳动力人口，是指总人口中已经参加或要求参加经济活动的人口，包括：(1) 从事经济活动的全部就业人口即就业人口；(2) 要求从事经济活动而尚未获得工作职位的失业人口。

非经济活动人口是指总人口中除去经济活动人口的其余部分，即不是劳动力的人口，包括：(1) 在校学生；(2) 在自己家中从事家务劳动的人员，如家庭主妇；(3) 靠退休金或各种租金与股息生活而不再工作的人员；(4) 由公共资助或私人供养的人员；(5) 未入学的儿童等。

**(二) 就业人数和失业人数**

简单地说，所谓就业人数就是劳动力中已经就业的人员数，而失业人数就是没有就业的劳动力人数。但是，由于现实情况的复杂性，对于就业和失业需要有更明确的定义和界定。

1. 就业人员

根据国际劳工组织的规定，就业人员可以定义为在调查的标准时期内从事过一些工作的有酬工作者和自雇工作者。就业调查的标准时期通常为一周，为了统计实际操作，国际劳工组织建议将上述定义中的“从事过一些工作”具体化为“至少工作过一个小时”。因此，就业人员就可以具体定义为在调查特定之一周内至少工作过一个小时的有酬工作者和自雇工作者。

所谓有酬工作者，也就是雇员。按照国际劳工组织的标准，其中也包括军队的现役人员。可以分为两种情况：(1) 正在工作的雇员，即调查特定期间正在为工资或薪水工作的人员；(2) 有职业但没在工作的雇员，即已经被雇用但由于休假、疾病、事故、天气恶劣、生育、婚丧、劳资纠纷、旷工、在职培训、设备损坏、原材料或燃料短缺等原因而暂停工作的人员。国际劳工组织建议，对于有职业但没在工作的人员，只要符合下列三个条件之一，就认定为就业人员：(1) 持续收到工资或薪水；(2) 事件结束能确保恢复工作；(3) 收到暂离工作期间之赔偿津贴。

所谓自雇工作者，包括雇主和自谋职业人员。也分为两种情况：(1) 正在工作的自雇人员，即调查特定期间正在为利润和家庭收益从事某些工作的人员；(2) 有企业但没在工作的人员，即拥有一个企业如工商企业、农场或服务企业等，但在调查特定期间由于各种原因没在工作的人员。

2. 失业人员

按照国际劳工组织的规定，一个在法定劳动年龄以上且具有劳动能力的人是否被认定为失业人员，需要符合三个条件：(1) 没有工作，即在调查的标准时期内既没有被雇，也没有自雇；(2) 随时可以工作，即在调查的标准时期内随时都可以从事被雇或自雇的工作；(3) 正在寻找工作，即在近段时期内已经采取了一些行动在寻找被雇或自雇的工作，如到职业介绍所进行了登记，到劳动力市场或企业进行了应聘，或者已在寻找经营场地准备自己办厂或开店等。也就是说，失业人员是指在法定劳动年龄以上而没有工作，且正在寻找工作并随时可以工作的人员。

我国国家统计局劳动力调查对失业人员的定义是，在一定年龄以上，有劳动能力但没有工作，正在寻找工作且马上可以开始工作的人。具体来说，失业人员是指年满 16 周岁，在调查周内未从事取得劳动报酬或经营收入的劳动，在调查前的 3 个月内采取了某种方式寻找工作，如有机会可以在两周内开始工作的人员。

失业人口通常可分为四大类：临时工作结束或被原公司辞职目前正在找工作的人；主动辞职目前正在找工作的人；重回劳动力人口的人（如家庭主妇重新找工作）；寻找第一份工作的人（如毕业生）。

**（三）充分就业人员与未充分就业人员**

充分就业是指就业人员在一定时期内的通常工作时间达到了或充分接近了国家劳动制度规定的总工作时间，或其实际工作时间虽未达到或接近国家劳动制度规定的总工作时间，但是却达到了劳动者本人所愿意付出劳动的总时间。如从事全日工作的人员，通常每天工作 8 个小时，每周工作 5 天，接近劳动法所规定的“劳动者每日工作时间不超过八小时、平均每周工作时间不超过四十四小时”的工时制度上限，就是充分就业人员。

未充分就业，也称为就业时间不足，是指在一定的时期内劳动者虽然愿意工作较长的时间但由于非本人的原因而实际只工作了较短时间，在非全日工作中，这种就业不足的现象十分常见。按照国际劳工组织在 1998 年举行的第 16 届国际劳工统计会议上制定的未充分就业的定义，未充分就业人员的认定需要同时符合以下三个条件：(1) 想要增加工作时间，包括愿意将目前的工作更换为一份工作时间较长的工作，或者愿意在目前的工作之外再找一份工作去做，或者愿意在目前的工作中增加工作时间；(2) 本人能够增加工作时间，也就是说，如果有增加工作时间的机会，则劳动者本人有时间也能够去进行工作；(3) 已有工作时间低于某个门槛值。此门槛值通常由各国根据自身的现实状况来确定，如美国规定未充分就业的门槛值为周工作时间少于 35 小时，加拿大规定为每周少于 30 小时，韩国规定为每周少于 36 小时，我国规定为每周少于 20 小时。因此，在我国，未充分就业人员就是指周工作时间不到 20 个小时，虽然本人愿意工作更长的时间，但由于非本人的原因而未能工作更长时间的劳动者。

**（四）劳动相关分析指标**

根据上述各种劳动力统计指标，可以引导出多种分析指标，用以进行不同国家和地区间以及不同时期的比较分析。

1. 就业率

将就业人数与劳动力总数相比，即得就业率，用以反映全部劳动力的就业比例。其计算公式为：

$$就业率=\frac{就业人数}{劳动力总数}\times 100\%$$

2. 失业率

将失业人数与劳动力总数相比，即得失业率，用以反映劳动力总数中失业的比例。其计算公式为：

$$失业率=\frac{失业人数}{劳动力总数}\times 100\%$$

3. 未充分就业率

该指标是将未充分就业人员数与劳动力总数相比，用以反映未能实现充分就业的劳动力的比例。其计算公式为：

$$未充分就业率=\frac{未充分就业人数}{劳动力总数}\times 100\%$$

4. 劳动参与率

该指标是劳动力总数与法定劳动年龄以上人口数之比，用以反映可以参与国民经济生产活动的人口占劳动年龄人口的比例。其计算公式为：

$$劳动参与率=\frac{劳动力人数}{法定劳动年龄以上人口数}\times 100\%$$

5. 就业与人口比率

将就业人数与达到法定就业年龄的人口总数相比，即得就业与人口比率，用以反映法定就业年龄以上人口中实际参加生产劳动的人数的比率，其计算公式为：

$$就业与人口比率=\frac{就业人数}{法定劳动年龄以上人口数}\times 100\%$$

### （五）劳动力统计调查的方法

取得一个国家或地区劳动力及其就业或失业的数据，通常需要通过对居民家庭的住户调查和对企业单位的机构调查两个途径。

例如，美国政府为了及时得到全国劳动力就业与失业状况的信息，每月都分别对全国居民家庭的劳动力就业情况和工商企业与政府机构的用工情况进行抽样调查。

美国每月的居民家庭抽样调查称为当期人口调查（Current Population Survey, CPS），调查的实施由美国普查局负责，而调查数据的分析和发布则由美国劳工统计局负责。为了抽样的需要，整个美国的全部 3 141 个县市被划分为 2007 个地理区域，即抽样单元，用分层抽样的方式从中抽取 754 个区域，涵盖有乡村和城市、工业区和农业区，然后在抽出的区域中抽取大约 72 000 个家庭作为样本，美国普查局每月在 19 日所在周对其中大约 60 000 个家庭中 16 岁以及 16 岁以上所有人口在上一周即 12 日所在周从星期日到星期六的就业状况进行调查，然后由美国劳工统计局对数据进行分析，并向社会发布全国 16 岁以上民用非机构人口（即不包括军人）中劳动力的就业与失业状况数据，以及按各种人口、社会、经济特征分组的就业与失业数据。

除了对家庭的调查，美国劳工统计局每月还对工商企业和政府机构的用工状况进行抽样调查，称为当期就业统计（Current Employment Statistics，CES）。实际上，当期就业统计是以每个经济单位如工厂、矿山、商店、政府机关为调查单位的一种抽样调查，所以也称为机构单位调查（ the Establishment Survey）。此项调查以美国各州失业保险税账户登记的所有工商企业、政府机构组成抽样框，并根据行业和雇员规模等特征分层，每月随机抽取大约 144 000 个工商企业和政府机构，代表大约 554 000 个工作场所，调查登记样本中的各个企业和机构的用工人数、用工时数以及雇员工资收入数等。该项调查是对除农业以外的各个行业的就业状况的统计调查，提供全国和各州各个非农行业详细的就业人数、用工工时和工人收入等数据，但不包括农业就业人员、私人家庭就业人员和自雇人员。

住户调查和机构单位调查相互独立，二者的调查数据来源不同，收集方法和计算程序各异，因而反映的就业市场的情况也有所差异，但可互为补充。住户调查更加偏重于对就业和失业人口的具体人口特征的分析调查，而机构单位调查则更加注重分析各行业的就业与失业情况。

在我国，目前国家统计局对劳动力就业状况调查也有两条途径，其一是根据《劳动报表制度》对全国用人单位的调查，其二是根据《月度劳动力调查制度》对各直辖市和省会城市家庭的抽样调查。

《劳动统计报表制度》包括《非私营单位劳动统计报表制度》和《私营单位工资统计报表制度》两部分，统计范围是全国 31 个省、自治区、直辖市城镇地区全部法人单位。其中，《非私营单位劳动统计报表制度》由国家、省、市、县各级统计局组织实施。统计报表由市、县统计局布置到本区域的各类法人单位或组织机构，各单位填报后在规定时间内上报当地统计局，经逐级审核、汇总，上报国家统计局。经国家统计局审核、汇总后按有关规定予以公布。调查对象包括城镇地区全部非私营法人单位，具体包括国有单位、城镇集体单位、联营经济、股份制经济、外商投资经济、港澳台投资经济等单位。调查的主要指标包括：单位就业人数、工资总额等。各单位统计的就业人数指在本单位工作，并取得工资或其他形式劳动报酬的全部人员，但不包括离开本单位仍保留劳动关系的人员。《私营单位工资统计报表制度》规定私营单位工资统计采用多种调查方式相结合的形式进行，从业人员规模在 100 人及以上的单位采取全面调查；从业人员规模在 20～99 人的单位采取抽样调查，以省级为总体，分行业门类进行抽样，抽样比为 10%；从业人员规模在 19 人及以下的单位不进行直接调查，根据相关资料并结合典型调查进行推算。根据国家统计局颁布的《关于划分企业登记注册类型的规定》，在工资统计调查中的私营法人单位主要是指：在内资法人单位中由自然人投资设立或由自然人控股，以雇用劳动为基础的营利性经济组织，包括按照《公司法》、《合伙企业法》、《私营企业暂行条例》规定登记注册的私营有限责任公司、私营股份有限公司、私营合伙企业和私营独资企业。

我国为取得劳动力就业与失业状况的数据而对居民家庭进行住户抽样调查，起始于 2005 年。随着改革开放的深入和市场经济的发展，我国原来仅仅依靠企业统计报表制度来提供劳动力就业数据的统计方式已经越来越不适应政府宏观经济管理的需要，为及时反

映我国就业形势的变化，为政府准确判断就业形势，制定和调整宏观经济政策，改善就业服务提供依据，2004 年 9 月，国务院发布了《关于建立劳动力调查制度的通知》，决定于 2005 年开始建立劳动力调查制度。经过前两年的初步实践，从 2007 年开始按季度每年进行四次调查，2009 年 3 月起则开始按月进行调查，称为大城市月度劳动力调查。目前，月度劳动力调查的实施范围为各直辖市（重庆市为主城区）和各省、自治区的省会城市的城镇和乡村，调查工作由各省、自治区、直辖市统计局组织省会城市统计局实施。调查对象为各城市常住人口中 16 岁及以上的全部人口。调查以户为单位进行，既调查家庭户，也调查集体户，按照多阶段、分层、概率比例抽样的办法抽取调查样本。调查项目分为按户填报的项目、按人填报的项目和抽中社区居委会（村委会）所在社区的失业登记情况。

## 第五节　生产率统计

国民经济的产出数量不仅取决于生产过程中各种生产要素投入的多少，也取决于每种生产要素在生产过程中生产效率的高低。因此，生产要素的生产率统计也是国民经济统计的一个重要内容。

### 一、单要素生产率

所谓单要素生产率，是指一种生产要素的生产率，可以用生产过程的产出总量与该生产要素的投入量或使用量之比来测度。

**（一）劳动生产率**

所谓劳动生产率就是生产活动的总产出与生产过程中劳动力的使用量或用工量之比，用来测度劳动力的生产效率。该指标可以以各个生产企业为单位计算，称为企业劳动生产率；也可以以一个地区或行业为单位计算，称为某地区或行业劳动生产率；还可以以一个国家的整个国民经济为单位计算，称为全社会劳动生产率。其中，以整个国民经济为单位的全社会劳动生产率的计算公式为：

$$\text{劳动生产率}=\frac{\text{国内生产总值}}{\text{就业人数}}$$

在计算全社会劳动生产率的公式中，其分子通常是某个时期如某年的国内生产总值，而其分母则是相应时期的平均就业人数，计算结果表明在一定的时期内，平均每个从事生产的劳动力生产了多少元的最终产品。

**（二）资本生产率**

类似于劳动生产率，也可以将生产活动的总产出与生产过程中资本的使用量相比，计算资本生产率，以测度资本的生产效率。其中，以整个国民经济为单位的全社会资本生产率的计算公式为：

$$\text{资本生产率}=\frac{\text{国内生产总值}}{\text{资本总值}}$$

在计算全社会资本生产率的公式中，其分子通常仍然使用某个时期如某年的国内生产总值，而其分母则可以是相应时期固定资本和流动资本都包括在内的全部资本的平均数，也可以仅仅是相应时期固定资本的平均数，计算结果表明，在一定时期内，平均每个单位资本生产了多少元的最终产品。

## 二、全要素生产率

显然，在现代社会，国民经济的生产过程是资本和劳动共同结合的生产过程，任何一种生产要素都不可或缺。因此，要全面准确地反映生产过程中生产要素的生产效率，就不能仅仅只是计算单要素的生产率，更重要的是计算全部生产要素的综合生产率，即全要素生产率。

为了表述方便，记社会总产出为 $Y$，生产过程中使用的资本数量为 $K$，劳动力数量为 $L$，社会的生产函数为：

$$Y=AF(K,L)$$

该生产函数表明，对于确定的资本和劳动投入组合，社会可以生产出多少最终产品，其中函数 $F(K，L)$体现了社会生产过程中资本和劳动的组合方式。因此，全要素生产率（Total Factor Productivity，TFP）就可计算为：

$$\text{TFP}=A=\frac{Y}{F(K,L)}$$

全要素生产率表明了国民经济生产过程中资本和劳动结合的综合生产效率，此生产效率的高低显然取决于社会的生产技术水平，因此全要素生产率也是对国民经济生产技术水平的测度。

为了能具体计算出全要素生产率的数值，通常将生产函数设定为科布—道格拉斯生产函数的形式，即设定生产函数的具体形式为：

$$Y=AK^{\alpha}L^{\beta}$$

式中，$\alpha$ 和 $\beta$ 分别表示资本和劳动的产出弹性。如果假设生产过程具有规模报酬不变的性质，即假设生产过程的产出与要素投入同比例变化，要素投入若增加一倍，则产出也将增加一倍，则有 $\alpha+\beta=1$。

在市场经济条件下，如果资本市场和劳动市场都是完全竞争的市场，则由经济学理论可知，资本和劳动力的价格都必然等于各自的边际产出，即有：

$$r=\frac{\partial Y}{\partial K}=\alpha AK^{\alpha-1}L^{\beta}=\frac{\alpha Y}{K}$$

$$w=\frac{\partial Y}{\partial L}=\beta AK^{\alpha}L^{\beta-1}=\frac{\beta Y}{K}$$

式中，$r$ 表示资本的利率，$w$ 表示劳动力的工资率。因此，$rK$ 就是国民经济的产出中归资本所有的部分，而 $wL$ 就是劳动力的工资总额。显然，由上面两式，就有：

$$\alpha=\frac{rK}{Y}$$

$$\beta=\frac{wL}{Y}$$

这表明，$\alpha$ 和 $\beta$ 也分别代表了国民经济产出总额中资本和劳动力各自所得的份额。

因此，如果我们可以根据国民经济统计核算的数据计算出资本和劳动力各自所得的份额 $\alpha$ 和 $\beta$，就可以计算出全要素生产率为：

$$\text{TFP}=A=\frac{Y}{K^{\alpha}L^{\beta}}$$

显然，由此公式计算出每个时期如每年的全要素生产率，若将某年的全要素生产率数值与上年的数值相减，就得出该年全要素生产率的增长量，将此增长量与上年全要素生产率的数值相比，则得到该年全要素生产率的增长率，可用来表示技术进步率。

## 三、经济增长核算

国民经济生产总量的增长通常就称为经济的增长，因此，一个国家的经济增长率就是指该国家国内生产总值的增长率。

由国民经济生产函数可知，国民经济的产出总量不仅取决于各个生产要素的投入的多少，而且也取决于社会生产技术水平的高低。因此，每年国民经济增长率的高低，既取决于各个生产要素的增长率，也取决于生产技术水平的增长率。

为了分析各个不同的因素对国民经济增长率的影响，我们可对生产函数 $Y=AF(K,L)$ 的等式两边分别对时间求导，得：

$$\frac{\mathrm{d}Y}{\mathrm{d}t}=F(K,L)\frac{\mathrm{d}A}{\mathrm{d}t}+A\frac{\partial F}{\partial K}\frac{\mathrm{d}K}{\mathrm{d}t}+A\frac{\partial F}{\partial L}\frac{\mathrm{d}L}{\mathrm{d}t}$$

为了表述简便，将变量 $X$ 的增长量记为$\dot{X}$，即令 $\dot{X}=\mathrm{d}X/\mathrm{d}t$，并将上述等式的两边都除以总产出 $Y$，则上式可写为：

$$\frac{\dot{Y}}{Y}=\frac{\dot{A}}{A}+A\frac{\partial F}{\partial K}\frac{K}{Y}\frac{\dot{K}}{K}+A\frac{\partial F}{\partial L}\frac{L}{Y}\frac{\dot{L}}{L}$$

在完全竞争的市场条件下，或在科布—道格拉斯生产函数之下，有：

$$A\frac{\partial F}{\partial K}\frac{K}{Y}=\frac{\partial Y}{\partial K}\frac{K}{Y}=\alpha$$

$$A\frac{\partial F}{\partial L}\frac{L}{Y}=\frac{\partial Y}{\partial L}\frac{L}{Y}=\beta$$

所以，经济的增长率就可以写为：

$$\frac{\dot{X}}{Y}=\frac{\dot{A}}{A}+\alpha\frac{\dot{K}}{K}+\beta\frac{\dot{L}}{L}$$

此式通常被称为经济增长核算方程，其中$\dot{A}/A$表明了国民经济生产中技术水平的提高速率，通常被称为技术进步率，而此经济增长核算方程则表明了国民经济的增长率分别由资本和劳动投入的增长率以及技术进步率共同决定。

由经济增长核算方程还可以进一步计算出各个生产要素的增长以及技术进步率分别对国民经济增长率的贡献份额，分别为：

$$技术进步对经济增长的贡献率：E_A=\frac{\dot{A}/A}{\dot{Y}/Y}\times 100\%$$

$$资本投入对经济增长的贡献率：E_K=\frac{\alpha \dot{K}/K}{\dot{Y}/Y}\times 100\%$$

$$劳动投入对经济增长的贡献率：E_L=\frac{\beta \dot{L}/L}{\dot{Y}/Y}\times 100\%$$

由此可见，只要取得了一个国家或地区国内生产总值、劳动力就业人数、资产数量的时间序列数据以及国内生产总值中劳动力报酬和资本所得份额的数据，就可以利用经济增长核算方程计算出各个生产要素以及技术进步对经济增长的贡献份额。例如，表8—5列出了我国2001—2010年各生产要素与技术进步对经济增长的贡献率，从中可以看出这一期间我国经济增长主要是依靠资本的增长，也就是投资的增长，技术进步对经济增长的贡献率在2007年以后有明显的下滑。

**表8—5　　中国各生产要素和技术进步对经济增长的贡献率**

| 时期 | 经济增长率（%） | 资本增长率（%） | 劳动增长率（%） | 技术进步率（%） | 对经济增长的贡献率（%） | | |
|---|---|---|---|---|---|---|---|
| | | | | | 资本 | 劳动 | 技术进步 |
| 2001—2005 | 10.14 | 10.91 | 1.02 | 4.05 | 51.92 | 5.78 | 42.30 |
| 2002—2006 | 10.70 | 11.72 | 0.91 | 4.07 | 55.20 | 4.68 | 40.12 |
| 2003—2007 | 10.50 | 12.33 | 0.87 | 4.50 | 53.64 | 4.33 | 42.02 |
| 2004—2008 | 10.29 | 12.63 | 0.81 | 3.58 | 62.22 | 3.71 | 34.07 |
| 2005—2009 | 10.29 | 13.03 | 0.73 | 3.15 | 66.01 | 3.41 | 30.58 |
| 2006—2010 | 10.14 | 13.30 | 0.64 | 3.25 | 65.35 | 3.08 | 31.57 |

资料来源：何锦义：《关于科技进步贡献率的几点认识》，载《统计研究》，2012（8）。

显然，经济的增长是主要依靠资本和劳动的投入增长，还是主要依靠技术的进步，是两种截然不同的经济增长方式。传统的经济增长方式主要是依靠要素投入的增长方式，而现代的增长方式则主要是依靠技术进步的增长方式。如何从传统的经济增长方式转变为现代经济增长方式，是我国当前经济发展过程中面临的一个主要问题。

## 思考与练习

1. 国民生产统计包括的范围有哪些？对于有形产品生产的统计范围和对于服务产品生产统计的范围有何不同？

2. 什么是产业活动单位？为什么要确定产业活动单位？产业活动单位须具备的条件有哪些？

3. 三次产业的划分和国民经济行业的分类有何不同？二者又有何联系？

4. 我国的粮食产量如何计算和统计？能源生产总量又如何计算？

5. 什么是增加值？什么是国内生产总值？为什么所有企业的增加值之和可以用来表示国民经济的生产总成果？

6. 什么是永续盘存法？如何使用永续盘存法估计一个国家或地区各年年末的固定资本存量？

7. 什么是经济活动人口？什么是劳动力人口？成为劳动力人口的条件有哪些？

8. 如何统计就业人数和失业人数？就业和失业的界限是什么？如何计算就业率和失业率？

9. 什么是单要素生产率？什么是全要素生产率？各自如何计算？

10. 什么是经济增长核算方程？如何用经济增长核算方程计算技术进步率及其对经济增长的贡献份额？

11. 某服装厂 2013 年共生产各种服装价值 8 000 万元，为生产这些服装，购进布匹价值 4 000 万元，购进纽扣、拉链等各种辅助材料价值 100 万元，用电费用 600 万元，支付运输费用 300 万元，支付工人工资 2 000 万元，缴纳生产税 500 万元，厂房和机器设备折旧 200 万元，新购进缝纫机 300 台共 120 万元，请计算该服装厂 2013 年的增加值。

# 第九章　国民收入分配与使用统计

**本章导学**

通过学习本章，要求掌握经济活动中的机构单位及其分类，国民收入分配过程中各个机构部门的初次分配账户和再分配账户的编制，国民收入使用过程中各个机构部门的储蓄与资本账户的编制，计算国内生产总值的收入法和支出法，以及国内生产净值、国民总收入、国民可支配收入、居民消费支出、政府消费、进出口净额、储蓄和资本形成总额等指标的计算方法，并要求掌握用于测度经济发展水平的恩格尔系数、测度个人收入分配差距的基尼系数的计算和分析方法。

## 第一节　机构单位与机构部门分类

尽管国民生产是一个国家经济活动过程的一个非常重要的环节，但是生产本身并不是目的，人们之所以要进行生产，是因为人们为了满足自身生活的需要。然而，由于现代的社会生产通常都是大规模的集体协作化的生产过程，国民生产的最终成果通常是由来自各个不同家庭的劳动力在一个个企业或生产活动单位与资本结合，经过一道道工序跨越多个企业或生产活动单位共同完成的结果。因此，国民生产活动的最终成果就必须先经过分配，确定出每个劳动者或机构单位所应得的数额，每个家庭和单位只能对自己分配得到的生产成果进行支配，或用于自身的消费，或用于投资等方面。所谓国民收入的分配，就是一个国家的生产总收入如何在该国的各类经济活动主体之间进行分配，分配的整个过程由初次分配和再分配两个环节构成；而国民收入的使用则是指各类经济活动主体将分配得到的收入用在了哪些方面和各用了多少金额。

### 一、机构单位及其分类

显然，要进行国民收入分配和使用统计，首先就需要对国民经济活动的各类主体加以明确界定和分类。根据联合国《国民经济核算体系》的规定，凡能以自己的名义拥有资产、发生负债、从事经济活动并与其他实体进行交易的经济实体，统称为机构单位。按照这一规定，每个居民家庭或个人，以及依法成立的各种法人实体如各种公司、政府机关、社会团体等都是机构单位。根据《国民经济核算体系》的规定，一个国家从事国民经济活动的各种机构单位可以被划分为非金融企业、金融机构、政府单位、住户和国外共五个不同的类别，每个类别称为一个机构部门。

所谓非金融企业，指主要从事市场货物生产和提供非金融市场服务的常住企业，主要包括从事农业、工业、建筑业、交通运输、仓储、邮电通信业、批发和零售贸易、餐饮业、房地产开发业、社会服务业活动的各类法人企业。所有非金融企业归并在一起，就形成非金融企业部门。在国民经济运行过程中，非金融企业部门为社会生产并提供各种各样的物质产品和服务，通过产品和服务的销售取得收入。

金融机构是指主要从事金融媒介以及与金融媒介密切相关的辅助金融活动的常住单位，它主要包括中央银行、商业银行和政策性银行、非银行信贷机构和保险公司。所有金融机构归并在一起，就形成金融机构部门。

政府单位，狭义地说，是指在一国境内通过政治程序建立的、在一特定区域内对其他机构单位拥有立法、司法和行政权的法律实体，其主要职能是利用征税和其他方式获得的资金向社会和公众提供公共服务，调控社会经济的运行，以及对收入和财富进行再分配。然而，在国民经济核算中，所谓政府单位则是指广义的政府单位，不仅包括中央政府和各级地方政府的各种行政机关、军队、警察，而且也包括以国家财政拨款为主要资金来源的各种非营利性事业单位和社会团体，如地质勘探、水利管理、房地产管理、卫生防疫、文艺体育、社会福利机构、教育与科研机构、广播与电视台网等。

住户是指共享同一生活设施，部分或全部收入和财产集中使用，共同消费住房、食品和其他消费品与消费服务的常住个人或个人群体。所有住户归并在一起，就形成住户部门。显然，每个人都从属于一个家庭，而所有的家庭都归属于住户部门，因此住户部门拥有社会的全部劳动力，它向国民经济的其他部门提供劳动力，并取得劳动力的报酬。同样，企业部门的许多资本也都是住户部门的各个家庭所拥有，所以住户部门也向企业部门提供资本，并取得资产收益。

“国外”部门由一国常住单位以外的所有机构单位构成。一国常住单位以外的机构单位又称为非常住单位，将所有与我国常住单位发生交易国家的非常住单位归并在一起，就形成国外部门。

### 二、国民收入分配与使用统计的内容

由于在国民经济生产过程中，不同的经济主体其作用不同，所以在国民收入初次分配和再分配的过程中，不同经济主体的分配项目会有不同，通过分配，不同的经济主体得到各自的收入，由于不同类型经济主体的性质不同，所以各自所得收入的使用去向也会不同。因此，国民收入分配统计就是要计算统计各个不同的经济主体部门在各个不同分配项目下的所得金额，以及经过分配各自的收入总额及其相互之间的比例，和居民家庭之间收入分配的差距及其变化；而国民收入使用统计就是要计算统计各类经济主体所得收入的使用去向和金额及其比例。

## 第二节　国民收入初次分配统计

一个国家在一定的时期内所生产的最终产品和服务的价值就是该国的国内生产总值，它是该国所有常住单位所生产的增加值之和。所谓国民收入的初次分配就是指对其所生产的增加值的分配过程。

### 一、企业生产净值与国内生产净值

首先，企业在生产过程中，除了要消耗各种原材料、辅助材料、燃料和动力以外，还需要使用厂房和机器设备等固定资产，固定资产在使用中必然会产生磨损与损耗。因此，企业生产的产品和服务的总价值中不仅包含各种原材料和辅助材料等中间投入的价值，而且还包含生产中所用厂房和机器设备等固定资产的损耗的价值。显然，企业总产出中所含各种固定资产损耗的价值，与其中所含各种原材料、辅助材料等中间投入的价值一样，都是生产过程中所使用的已有产品的转移价值，并不是企业生产过程中新创造的价值。一个企业如果想持续地进行生产经营，就必须及时地对生产经营过程中发生的各种固定资产的损耗进行补偿。因此，一个企业在对其生产的增加值进行分配时，必须首先扣除生产过程

中各种固定资产损耗的价值，用以及时更新和补充已损耗的各种固定资产。从企业的增加值中扣除各种固定资产消耗的价值所余，称为企业的生产净值，是企业在生产中新创造的价值，即企业对社会的净贡献。即有：

生产净值＝增加值－固定资产损耗

将一个国家所有常住单位在一定时期内所生产的生产净值加总，所得数额称为该国的国内生产净值。由于一个国家所有常住单位在一定时期生产的增加值之和就是该国的国内生产总值，所以国内生产净值也可以用国内生产总值减去全部常住单位的固定资产损耗总值求得，即有：

国内生产净值＝国内生产总值－固定资产损耗总值

在企业的生产实践中，由于固定资产的使用期限较长，其价值的转移并非一次性的，而是逐次的，所以要确切地计算出一个相对较短的核算时期内如一年内固定资产的实际损耗是困难的。因此，在企业的会计核算中，通常都采用提取固定资产折旧资金的方法来近似计算固定资产的价值损耗。所以，每个时期固定资产损耗价值就可以用当期的固定资产折旧金额来计算和表示。

显然，国内生产净值才是一个国家在一定时期内劳动力使用资本而生产出的全部新价值，因此需要在劳动力和资本两类生产要素之间进行分配。但是，由于现代社会任何一个国家都有一个政府，而政府即使在生产环节通常也都要征税，所以企业在对生产净值进行分配时，还必须按照政府确定的生产税率给政府交纳一部分。如此，国内生产净值就需要在劳动力、资本、政府三者之间进行分割。在现代市场经济环境下，企业的生产通常都是资本雇用劳动，资本承担风险，并享有剩余权。也就是说，企业在生产过程中，其生产净值通常需要先支付所雇用的劳动力的工资和薪金等劳动报酬，并交纳政府对企业生产环节所征收的各种生产税金，然后所剩余的部分才是企业资本的收益，通常称为营业盈余。营业盈余可能为正，表现为企业的盈利，也可能为负，表现为企业的亏损。因此，就有：

国内生产净值＝劳动者报酬＋生产税净额＋营业盈余

式中，生产税之所以写成生产税净额，是因为政府有时也会给一些企业一些生产补贴，对企业的生产进行扶持，生产税净额即为企业交纳的生产税与政府给予的生产补贴的差额。

## 二、计算国内生产总值的收入法

由国内生产净值与国内生产总值的关系式以及国内生产净值的构成可以看出，一个国家在一定时期的国内生产总值也可以写成该国所有常住单位的固定资产折旧、劳动者报酬、生产税净额和营业盈余之和，即有：

国内生产总值＝固定资产折旧＋劳动者报酬＋生产税净额＋营业盈余

很显然，这也是计算一个国家的国内生产总值的一个方法。由于此式是根据生产过程中各生产要素的收入和政府的税收收入来计算的，所以被称为计算国内生产总值的收入法。

尽管从理论上说，计算国内生产总值的生产法和收入法是完全等价的，即不论是使用生产法，还是使用收入法，所计算出的一个国家的国内生产总值从理论上说应该是相等的，但是由于不同的计算方法所使用的数据的来源不同，各种不同的数据在调查统计过程中都或多或少地存在一些登记、计算、推断的误差，所以不论是生产法计算出的国内生产总值，还是收入法计算出的国内生产总值，与国内生产总值的真实数值相比，都会存在一定的误差，因此分别用生产法计算出的国内生产总值和用收入法计算出的国内生产总值二者一般不会正好相等。

为了准确计算收入法国内生产总值中各个构成项目的数值，在企业的会计核算制度和国民经济核算体系中对这些项目的定义和口径范围都作了明确界定。

固定资产折旧是指一定时期内各个常住单位为弥补所使用的固定资产的损耗，而按照规定的固定资产折旧率提取的固定资产折旧金额，或按国民经济核算统一规定的折旧率虚拟计算的固定资产折旧金额，它反映了固定资产在当期生产中的转移价值。在我国的国民经济统计核算中，各类企业和企业化管理的事业单位的固定资产折旧按会计核算中实际计提的折旧费计算；而各个政府机关、非企业化管理的事业单位由于其会计核算中不核算固定资产的损耗，不计提折旧，所以要按照统一规定的折旧率和固定资产原值计算虚拟折旧；同理，居民家庭住房的折旧也是按照统一规定的折旧率和住房原值计算虚拟折旧。原则上，固定资产折旧应按固定资产的重置价值计算，但是目前我国尚不具备对全社会固定资产进行重估价的基础，所以在现行统计核算中只能采用上述办法计算。

劳动者报酬是指劳动者因从事生产活动所获得的工资和薪金等全部报酬。按照我国会计核算规则的规定，劳动者报酬包括劳动者获得的各种形式的工资、奖金和津贴，既包括货币形式的，也包括实物形式的，还包括劳动者所享受的公费医疗和医药卫生费、上下班交通补贴、单位支付的社会保险费、住房公积金等。对于个体经济经营者的收入，2004年以前我国的国民经济统计核算中将其全部视为劳动者报酬，2004 年以后则只将其雇员的劳动报酬算作劳动者报酬，而业主的收入由于其劳动报酬和营业利润不易区分则全部算作营业利润。

生产税净额是指生产税减对生产补贴后的余额。生产税指政府对生产单位从事生产、销售和经营活动以及因从事生产活动使用某些生产要素（如固定资产、土地、劳动力）所征收的各种税、附加费和规费，在我国其税种主要有营业税、增值税、消费税、进口税、固定资产使用税、车船使用税、印花税、排污费、教育费附加、水电费附加等。生产补贴与生产税相反，指政府对生产单位的单方面转移支出，因此视为负生产税，包括政策亏损补贴、价格补贴等。

营业盈余是指常住单位创造的增加值扣除劳动者报酬、生产税净额和固定资产折旧后的余额。它相当于企业的营业利润加上生产补贴，但要扣除从利润中开支的工资和福利等。

计算国内生产总值的收入法表明了一个国家在一定时期内所生产的全部最终产品价值如何在资本、劳动力、政府三者之间进行分配。其中，劳动者报酬为劳动者所得，生产税净额则为政府所得，固定资产折旧金额和营业盈余为资本所得，核算与分析三者在国民收入初次分配中各自所得的份额具有重要的意义。表9—1列出了根据全国各省市自治区收入法地区生产总值核算数据计算出的我国一些年份劳动者报酬、固定资产折旧、生产税净额、营业盈余各自的份额，从中可以看出我国国民收入初次分配的格局及其变化。

**表9—1　　中国国内生产总值各收入项目比重（%）**

| 年份 | 劳动者报酬 | 固定资产折旧 | 生产税净额 | 营业盈余 |
|---|---|---|---|---|
| 1978 | 49.8 | 9.4 | 12.8 | 28.0 |
| 1985 | 53.0 | 9.8 | 12.4 | 24.8 |
| 1990 | 53.3 | 11.8 | 13.1 | 21.9 |
| 1995 | 51.4 | 13.0 | 12.3 | 23.3 |
| 2000 | 48.7 | 14.1 | 15.3 | 21.9 |
| 2005 | 41.4 | 14.9 | 14.1 | 29.6 |
| 2010 | 45.0 | 15.2 | 12.9 | 26.9 |

资料来源：根据历年《中国统计年鉴》数据计算得出。

## 三、资本所得与财产性收入

尽管将一个国家的国内生产总值分解为劳动者报酬、生产税净额、固定资产折旧和营业盈余三部分，表明了一个国家的国民经济生产总成果如何在劳动者、政府、资本三者之间分配，然而，由于资本虽然是国民经济生产过程中不可或缺的一个生产要素，但与劳动力和政府不同，并不是一个经济活动的主体，因此其中的资本所得特别是营业盈余并没有表明其真正的归属。实际上，在现代市场经济社会，各个企业的生产资本通常都有多个来源，其中最主要的一般是企业股东投资的资本金，此外还有企业向社会发行企业债券所得到的资金，也有向银行等金融机构贷款得来的资金，等等。所以，企业的生产净值在支付了劳动者报酬和政府生产税以后所余的营业盈余还需要根据企业资本的不同来源进一步进行分配，这些资本来源的所有者才是企业营业盈余的真正所有者，而对资本来源所有者的盈利分配就形成了各个资本所有者的财产性收入。

所谓财产性收入，就是指资产的所有者将其所拥有的资产在一定时期内的使用权让渡给其他单位使用而从使用者处获得的报酬，其形式主要有利息、红利、地租几种。

（1）利息。通过资金借贷活动获得的收入就是利息收入。例如，一个企业向居民家庭借款或向其他单位借款用于生产经营，需要给资金出借者支付利息，而资金出借者则得到利息收入；又如，企业向社会公众发行企业债券，需按约定按时支付债券利息，债券持有者获得利息收入；再如，居民家庭到银行存款，银行支付给居民家庭存款利息，居民家庭获得存款利息收入，银行将居民的存款作为贷款贷给企业用于生产经营，企业需支付给银行贷款利息，银行获得贷款利息收入。但是，需要指出，由于银行的贷款利息中隐含有银行存贷款业务的服务费用，所以在进行贷款利息的统计计算时需要将其中隐含的服务费用扣除。

（2）红利。通过资本投资活动获得的收益，称为红利。例如，股份公司每年根据企业营业利润的数额而对股东的分红；又如，非股份公司企业所有者从其企业的盈利中提取的款额。

（3）地租。土地的所有者出租土地而从承租人处收取的土地出租收入，称为地租。

## 四、国民总收入

国内生产总值是一个国家的所有常住单位在一定时期内所生产的全部最终产品和服务的价值，其统计的范围虽然是国内所有常住单位的生产活动，但是这并不意味着每一个常住单位在其生产过程中都必须只使用国内常住单位的生产要素。实际上，在现代经济全球化的条件下，任何一国的许多常住单位在其生产过程中都可能会使用一些来自国外即来自非常住单位的生产要素，如有些企业可能到国外发行企业债券，募集生产资金，又如还有些企业会聘用一些外国专家或劳动力，而这些外国专家和劳动力在该国居住和工作的时间又不足一年，非该国的常住单位。显然，如果本国常住单位在其生产过程中使用了来自国外的生产要素，那么本国的国内生产总值就有了来自国外的生产要素所生产的份额。类似地，国外的机构单位在进行生产经营时也可能使用一些本国的生产要素，换句话说，就是本国的常住单位在生产经营过程中也可能向国外输出一些生产要素，如借款给国外机构，又如劳动力到国外的务工输出等，国外单位使用本国生产要素必然需要给予相应的报酬，如向借款方支付利息，向务工的劳动力支付工资报酬等。因此，如果将一国的国内生产总值减去非本国常住单位在本国生产中的要素收入，然后再加上来自国外的要素收入，那么将得到本国常住单位在一定时期的总收入，称为国民总收入（Gross National Income，GNI）。其计算公式为：

国民总收入＝国内生产总值＋来自国外的要素收入－国外从本国获得的要素收入

式中，来自国外的要素收入和国外从本国获得的要素收入相抵的差额，称为来自国外的要素收入净额，因此，国民总收入的计算公式又可写为：

国民总收入＝国内生产总值＋来自国外的要素收入净额

应该指出，从名称上看，国民总收入的含义是一国国民的总收入，但实际上，该指标仍然是按国土原则计算的，从其计算公式可以看出，该指标的实际含义是指一国所有常住单位的总收入，其中既包含有本国国民的收入，也包含有在本国常住的外国公司企业和个人的收入。因此，该指标的实际含义并不是指具有本国国籍的全体国民的总收入。

## 五、各机构部门初次分配总收入

显然，国内生产总值和国民总收入都是一个国家整体即整个国民经济层次上的生产总量和收入总额的核算，虽然按照收入法可以将国内生产总值分解为劳动者报酬、生产税净额、固定资产折旧和营业盈余三个部分，但这种分解仍然是在国家整体层次上进行的。为了更精细地反映一个国家国内生产总值或国民总收入的分配情况，就需要进一步计算各类不同的经济活动主体通过分配所得的数额，也就是还需要分别计算非金融企业部门、金融

企业部门、政府部门和住户部门等各自的收入分配数额。

与从国民经济整体层次收入分配核算不同，计算各个机构部门的收入不仅需要考虑各个部门自身生产所产生的收入和生产税的征交，而且还需要考虑不同部门间相互交易所产生的部门间的收入流动。所谓部门间交易，有劳动力交易和资产交易两种。劳动力交易是指拥有劳动力的部门即住户部门给其他部门如企业部门和政府部门提供劳动力，企业部门和政府部门支付给劳动者工资和薪金，则企业部门和政府部门的一部分收入以劳动者报酬的形式流入住户部门。而资产交易则是指拥有某种资产的部门将其资产在某时期的使用权转让给其他部门或将其资产投资于其他部门，使用该资产的部门则通过利息或红利等形式给予回报，从而引起使用这种资产的部门的收入流入拥有这种资产的部门。在资产交易中，拥有资产的一方取得的收入即为财产性收入，使用资产的一方所付出的费用则可称为财产性支出。因此，部门初次分配总收入的计算公式应该为：

$$\text{部门初次分配总收入}=\text{本部门增加值}\mp(\text{生产税}-\text{生产补贴})+(\text{劳动力收入}-\text{劳动力支出})+(\text{财产性收入}\quad\text{财产性支出})$$

在此公式中，生产税净额［即（生产税－生产补贴）］前面的符号之所以是∓，是因为对于非政府部门来说，此项是该部门的支出，其前面应该用－号；而对于政府部门来说，此项则是收入，其前面应该用＋号。

为了便于各个机构部门初次收入分配数额的计算，应该分部门编制出各自的初次分配账户。表 9—2、表 9—3、表 9—4、表 9—5 分别列出了非金融企业部门、金融企业部门、政府部门、住户部门的初次分配账户，并根据中国国民经济核算的数据资料列出了 2010 年中国各部门初次分配各项目的数额。

**表 9—2　　非金融企业部门初次分配账户**　　单位：亿元

| 运用 | | 来源 | |
|---|---|---|---|
| 3. 劳动者报酬 | 84 068.1 | 1. 增加值 | 232 106.2 |
| 4. 生产税净额 | 48 936.7 | 2. 财产性收入 | 16 296.3 |
| 5. 财产性支出 | 32 011.8 | （1）利息 | 14 839.3 |
| （1）利息 | 15 766.0 | （2）红利 | 1 398.0 |
| （2）红利 | 12 800.1 | （3）其他 | 59.0 |
| （3）地租 | 2 402.1 | | |
| （4）其他 | 1 043.6 | | |
| 6. 初次分配总收入 | 83 385.8 | | |

注：以上数据均有四舍五入。

对于非金融企业部门来说，由于该部门并不拥有劳动力，所以其初次分配的收入来源有二：一是其自身所生产的增加值的价值，二是与其他部门进行资产交易所取得的利息、红利等财产性收入；而其初次分配的支出项目除了需交纳给政府的生产税以外，也有二：一是支付本部门生产所用劳动力的工资和薪金报酬，二是与其他部门进行资产交易所需支付的利息、红利和地租等财产性支出。因此，其初次分配总收入的计算公式可简化为：

$$\text{企业部门初次分配总收入}=\text{本部门增加值}-\text{生产税净额}-\text{劳动者报酬}+(\text{财产性收入}-\text{财产性支出})$$

根据上述公式，由表9—2中的相关数据，可以计算出2010年我国非金融企业部门的初次分配总收入为：

非金融企业部门初次分配总收入＝232 106.2－48 936.7－84 068.1
＋(16 296.3－32 011.8)
＝83 385.8(亿元)

表9—3　　金融企业部门初次分配账户　　单位：亿元

| 运用 | | 来源 | |
|---|---|---|---|
| 3. 劳动者报酬 | 6 661.0 | 1. 增加值 | 20 980.6 |
| 4. 生产税净额 | 2 463.8 | 2. 财产性收入 | 29 716.4 |
| 5. 财产性支出 | 26 989.7 | (1) 利息 | 29 170.4 |
| (1) 利息 | 24 483.2 | (2) 红利 | 546.0 |
| (2) 红利 | 1 180.6 | | |
| (3) 其他 | 1 326.0 | | |
| 6. 初次分配总收入 | 14 582.5 | | |

对于金融企业部门来说，由于该部门也不拥有劳动力，所以其初次分配的收入来源和支出项目与非金融企业部门类似。不过，金融部门作为经营货币信贷的部门，其从社会各部门吸收存款，并给存款人支付存款利息，然后再对各个部门发放贷款，并向贷款人收取贷款利息，显然其利息的收入并不代表其自有资产交易的财产性收入，其利息的支出也不代表其自身对资产的使用所需支付的费用。实际上，金融部门只是货币资产供需双方交易的一个中介，其收取的贷款利息中已包含有进行这种中介交易的服务费用，这种服务费用也就构成了金融部门增加值的主要来源。因此，金融部门分配账户中的贷款利息收入应该是其名义贷款利息收入扣除服务费用以后的余额。并且，金融部门的利息收入虽然其名称为利息，但其实际来源并不一定是经济学中所说的利润，如银行给居民家庭的住房按揭贷款，其利息的来源多数是居民家庭的劳动收入即工资和薪金等劳动报酬。由表9—3中的数据，可以计算出2010年我国金融企业部门的初次分配总收入为：

金融企业部门初次分配总收入＝20 980.6－2 463.8－6 661.0
＋(29 716.4－26 989.7)
＝14 582.5(亿元)

表9—4　　政府部门初次分配账户　　单位：亿元

| 运用 | | 来源 | |
|---|---|---|---|
| 4. 劳动者报酬 | 30 784.8 | 1. 增加值 | 36 155.7 |
| 5. 生产补贴 | 256.8 | 2. 生产税 | 52 672.6 |
| 6. 财产性支出 | 5 000.0 | 3. 财产性收入 | 7 140.1 |
| (1) 利息 | 4 621.6 | (1) 利息 | 2 202.0 |
| (2) 其他 | 378.4 | (2) 红利 | 1 465.8 |
| 7. 初次分配总收入 | 59 926.7 | (3) 地租 | 2 428.6 |
| | | (4) 其他 | 1 043.6 |

对于政府部门来说，在不拥有劳动力上与企业部门相同，而与企业部门不同的是生产

税是其收入，并不是支出。因此，政府部门的收入来源除了本身生产的增加值和与其他部门的资产交易所取得的财产性收入以外，还有生产税这样一个最重要的来源；而其支出项目则除了对本部门所使用劳动力的报酬支付和与其他部门的资产交易所需支付的财产性支出以外，还有对企业生产的政策性补贴等支出。政府部门的财产性收入中主要有政府部门在银行的财政性存款的利息收入、国有企业的红利分配收入和城市土地的租金收入等，而其财产性支出则主要是政府发行的国库券等政府债券的利息支出。因此，政府部门初次分配总收入的计算公式可简化为：

政府部门初次分配总收入＝本部门增加值＋(生产税－生产补贴)－劳动者报酬
＋(财产性收入－财产性支出)

根据此计算公式，由表9—4政府部门初次分配账户中的相关数据，可以计算出2010年我国政府部门的初次分配总收入为：

政府部门初次分配总收入＝36 155.7＋(52 672.6－256.8)－30 784.8＋(7 140.0－5 000.0)
＝59 926.7(亿元)

**表9—5　住户部门初次分配账户　单位：亿元**

| 运用 | | 来源 | |
|---|---|---|---|
| 4. 劳动者报酬 | 68 531.0 | 1. 增加值 | 112 270.3 |
| 5. 生产税净额 | 1 015.2 | 2. 劳动者报酬 | 190 869.5 |
| 6. 财产性支出 | 4 685.8 | 3. 财产性收入 | 12 956.7 |
| (1) 利息 | 4 659.2 | (1) 利息 | 10 246.0 |
| (2) 地租 | 26.6 | (2) 红利 | 1 065.3 |
| 7. 初次分配总收入 | 241 864.5 | (3) 其他 | 1 645.4 |

对于住户部门来说，其拥有社会的全部劳动力，所有部门的劳动者报酬全部都是住户部门的收入，当然，住户部门在本部门进行生产时也需要使用一些劳动力，也需要支付这些劳动力的报酬，由于其支付的本部门生产的劳动者报酬已经包含在其生产的增加值之中，所以在计算其总收入时需减去其支付的本部门劳动者报酬，以避免重复计算。因此，住户部门初次分配总收入的计算公式可以简化为：

住户部门初次分配总收入＝本部门增加值－生产税净额＋(劳动力收入－劳动力支出)
＋(财产性收入－财产性支出)

由此计算公式，使用表9—5住户部门初次分配账户中的相关数据，可以计算出2010年我国住户部门的初次分配总收入为：

住户部门初次分配总收入＝112 270.3－1 015.2＋(190 869.5－68 531.0)＋(12 956.7－4 685.8)
＝241 864.5(亿元)

为了反映本国常住单位与国外非常住单位在国民收入初次分配中的联系，也可以设立国外非常住单位部门的初次分配账户。由于国外非常住单位并没有在本国进行独立的生产，所以没有自身生产的增加值，其与本国常住单位在生产中的联系只是体现在生产要素的交易上。具体表现为，在所核算的生产时期内，本国常住单位在生产过程中可能雇用了国外非常住单位一些劳动力，或可能向国外非常住单位发行股票和债券以及借贷取得了一些生产资金；同样，外国非常住单位也可能雇用了本国常住单位的一些劳动力，或向本国常住单位借贷了一些资金。这种劳动力和资金的交易所产生的报酬支付就构成了本国常住单位与国外非常住单位在本国国民收入初次分配过程中的往来联系，因此在本国的国民收入初次分配过程中国外非常住单位的初次分配总收入的计算公式为：

$$\text{国外部门初次分配总收入}=(\text{劳动力收入}-\text{劳动力支出})+(\text{财产性收入}-\text{财产性支出})$$

例如，由表 9—6 国外部门初次分配账户的数据可以看出，国外非常住单位在我国国民收入初次分配中的收入来源主要是资本投资的红利。根据上述公式，可以计算出 2010 年国外非常住单位部门在我国国民收入初次分配中的总收入为：

$$\text{国外部门初次分配总收入}=(98.5-923.1)+(11\,296.2-8\,718.3)=1\,753.3(\text{亿元})$$

**表 9—6** **国外部门初次分配账户** 单位：亿元

| 运用 | | 来源 | |
|---|---|---|---|
| 3. 劳动者报酬 | 923.1 | 1. 劳动者报酬 | 98.5 |
| 4. 财产性支出 | 8 718.3 | 2. 财产性收入 | 11 296.2 |
| （1）利息 | 7 320.3 | （1）利息 | 392.6 |
| （2）红利 | 1 398.0 | （2）红利 | 10 903.5 |
| 5. 初次分配总收入 | 1 753.3 | | |

非金融企业部门、金融企业部门、政府部门、住户部门都是一个国家的常住机构单位，所以这四个部门在国民收入初次分配中各自所得收入的总和就是该国的国民总收入。由表 9—1 至表 9—4 中各部门初次分配总收入，可以计算得出中国 2010 年的国民总收入为：

$$\text{国民总收入}=83\,385.8+14\,582.5+59\,926.7+241\,864.5=399\,759.5(\text{亿元})$$

由国民总收入与国内生产总值的关系可知，从国民总收入中减去本国从国外取得的要素收入净额就可得到国内生产总值。由表 9—6 可以看出，2010 年我国从国外取得的要素收入小于国外从我国取得的要素收入，也就是说，2010 年我国从国外取得的要素收入净额为负，是－1 753.3 亿元，按此计算，我国 2010 年的国内生产总值为：

$$\text{国内生产总值}=399\,759.5-(-1\,753.3)=401\,512.8(\text{亿元})$$

这一国内生产总值的数值也就是用收入法所计算的国内生产总值的数值，与用生产法所计算出的国内生产总值的数值有所差别。

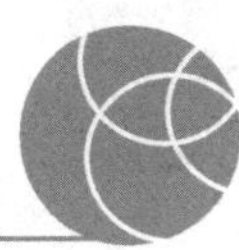

## 第三节　国民收入再分配统计

经过国民收入的初次分配，各个经济活动主体取得初次分配收入以后，还会因为各种原因而产生一些相互之间的转移收支。所谓转移收支，就是一个经济主体无偿地将物品或货币给予另一个经济主体，其中，对于付出物品或货币的经济主体来说是转移支出，而对于得到物品或货币的经济主体来说就是转移收入。例如，企业在得到营业盈余的同时需要向政府交纳企业所得税，居民家庭在取得劳动力报酬和财产性收入的同时也需要向政府交纳个人所得税；又如，居民家庭在过年时给亲戚朋友的孩子一些压岁钱和红包，在有些地方遭受自然灾害时给予捐款；等等。不同经济主体之间的这种转移收支就形成了国民收入的再分配过程。对国民收入再分配过程的统计就是要统计核算各类机构单位之间在一定时期内各种转移收支的数额，以及经过再分配以后不同机构单位的收入总额及其相互比例。

### 一、转移收支的种类

在社会经济活动过程中，每笔转移收支的发生都是有一定的原因的，根据转移收支发生的原因，可以归纳为以下几种类型：

**（一）基于收入和财产的税收**

所得收入和所拥有的财产是现代政府征税的两个重要来源，不论是个人和居民家庭，还是企业与公司机构，政府通常都会对其收入和财产进行征税。在我国，收入税主要有企业所得税和个人所得税两种，首先企业的盈利在进行分配前必须缴纳一定的企业所得税，其次税后利润被分配给股东以后，股东还必须再缴纳个人所得税。当然，个人和家庭不仅其财产性收入需要纳税，而且劳动的工资和薪金收入也都必须纳税。政府之所以征收所得税，一方面是为了增加政府的收入，另一方面则是为了对收入分配进行调节，减少收入分配的差距。而财产税则是所得税的补充，是对纳税人拥有财产不均衡的一种调节，其税种有房产税、土地使用税、契税、车船税、遗产税等。

**（二）社会保险缴款和社会保险福利**

社会保险缴款是居民个人向政府组织的社会保障机构缴纳诸如养老保险、医疗保险、失业保险、工伤保险、生育保险等各种社会保险费，而社会保险福利则是政府的社会保障机构根据保险条款向投保人支付养老金、报销医疗费用、发放失业保险金等。在对社会保障机构的缴款中，有一部分是个人的直接缴款，还有一部分是单位代其雇员的缴款。其中，单位代缴部分虽然表面上看起来是雇员所在单位的支出，但是由于其原本应该是发给雇员的劳动报酬而由单位转交给了社会保障机构，所以也应该计算为居民个人的支出。个人向社会保障机构缴纳各种社会保险费，是居民家庭的支出，是政府部门的收入；而社会保险机构按保险条款向个人发放养老金、失业保险金等，又成为居民家庭的收入，是政府部门的支出。尽管从表面上看来，居民家庭和政府部门都是一收一支，二者构成交换关系，可以相互抵消，但是由于保险的缴费和收益并不在同一个时期，如个人在年轻时缴纳养老保险费，而在老年退休后才能领取养老金，并且，有些社会保障项目的缴费者与收益人并不对等，如缴纳了失业保险的个人，并不一定将来都会领取失业救济金，所以二者应该分别核算。

**（三）社会补助**

所谓社会补助是指政府财政对伤残军人、军烈属、社会低保家庭等的抚恤、困难补助和生活救济等支出，以及企事业单位向因伤残、疾病等原因而生活困难职工提供的困难补助和救济金等。社会补助不同于社会保险福利的地方在于，社会补助并不要求被补助对象事先向政府部门和机构缴款。

**（四）不同经济主体间捐赠转移收支**

包括居民家庭之间的捐赠转移收支、企业之间的捐赠转移收支、企业与居民家庭之间的捐赠转移收支、企业与政府之间的捐赠转移收支以及居民家庭与政府间的捐赠转移收支。例如，企业和居民家庭对希望小学等贫困地区儿童和学校教育的捐款，以及对贫困地区的扶贫捐款和对遭受自然灾害地区的救灾捐款等；又如，居民家庭在亲戚朋友结婚、生子、老人祝寿时送上一份红包贺礼，过年时给亲戚朋友的孩子一些压岁钱，等等。需要指出，就国内同类机构部门内部的相互捐赠来讲，其转移收入和支出必然是相互抵消的。例如，一个家庭对另一个家庭的捐赠支出，也就是另一个家庭的捐赠收入，所以如果将住户部门作为一个整体，则其内部家庭相互之间的转移收支必然相互抵消。另外，在国民经济核算体系中，对于规模较大的、涉及财产转移的捐赠行为通常被看作资本转移（Capital Transfer），而不是看作当期收入再分配的当期转移（Current Transfer），不计算在收入再分配的转移收支之中。

**（五）博彩赌博与会费、罚款等引起的转移收支**

例如，各国政府向联合国等国际组织缴纳会费，个人向工会交纳会费，个人购买彩票支出以及中奖获得奖金收入等。

## 二、各机构部门再分配收支核算与可支配收入

与各机构部门的初次分配核算类似，为了反映各个机构部门在国民收入再分配过程中的收支状况，并计算统计其结果，也需要设立每个机构部门的再分配账户。每个机构部门在初次分配总收入的基础上，经过国民收入再分配以后的收入总额，称为各个部门的可支配收入，其计算公式为：

部门可支配收入＝本部门初次分配总收入＋来自外部门的转移收入
　　　　　　　　－对外部门的转移支出

显然，一个国家国内全部机构部门的可支配收入之和就是全国的国民可支配总收入，它也等于该国的国民总收入与来自国外非常住部门的转移收入净额之和，即有：

国民可支配总收入＝国民总收入＋来自国外的转移收入－对国外的转移支出
　　　　　　　　＝国民总收入＋来自国外的转移收入净额

表 9—7、表 9—8、表 9—9、表 9—10、表 9—11 分别列出了非金融企业部门、金融企业部门、政府部门、住户部门、国外部门的再分配账户，表中的数据是各部门 2010 年的数据，反映了各个部门在 2010 年的国民收入再分配过程中的收支状况及其可支配收入的数额。

**表 9—7**　　非金融企业部门再分配账户　　单位：亿元

| 运用 | | 来源 | |
|---|---|---|---|
| 3. 转移支出 | 12 266.3 | 1. 初次分配总收入 | 83 385.8 |
| (1) 收入税 | 10 193.8 | 2. 转移收入 | 949.7 |
| (2) 社会补助 | 125.8 | (1) 其他转移收入 | 949.7 |
| (3) 其他转移支出 | 1 946.7 | | |
| 4. 可支配总收入 | 72 069.2 | | |

由表 9—7 可以看出，非金融企业部门在国民收入再分配过程中所得转移收入很少，而转移支出却很大，其中主要是向政府缴纳企业所得税占有绝大的比重。由表中数据，可以计算得出 2010 年我国非金融企业部门的可支配收入为：

可支配收入＝83 385.8＋949.7－12 266.3＝72 069.2(亿元)

**表 9—8**　　金融机构部门再分配账户　　单位：亿元

| 运用 | | 来源 | |
|---|---|---|---|
| 3. 转移支出 | 4 333.7 | 1. 初次分配总收入 | 14 582.5 |
| (1) 收入税 | 2 649.7 | 2. 转移收入 | 2 957.7 |
| (2) 其他转移支出 | 1 684.0 | (1) 其他转移收入 | 2 957.7 |
| 4. 可支配总收入 | 13 206.5 | | |

由表 9—8 可以看出，由于需要向政府交纳所得税，金融机构部门与非金融企业部门类似，其转移收入也小于转移支出，因而其经过再分配以后的可支配收入小于初次分配总收入。由表中数据，可以计算得出 2010 年我国非金融企业部门的可支配收入为：

可支配收入＝14 582.5＋2 957.7－4 333.7－13 206.5(亿元)

**表 9—9**　　政府部门再分配账户　　单位：亿元

| 运用 | | 来源 | |
|---|---|---|---|
| 3. 转移支出 | 26 337.3 | 1. 初次分配总收入 | 59 926.7 |
| (1) 社会保险缴款 | 3 244.9 | 2. 转移收入 | 40 526.9 |
| (2) 社会保险福利 | 16 207.2 | (1) 收入税 | 17 680.8 |
| (3) 社会补助 | 6 011.7 | (2) 社会保障缴款 | 20 584.5 |
| (4) 其他转移支出 | 873.5 | (3) 其他转移收入 | 2 261.6 |
| 4. 可支配总收入 | 74 116.3 | | |

由表 9—9 可以看出，政府部门再分配过程中的转移收入主要是来自企业和住户家庭的所得税和社会保险缴款，而其转移支出主要是支付给居民家庭的社会保险福利和社会补助，以及个人退保支出。由表中数据，可以计算得出 2010 年我国政府部门的可支配收入为：

可支配收入=59 926.7+40 526.9−26 337.3=74 116.3(亿元)

表 9—10　住户部门再分配账户　单位：亿元

| 运用 | | 来源 | |
|---|---|---|---|
| 3. 转移支出 | 25 786.8 | 1. 初次分配总收入 | 241 864.5 |
| (1) 收入税 | 4 837.3 | 2. 转移收入 | 27 044.0 |
| (2) 社会保险缴款 | 17 339.6 | (1) 社会保险福利 | 16 207.2 |
| (3) 其他转移支出 | 3 609.9 | (2) 社会补助 | 6 137.5 |
| 4. 可支配总收入 | 243 121.7 | (3) 其他转移收入 | 4 699.2 |

由表 9—10 可以看出，居民家庭部门在国民收入再分配过程中的转移支出主要是向政府部门缴纳的所得税和社会保险缴款，而取得的主要转移收入是社会保险福利和社会补助。由表中数据，可以计算得出 2010 年我国住户部门的可支配收入为：

可支配收入=241 864.5+27 044.0−25 786.8=243 121.7(亿元)

表 9—11　国外部门再分配账户　单位：亿元

| 运用 | | 来源 | |
|---|---|---|---|
| 3. 转移支出 | 3 352.3 | 1. 初次分配总收入 | 1 753.3 |
| (1) 其他转移支出 | 3 352.3 | 2. 转移收入 | 598.1 |
| 4. 可支配总收入 | −1 000.9 | (1) 其他转移收入 | 598.1 |

由表 9—11 可以看出，国外部门在国民收入再分配过程中的转移收支都是通过本国常住单位与国外非常住单位之间的相互捐赠实现的。由表中数据，可以计算得出 2010 年国外部门的可支配收入为：

可支配收入=1 753.3+598.1−3 352.3=−1 000.9(亿元)

这表明，2010 年国外部门对我国常住单位的捐赠等转移支出要大于我国常住单位对国外的捐赠等转移支出。

将表 9—7 至表 9—10 国内各机构部门的可支配收入加总，即可得到 2010 年我国的国民可支配总收入为：

国民可支配总收入=72 069.2+13 206.5+74 116.3+243 121.7
=402 513.7(亿元)

当然，国民可支配总收入也可以根据国民总收入和表 9—11 中所列示的国外部门的转移收支计算得出，因为国外部门的转移支出就是国内部门的转移收入，而国外部门的转移收入则是国内部门的转移支出，所以可得 2010 年我国的国民可支配总收入为：

国民可支配总收入=399 759.5+3 352.3−598.1=402 513.7(亿元)

## 三、个人收入差距的计算与分析

居民家庭通过取得工资薪金等劳动者报酬和股息红利等资产性收入并经过再分配得到了家庭的可支配收入，由于每个家庭劳动力人数和能力的不同，以及各自拥有资产数量的不同，所以每个家庭所得到的可支配收入也不相同。如果按照家庭人均可支配收入来分组，计算出各个不同收入水平的家庭或人数的比重，就可以反映出居民家庭收入水平的分布状况，显示出居民家庭收入水平之间的差距。

例如，表 9—12 列出了根据住户抽样调查数据得出的我国 2010 年农村居民家庭年人均纯收入的分布数列，反映了我国农村居民家庭收入的分布状况。

表 9—12　　中国 2010 年农村居民家庭人均纯收入

| 按人均纯收入分组（元） | 户数比重（%） | 累计户数比重（%） |
| --- | --- | --- |
| 1 000 以下 | 2.14 | 2.14 |
| 1 000～2 000 | 7.38 | 9.52 |
| 2 000～3 000 | 12.22 | 21.74 |
| 3 000～4 000 | 13.24 | 34.98 |
| 4 000～5 000 | 12.62 | 47.60 |
| 5 000～6 000 | 10.80 | 58.40 |
| 6 000～7 000 | 8.75 | 67.15 |
| 7 000～8 000 | 6.95 | 74.10 |
| 8 000～9 000 | 5.43 | 79.53 |
| 9 000～10 000 | 4.21 | 83.74 |
| 10 000～11 000 | 3.25 | 86.99 |
| 11 000～12 000 | 2.51 | 89.50 |
| 12 000～13 000 | 1.94 | 91.45 |
| 13 000～14 000 | 1.56 | 93.01 |
| 14 000～15 000 | 1.24 | 94.24 |
| 15 000～16 000 | 1.03 | 95.27 |
| 16 000～17 000 | 0.82 | 96.09 |
| 17 000～18 000 | 0.65 | 96.75 |
| 18 000～19 000 | 0.51 | 97.25 |
| 19 000～20 000 | 0.40 | 97.65 |
| 20 000 以上 | 2.35 | 100.00 |

根据表 9—12 的收入分布数列，在平面直角坐标系内，用横轴表示人均纯收入各个分组，用纵轴表示各组家庭户数的比重，则可以绘制出农村居民家庭人均纯收入的分布直方图，如图 9—1 所示。

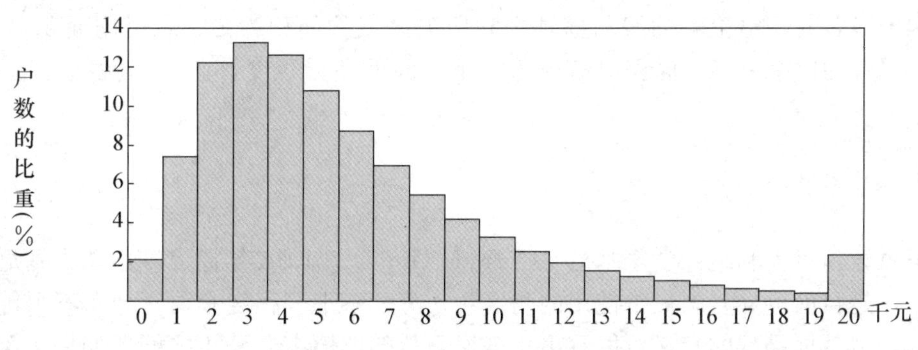


图 9—1　农村居民家庭收入分布

农村居民家庭收入分布数列及其直方图清楚地显示出了不同居民家庭之间人均收入水平之间的差距。由表 9—12 和图 9—1 可以看出，农村居民家庭中有多于 2%的家庭年人均纯收入不足 1 000 元，也有 2%多的家庭年人均纯收入高于 20 000 元，两者相差 20 倍以上，显示出了很大的差距。

家庭人均收入之间差距的大小，不仅关系着一个国家国民收入分配的公平程度，也关系着一个国家经济发展的效率，而且更重要的是关系着一个国家的社会和谐与稳定，因此世界各国政府无一不对此予以高度关注，并对居民家庭间人均收入差距的大小进行精细的测算与分析。通常，对居民家庭间人均收入差距进行测算的重要工具主要是收入分配的洛伦茨曲线和基尼系数。

在平面直角坐标系内，如果用横轴表示按人均收入水平从低到高的人口数或家庭数的累计比重，用纵轴表示相应人口或家庭收入占所有家庭总收入的累计比重，则所绘制得出的曲线就称为收入分配的洛伦茨曲线（Lorenz Curve）。图 9—2 就是根据表 9—12 绘制出的我国农村居民家庭收入分配的洛伦茨曲线。

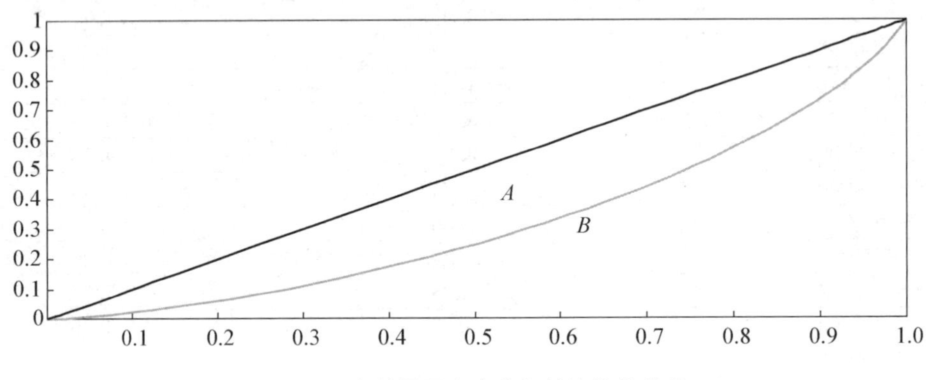


**图 9—2　农村居民家庭收入的洛伦茨曲线**

由图 9—2 可以看出，洛伦茨曲线处于宽和高皆等于 1 的矩形之内，该矩形的面积等于 1。在洛伦茨曲线图中，如果画出左下角到右上角的对角线，则该对角线代表了居民家庭间收入绝对平均分配状况下的洛伦茨曲线，显然这只是一种想象的状况，而社会实际收入分配的洛伦茨曲线必然凸向该对角线的下方。一个国家的居民家庭之间的收入分配差距越大，其实际洛伦茨曲线就越凸向下方。如果记实际洛伦茨曲线与之上对角线之间所夹区域的面积为 $A$，并记洛伦茨曲线与横轴之间所夹区域的面积为 $B$，就可用面积 $A$ 与面积 $(A+B)$ 二者的比率来测度居民家庭收入水平之间的差异程度，此比率就称为基尼系数，即有：

$$\text{基尼系数}=\frac{A}{A+B}$$

基尼系数由意大利统计学家基尼（Corrado Gini）于 1912 年提出，也称为基尼指数或基尼比率，是目前世界各国最常使用的测度收入分配不平等程度和财富分布不平等程度的重要指标。由基尼系数的定义可以看出，基尼系数的取值在 0 到 1 之间。如果一个国家各个居民家庭之间的收入分配绝对平等，则其基尼系数的值等于 0；一个国家居民家庭之间

的收入分配越不平等，则其基尼系数的值就越大；如果一个国家的国民收入都归某一个人或家庭所有，而其余的人或家庭的收入为 0，则其基尼系数的值就等于 1。

基尼系数在国际上被广泛用来分析比较世界各国或地区收入分配的不平等程度，监测各国的社会稳定状态。联合国人居署在《世界城市状况 2008—2009》报告中曾将基尼系数的取值划分为几个不同的区间，并列出了每个数值区间相应的社会原因与后果，作为分析监测的一般指南，如表 9—13 所示。但是，需要注意的是，不同的社会对不平等的反应和承受力也不相同，人们的观念、信仰体系、文化模式以及集体行动模式在社会对不平等的容忍限度的决定中通常都会起作用。

**表 9—13　基尼系数的数值与相应的社会原因及后果**

| 基尼系数 | 含义 | 社会原因及后果 |
| --- | --- | --- |
| 0.25～0.29 | 浅不平等 | 公共物品和服务的普遍供给为特征的平均主义社会，伴随着政治稳定和社会凝聚。 |
| 0.3～0.39 | 适度不平等 | 健康的经济发展，伴随着政治稳定和公民社会参与，但也可能意味着社会相对同质，即所有群体一般都富有或贫穷，因而不一致不反映在收入和消费水平上。 |
| 0.4 | 国际警戒线 | 不平等的门槛值。超过这条警戒线时，贫富两极的分化较为容易引起社会阶层的对立从而导致社会动荡。 |
| 0.45～0.49 | 接近危险的高不平等 | 如果没有矫正行动，可能阻碍投资并导致零星的抗议和骚乱。通常显示劳动力市场功能弱或者公共服务投资不适当，缺乏亲贫困的社会规划。 |
| 0.5～0.59 | 相当高的不平等 | 显示出收入分配的制度和结构失效。 |
| 0.6 及以上 | 极端高的不平等 | 不仅个人之间不平等，而且社会群组之中也不平等，称为同阶层不平等。财富集中于社会大众之外的某个团体，高度危险的社会不安或公民冲突。 |

## 第四节　国民收入使用统计

国民收入的使用统计，也就是对国民生产最终成果的使用过程和结果的统计，可以分别从整个国民经济的角度和从各个机构部门的角度来进行计算统计。

### 一、国内生产总值计算的支出法

一个国家在一定时期内生产的全部最终产品和服务的使用，从整个国民经济的角度来看，无非就是国内消费、投资形成资产和出口三个方面，当然，国内消费和投资所购买的产品和服务中会有一些进口产品与服务，而进口产品和服务并不是本国所生产，所以若将国内消费和投资以及出口相加，然后再减去进口，那么其数额就等于本国的国内生产总值。因此，国内生产总值也可以从使用去向的角度或称支出的角度来计算，公式为：

国内生产总值＝最终消费＋资本形成总额＋货物服务出口－货物服务进口

其中，货物服务出口与货物服务进口的差额，称为净出口，所以此计算公式又可写为：

国内生产总值＝最终消费＋资本形成总额＋货物服务净出口

这种计算国内生产总值的方法被称为支出法。从理论上讲，一个国家在一定时期内所生产的最终产品和服务的价值即国内生产总值，无论是用支出法计算，还是用生产法或收入法计算，其数值应该都是一样的。但是，由于不同的计算方法的数据来源不同，各自存在不同的误差，所以三种方法的计算结果之间通常会有一定的差距。

**（一）最终消费统计**

所谓消费显然是指自然人日常的生活消费，虚拟的法人机构并不能消费，因此消费的主体应该是住户家庭。然而，在国民经济核算中，所谓的消费并不是指货物和服务被人们生活消耗掉，而是指为了消费购买了货物和服务。在现代社会，个人和家庭消费的物品和服务绝大部分由个人和家庭根据自己的意愿在市场上购买，但是也有部分物品和服务属于公共产品则由政府强制配给，如国防服务、警察治安服务等，所以国民收入使用统计中的最终消费是指住户和政府为满足当期居民家庭和个人生活需要以及公共需要所购买的货物和服务的支出费用。最终消费只统计为了消费而购买物品和服务的支出数额，并不考虑所购买的物品是否真的使用了以及使用的效果如何。

由于最终消费支出的购买者既有居民家庭，又有政府，所以可以将最终消费支出划分为居民个人消费支出和政府消费支出两类。

1. 居民个人消费支出统计

居民个人消费支出是指一国内常住居民家庭或个人在一定时期内为满足家庭和个人生活消费需要而对于货物和服务的全部支出。居民个人消费除了个人和家庭直接使用货币购买货物和服务的消费支出外，还包括一些非直接使用货币购买形式的虚拟消费支出。其中，居民个人虚拟消费支出的形式主要有：（1）个人所在工作单位以实物报酬及实物转移的形式提供给雇员个人的货物和服务；（2）住户家庭自己生产并由本住户消费了的货物和服务，如农民家庭自己食用自己生产的粮食和蔬菜，又如住户的自有住房服务和付酬的家庭雇员提供的家庭和个人服务；（3）银行和保险公司等金融机构提供的金融媒介服务和保险服务等。

居民个人消费支出的数据主要来源于政府统计部门对城镇和农村常住居民家庭的住户抽样调查。我国的住户抽样调查在2012年以前是城镇和农村分别进行，城镇和农村家庭所调查的指标各有不同，从2013年起，国家统计局开始实行城乡一体化的住户调查制度，统一了城镇和农村居民收入和支出的分类标准、指标名称与口径。按照城乡一体化住户调查制度，国家统计局使用统一的抽样框和分层、多阶段随机抽样方法，在全国所有4亿多城乡居民家庭中随机抽取了40万户居民家庭为调查户，其中国家样本单位16万户，地方样本单位24万户。被抽中的调查户需要按照国家统一要求，由家中固定人员将家庭中每个人的每项收入和支出，按发生日期逐项记录在国家统一印制的账册上。国家样本单位，由市级、县级国家调查队按月收取账册，经审核、编码、录入后通过统计专用网直接上报国家统计局。国家统计局将依据16万户的记账资料，汇总计算出全国和分省居民人均可

支配收入、支出、消费的水平、结构和增长数据，同时还能提供家庭就业、住房、社区发展等有关信息。国家统计局各省级调查总队会同省级统计局，依据本省的国家和地方样本单位资料，汇总计算分市、分县的居民收入、支出和消费数据。

居民个人消费支出可以按照所消费货物和服务的目的来进行分类，根据联合国统计委员会《按目的划分的个人消费支出分类（COICOP）》标准，居民个人消费支出按三个层次分类，第一层次是将全部消费支出按目的划分为 12 个大类；第二层次是再将每个大类划分为若干个中类，共形成 47 个中类；第三层次是对每个中类再进一步细分为若干个小类，总共 117 个小类。其中，12 个大类分别为：（1）食品和不含酒精饮料；（2）酒精饮料、烟草和麻醉品；（3）衣着和鞋类；（4）住房、水、电、煤气和其他燃料；（5）家具、家用设备和住房的日常维修；（6）医疗保健；（7）交通；（8）通信；（9）娱乐和文化；（10）教育；（11）餐馆和旅馆；（12）其他商品和服务。

参照联合国的分类标准，并结合我国居民消费支出的习惯，根据居民日常消费支出的吃、穿、住、行等目的，国家统计局 2013 年制定了我国的《居民消费支出分类 2013》标准。按照国家统计局的分类标准，我国居民消费支出被划分为 8 个大类、24 个中类、80 个小类。其中，8 个大类分别为：（1）食品烟酒，包括可供人类食用的各种谷物、薯类、豆类、食用油、蔬菜、肉类、水产品、蛋类、奶类、干鲜瓜果类、糖果糕点类、调味品类等食品支出和各种饮料、茶叶、酒类、烟草等消费支出，不论居民个人是在家中消费，还是在餐馆酒店消费，都包括在内，但宠物食品不包括在内。（2）衣着，包括服装和服装材料，衣着配件如手套、袜子、围巾、领带、帽子，摩托车用安全防撞头盔等，衣类加工服务费、鞋和鞋类配件及加工服务费。（3）居住，包括租赁房房租和自有住房折算租金、住房装潢和维修及物业管理费，与居住有关的水、电、燃料及取暖费。（4）生活用品及服务，包括家具及室内装饰品，家用器具如冰箱、空调、洗衣机、微波炉、电饭锅等，家用电动工具和设备如电钻、电锯、割草机等，床上用品如棉被和床单等，窗帘门帘及其他各种家用纺织品，洗涤及卫生用品，厨具和餐具及茶具等，家用手工工具和其他家庭日用杂品，化妆品等个人护理用品，家政服务，家庭设备修理费等。（5）交通和通信，包括家用汽车和摩托车等交通工具的购买，交通工具用燃料购买，交通工具使用税费和维修保养费用，外出乘坐飞机、火车、轮船、汽车等交通工具的费用，通信工具购买费用，电信服务和邮递服务费用。（6）教育、文化和娱乐，包括从学前教育到高等教育等各种教育和培训的教材与参考书等购买费用，学杂费，在校饮食服务和住宿服务费等，文化和娱乐耐用消费品的购买如电视机、录像机、音响设备、家庭影院、摄像和摄影设备、台式计算机、笔记本电脑、平板电脑等，各种健身器材，钢琴与小提琴等各种乐器，报纸、图书和文具，游戏与体育用品，玩具与宠物用品，观看电影、话剧、歌舞剧等支出以及参观博物馆、美术馆、公园、历史古迹等支出，观看足球和赛马等体育与娱乐活动支出，一揽子旅游度假服务支出等。（7）医疗保健，包括药品和滋补保健品以及医疗保健器具购买，医生和医务辅助人员的医疗服务。（8）其他用品和服务，包括首饰和手表、各种箱包、婴儿用品、吸烟用具、旅馆住宿、美容美发和洗浴费用、养老院等护理服务、保险和金融服务支出、法律和咨询服务支出等。

表 9—14 分别列出了中国 2010 年城镇居民家庭和农村居民家庭的消费总支出，以及

其中8个大类各自消费支出的金额和所占比重。其中为了清楚地反映居民家庭在银行中介服务和保险服务上的消费支出，这两个中类的消费支出数额及其比重也分别从第8大类中单独列示了出来。

表9—14　　中国2010年城镇与农村居民个人消费支出

| 项目 | 城镇居民 | | 农村居民 | |
|---|---|---|---|---|
| | 消费支出（亿元） | 比重（%） | 消费支出（亿元） | 比重（%） |
| 消费总支出 | 108 784.0 | 100 | 31 974.6 | 100 |
| 食品烟酒类支出 | 31 588.6 | 29.04 | 12 249.1 | 38.31 |
| 衣着类支出 | 9 495.8 | 8.73 | 1 796.1 | 5.62 |
| 居住类支出 | 19 168.1 | 17.62 | 5 042.2 | 15.77 |
| 家庭设备、用品及服务类支出 | 6 119.7 | 5.63 | 1 980.2 | 6.19 |
| 医疗保健类支出 | 10 049.5 | 9.24 | 3 643.9 | 11.40 |
| 交通和通信类支出 | 13 041.8 | 11.99 | 3 136.6 | 9.81 |
| 文教娱乐用品及服务类支出 | 10 700.9 | 9.84 | 2 494.6 | 7.80 |
| 银行中介服务消费支出 | 3 172.4 | 2.92 | 751.7 | 2.35 |
| 保险服务消费支出 | 2 165.4 | 1.99 | 240.6 | 0.75 |
| 其他支出 | 3 281.7 | 3.02 | 639.6 | 2.00 |

资料来源：《中国统计年鉴》2012年卷，北京，中国统计出版社。

由表9—14可以看出2010年我国城镇居民家庭消费支出为108 784亿元，农村居民家庭消费支出为31 974.6亿元，则全国居民家庭消费总支出为：

$$居民个人消费总支出=108\,784.0+31\,974.6=140\,758.6(亿元)$$

居民个人消费支出的分类统计，为分析研究居民家庭消费的结构及其变化提供了条件。从表9—14分别计算列出的城镇和农村居民家庭各大类消费支出的比重可以看出二者的消费结构及其之间的差异。

德国统计学家恩格尔（Ernst Engel）于1857年曾基于153个比利时家庭的消费支出数据系统研究了居民家庭货物支出和收入的关系，恩格尔发现，一个家庭的收入水平越低，家庭总消费支出中用于食物消费支出的比例就越大；而收入水平越高的家庭，其总消费支出中用于食物消费支出的比例就越低。恩格尔的这一发现被后来的研究反复证实，因而这一关于家庭食物消费支出比例随着家庭收入水平变化的规律也就被称为恩格尔定律，而居民个人消费支出中食物消费支出所占的比例也就被称为恩格尔系数，即有：

$$恩格尔系数=\frac{食物消费支出金额}{消费总支出金额}\times 100\%$$

恩格尔定律并不意味着居民个人食物消费支出不随收入水平增长而增长，它只是表明居民个人食物消费支出的增长速度通常慢于收入水平的增长速度，因而随着家庭收入水平的增长，食物消费支出的比重将会下降。因此，恩格尔系数是用来衡量家庭富足程度的一个重要指标。显然，一个国家的经济发展水平决定了该国家居民家庭通常的收入和生活水平，一个国家的经济越不发达，其人民的收入和生活水平就越低，恩格尔系数就会越高；反之，一个国家的经济越发达，其人民的收入和生活水平就越高，恩格尔系数就越低。因

此，恩格尔系数也是用来衡量一个国家经济发展水平的重要指标。表9—15列出了改革开放以来一些年份我国城镇和农村居民家庭以现金消费支出计算的恩格尔系数值，其中2010年的数值之所以与表9—14中所计算的恩格尔系数值不同，是由于表9—14中的消费支出既包括现金支出的消费，也包括实物消费和虚拟计算的消费，而表9—15计算所依据的消费支出仅仅只包括现金支出的消费。由表中数据可以看出，改革开放30多年来，无论是城镇，还是农村，居民家庭的恩格尔系数都一直在逐渐下降，这表明我国的经济发展水平和人民生活水平一直在稳步提高。

**表9—15　　我国城镇与农村居民家庭的恩格尔系数**

| 年份 | 1978 | 1980 | 1985 | 1990 | 1995 | 2000 | 2005 | 2010 | 2012 |
|---|---|---|---|---|---|---|---|---|---|
| 城镇（%） | 57.5 | 56.9 | 53.3 | 54.2 | 50.1 | 39.4 | 36.7 | 35.7 | 36.2 |
| 农村（%） | 67.7 | 61.8 | 57.8 | 58.8 | 58.6 | 49.1 | 45.5 | 41.4 | 39.3 |

资料来源：《中国统计年鉴》2013年卷，北京，中国统计出版社。

2. *政府消费支出统计*

政府是任何国家都不可或缺的一个重要部门，在现代社会，政府具有多种重要的职能。根据联合国统计处2000年84号文件对政府职能的分类，政府职能包含：(1)一般公共服务；(2)国防；(3)公共秩序和安全；(4)经济事务；(5)环境保护；(6)住房和社区设施；(7)健康医疗；(8)娱乐、文化和宗教；(9)教育；(10)社会保护。政府的这些职能可以归纳为两个方面，一方面是政府为满足社会安全和秩序等公共需要而向全社会提供各种共享产品或称为公共产品，另一方面是政府为了社会公平和良好发展而对国民收入和社会财富进行再分配。

通常来说，满足全社会公共需要的各种公共产品是社会公众共同享有的消费品，其最基本的特征是消费的非竞争性和非排他性。非竞争性是指一个消费者对一种公共产品的消费不影响其他消费者对该产品的消费和使用；非排他性是指公众的任何一员都不能被排除在对该公共产品的消费之外，都可以享受这种产品。例如，政府的立法、司法、行政、国防、治安等机构提供的服务就都具有非竞争性和非排他性。公共产品的非竞争性和非排他性导致了其不可能由私人部门提供，而只能由政府部门出面组织生产和提供。

为了社会的公平和良好发展，政府通常用免费和低于市场价格的较低价格向特定的社会群体和居民家庭提供一些货物和服务，例如，为了保障少年儿童健康成长，政府对全部少年儿童提供免费义务教育；又如，为了解决城镇低收入家庭的住房问题，政府以大幅低于市场价格的价格向城镇低收入家庭提供经济适用房或廉租房或公租房。

政府消费支出是指政府部门为全社会提供的公共服务的消费支出和免费或以较低的价格向居民住户提供的货物和服务的净支出，前者等于政府服务的产出价值减去政府单位所获得的经营收入的价值，后者等于政府部门免费或以较低价格向居民住户提供的货物和服务的市场价值减去向住户收取的价值。政府消费支出的数额主要依据政府财政支出资料计算，国家财政支出包括经常性业务支出、投资性支出和转移性支出三部分，其中投资性支出和转移性支出都不构成政府消费，而经常性业务支出由行政管理费、国防费、公共安全、外交、科教文卫费等各项支出中的工资福利、商品和服务经常性支出构成，是政府消费的主要构成部分。但是政府消费支出与财政支出中的经常性业务支出在概念和口径范围上并不一致，所以需要在财政支出的经常性业务支出上进行调整。政府消费支出是与政府部门所生产的增加值相对应的指标，所以政府消费支出并不仅仅是货币的支出，也包括实物消费的支出。因此，政府消费支出除了包括财政支出中的经常性业务支出以外，还应包括政府部门所占用的房屋等固定资产的消耗支出。此外，由于政府服务的有些项目是收费的，构成了政府部门的经营性收入，这部分服务项目的收费已经被住户部门或企业部门所购买，成为这些购买部门的消费支出或中间消耗支出，所以不应再计算进政府消费支出之内，应该从财政支出的经常性业务支出中减去。因此，政府消费支出的计算公式为：

政府消费支出＝财政支出中的经常性业务支出－政府部门的经营性收入
＋政府部门的固定资产折旧

根据政府消费统计，我国 2010 年政府消费支出为 53 356.4 亿元，再由前节计算得知我国 2010 年居民个人消费支出为 140 758.6 亿元，由此可得 2010 年我国最终消费支出为：

最终消费支出＝140 758.6＋53 356.4＝194 115(亿元)

**(二) 资本形成的核算**

所谓资本形成是指各个机构单位通过购买或者建造等形式获得的资产，减去通过出售和报废等形式处置的资产以后净增加的资产。从企业的角度来看，资本既包括机器设备和原材料等物质资本，也包括现金和债券等金融资本，但是从国民经济的整体来看，一个机构的金融资产，实际就是别的机构的负债，除去对国外的金融资产，本国所有机构的金融资产与负债的合计必然相互抵消。因此，国民经济核算中的资本形成只计算非金融资本的形成。

对一个企业来说，资本可分为固定资本和流动资本两类，其中流动资本既包括企业库存的原材料、辅助材料、产成品和正在生产加工过程中的在制品，也包括所持有的现金、银行存款等，由于企业的现金和银行存款等金融资产就是银行部门的负债，从国民经济整体的角度看，各个机构的金融资产与负债相加抵消为 0，并不形成社会的真实资产，所以对于流动资产形成的核算就只计算库存原材料和产成品及在制品等存货的变动。因此，资本形成总额包括固定资本形成总额与存货变动两部分，即有：

资本形成总额＝固定资本形成总额＋存货变动额

1. 固定资本形成总额统计

固定资本形成是指常住单位在一定时期内通过购建等方式获得的固定资产减去通过报废、出售等方式处置的固定资产后的差额。固定资产是通过人类生产活动生产出来的，且其使用年限在一年以上、单位价值在规定标准以上的资产，不包括土地等自然资产。固定资本可分为有形固定资本和无形固定资本两类，其中，有形固定资本形成包括一定时期内完成的建筑工程、安装工程和设备工器具购置减去相应资产报废处置后的净增加额，以及土地改良，新增役、种、奶、毛、娱乐用牲畜和新增经济林木的价值额；无形固定资本形成总额包括矿藏的勘探、计算机软件等获得减去报废处置后的净增加额。

固定资本形成总额主要根据固定资产投资统计中的全社会固定资产投资额调整计算得

出。我国的固定资产投资统计报表制度统计的内容包括城镇建设项目投资、农村非农户建设项目投资和国防、人防建设项目投资。固定资产投资是指城镇和农村各种登记注册类型的企业、事业、行政单位及城镇个体户进行的计划总投资500万元及500万元以上的建设项目投资和房地产开发投资。由此所计算出的全社会固定资产投资额指标与固定资本形成指标两者之间的差别主要有：(1) 全社会固定资产投资额包括土地购置费、旧建筑物购置费和旧设备购置费；固定资本形成总额则不包括这些费用，随着用地成本的增加，土地费用占投资的比重呈现逐步提高的趋势。(2) 全社会固定资产投资额只包括计划总投资500万元以上项目的投资，不包括500万元以下项目的投资，不包括固定资产的零星购置；固定资本形成总额既包括计划总投资500万元以上项目的投资，也包括500万元以下项目的投资，还包括固定资产的零星购置。(3) 全社会固定资产投资额不包括商品房销售增值、新产品试制增加的固定资产以及未经过正式立项的土地改良支出；固定资本形成总额包括这些价值。(4) 全社会固定资产投资额只包括有形固定资产的增加，固定资本形成总额既包括有形固定资产的增加，也包括矿藏勘探、计算机软件等无形固定资产的增加。以全社会固定资产投资额为基点，然后根据固定资本形成总额与全社会固定资产投资额的差异，进行口径的调整，就可得出固定资本形成总额的数值。

2. 存货变动额统计

国民经济各生产单位库存的原材料、燃料、储备物资和未出售的产成品，以及正处在生产加工过程中的在制品和半成品等，通称为存货。存货变动是指常住单位在一定时期内库存物品与在制品等存货实物量变动的市场价值，即期末存货价值减去期初存货价值的差额，再扣除当期由于价格变动而产生的持有收益。存货变动可以是正值，也可以是负值，正值表示存货上升，负值表示存货下降。

存货变动的数值需要根据国民经济行业分类分别按行业计算，其中每一个行业都根据本行业会计核算资料和统计调查资料所提供的各个时期的期初和期末存货价值数据，以及相应时期内存货价格变动的数据进行计算。各个行业存货变动之和即为整个国民经济在该时期的存货变动额。

根据固定资产投资统计等调查计算的结果，2010年我国固定资本形成总额为183 615.2亿元，存货增加9 988.7亿元，由此可得我国2010年资本形成总额为：

资本形成总额＝183 615.2＋9 988.7＝193 603.9(亿元)

### (三) 货物和服务进出口统计

货物和服务进出口包括货物进出口和服务进出口两部分，需要分别加以统计。

1. 货物进出口统计

国家间货物的贸易即货物的进出口都必须经过双方海关，因此海关统计是各国官方的对外货物贸易统计，各地海关对进出口货物执行实际监管的进出口报关单及其他有关单证就是统计的依据。

根据国务院发布的《中华人民共和国海关统计条例》(国务院令第454号，2005年12月25日) 和海关总署颁布的《中华人民共和国海关统计工作管理规定》(海关总署令第153号，2006年9月12日)，我国海关统计的范围包括实际进出境并引起境内物质存量增加或者减少的货物，以及进出境旅客携带超过自用合理数量的物品；没有实际进出境或者虽然实际进出境但是没有引起境内物质存量增加或者减少的货物、物品则不列入海关统计。海关统计不包括：(1) 过境、转运和通运货物；(2) 暂时进出口货物；(3) 货币及货币用黄金；(4) 租赁期一年以下的租赁进出口货物；(5) 因残缺、短少、品种不良或者规格不符而免费补偿或者更换的进出口货物；(6) 退运货物；(7) 边民互市贸易进出口货物；(8) 中国籍船舶在公海捕获的水产品；(9) 中国籍船舶或者飞机在境内添装的燃料、物料、食品，中国籍或者外国籍的运输工具在境外添装的燃料、物料、食品以及放弃的废旧物料等；(10) 无商业价值的货样或者广告品；(11) 海关特殊监管区域之间、保税监管场所之间以及海关特殊监管区域和保税监管场所之间转移的货物。

中国海关采用国际通用的贸易统计标准，以世界海关组织制定的《商品名称及编码协调制度》(HS) 为基础编制《中华人民共和国海关统计商品目录》，列出进出口货物统计范围，同时按联合国《国际贸易标准分类》调整商品分类 (SITC 分类)。

进出口货物的价格以海关审定的完税价格为基础进行统计。进口货物按到岸价格 (CIF) 统计，出口货物按离岸价格 (FOB) 统计。所谓到岸价格，也称为成本、保险费加运费价格，包括货价和货物运抵中国关境输入地点起卸前的包装费、运费、保险费和其他劳务费等费用。离岸价格也称为船上交货价格，包括货价和货物运抵中国境内输出地点装卸前的运输及其相关费用、保险费和其他费用，其中包括的出口关税税额应当予以扣除。进出口货物的价格分别按照美元和人民币统计。进出口货物的价格以其他外币计价的，应当分别按照国家外汇管理部门按月公布的各种外币对美元的折算率以及海关征税适用的中国银行折算价，折算成美元值和人民币值进行统计。

进口货物的日期，按照海关放行的日期统计；出口货物的日期，按照办结海关手续的日期统计。

进口货物统计原产国和境内目的地，出口货物统计最终目的地国和境内货源地。原产国是指进口货物生产、开采或加工制造的国家 (地区)。对经过两个以上国家 (地区) 加工制造的进口货物，则以最后一个对货物进行经济上可以视为实质性加工的国家 (地区) 作为该货物的原产国。最终目的地国是指出口货物已知的消费、使用或进一步加工制造国家 (地区)，包括直接使用或进行加工的国家 (地区)。最终目的地国不能确定时，按货物出口时尽可能预知的最后运抵国 (地区) 统计。

2. 服务进出口统计

服务进出口统计是服务贸易统计的主要内容，长期以来我国一直没有建立服务贸易统计制度，以致服务贸易的统计工作十分薄弱，为适应经济全球化和服务贸易快速发展的需要，我国政府由商务部和国家统计局于 2007 年 11 月联合制定了《国际服务贸易统计制度》，并于 2010 年又进一步做了修订。我国的《国际服务贸易统计制度》遵循联合国等国际组织编发的《国际服务贸易统计手册》和世界贸易组织《服务贸易总协定》(GATS) 的有关标准，并与联合国《国民经济核算体系》(1993 SNA) 的有关标准相衔接，设定了中国服务贸易统计的范围和内容。根据《国际服务贸易统计制度》的规定，中国服务贸易统计的对象为从事服务贸易活动的企事业单位、其他组织、个体工商户和个人；统计的范围包括中国居民与非居民间服务贸易和外国附属机构服务贸易两部分，覆盖《服务贸易总

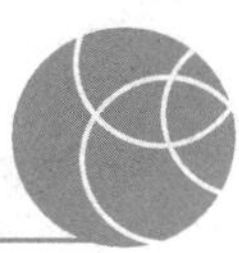



协定》建议的四种供应模式，即：跨境提供、境外消费、商业存在、自然人移动项下的服务贸易。其中，服务进出口统计的范围包括服务提供者从中国境内向其他国家或地区的服务消费者提供的服务，即中国的服务出口；以及境外服务提供者从其他国家或地区向中国境内的服务消费者提供的服务，即中国的服务进口。

根据《国际服务贸易统计制度》的规定，中国服务贸易统计调查工作的组织与实施由商务部负责，数据采集的方法包括全面调查、抽样调查、重点调查、典型调查和科学测算，并充分利用行政记录等资料。其中，全部调查的主要方式为统计报表，分为综合报表和基层报表，基层报表由调查对象填报，综合报表由商务部利用企业调查数据、相关部门资料、测算数据以及其他统计资料综合整理填报。服务进出口统计报表为季报，其中，建筑及相关工程服务，教育服务，环境服务，医疗、保健和社会服务，娱乐、文化和体育服务，分销服务和其他商业服务等进出口数据来源于服务贸易统计调查系统；计算机和信息服务、特许使用费和许可费，以及非金融类外国附属机构服务贸易数据来源于现有的商务部软件出口和服务外包统计系统、技术进出口信息管理系统；运输、旅游、通信服务、金融服务、保险服务等进出口数据则利用相关部门行政记录、统计资料以及测算数据和其他信息源进行统计。

表 9—16 列出了我国 2010 年货物和服务进出口的统计数据，由表中数据可以看出，我国货物对外贸易是出口额大于进口额，为顺差；而服务对外贸易则是进口额大于出口额，为逆差。这表明，我国服务业的发展还比较落后，在对外贸易中竞争力不强，特别是在运输、旅游、保险和金融服务、专有权利使用费和特许费，以及电影与音像服务方面差距较大。

**表 9—16**　　**中国 2010 年货物与服务进出口统计**　　单位：亿元

| 项目 | 出口 | 进口 | 净出口 |
|---|---|---|---|
| 货物和服务合计 | 114 022.8 | 98 925.2 | 15 097.6 |
| 一、货物 | 102 884.6 | 86 348.0 | 16 536.6 |
| 二、服务 | 11 138.2 | 12 577.2 | −1 439.0 |
| 1. 运输 | 2 225.7 | 4 115.4 | −1 889.7 |
| 2. 旅游 | 2 980.6 | 3 570.4 | −589.8 |
| 3. 通信服务 | 79.4 | 74.0 | 5.4 |
| 4. 建筑服务 | 943.0 | 330.0 | 613.0 |
| 5. 保险服务 | 112.3 | 1 025.0 | −912.6 |
| 6. 金融服务 | 86.6 | 90.3 | −3.7 |
| 7. 计算机和信息服务 | 602.2 | 192.9 | 409.3 |
| 8. 专有权利使用费和特许费 | 54.0 | 848.3 | −794.3 |
| 9. 咨询 | 1 481.3 | 982.0 | 499.4 |
| 10. 广告、宣传 | 187.7 | 132.7 | 55.0 |
| 11. 电影、音像 | 8.0 | 24.1 | −16.1 |
| 12. 其他商业服务 | 2 315.2 | 1 117.5 | 1 197.7 |
| 13. 别处未提及的政府服务 | 62.1 | 74.6 | −12.5 |

资料来源：根据《中国统计年鉴》2011 年卷中的国际收支平衡表计算得出。

由表 9—16 中货物和服务进出口的数据，以及前面两节中所计算出的我国最终消费支出数据和资本形成总额数据，可以用支出法计算出我国 2010 年的国内生产总值为：

国内生产总值＝194 115.0＋193 603.9＋15 097.6＝402 816.5(亿元)

## 二、各机构部门储蓄与资本形成的核算

支出法计算的国内生产总值中的资本形成总额给出了整个国家在某个时期投资形成的资本总量数值，这些新形成的资本分别属于各个不同的机构单位所有。为了了解和掌握这些新形成的资产在各个机构部门的分布状况，就需要对每个机构部门的储蓄和投资以及资本形成数量加以统计核算。

**(一) 储蓄的核算**

显然，对于一个家庭来说，其进行投资的主要资金来源应该是其储蓄，同理，一个单位和一个国家进行投资的主要资金来源也必然是其自身的储蓄。按照定义，储蓄是可支配收入用于消费支出以后的余额，即有：

储蓄＝可支配收入－消费支出

对于一个国家来说，最终消费支出由居民个人消费支出和政府消费支出两部分构成，所以一个国家的国民总储蓄就是该国的国民可支配总收入减去居民个人消费支出与政府消费支出以后的余额，其计算公式为：

国民总储蓄＝国民可支配总收入－居民个人消费支出－政府消费支出

国民总储蓄额与国民可支配总收入的比率，称为国民总储蓄率，其计算公式为：

$$国民总储蓄率=\frac{国民总储蓄额}{国民可支配总收入}\times 100\%$$

例如，我国 2010 年居民个人消费支出为 140 758.6 亿元，政府消费支出为 53 356.4 亿元，则由上述公式可计算得出 2010 年我国的国民总储蓄额和储蓄率分别为：

国民总储蓄＝402 513.7－140 758.6－53 356.4＝208 398.7(亿元)

$$国民总储蓄率=\frac{208\ 398.7}{402\ 513.7}\times 100\%=51.77\%$$

由国民可支配总收入的定义和计算过程可知，国民可支配总收入中包含有固定资产的折旧收入，而固定资产的折旧收入是生产过程中固定资产损耗的转移价值，而并不是新增的收入，如果除去这部分转移收入，则得到国民可支配净收入，即有：

国民可支配净收入＝国民可支配总收入－固定资产折旧

同理，若在国民总储蓄中减去固定资产折旧，就得到国民净储蓄，即有：

国民净储蓄＝国民总储蓄－固定资产折旧

国民净储蓄额与国民可支配净收入的比率，可称为国民净储蓄率，其计算公式为：

$$国民净储蓄率=\frac{国民净储蓄额}{国民可支配净收入}\times 100\%$$

例如，由我国 2010 年的投入产出表可知我国 2010 年国民生产过程中的固定资产折旧总额为 55 291.9 亿元，则由上述公式可得：

国民可支配净收入＝402 513.7－55 291.9＝347 221.8(亿元)

国民净储蓄＝208 398.7－55 291.9＝153 106.8(亿元)

$$国民净储蓄率=\frac{153\ 106.8}{347\ 221.8}\times 100\%=44.09\%$$

**(二) 各机构部门资本形成的核算**

为了便于对各个机构部门的资本形成进行统计核算，可以给每个机构部门建立一个储蓄与资本账户。

在对国民经济整体的资本形成进行核算时，由于国内不同机构单位间的相互金融投资与负债会相互抵消，因而只需要核算实物资本形成，而不需考虑金融资产，但是对于一个机构部门来说，其投资的对象可以是实物资产，也可以是金融资产，其自身的金融资产与金融负债并不能相互抵消，所以不同于国家整体的资本形成核算，各个机构部门的资本形成核算既需要统计计算其实物资本投资，也需要计算其金融资产投资。

此外，不同的机构单位之间通常还会发生一些资本转移，从而影响相关机构单位的资本形成数量，因此对资本转移也需要加以统计核算。所谓资本转移，是指一个单位无偿地向另一个单位支付用于非金融投资的资金，而不要求对方给予任何对应物作为回报的交易。资本转移具有不同于经常转移的两个特征，一是转移的目的是用于投资，而不是用于消费；二是资本转移其实物形式往往涉及除存货和现金以外资产所有权的转移，其现金形式往往涉及除存货以外的资产的处置。例如，政府给予企业的投资性补助就是一种类型的资本转移。

表 9—17 列出了我国非金融企业部门 2010 年的储蓄与资本账户。由于非金融企业部门没有消费功能，所以其可支配收入 72 069.2 亿元全部形成储蓄，这是其自有资金，成为其投资的一个主要资金来源。另外，非金融企业部门获得了政府的投资性补助 5 174.5 亿元，也成为其投资支出的一个资金来源。两项合计其资金总额为 77 243.7 亿元。而其资金的使用去向，一是通过资本转移给其他部门 1 278.3 亿元，二是本部门进行实物资本投资获得资本形成总额 129 794.4 亿元，三是其他非金融资产获得减去处置的净额为 21 689 亿元，三项合计总共 152 761.7 亿元。企业新建厂房和机器设备等的结果是获得资本形成，但是由于新建厂房等还需要购买土地等，而土地由于不是人类生产的产品，不计算在资本形成之内，但企业购买的土地等确实也形成了企业的一种非金融资产，所以被记在了其他非金融资产之内。资金来源总额减去资金使用总额就得到了净金融投资，即有：

净金融投资＝资金来源总额－资金运用总额

对于我国非金融企业部门来说，由表 9—17 可得其 2010 年的净金融投资额为：

净金融投资＝(72 069.2＋5 174.5)－(1 278.3＋129 794.4＋21 689.1)
　　　　　＝－75 518.1(亿元)

此净金融投资额为负，表明非金融企业部门的投资大于储蓄，具有投资储蓄缺口。非金融企业部门要弥补其投资储蓄缺口，就需要到金融市场上去融资，形成金融负债。

**表 9—17　　非金融企业部门储蓄与资本账户**　　单位：亿元

| 运用 | | 来源 | |
|---|---|---|---|
| 3. 资本转移 | 1 278.3 | 1. 储蓄 | 72 069.2 |
| 4. 资本形成总额 | 129 794.4 | 2. 投资性补助 | 5 174.5 |
| (1) 固定资本形成总额 | 122 600.5 | | |
| (2) 存货增加 | 7 193.9 | | |
| 5. 其他非金融资产净获得 | 21 689.1 | | |
| 6. 净金融投资 | −75 518.1 | | |

表 9—18 列出了我国 2010 年金融机构部门的储蓄投资账户。金融机构部门也不具备消费的功能，所以其可支配收入也全部形成其储蓄，为 13 206.5 亿元，除去本部门投资形成固定资本 296.2 亿元，得到净金融投资额 12 910.3 亿元。其储蓄大于投资，净金融投资为正，在金融市场上是资金的供给部门。

**表 9—18　　金融机构部门储蓄与资本账户**　　单位：亿元

| 运用 | | 来源 | |
|---|---|---|---|
| 2. 资本形成总额 | 296.2 | 1. 储蓄 | 13 206.5 |
| (1) 固定资本形成总额 | 296.2 | | |
| 3. 净金融投资 | 12 910.3 | | |

表 9—19 列出了我国政府部门 2010 年的储蓄与资本账户。2010 年我国政府部门的可支配收入为 74 116.3 亿元，除去政府消费支出 53 356.4 亿元，形成储蓄为 20 759.9 亿元。本年度获得来自非金融企业等部门的资本转移 1 604.3 亿元，共有资金 22 364.2 亿元。其中，用于对非金融企业部门的投资性补助等资本转移支出 5 187.0 亿元，用于本部门投资获得资本形成总额 22 900.0 亿元，取得其他非金融资产获得减去处置净额 −11 799.5 亿元，三项相加合计为 16 287.5 亿元。政府部门的其他非金融资产净获得之所以是负值，与非金融企业正好相反，是因为非金融企业建造新厂房等需要向政府和居民住户买地，企业付出资金，政府和住户取得卖地收入。政府部门 2010 年的资金来源总额与资金运用总额之差为 6 076.6 亿元，其净金融投资为正，在金融市场上也是资金的供给者。

**表 9—19　　政府部门储蓄与资本账户**　　单位：亿元

| 运用 | | 来源 | |
|---|---|---|---|
| 3. 资本转移 | 5 187.0 | 1. 储蓄 | 20 759.9 |
| (1) 投资性补助 | 5 174.5 | 2. 资本转移 | 1 604.3 |
| (2) 其他转移 | 12.5 | | |
| 4. 资本形成总额 | 22 900.0 | | |
| (1) 固定资本形成总额 | 22 557.1 | | |
| (2) 存货增加 | 343.0 | | |
| 5. 其他非金融资产净获得 | −11 799.5 | | |
| 6. 净金融投资 | 6 076.6 | | |

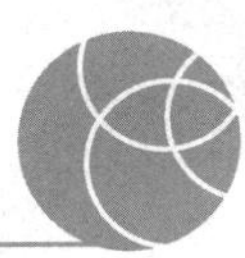



表 9—20 列出了我国住户部门 2010 年的储蓄和资本账户。住户部门 2010 年的可支配收入为 243 121.7 亿元，除去城镇和农村居民个人消费支出总额 140 758.6 亿元，形成总储蓄额为 192 363.1 亿元。其中，用于本部门投资获得资本形成总额 40 613.2 亿元，其他非金融资产净获得－9 889.5 亿元，两项合计为 30 723.7 亿元。住户部门的其他非金融资产净获得之所以也为负，主要也是住户部门卖地给非金融企业部门获得了卖地收入。2010 年，我国住户部门的资金来源总额减去资金运用总额为 71 639.4 亿元，净金融投资为正，表明住户部门在金融市场上也是资金供给者。

**表 9—20**　　**住户部门储蓄与资本账户**　　单位：亿元

| 运用 | | 来源 | |
|---|---|---|---|
| 2. 资本形成总额 | 40 613.2 | 1. 储蓄 | 192 363.1 |
| (1) 固定资本形成总额 | 38 161.4 | | |
| (2) 存货增加 | 2 451.8 | | |
| 3. 其他非金融资产净获得 | －9 889.5 | | |
| 4. 净金融投资 | 71 639.4 | | |

若将非金融企业部门、金融机构部门、政府部门、住户部门的储蓄与资本账户合并，则可得到国内四个部门合并的储蓄与资本账户，可以反映国内总体的储蓄与投资状况，如表 9—21 所示。在表 9—21 中，国内四个部门合计的储蓄总额为 208 398.7 亿元，这也就是我国 2010 年的总储蓄额。资本转移项目中，政府给予非金融企业部门的投资性补助与非金融企业部门得到的投资性补助正好相抵，而其他资本转移的收入与支出不能完全相抵，表明了有来自国外部门的资本转移。表中的资本形成总额也就是用支出法所计算得到的构成国内生产总值的资本形成总额。在此合并账户中，四个部门的其他非金融资产净获得已完全相抵消，因为非金融企业买地的支出，正好就是政府部门和住户部门卖地的收入。在此合并账户中，国内四个部门合计的净金融投资并没有相互抵消，合计值为 15 108.3 亿元，为我国 2010 年对国外净金融投资的数额。

**表 9—21**　　**国内部门合并的储蓄与资本账户**　　单位：亿元

| 运用 | | 来源 | |
|---|---|---|---|
| 3. 资本转移 | 6 465.3 | 1. 储蓄 | 208 398.7 |
| (1) 投资性补助 | 5 174.5 | 2. 资本转移 | 6 778.8 |
| (2) 其他 | 1 290.8 | (1) 投资性补助 | 5 174.5 |
| 4. 资本形成总额 | 193 603.9 | (2) 其他 | 1 604.3 |
| (1) 固定资本形成总额 | 183 615.2 | | |
| (2) 存货增加 | 9 988.7 | | |
| 5. 净金融投资 | 15 108.3 | | |

## 思考与练习

1. 什么是机构单位？机构单位与产业活动单位有什么不同？机构单位如何分类？
2. 计算国内生产总值的收入法与生产法有什么不同？如何用收入法计算国内生产

总值？

3. 计算国内生产总值的支出法与生产法有什么不同？如何用支出法计算国内生产总值？

4. 什么是国内生产净值？其经济含义是什么？

5. 什么是国民总收入？什么是国民可支配收入？二者有何不同？

6. 什么是基尼系数？如何用基尼系数测度和分析个人收入分配的差距和不平等程度？

7. 居民家庭消费支出如何分类？政府消费支出由哪些内容构成？政府消费支出与居民消费支出有什么关系？

8. 什么是恩格尔系数？如何用恩格尔系数分析社会的经济发展水平？

9. 国民总储蓄与国民净储蓄有什么不同？为什么国民净储蓄率会不同于国民总储蓄率？

10. 中国 2011 年的国内生产总值为 473 104.0 亿元，当年来自国外的劳动者报酬净收入为 965.6 亿元，国外从中国获得的财产净收入为 5 507.3 亿元，来自国外的经常转移净收入为 1 583.1 亿元，当年居民消费支出 168 956.6 亿元，政府消费支出 63 154.9 亿元。请计算中国 2011 年的国民总收入、国民可支配总收入、国民总储蓄和国民总储蓄率。

# 第十章　货币与金融统计

**本章导学**

通过学习本章，要求掌握金融机构单位的分类和金融工具的分类，货币供应量的三个层次 $M_0$、$M_1$、$M_2$ 的划分和统计方法，存款和贷款的分类统计，利率和汇率的统计，金融交易流量的计算方法，各个机构部门金融账户的编制及全社会金融交易的资金流量表编制，实体经济从社会融资规模的统计方法，以及金融相关比率和金融活动服务于实体经济比例的计算与分析方法。

## 第一节 金融机构单位和金融工具的分类

现代市场经济的运行离不开货币和金融。货币不仅是各种不同商品的计价工具和交换媒介，而且也是各个机构单位的价值储藏和支付手段。在市场经济社会，各种社会产品和物质财富通常都需要用货币来计价衡量，社会物质财富的货币形式通常称为资金，与资金融通有关的经济活动则称为金融活动。一个个人或一个机构单位，如果要创办一个企业，首先就需要筹措一笔资金作为企业的开创资本，兴建厂房和购买机器设备，而企业要进行生产就又需要筹措一定的资金购买原材料和辅助材料等中间投入物品，当企业生产出产品以后，通过产品的销售则收回资金，支付工人的劳动报酬和资本报酬，然后进入下一期的再生产。显然，在市场经济条件下，社会物质产品和服务的生产、分配、使用的再生产过程，必然伴随着社会生产资金的流通和周转过程，社会物质产品和服务的再生产过程也就是社会生产资金的流通和周转过程，社会生产资金的流通和周转过程是国民经济再生产过程的镜像。在社会经济运行过程中，由于资金的拥有者和资金的使用者往往并不相同，所以资金的使用者就需要使用各种金融工具来筹集所需要的资金，而资金的拥有者为了使自己的资金保值增值也需要通过各种金融工具将自己的资金投资于回报率较高的地方或项目之上。所以，资金的融通即金融活动在国民经济运行过程中具有十分重要的作用，在某种意义上甚至可以说，现代社会是资金的流向与规模决定了社会的资源配置，便捷而有效的资金融通交易活动使得社会资源的配置得以合理优化。因此，对于国民经济再生产过程中的货币流通与金融活动进行测度和统计，也是国民经济统计核算的一个重要内容。

物质财富的货币形式形成资金，资金的供给者和需求者之间进行的资金交易形成金融交易。显然，任何一个具有独立决策权力的机构单位都有可能成为一个资金供给者，也有可能成为一个资金需求者。因此，金融活动是国民经济中所有机构单位都可能参与的经济活动，一项金融交易可能发生在两个非金融企业单位之间，或者两个金融公司之间，或者两个家庭住户之间，也可能发生在一个非金融企业或一个家庭住户或一个政府单位与一个金融公司之间，还可能发生在一个家庭住户或一个非金融企业或一个金融公司与国外单位之间。然而，在现代市场经济社会，不仅各个机构单位之间的金融交易通常需要经过金融机构中介来进行，而且各个机构单位之间的实物交易通常也需要通过金融机构进行结算，金融机构部门几乎掌控了整个社会的资金流通。所以，金融机构部门在社会金融交易活动中居于重要的地位。

### 一、金融机构单位的分类

金融机构就是专门从事货币信用活动与资金融通经营的机构。由于提供金融服务通常要接受严格的监管，提供金融服务的单位通常不会提供其他的货物和服务，金融服务一般也不会作为次要产出来提供，所以金融服务的提供需要专门的机构来负责。随着金融创新的不断涌现，金融机构的数量和种类也不断增多，为了进行管理和统计核算分析，首先应

该将各个不同的金融机构进行一个分类。

联合国等机构编制的《国民经济核算体系2008》按照在市场上的活动及其负债的流动性，把金融机构部门分成九个不同的子部门，分别为：(1) 中央银行，是对金融系统的关键方面实施控制的国家金融机构；(2) 中央银行以外的存款性公司；(3) 货币市场基金；(4) 非货币市场投资基金；(5) 保险公司；(6) 养老基金；(7) 保险公司和养老基金以外的其他金融中介机构；(8) 金融辅助机构；(9) 专属金融机构和贷款人。

2010年，中国人民银行发布了《金融机构编码规范》，从宏观层面制定了中国金融机构分类标准，首次明确了中国金融机构涵盖范围，界定了各类金融机构具体组成，规范了金融机构统计编码方式与方法。按照此编码规范，我国的金融机构也分为九个类别。

**(一) 货币当局**

货币当局包括中国人民银行和国家外汇管理局两个机构。其中，根据《中华人民共和国中国人民银行法》，中国人民银行是中华人民共和国的中央银行。货币当局是代表国家制定并执行货币政策、金融运行规则，管理国家储备，从事货币发行与管理，与国际货币基金组织交易及向其他存款性公司提供信贷，以及承担其他相关职能的金融机构或政府部门。

**(二) 监管当局**

监管当局包括中国银行业监督管理委员会、中国证券业监督管理委员会和中国保险业监督管理委员会三个政府设立的金融业监管机构，是对金融机构及其经营活动实施全面的、经常性的检查和督促，实行领导、组织、协调和控制，行使实施监督管理职能的政府机构或准政府机构。

**(三) 银行业存款类金融机构**

银行业存款类金融机构包括：(1) 银行，是依法设立的吸收公众存款、发放贷款、办理结算等业务的企业法人；(2) 城市信用合作社（含联社），是依照有关规定在城市市区内由城市居民、个体工商户和中小企业法人出资设立的，主要为社员提供服务，具有独立企业法人资格的合作金融组织；(3) 农村信用合作社（含联社），是经相关国家部门批准设立，由社员入股组成、实行社员民主管理、主要为社员提供金融服务的农村合作金融机构；(4) 农村合作银行，是由辖内农民、农村工商户、企业法人和其他经济组织入股组成的股份合作制社区性地方金融机构；(5) 农村商业银行，是由辖内农民、农村工商户、企业法人和其他经济组织共同发起成立的股份制地方金融机构；(6) 村镇银行，是经中国银行业监督管理委员会依据有关法律、法规批准，由境内外金融机构、境内非金融机构企业法人、境内自然人出资，在农村地区设立的主要为当地农民、农业和农村经济发展提供金融服务的金融机构；(7) 农村资金互助社，是经中国银行业监督管理机构批准，由乡(镇)、行政村农民和农村小企业自愿入股组成，为社员提供存款、贷款、结算等业务的社区互助性金融机构；(8) 财务公司，是以加强企业集团资金集中管理和提高企业集团资金使用效率为目的，为企业集团成员单位提供财务管理服务的金融机构。

**(四) 银行业非存款类金融机构**

银行业非存款类金融机构包括：(1) 信托公司，是依照《中华人民共和国公司法》和《信托公司管理办法》设立的主要经营信托业务的金融机构。(2) 金融资产管理公司，是经国务院决定设立的，收购、管理和处置金融机构、公司及其他企业（集团）不良资产，兼营金融租赁、投资银行等业务的金融机构。(3) 金融租赁公司，是经中国银行业监督管理委员会批准，以经营融资租赁业务为主的金融机构。(4) 汽车金融公司，是经中国银行业监督管理委员会批准设立的，为中国境内的汽车购买者及销售者提供金融服务的金融机构。(5) 贷款公司，是经中国银行业监督管理委员会依据有关法律、法规批准，由境内商业银行或农村合作银行在农村地区设立的专门为县域农民、农业和农村经济发展提供贷款服务的金融机构。(6) 货币经纪公司，是经中国银行业监督管理委员会批准在中国境内设立的，通过电子技术或其他手段，专门从事促进金融机构间资金融通和外汇交易等经纪服务，并从中收取佣金的金融机构。

**（五）证券业金融机构**

证券业金融机构包括：(1) 证券公司，是依照《中华人民共和国公司法》规定设立的并经国务院证券监督管理机构审查批准而成立的专门经营证券业务、具有独立法人地位的金融机构。(2) 证券投资基金管理公司，是经中国证券业监督管理委员会批准，在中华人民共和国境内设立，从事证券投资基金管理业务的企业法人。(3) 期货公司，是依照《中华人民共和国公司法》和《期货交易管理条例》规定设立的经营期货业务的金融机构。(4) 投资咨询公司，是经中国证券业监督管理委员会批准设立，为证券、期货投资人或者客户提供证券、期货投资分析、预测或者建议等直接或者间接有偿咨询服务的金融机构。

**（六）保险业金融机构**

保险业金融机构包括：(1) 财产保险公司，是经中国保险业监督管理委员会批准设立，依法登记注册，从事经营财产损失保险、责任保险、信用保险、短期健康保险和意外伤害保险等财产保险业务的保险公司。(2) 人身保险公司，是经中国保险业监督管理委员会批准设立，依法登记注册，从事意外伤害保险、健康保险、人寿保险等人身保险业务的保险公司。(3) 再保险公司，是经中国保险监督管理机构批准设立，依法登记注册的，专门从事再保险业务、不直接向投保人签发保单的保险公司。(4) 保险资产管理公司，是经中国保险业监督管理委员会会同有关部门批准设立，依法登记注册、受托管理保险资金的金融机构。(5) 保险经纪公司，是经中国保险业监督管理委员会批准设立，基于投保人的利益，为投保人与保险人订立保险合同提供中介服务，并依法收取佣金的金融机构。(6) 保险代理公司，是经中国保险业监督管理委员会批准设立，根据保险公司的委托，向保险公司收取代理佣金，并在保险公司授权的范围内代为办理保险业务的金融机构。(7) 保险公估公司，是经中国保险业监督管理委员会批准设立，接受保险当事人委托，专门从事保险标的的评估、勘验、鉴定、估损、理算等业务的单位。(8) 企业年金，是指企业及其职工在依法参加基本养老保险的基础上自愿建立的补充养老保险制度。

**（七）交易及结算类金融机构**

交易及结算类金融机构包括：(1) 交易所，是经国家有关主管部门批准设立的，提供证券、商品、期货等集中竞价交易场所，不以营利为目的的法人。(2) 登记结算类机构，是经国家有关主管部门批准设立的，为金融交易提供集中的登记、托管与结算服务，不以营利为目的的法人。

**（八）金融控股公司**

金融控股公司是依据《中华人民共和国公司法》设立，拥有或控制一个或多个金融性

公司，并且这些金融性公司净资产占全部控股公司合并净资产的50%以上，所属的受监管实体应是至少明显地在从事两种以上的银行、证券和保险业务独立企业法人。包括：(1) 中央金融控股公司；(2) 其他金融控股公司。

**(九) 其他金融机构**

其他金融机构主要有：(1) 小额贷款公司，是由自然人、企业法人或其他社会组织依法设立，不吸收公众存款，经营小额贷款业务的有限责任公司或股份有限公司；(2) 第三方理财公司；(3) 综合理财服务公司。

## 二、金融工具及其分类

不同的机构单位之间进行金融交易活动，需要使用货币等各种金融工具。金融工具是机构单位之间签订的、可能形成一个机构单位的金融资产并形成其他机构单位的金融负债或权益性工具的金融契约。在当代社会，金融工具的种类繁多，根据各种金融工具的流动性特征、法律特征、或有和非或有性特征、风险性特征以及期限性特征，可以将各种不同的金融工具加以分类。

金融工具的流动性是指金融工具迅速变现而不招致损失的能力，可从是否具有可流通性、可转让性、适销性和可兑换性几个方面考察。金融工具的法律特征是指债权人和债务人关系形式的法律性质，可从资产与负债的对称性、本金的确定性、收益分配权和管理控制权等方面进行考察。金融工具的或有和非或有性是指交易与价值是否依赖未来特定条件实现才会产生和确认，如果某金融工具具有明确的价值，其交易发生不依赖未来特定条件的实现，则该金融工具具有非或有性特征，称为现期金融工具；若某金融工具的交易和价值依赖于未来特定条件的实现，则该金融工具具有或有特征，称为或有金融工具。金融工具的风险性是指其价值或名义价值的不确定性，而期限性特征是指其原始期限、剩余期限和存续期限的长短。

根据联合国等机构共同编制的《国民经济核算体系 2008》的规定，各种金融工具被划分为 9 个大类。分别是：

**(一) 货币黄金和特别提款权**

货币黄金和特别提款权是通常仅由货币当局持有的资产。货币黄金是由货币当局（或受货币当局有效控制的其他机构）所拥有的并作为储备资产而持有的黄金。特别提款权是由国际货币基金组织创立并分配给会员以补充现有储备资产的国际储备资产。

**(二) 通货和存款**

通货是指那些由中央银行或中央政府发行或授权的具有固定面值的纸币和硬币。存款包括可转让存款、银行间头寸、其他可转让存款和其他存款。其中，可转让存款包括没有违约或限制、按面值即期兑现的存款和以支票、汇票、直接转账单、直接借/贷或其他之间支付方式等直接进行支付的存款；银行间头寸是指银行同业存款；其他可转让存款是指交易的一方或双方、债权人或债务人或双方都不是银行的那些存款；其他存款是指可转让存款以外的由存款证明所代表的所有债权，此类存款的典型形式是储蓄存款、定期存款和不可转让存款证。

**（三）债务性证券**

债务性证券是作为债务证明的可转让工具，包括票据、债券、可转让存款证、商业票据、债权证、资产支持证券和通常可在金融市场交易的类似工具。其中，票据是赋予持有者在约定日期收取预先声明的固定数额的无条件权利的证券；债券和债权证是赋予持有者收取固定付款或合约规定的可变付款的无条件权利证券；资产支持证券和抵押债务凭证是利息和本金的支付要以特定资产支付或收入流为支撑的一种安排；银行承兑汇票由金融公司对汇票进行承兑，是在约定日期支付约定数额的一种无条件承诺。

**（四）贷款**

贷款包括债权人直接将资金借给债务人时产生的金融资产和以不可转让单据作为凭证的金融资产。

**（五）股权和投资基金份额**

股权和投资基金份额的显著特征是持有者对发行单位的资产有剩余索取权。股权代表机构单位中持有者的资金，包括证明对清偿了债权人全部债权后的公司或准法人公司的剩余价值有索取权的所有票据和记录。投资基金是将投资者的资金集中起来投资于金融或非金融资产的集体投资，可分为货币市场基金和非货币市场基金两种，前者是仅投资或主要投资于国库券、存款证和商业票据等短期货币市场证券的投资基金，后者是通常投资于长期金融资产以及房地产的投资基金。基金份额或基金单位是对既定基金价值的一定比例的债权。

**（六）保险、养老金和标准化担保计划准备金**

保险、养老金和标准化担保计划都是金融机构进行财富调节或收入再分配的形式。再分配可能发生在同一时期各机构单位之间，或同一机构单位不同时期之间，或这两种情况的结合。参与计划的单位向计划缴款，并在同期或后期领取保险金或得到赔付。其准备金包括非寿险专门准备金、寿险和年金权益、养老金权益、养老金经理人的养老金债权和标准化担保代偿准备金。

**（七）金融衍生工具和雇员股票期权**

金融衍生工具是与某种特定金融工具或特定指标或特定商品挂钩的金融工具，通过金融衍生工具，特定的金融风险本身就可以在市场上交易。金融衍生工具是为了风险管理、套期保值、在市场间套利和投机等多种目的而使用，可分为期权合约（期权）和远期类合约（远期）两大类。期权是赋予期权购买者如下权利（但不是义务）的一种合约，即期权购买者可按事先约定的价格（执行价格），在某一时期（美式期权）或某一日期（欧式期权），购买（买进期权）或出售（卖出期权）某一特定金融工具或商品。远期合约是一种在特定日期具有结算义务的无条件金融合约，远期合约的双方同意按合约规定的价格（执行价格）在特定日期交换约定数量的标的物（实物或金融资产）。常见的远期合约类别包括利率互换、远期利率协议、外汇互换、远期外汇合约和交叉货币利率互换。期货和其他远期合约通常（但并非总是）以现金或其他金融工具的准备金来结算，而不是以标的物的实际交割来结算，因此可脱离标的物单独估计和交易。雇员股票期权是雇主与雇员在某日（授权日）签订的一种协议，根据协议，在未来约定时间（含权日）或紧接着的一段时间（行权期）内，雇员能以约定价格（执行价格）购买约定数量的雇主股票。

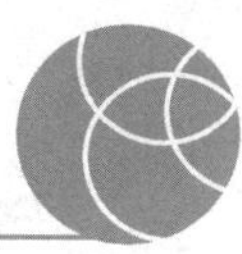


**（八）其他应收/应付款**

包括提供给公司、政府、住户和国外的货物和服务的商业信用、在建工程或拟建工程的预付款，以及与税收、红利、证券买卖、租金、工资和薪金、社会保障缴款有关的应收和应付款。

**（九）备忘项目**

备忘项目是需要单独列出和记录的金融资产或负债，有外商直接投资和不良贷款两项。

2010 年，中国人民银行按照同国际接轨的原则，并结合我国金融业务、会计准则和金融业综合统计的需要进行细分，制定发布了《金融工具统计分类及编码标准（试行）》，将各种金融工具划分为 13 个大类，分别是：（1）黄金；（2）特别提款权；（3）通货；（4）存款；（5）非股票证券；（6）贷款；（7）股票和其他股权；（8）金融衍生；（9）保险技术准备金；（10）其他应收应付；（11）国家外汇储备占款；（12）委托代理协议；（13）或有金融工具。与《国民经济核算体系 2008》的分类相比，中国人民银行的分类更细一些。

## 三、货币与金融统计的内容

货币与金融统计主要包括三个方面的内容，其一是货币信贷统计，其二是全社会金融活动统计，其三是金融业经营统计。货币统计的主要任务是对一个国家的货币的发行和流通数量进行统计，主要反映货币的创造和运动过程，以及社会货币供应量的规模、结构和形成过程，为制定正确的货币政策和金融方针提供科学依据。而全社会金融统计则是对经济中所有部门的金融资产和金融负债的流量和存量的统计，主要反映资金量在部门间的流动情况、各部门金融资产和金融负债的结构以及资金头寸状况，反映国民经济各部门之间的资金联系，为宏观经济分析和宏观经济政策的制定提供依据。此外，由于金融机构掌控着全社会的货币资金及其流动，其经营的稳定性对国民经济的平稳运行影响极大，所以也需要对金融机构部门的经营情况进行统计，从而形成了金融业经营统计。本章主要论述前两个方面的内容。

# 第二节　货币统计

货币作为商品交换的媒介和计价工具以及各种交易的支付手段，在现代社会具有不可或缺的作用。人们很难想象，如果没有货币，现代社会的经济活动将会如何运行。

## 一、货币的概念与定义

尽管在现代市场经济条件下从企业的生产经营到人们的日常生活都离不开货币，但对于什么是货币，不论是经济学家，还是各国政府，却都一直难以给出一个统一的确切的定义。

基于传统习惯，按照一般民众的理解，所谓货币就是指一国政府或其授权机构所发行的充当商品交换的等价物和支付手段的钞票，既包括主币，也包括各种辅币，又称为现金。其中，主币又称本位币，是一国货币制度中的基本通货，它是国家法定的计价和结算的标准单位。辅币是指本位币单位以下的小额货币，辅助大面额货币的流通，供日常零星交易或找零之用，其特点是面额小、流通频繁、磨损快。为了减少残损而回收导致的损失，辅币通常多用铜、镍或铝及其合金等贱金属铸造为硬币。

纸币本身并不具有任何内在价值，发行者也没有将其兑现为某种实物的义务，它只是依靠政府的法令而强制发行，并依靠政府的信用而被社会公众接受，成为合法流通的货币，所以也称为法定货币，只有当政府或其授权机构印制发行以后才能成为货币，印刷厂已经印制完成但还未发行的纸币还不是货币，已经由发行机构收回的纸币也不再是货币。也就是说，只有经政府法定机构发行且处于流通中的纸币才是货币，所以也称为通货，即流通货币。

中华人民共和国的法定货币是人民币，中国人民银行是国家管理人民币的主管机关，负责人民币的设计、印制和发行。人民币的单位为元，人民币的辅币单位为角、分。1 元等于 10 角，1 角等于 10 分。人民币是我国唯一独立合法的货币。其独立性体现在：人民币不同任何一个国家货币的币值固定地联系在一起，当外币升值或贬值时，可以相应地调整人民币汇率；人民币不规定含金量，人民币发行和币值稳定的保证，是国家手中掌握的大量商品；人民币出入境实行限额管理。其合法性体现在：人民币在我国的主权范围内，具有无限清偿性，唯一能够用来计价、流通、使用，任何单位或个人不得拒收。

然而，随着科学技术的进步和社会的发展，各种新的金融工具不断出现，其中许多金融工具也具有交换媒介和支付手段的功能，人们进行商品或财产的交易不一定必须直接使用纸币按照一手交钱一手交货的方式完成，也可以通过银行存款的转账等方式来完成。在当代社会，不论是人们到商店购买商品，或向旅行社支付旅游费用，还是向房地产开发商交付购房款，都越来越多地使用基于活期存款账户的银行卡进行银行转账支付，而越来越少地使用现金支付，特别是交易额越大的交易，人们越倾向于使用银行转账支付。很明显，随着社会的发展，现金支付在整个国民经济的交易活动中所占的份额越来越低，只将现金作为货币的观念和做法已越来越不适应现代社会的发展。因此，根据货币的功能，货币除了流通中的法定纸币以外，还应该包括可转账银行存款之类的多种金融工具。由此，经济学家就提出了多种不同的货币定义。

首先，基于活期存款具有良好的流动性和快速便捷的支付功能，许多经济学家和各国政府已普遍认可货币应该包括可签发支票的活期存款，并将流通中的现金加上可签发支票的活期存款一起称为狭义的货币。

其次，考虑到定期存款虽然其流动性不及活期存款，但是也很容易转为活期存款，只不过是要损失一些存款利息，所以在有些时候也会动用来为商品或金融交易进行支付，也具有与货币同样的功能，因此许多经济学家又将定期存款列入货币之中，并称之为广义的货币。不过，对于广义货币的定义和包括的范围，各个经济学家还有不同的认识，还不能取得一致。实际上，除了各种存款以外，还有些经济学家认为诸如政府和企业所发行的各种短期债券等短期金融工具，在金融市场上很容易贴现或出售变现，也都具有相当好的流

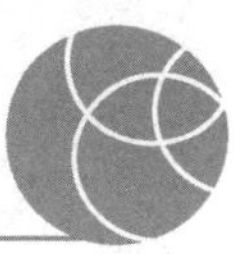

动性，也应包括在广义的货币之内。

## 二、货币供应量统计

所谓货币供应量，也就是流通中的货币存量，是一个时点指标，通常统计每个月月末的数额。由于世界上并没有一个大家公认的统一的货币定义，所以在实践中，各国政府为了便于统计和政策操作，通常根据本国金融体系和金融工具使用的实际情况，给出本国货币总量统计的定义，通常称为货币的国家定义。

例如，美国联邦储备局对货币总量的统计主要分三个层次，第一层次，由通货和活期存款构成，称为 $M_1$；第二层次，由 $M_1$ 加上类似于交易账户的存款以及很容易地不受多少损失就可以转换为 $M_1$ 的存款组成，称为 $M_2$；第三层次，由 $M_2$ 加上由银行和储蓄机构签发并由单位而不是个人持有的账户存款，以及由机构投资者持有的货币市场互助基金存款组成，称为 $M_3$。具体来说，三个层次的货币总量分别包括的项目如下。

$M_1$ 包括：（1）流通中的现金，即在国库、联邦储备银行和存款机构保管库以外的美元现金；（2）非银行发行的旅行支票；（3）商业银行的活期存款（不包括存款机构、美国政府、外国银行和官方机构所持有的活期存款）；（4）其他可用支票支付的存款。

$M_2$ 包括：（1）$M_1$；（2）储蓄存款（包括货币市场存款账户）；（3）小额（数额小于10万美元）定期存款（不包括储蓄机构中个人退休账户和基奥计划存款——自由职业者为退休而存款）；（4）零售货币市场互助基金存款（不包括互助基金中个人退休账户和基奥计划存款）。

$M_3$ 包括：（1）$M_2$；（2）大额定期存款；（3）机构货币市场互助基金存款；（4）回购协议；（5）欧洲美元。

这三个不同层次的货币总量指标在货币政策中具有不同的作用，$M_1$ 是通常用于支付的货币，$M_2$ 则被认为是主要由居民家庭持有的货币，而 $M_3$ 则满足了信贷的需求。

从1994年10月开始，中国人民银行正式向社会公布货币供应量统计数据。目前，我国的货币总量统计，按照从传统、狭义到广义货币概念的递进，分别以 $M_0$、$M_1$、$M_2$ 三个不同层次的货币总量进行计算公布。其中，$M_0$ 是指银行体系以外各个单位的库存现金和居民的手持现金，即通货；$M_1$ 是指通货 $M_0$ 加上企业、机关、团体、部队、学校等单位在银行的活期存款，即狭义货币；$M_2$ 是 $M_1$ 加上企业、机关、团体、部队、学校等单位在银行的定期存款和城乡居民个人在银行的各项储蓄存款以及其他存款如证券公司的客户保证金存款等，即广义货币。其中，$M_2$ 与 $M_1$ 的差额，即单位的定期存款与城乡居民个人存款以及其他存款之和，通常称为准货币。不同层次的货币总量的含义分别为：

$M_0$——流通中的现金，即在银行体系以外流通的现金。

$M_1$——$M_0$＋单位活期存款。

$M_2$——$M_1$＋准货币（单位定期存款＋个人存款＋其他存款）

在这三个层次的货币总量中，通货 $M_0$ 与居民家庭和个人的消费密切相关；而 $M_1$ 则反映了居民家庭和企业货币资金的流动情况，通常是经济周期波动的先行指标；$M_2$ 虽然流动性偏弱，但反映了社会总需求的变化和未来通货膨胀的压力状况。

比较中美两国对货币总量层次的划分，可以看出二者存在很多不同，这是因为两国经济发展水平不同和金融体系存在差异。我国之所以将通货单独划分为一个层次 $M_0$，且 $M_1$ 中不包括个人活期存款，是因为我国居民家庭和个人习惯于使用现钞交易，而很少使用个人支票，不过随着银行卡和网上银行等电子支付工具的快速发展和逐步普及，我国居民个人交易支付方式也在快速变化。

图 10—1 绘出了我国 1990—2012 年历年年底的货币供应量时序图，由图中可以看出，从 1990 年到 2012 年的 20 多年来，我国 $M_0$ 增长不大，增长了 19 倍多；$M_1$ 增长较快，增长了 43 倍多；而 $M_2$ 增速则令人震惊，从 1990 年的 1 万多亿元，到 2012 年的将近 100 万亿元，增长了 62 倍之多。

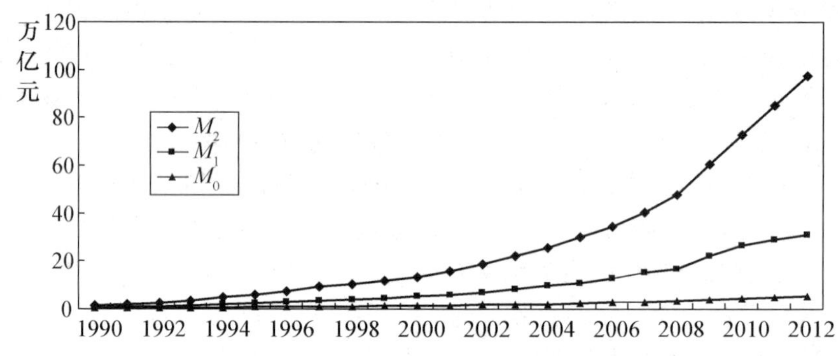


**图 10—1 中国货币供应量时序图**

## 三、存款统计

由货币供应量的概念和包括的项目可以看出，要计算出狭义货币总量 $M_1$ 和广义货币总量 $M_2$，除了要先计算出流通中的现金数量以外，还必须先计算统计出各种存款的数额。因此，存款统计也是货币统计的一个重要内容。

所谓存款，就是指机构或个人在保留资金或货币所有权的条件下，以不可流通的存单或类似凭证为依据，确保名义本金不变并暂时让渡或接受资金使用权所形成的债权或债务。2010 年 10 月，中国人民银行制定发布了《存款统计分类及编码标准（试行）》，规定了金融工具中存款的统计分类、概念及存款统计信息的采集、交换和共享所使用代码等相关内容，为我国存款统计的标准化奠定了基础。根据此存款统计分类标准的规定，我国的存款可分为 15 个大类，分别为：

### （一）普通存款

普通存款是指存款人在金融机构开立账户存入资金或货币，由金融机构出具存款凭证，办理一定期限、利率并按期给付利息的存款。若将普通存款进一步细分，又可分为如下 4 个种类。

1. 单位活期存款

单位活期存款是指单位存款人在金融机构开立账户存入资金或货币，由金融机构出具存款凭证，办理不约定期限、可随时转账、存取并按期给付利息的存款。

2. 单位定期存款

单位定期存款是指单位存款人在金融机构开立账户存入资金或货币，由金融机构出具存款凭证，办理约定期限、利率、整笔存入，到期一次性支取本息的存款。

3. 活期储蓄存款

活期储蓄存款是指个人存款人在金融机构开立账户存入资金或货币，由金融机构出具存款凭证，办理不约定期限、可随时存取并按期给付利息的存款。

4. 定期储蓄存款

定期储蓄存款是指个人存款人在金融机构开立账户存入资金或货币，由金融机构出具存款凭证，办理约定存期、利率，到期支取本息的存款。具体有如下5种：

（1）整存整取储蓄存款，是指个人存款人在金融机构开立账户存入资金或货币，由金融机构出具存款凭证，办理约定期限、利率，本金一次存入，到期一次性支取本息的存款。

（2）零存整取储蓄存款，是指个人存款人在金融机构开立账户存入资金或货币，由金融机构出具存款凭证，办理约定期限、利率，每月固定存额，到期一次性支取本息的存款。

（3）存本取息储蓄存款，是指个人存款人在金融机构开立账户存入资金或货币，由金融机构出具存款凭证，办理约定期限、利率，本金一次性存入，分次支取利息，到期一次支取本金的存款。

（4）教育储蓄存款，是指个人存款人在金融机构开立账户存入资金或货币，由金融机构出具存款凭证，办理约定期限、利率，每月固定存额、用于教育目的的专项定期储蓄存款，是一种专门为学生支付非义务教育所需教育金的专项储蓄，具有储户特定、存期灵活、总额控制、利率优惠、利息免税的特点。

（5）整存零取储蓄存款，是指个人存款人在金融机构开立账户存入资金或货币，由金融机构出具存款凭证，办理约定期限、利率，本金一次性存入，按约定期次和金额支取本金，到期一次性支取利息的存款。

**（二）定活两便存款**

定活两便存款是指个人存款人在金融机构开立账户存入资金或货币，由金融机构出具存款凭证，办理不约定存期、本金一次性存入，支取时一次性支付全部本金和税后利息，具有定期和活期双重性质的一种存款。

**（三）通知存款**

通知存款是指存款人在金融机构开立账户存入资金或货币，由金融机构出具存款凭证，办理不约定存期，支取时需提前一定时间通知金融机构，约定支取日期和金额的存款。

**（四）协议存款**

协议存款是指由金融机构根据中国人民银行相关规定对存款人开办的存款，存款利率由双方协商确定。

**（五）协定存款**

协定存款是指存款人通过与金融机构签订合同约定合同期限、确定结算账户需要保留的基本存款额度，对基本存款额度按结息日中国人民银行规定的活期存款利率计息、对超过基本存款额度的存款按中国人民银行规定的协定存款利率或合同约定的利率计息的存款。具体有如下两种。

1. 结算户存款

结算户存款是指协定存款账户中基本存款额度内的存款。

2. 协定户存款

协定户存款是指协定存款账户中超过基本存款额度的存款。

**（六）保证金存款**

保证金存款是指金融机构为客户提供具有结算功能的信用工具、资金融通以及承担第三方担保责任等业务时，按照约定要求客户存入的用作资金保证的存款。具体有如下9种。

1. 信用证保证金存款

信用证保证金存款是指客户为从金融机构取得信用证而按规定缴存的保证金存款。

2. 保函保证金存款

保函保证金存款是指客户为从金融机构取得保函而按规定缴存的保证金存款。

3. 银行承兑汇票保证金存款

银行承兑汇票保证金存款是指金融机构为客户开立的商业汇票提供承兑服务按规定收缴的保证金存款。

4. 银行本票保证金存款

银行本票保证金存款是指客户为从金融机构取得银行本票而按规定缴存的保证金存款。

5. 信用卡保证金存款

信用卡保证金存款是指金融机构办理信用卡业务向申请人收取的保证金。

6. 衍生金融产品交易保证金存款

衍生金融产品交易保证金存款是指金融机构办理衍生金融产品交易业务向申请人收取的保证金。

7. 黄金交易保证金存款

黄金交易保证金存款是指金融机构办理黄金交易业务向申请人收取的保证金。

8. 证券交易保证金存款

证券交易保证金是指金融机构办理证券交易业务向申请人收取的保证金。

9. 其他保证金存款

其他保证金存款是指不在以上核算范围内的保证金存款。

**（七）应解汇款及临时存款**

应解汇款及临时存款是指金融机构因办理支付或结算而形成的一种临时性资金存款，包括应解汇款、临时存款、汇出汇款、汇入汇款。

**（八）结构性存款**

结构性存款是指金融机构吸收的嵌入金融衍生工具的存款，通过与利率、汇率、指数等的波动挂钩或与某实体的信用情况挂钩，使存款人在承担一定风险的基础上获得更高收

益的业务产品。

**（九）信用卡存款**

信用卡存款是指存款人存入贷记卡或准贷记卡账户内的存款。具体有如下两种。

1. 贷记卡存款

贷记卡存款是指存款人存入贷记卡账户内的存款。

2. 准贷记卡存款

准贷记卡存款是指存款人存入准贷记卡账户内的存款，超存部分按中国人民银行规定的活期存款利率计息。

**（十）财政性存款**

财政性存款是指财政部门存放在金融机构的财政资金。具体有如下两种。

1. 国库存款

国库存款是指财政部门存放在国库（包括代理库）的预算资金，是金融机构对财政部门的负债。具体有如下两种：

（1）财政库款，是指国库收纳的、已报解的中央级预算收入款项、地方财政库款、各级财政部门预算资金的专项存款和预算外资金。

（2）财政过渡存款，是指各级国库当日收纳的、未报解的预算收入款项、国库待结算款项和国库总库收到的国家债券发行款项、国家债券兑付资金。

2. 其他财政存款

其他财政存款是指未列入国库存款的各级财政在金融机构的预算资金以及由财政部门指定存入金融机构的专用基金，是中国人民银行与金融机构对财政部门的负债。具体有下列 4 种：

（1）划缴财政存款，是指金融机构按照中国人民银行事先核定的范围，向中国人民银行划来的财政存款。对金融机构是资产，对中国人民银行是负债。

（2）待结算财政款项，是指金融机构作为国库经收处办理的各项预算收入中待报解款项，以及代理国库收纳的各级预算收入待报解款项。

（3）财政专用基金存款，是指由财政部门指定存入金融机构的专用基金。

（4）国库定期存款，是指金融机构核算中央国库现金管理商业银行定期存款。

**（十一）第三方存管存款**

第三方存管存款是指由金融机构作为独立第三方保管证券公司的交易结算资金。

**（十二）准备金存款**

准备金存款是指中国人民银行按规定吸收的法定存款准备金及超额存款准备金。

**（十三）存放**

存放是指为了支付清算的需要，某一金融机构在其他金融机构开立账户存入资金或货币所形成的金融机构之间的债权债务关系。

**（十四）特种存款**

特种存款是指中国人民银行根据金融宏观调控需要，向金融机构吸收的特定存款。

**（十五）其他存款**

其他存款是指不在以上核算范围内的存款。

存款统计是存量数统计，需要统计每月月末各种存款的余额数，这些数据由存款性银行等金融机构根据其业务记录计算得出。

## 四、贷款统计

所谓贷款，就是指机构或个人在保留资金或货币所有权的条件下，以不可流通的借款凭证或类似凭证为依据，暂时让渡或接受资金使用权所形成的债权或债务。按照现代货币银行学理论，银行系统的存款是由贷款创造的，也就是说，是银行的贷款创造了货币，因此，要掌控货币的创造过程，就需要对贷款进行计算统计和监控管理。2010 年 6 月，中国人民银行制定发布了《贷款统计分类及编码标准（试行）》，规定了金融工具中贷款的统计分类、概念及贷款统计信息的采集、交换和共享所使用代码等内容，为我国贷款统计的标准化奠定了基础。根据此贷款统计分类标准的规定，我国的贷款可分为 13 个大类，阐述如下。

### （一）再贷款

再贷款是指中央银行为了实现货币政策目标而根据商业银行的资金头寸情况和金融市场状况按规定向商业银行发放的贷款。

### （二）普通贷款

普通贷款是指贷款人与借款人签订的约定利率、期限并还本付息的贷款合同。具体包括如下 3 种。

1. 消费贷款

消费贷款是指贷款人向个人借款人发放的，用于购买住房、教育、购买大件耐用消费品及其他生活消费用途的贷款。具体有：

（1）个人住房贷款，是指贷款人向个人借款人发放的用于购买、建造和大修理各类型住房的贷款。

（2）个人汽车消费贷款，是指贷款人向个人借款人发放的，用于购买自用车的贷款，自用车指借款人购买的、不以生产经营为主要目的的汽车。

（3）助学贷款，是指贷款人向借款人发放的，用于教育目的的贷款。具体的助学贷款项目有：第一，国家助学贷款，是指贷款人向借款人发放的，由政府财政提供贴息资金，用于教育目的的贷款。第二，一般商业性助学贷款，是指贷款人向借款人发放的，利息完全由借款人承担，用于教育目的的贷款。

（4）其他消费贷款，是指贷款人向个人借款人发放的，用于购买大件耐用消费品及其他生活消费用途的贷款。

2. 经营贷款

经营贷款是指贷款人向借款人发放的，用于合法生产经营的贷款。

3. 固定资产贷款

固定资产贷款是指贷款人向企（事）业法人或国家规定可以作为借款人的其他组织发放的，用于借款人固定资产投资的本外币贷款。

### （三）拆借

拆借是指经中国人民银行批准进入全国银行间同业拆借市场的金融机构之间，通过全国统一的同业拆借网络进行的无担保资金融通行为。

**（四）透支**

透支是指贷款人授予客户一定的信用额度，允许其在信用额度内进行支付或取现，从而获得短期信贷资金的行为。具体有如下3种。

1. 账户透支

账户透支是指贷款人授予借款人一定的信用额度，允许借款人在约定的账户、约定的限额内以透支的形式获得短期融资和结算便利。

2. 贷记卡透支

贷记卡透支是指发卡机构授予贷记卡持卡人一定的信用额度，持卡人可在信用额度内进行支付或取现，从而获得短期信贷资金的行为。

3. 准贷记卡透支

准贷记卡透支是指发卡机构授予准贷记卡持卡人一定的信用额度，持卡人可在信用额度内进行支付或取现，从而获得短期信贷资金的行为。

**（五）垫款**

垫款是指金融机构为客户承担第三方责任而垫付的资金。具体有如下4种。

1. 承兑垫款

承兑垫款是指金融机构因承兑商业汇票承担责任为汇票付款人垫付的资金。

2. 担保垫款

担保垫款是指金融机构由于开办担保业务为借款人承担第三方责任而垫付的资金。

3. 信用证垫款

信用证垫款是指金融机构由于开出信用证为借款人承担第三方责任而垫付的资金。

4. 其他垫款

其他垫款是指不包括在以上核算范围内的垫款。

**（六）回购/返售**

回归/返售是指资金融入方与资金融出方以协议的方式，按特定价格出售资产融入资金，并约定在将来特定日期按指定价格购回相同或类似资产的交易行为。对于资金融入方，是资产回购；对于资金融出方，是资产返售。具体形式有如下5种。

1. 债券回购/返售

债券回购/返售是指资金融入方与资金融出方以协议的方式，按特定价格出售债券融入资金，并约定在将来特定日期按指定价格购回相同债券或类似资产的交易行为。对于资金融入方，是债券回购；对于资金融出方，是债券返售。

2. 票据回购/返售

票据回购/返售是指资金融入方与资金融出方以协议的方式，按特定价格出售票据融入资金，并约定在将来特定日期按指定价格购回相同票据或类似资产的交易行为。对于资金融入方，是票据回购；对于资金融出方，是票据返售。

3. 贷款回购/返售

贷款回购/返售是指资金融入方与资金融出方以协议的方式，按特定价格出售贷款融入资金，并约定在将来特定日期按指定价格购回相同贷款或类似资产的交易行为。对于资金融入方，是贷款回购；对于资金融出方，是贷款返售。

4. 股票及其他股权回购/返售

股票及其他股权回购/返售指资金融入方与资金融出方以协议的方式，按特定价格出售股票及其他股权融入资金。

5. 黄金回购/返售

黄金回购/返售是指资金融入方与资金融出方以协议的方式，按特定价格出售黄金融入资金，并约定在将来特定日期按指定价格购回相同黄金或类似资产的交易行为。对于资金融入方，是黄金回购；对于资金融出方，是黄金返售。

**（七）黄金、证券借贷**

黄金、证券借贷是指黄金或证券资产持有方将此类资产转移给资产借入方，资产借入方向其提供资金抵押，并约定在特定日期或一经要求，资产借入方就必须归还相同或类似资产的交易行为。具体有如下 5 种。

1. 债券借贷

债券借贷是指债券持有方将债券转移给债券借入方，债券借入方向其提供资金抵押，并约定在特定日期或一经要求，债券借入方就必须归还相同债券或类似资产的交易行为。

2. 票据借贷

票据借贷是指票据持有方将票据转移给票据借入方，票据借入方向其提供资金抵押，并约定在特定日期或一经要求，票据借入方就必须归还相同票据或类似资产的交易行为。

3. 股票及其他股权借贷

股票及其他股权借贷是指股票及其他股权持有方将股票及其他股权转移给资产借入方，股票及其他股权借入方向其提供资金抵押，并约定在特定日期或一经要求，股票及其他股权借入方就必须归还相同股票及其他股权或类似资产的交易行为。

4. 黄金借贷

黄金借贷是指黄金持有方将黄金转移给资产借入方，黄金借入方向其提供资金抵押，并约定在特定日期或一经要求，黄金借入方就必须归还相同黄金或类似资产的交易行为。

5. 其他资产借贷

其他资产借贷是指不包括在以上范围内的资产借贷。

**（八）贸易融资**

贸易融资是指金融机构为客户提供的与贸易结算相关的融资或信用便利，不包括以票据买卖或贴现进行的贸易融资。具体有如下 2 种。

1. 国际贸易融资

国际贸易融资是指金融机构为进出口商提供的与国际贸易结算相关的融资或信用便利。

2. 国内贸易融资

国内贸易融资是指金融机构为借款人提供的与国内贸易结算相关的融资或信用便利。

**（九）融资租赁**

融资租赁是指出租人根据承租人对租赁物和供货人的选择或认可，将其从供货人处取得的租赁物按合同约定出租给承租人占有、使用，向承租人收取租金的交易活动。

**（十）打包信贷受让资产**

打包信贷受让资产是指金融机构受让其他金融机构出售的由两个或两个以上信贷资产打包组成的组合式信贷资产。

**（十一）转贷款**

转贷款是指金融机构以自己名义向境外出口信贷机构、金融机构、政府筹资，并将所筹资金转贷给境内机构的贷款。

**（十二）并购贷款**

并购贷款是指贷款人向并购方或其子公司发放的，用于支付并购交易价款的贷款。

**（十三）其他贷款**

其他贷款是指不在以上范围内的贷款。

贷款统计也是存量数统计，需要统计每月月末各种贷款的余额数，这些数据由贷款性银行等金融机构根据其业务记录计算得出。

## 五、利率和汇率统计

不同于货币供应量和存款与贷款统计反映了货币资金的数量，而利率反映了货币资金的价格和使用成本，汇率则反映了本国货币与外国货币之间的比价关系，也都是货币统计的重要内容。

**（一）利率统计**

利率伴随着资金的借贷和筹措而产生，资金的所有者暂时让渡资金的使用权，作为回报，需要收取利息，一定时期内的利息额与本金的比率就是利息率，简称利率。根据计量利息的期限标准的不同，利率的表示方法有年利率、月利率和日利率，通常以年利率为基准。一国的利率体系由商业银行利率、中央银行利率和金融市场利率三部分组成。

1. 商业银行利率

商业银行主要从事存贷款和资金往来结算业务，其利率可分为存款利率、贷款利率和票据转贴现利率三种。

（1）存款利率。银行等存款性金融公司吸收社会公众和单位的存款，需要给存款人支付利息，即存款利息，一定时期内存款利息额与存款本金的比率就是存款利率。存款利率根据存款期限的不同而不同，存款的期限越短，利率越低；存款的期限越长，利率越高。

（2）贷款利率。企业和个人等资金的需求方从银行获得贷款，需要给银行支付贷款利息，一定时期的贷款利息与贷款本金的比率就是贷款利率。贷款利率的高低也与贷款期限的长短紧密相关。贷款期限越长，贷款利率也越高。长期贷款的利率要高于短期贷款的利率。贷款利率自然要高于存款利率，存贷款利率之差是商业银行收入的主要来源之一。

（3）转贴现利率。所谓贴现，是指银行承兑汇票的持票人在汇票到期日前，为了取得资金，贴付一定利息将票据权利转让给银行的行为，是持票人向银行融通资金的一种方式。当商业银行的资金临时不足时，也可以将已经贴现但仍未到期的票据，交给其他商业银行或贴现机构给予贴现，以取得资金融通，称为转贴现。贴现是银行的一项资产业务，汇票的支付人对银行负债，银行实际上是与付款人有一种间接贷款关系。贴现的利率是市场价格，由双方协商确定，但根据中国人民银行的规定，最高不能超过同档的贷款利率。

2. 中央银行利率

中央银行是代表国家从事货币发行与管理，制定并执行货币政策和金融运行规则，维护金融稳定的金融管理机构。为了实现货币政策目标和维护金融体系的稳定，商业银行必须将其吸收的存款的一定比例存放于中央银行，即准备金存款；并且中央银行根据宏观经济形势和市场状况也向商业银行发放贷款，即再贷款；或者向商业银行提供票据再贴现。准备金存款、再贷款、再贴现是中央银行实现货币政策目标的三大政策工具，而准备金存款利率、再贷款利率和再贴现利率则通常称为中央银行基准利率，是中央银行利率政策的重要工具。利率政策是我国货币政策的重要组成部分，也是货币政策实施的主要手段之一。中国人民银行根据货币政策实施的需要，适时地运用利率工具，对利率水平和利率结构进行调整，进而影响社会资金供求状况，实现货币政策的既定目标。

(1) 中央银行存款利率，即准备金存款利率。存款准备金是指金融机构为保证客户提取存款和资金清算需要而准备的资金，金融机构按规定向中央银行缴纳的存款准备金占其存款总额的比例就是存款准备金率。存款准备金制度是在中央银行体制下建立起来的，世界上美国最早以法律形式规定商业银行向中央银行缴存存款准备金。存款准备金制度的初始作用是保证存款的支付和清算，之后才逐渐演变成为货币政策工具，中央银行通过调整存款准备金率，影响金融机构的信贷资金供应能力，从而间接调控货币供应量。中央银行对各商业银行缴纳的准备金也支付利息，准备金存款的利率是中央银行的一种基准利率，由中央银行根据实现货币政策目标的需要和金融市场情况决定。

(2) 再贷款利率。再贷款是指中央银行根据商业银行资金头寸情况发放给商业银行的信用贷款，由于它是中央银行贷款给商业银行，再由商业银行贷给普通客户的资金，所以称为“再贷款”。中央银行对金融机构的实施贷款额度控制，同时运用临时性贷款主动调节基础货币供应量。再贷款利率是中央银行的一种基准利率，通过调整再贷款的利率，中央银行也可影响市场利率，进而同时影响商业银行的货币扩张能力和社会的货币需求。当中央银行提高再贷款利率时，表明中央银行对通货膨胀的进展发出了警告，使厂商慎重从事进一步的投资扩张；当中央银行降低再贷款利率时，则表示在中央银行看来通货膨胀已经缓和，这样就会刺激投资和经济增长，在一定程度上起到调整产业结构和产品结构的作用。

(3) 再贴现利率。再贴现是指中央银行通过买进商业银行持有的已贴现但尚未到期的商业汇票，向商业银行提供融资支持的行为。由于再贴现也是一种贷款行为，所以广义的再贷款概念也将再贴现包含在内。但从货币政策工具来看，再贴现也是一种重要的货币政策工具，所以应独立看待。再贴现利率作为中央银行的一种基准利率和货币政策工具，也由中央银行根据实现货币政策的需要和金融市场情况决定。

3. 金融市场利率

不同于中央银行利率和商业银行利率，金融市场的利率是完全由金融市场上资金的供求关系决定的利率，主要有银行同业拆借利率、债券利率和民间借贷利率。

(1) 银行同业拆借利率。同业拆借是指金融机构（主要是商业银行）之间为了调剂资金余缺，利用资金融通过程的时间差、空间差、行际差来调剂资金而进行的短期借贷。借贷主要是凭借信用，无需缴纳担保品。期限最短为1天（日拆），最长为1年，多数为日拆到3个月。同业拆借利率取决于市场资金供求情况，一般低于对国内大客户的优惠放款利率。

(2) 各种债券利率。债券是政府、金融机构、工商企业等直接向社会借债筹措资金时，向投资者发行，同时承诺按一定利率支付利息并按约定条件偿还本金的债权债务凭证，如国库券、金融债券、企业债券。债券购买者或投资者与发行者之间是一种债权债务关系，债券发行人即债务人，投资者即债券购买者是债权人。债券利率是债券利息与债券面值的比率。债券利率分为固定利率和浮动利率两种。债券利率一般为年利率，面值与利率相乘可得出年利息。影响债券利率的因素主要有银行利率水平、发行者的资信状况、债券的偿还期限和资金市场的供求情况等。在我国，债券的利率通常要高于相同期限的银行存款的利率。债券是一种有价证券，可以在金融市场上交易流通。从理论上讲，债券的面值就是它的价格。但实际上，由于资金市场上供求关系、利息率的变化，债券的市场价格常常脱离它的面值，有时高于面值，有时低于面值。也就是说，债券的面值是固定的，但它的价格却是经常变化的。发行者计息还本，是以债券的面值为依据，而不是以其价格为依据的。

(3) 民间借贷利率。民间借贷，是指公民之间、公民与法人机构之间的借贷。民间借贷分为民间个人借贷活动和公民与非金融企业之间的借贷两种。只要双方当事人意思表示真实即可认定有效，因借贷产生的抵押相应有效，但利率不得超过人民银行规定的相关利率，即不得超过银行同期贷款基准利率的四倍，否则视为高利贷，超出部分不受法律保护。民间借贷是一种直接融资渠道，银行借贷则是一种间接融资渠道。民间借贷是民间资本的一种投资渠道，是民间金融的一种形式。

**(二) 汇率统计**

货币的汇率是以另一个国家的货币表示的本国货币的价格，也称为汇价。一个国家货币对另一个国家货币的汇率的高低，受两国货币本身购买力水平、物价总水平变动、外汇市场供求关系变动等多种因素的影响。

汇率的标价方法有两种。一种是直接标价法，是将一定单位的外国货币（如1元或100元等）标示为价值多少单位的本国货币，如1美元兑6.25元人民币，100日元兑6.08元人民币，都是直接标价法标示的人民币汇率。直接标价法的标示表明了购买一定单位的外币需要支付多少本国货币，所以也称为应付标价法。另一种标价方法是间接标价法，是将一定单位的本国货币标示为价值多少单位的外国货币，如1元人民币兑0.16美元，1元人民币兑16.45日元，都是间接标价法标示的人民币汇率。间接标价法的标示表明了卖出一定单位的本国货币需要收取多少外币，所以也称为应收标价法。在国际外汇市场上，包括中国在内的世界上绝大多数国家目前都采用直接标价法，而欧元、英镑、澳元等均采用间接标价法。

在直接标价法下，汇率变动是固定数额的外币能兑换的本币数额的变化，汇率值上升，表明本币币值下跌或外币币值上升，称为本币贬值或外币升值；反之，汇率值下降，表明本币币值上升或外币币值下跌，称为本币升值或外币贬值。与此相反，在间接标价法中，汇率变动是固定数额的本币所能兑换的外币数额的变化。汇率值上升，表明外币币值下降或本币币值上升，称为外币贬值或本币升值；反之，汇率值下降，表明外币币值上升或本币币值下降，称为外币升值或本币贬值。

外汇买卖一般均集中在商业银行等金融机构。商业银行等机构买进外币时所依据的汇率叫买入汇率，也称买入价；卖出外币时所依据汇率叫卖出汇率，也称卖出价，买入汇率与卖出汇率相差的幅度一般在千分之一至千分之五，两者之间的差额，即商业银行买卖外汇的利润。买入汇率与卖出汇率的简单平均值，则为中间汇率，也称中间价。

一个国家的汇率统计，需要逐日记录本国货币对世界主要货币的汇价。例如，我国的汇率统计就需要登记记录人民币对美元、欧元、日元、英镑、澳元、加元等世界主要国家货币的汇率，以及人民币对国际货币基金组织所创立的特别提款权的汇率。

## 第三节　全社会金融活动统计

在现代市场经济条件下，几乎任何一项经济活动都离不开资金。社会中的每个家庭、每个企业、每个团体、每个机构在经济活动中都要使用资金，当一个单位在从事的经济活动中自有资金不足时，就可能会设法通过借贷等金融工具从别的单位筹措资金；而当一个单位的自有资金出现富裕时，就会设法通过银行存款或在金融市场上通过一定的金融工具将富余资金的使用权暂时让渡出去，以获得资金的收益。因此，金融活动并不仅仅是金融部门的活动，而是全社会所有机构单位都参与其中的经济活动。全社会所有机构单位通过资金的融通活动，使得资金从其拥有者手中流向资金的使用者手中，调剂了不同机构单位之间的资金余缺，使社会资金得以按使用需求进行配置，从而有助于提高社会的生产力水平。所以，对金融活动的统计核算必须在整个国民经济的范围内进行，而不能仅仅统计计算金融公司部门的金融服务活动。

### 一、金融交易流量的计算方法

金融活动就是资金的融通活动，也就是两个机构单位基于共同的协议使用某种金融工具所进行的金融交易活动，交易的结果是资金从一个机构单位转入另一个机构单位。资金的融出单位，由于只是出让了融出资金在协议规定的时期内的使用权，而并没有出让其所有权，有权要求资金的融入方按协议规定支付资金使用报酬，所以拥有了一项金融债权或其他形式的金融权益，即拥有了一项金融资产；而资金的融入单位，由于只是获得了融入资金在协议规定的时期内的使用权，而并没有获得其所有权，有义务按协议规定向资金融出方支付资金使用报酬，所以产生了一项金融负债。显然，一个机构单位在一定时点上所拥有的金融资产或金融负债的数量，是一种经济存量，而金融交易则是一种经济流量，反映了资金在不同机构单位之间的流动，其结果将导致交易双方资产或负债存量

的变化。

不同于实物产品产出流量的计算，在一定的时期内使用某种金融工具的交易流量的计算应使用“取净值”的方法。实物产品的生产是一件件新的产品被生产出来，所以其产出流量即产量是一定时期内所产出的产品数量的总和，但是金融交易不同于实物产品的生产，其交易过程并不增加任何社会财富，而只是已有社会财富在不同单位之间的转移，甚至有可能是同一件财富的多次转移。例如，某个中国大妈某月某日从其银行的活期存款账户上取出了3 000元，准备加上手头的2 000元，买一条金项链，但是却恰逢金价大涨，大妈感到价格超出了自己心里可接受的价位，遂放弃购买，然后于当月内将从银行取出的3 000元，加上手头的2 000元，共5 000元又存回到银行的活期存款账户中，那么在此事例中，本月该大妈的活期存款流量是多少呢？显然不是5 000元，而是2 000元，即需要将存款数5 000元减去取款数3 000元，取二者相抵的净值作为本月存款交易的流量数。又如，某个企业某年年初在银行的贷款余额为5 000万元，2月1日归还银行贷款3 000万元，5月5日又从银行贷出2 000万元，8月20日又归还银行贷款4 000万元，12月30日又从银行贷出4 000万元，那么该企业在本年的贷款流量是多少呢？按照取净值的方法，其贷款流量不是2 000＋4 000＝6 000万元，而应该是2 000＋4 000－3 000－4 000＝－1 000万元，表明该企业本年年底在银行的贷款余额减少了1 000万元。由此可见，按取净值的方法计算，一定时期内金融交易的流量可能是正数，也可以是0或负数。

根据上述事例，可以总结出用“取净值”的方法计算金融交易流量的计算公式为：

金融交易流量＝交易流入量－交易流出量

对于一个机构单位来说，金融交易的流入量增加了其所拥有的金融资产或负债，而金融交易的流出量则减少了其金融资产或负债，因此其某个时期的期初和期末的金融资产或负债存量与期内发生的金融交易流量具有如下的等式关系：

期初资产(负债)存量＋本期交易流入量－本期交易流出量＝期末资产(负债)存量

由此关系式，也可以得出金融交易流量的另一个计算公式为：

金融交易流量＝期末资产(负债)存量－期初资产(负债)存量

也就是说，一定时期内某个机构单位在某种金融工具上的交易流量也可以用该机构单位在该种金融工具上的期末与期初的资产或负债存量之差来计算。

## 二、各机构部门资金流量统计

根据国民经济核算体系对机构单位的分类，国民经济系统中的全部机构单位可以分为非金融企业部门、金融机构部门、政府部门、住户部门和国外部门共五个部门。国民收入的分配与使用统计从实物交易的角度分别核算了各个部门的收入及其使用情况，显然作为实物产品运动的镜像的货币资金运动也应该加以核算，从而也就需要从金融交易的角度对各个机构部门的资金来源和使用加以核算。

类似于从实物交易角度对各部门收入来源与使用的核算方法，从金融交易角度对各个机构部门的资金来源和使用的核算也需要借助于会计账户。为此，需要设立各个机构部门的金融账户。所谓金融账户，就是用来记录发生在常住机构单位之间或常住机构单位与国外之间的、涉及金融资产和负债的交易流量的账户。金融账户的左方记录金融资产获得减处置，右方记录负债发生减偿还。

为了显示和说明国民经济系统各个机构部门的金融账户的内容，表10—1、表10—2、表10—3、表10—4、表10—5分别列出了非金融企业部门、金融机构部门、政府部门、住户部门和国外部门2010年的金融账户。我国各部门金融活动的交易流量数据由中国人民银行统计核算公布，所以各部门金融账户均根据中国人民银行公布的数据编制。

**表10—1** 非金融企业部门金融账户 单位：亿元

| 运用 | | 来源 | |
|---|---|---|---|
| | | 净金融投资 | −15 122.6 |
| 资金运用合计 | 102 863.5 | 资金来源合计 | 117 986.0 |
| 7. 通货 | 585.7 | 1. 贷款 | 64 263.7 |
| 8. 存款 | 62 584.2 | 2. 证券 | 18 532.9 |
| 9. 证券 | 168.9 | 3. 未贴现的银行承兑票据 | 23 346.0 |
| 10. 证券投资基金份额 | −562.8 | 4. 直接投资 | 12 529.0 |
| 11. 证券公司客户保证金 | −1 398.3 | 5. 其他对外债务 | 3 354.4 |
| 12. 未贴现的银行承兑汇票 | 23 346.0 | 6. 国际收支错误与遗漏 | −4 040.0 |
| 13. 保险准备金 | 666.7 | | |
| 14. 其他 | 9 227.1 | | |
| 15. 直接投资 | 4 071.9 | | |
| 16. 其他对外债权 | 4 174.1 | | |

对于非金融企业部门来说，由表10—1可以看出，其融资的资金来源无非就是企业所有者直接投资、到股票市场发行股票、从银行贷款、到债券市场发行债券等，这些构成了其负债；而其金融资产则表现为存放于企业财务部门的货币资金、银行存款，以及直接投资于其他企业取得的权益，或在金融市场购买的债券和股票等。在核算时期内，非金融企业部门所获得的全部金融资产与全部负债的差额，则为净金融投资，作为平衡项，应列在金融账户的右方，即来源方。中国非金融企业部门2010年的净金融投资额为−15 122.6亿元，表明非金融企业部门2010年产生的负债总额大于其获得的金融资产总额，是净负债部门。

从理论上说，每个机构部门金融账户中的净金融投资额应该等于其储蓄与资本账户中的净金融投资额。也就是说，表10—1中的净金融投资额应该等于第九章表9—17中的净金融投资额。但是，由于各部门的储蓄与资本账户由国家统计局根据各部门的实物交易统计数据编制，而金融账户则由中国人民银行根据各部门的金融交易统计数据编制，两个账户中的数据来源不同，所以二者之间必然会存在一些统计误差。不过，若将非金融企业部门的金融账户表10—1中的净金融投资额−15 122.6亿元与其储蓄与资本账户表9—17中的净金融投资额−75 518.1亿元相比，二者相差竟高达−15 122.6−(−75 518.1)=60 395.5亿元，误差则确实过大，大大超出了合理的统计误差的范围，这表明我国的国民经济核算中还存在很大的漏洞，统计核算的质量亟待提升。

表 10—2　　金融机构部门金融账户　　单位：亿元

| 运用 | | 来源 | |
|---|---|---|---|
| | | 净金融投资 | −2 438.5 |
| 资金运用合计 | 225 547.2 | 资金来源合计 | 227 985.7 |
| 15. 通货 | −40.3 | 1. 通货 | 6 507.4 |
| 16. 存款 | 3 461.7 | 2. 存款 | 130 662.2 |
| 17. 贷款 | 97 226.6 | 3. 贷款 | 251.0 |
| 18. 证券 | 32 340.5 | 4. 证券 | 11 278.7 |
| 19. 证券投资基金份额 | −256.4 | 5. 证券投资基金份额 | −1 566.3 |
| 20. 证券公司客户保证金 | −207.4 | 6. 证券公司客户保证金 | −2 372.9 |
| 21. 未贴现的银行承兑汇票 | 23 346.0 | 7. 未贴现的银行承兑票据 | 23 346.0 |
| 22. 保险准备金 | | 8. 保险准备金 | 2 469.8 |
| 23. 金融机构往来 | 2 323.5 | 9. 金融机构往来 | 3 542.7 |
| 24. 准备金 | 33 260.8 | 10. 准备金 | 33 260.8 |
| 25. 库存现金 | 714.0 | 11. 库存现金 | 714.0 |
| 26. 中央银行贷款 | 469.1 | 12. 中央银行贷款 | 469.1 |
| 27. 其他 | 2 771.0 | 13. 其他 | 19 395.0 |
| 28. 其他对外债权 | −1 796.2 | 14. 其他对外债务 | 28.2 |
| 29. 国际储备资产 | 31 934.4 | | |

对于金融机构部门来说，由表 10—2 可以看出，其资金来源项目与资金运用项目基本对应，但两方数额可能相差很大。由于金融机构部门是专门从事金融中介活动的部门，所以其资金来源最主要的是从社会各部门吸收的存款，而其资金的主要运用是向社会各部门提供的贷款。在表 10—2 中，金融机构部门 2010 年的净金融投资额为−2 438.5 亿元，但在金融机构部门的储蓄与资本账户（见表 9—18）中，由国家统计局根据实物交易的统计数据计算金融机构部门的净金融投资额却为 12 910.3 亿元，二者不仅相差较大，而且符号还相反，也反映了我国国民经济统计核算存在很大的问题。

表 10—3　　政府部门金融账户　　单位：亿元

| 运用 | | 来源 | |
|---|---|---|---|
| | | 净金融投资 | 5 619.0 |
| 资金运用合计 | 19 539.3 | 资金来源合计 | 13 920.3 |
| 4. 通货 | 130.1 | 1. 贷款 | 194.2 |
| 5. 存款 | 19 487.3 | 2. 证券 | 9 736.0 |
| 6. 证券 | 195.0 | 3. 保险准备金 | 3 835.1 |
| 7. 证券投资基金份额 | −271.4 | | |
| 8. 证券公司客户保证金 | −11.3 | | |
| 9. 其他 | 9.5 | | |

对于政府部门来说，由表 10—3 可以看出，其融资的资金来源主要是向社会发行政府债券即国库券，以及各部门缴纳的各种社会保险准备金，而其资金运用则主要是银行存款，因为政府部门的货币资金通常都作为财政存款存放于银行。

表 10—4 住户部门金融账户 单位：亿元

| 运用 | | 来源 | |
|---|---|---|---|
| | | 净金融投资 | 37 715.1 |
| 资金运用合计 | 68 262.8 | 资金来源合计 | 30 547.8 |
| 2. 通货 | 5 441.4 | 1. 贷款 | 30 547.8 |
| 3. 存款 | 44 491.5 | | |
| 4. 证券 | 6 498.5 | | |
| 5. 证券投资基金份额 | −456.5 | | |
| 6. 证券公司客户保证金 | −737.2 | | |
| 7. 保险准备金 | 5 638.1 | | |
| 8. 其他 | 7 387.0 | | |

对于住户部门来说，由表 10—4 可以看出，其融资的资金来源就是从金融机构的各种贷款，如住房按揭贷款等，其资金的运用主要有手存现金、银行存款、购买股票和债券等各种金融证券，以及缴纳各种保险准备金。在表 10—4 中，根据人民银行的金融交易统计数据，得出住户部门 2010 年的净金融投资额为 37 715.1 亿元，但在表 9—20 中，根据国家统计局的实物交易统计数据，得出住户部门 2010 年的净金融投资额为 71 639.4 亿元，二者也相差很大，也一再表明我国的国民经济统计核算存在漏洞，需要改进和完善。

表 10—5 国外部门金融账户 单位：亿元

| 运用 | | 来源 | |
|---|---|---|---|
| | | 净金融投资 | −25 773.1 |
| 资金运用合计 | 14 202.7 | 资金来源合计 | 39 976.9 |
| 6. 通货 | 390.4 | 1. 贷款 | 1 814.2 |
| 7. 存款 | 637.4 | 2. 金融机构往来 | −221.5 |
| 8. 证券 | 344.8 | 3. 直接投资 | 4 071.9 |
| 9. 证券投资基金份额 | −19.1 | 4. 其他对外债务 | 2 377.9 |
| 10. 证券公司客户保证金 | −18.6 | 5. 国际储备资产 | 31 934.4 |
| 11. 金融机构往来 | 998.1 | | |
| 12. 其他 | 0.3 | | |
| 13. 直接投资 | 12 529.0 | | |
| 14. 其他对外债权 | 3 382.6 | | |
| 15. 国际收支错误与遗漏 | −4 040.0 | | |

对于国外部门来说，由表 10—5 可以看出，其融资的资金来源主要是从我国国内的金融机构的贷款、我国常住机构单位在国外的直接投资、我国人民银行购买美债等作为国际储备资产的支付等，而其资金的运用则主要是在中国的直接投资和在金融市场上购买股票和债券的金融投资等。

如果将表 10—1、表 10—2、表 10—3、表 10—4 所示国内各部门的金融账户合计，则可以得到国内合计的金融账户；如果将国内合计账户与国外部门合计，则得到国民经济总计金融账户。将这些合计金融账户与各个机构部门的金融账户联列，就是国民经济系统金融交易的资金流量账户，如表 10—6 所示。

**表 10—6** **中国 2010 年资金流量表（金融交易）** 单位：亿元

| 机构部门<br>交易项目 | 非金融企业部门 | | 金融机构部门 | | 政府部门 | | 住户部门 | | 国内合计 | | 国外部门 | | 合计 | |
|---|---|---|---|---|---|---|---|---|---|---|---|---|---|---|
| | 来源 | 运用 | 来源 | 运用 | 来源 | 运用 | 来源 | 运用 | 来源 | 运用 | 来源 | 运用 | 来源 | 运用 |
| 净金融投资 | | −15 123 | | −2 439 | | 5 619 | | 37 715 | | 25 773 | | −25 773 | | |
| 资金运用合计 | 102 864 | | 225 547 | | 19 539 | | 68 263 | | 416 213 | | 14 203 | | 430 417 | |
| 资金来源合计 | | 117 986 | | 227 986 | | 13 920 | | 30 548 | | 390 440 | | 39 977 | | 430 416 |
| 通货 | 586 | | −40 | 6 507 | 130 | | 5 441 | | 6 117 | 6 507 | 390 | | 6 507 | 6 507 |
| 存款 | 62 584 | | 3 462 | 130 662 | 19 487 | | 44 492 | | 130 025 | 130 662 | 637 | | 130 662 | 130 662 |
| 证券公司客户保证金 | | 64 264 | 97 227 | 251 | | 194 | | 30 548 | 97 227 | 95 413 | | 18 14 | 97 227 | 97 227 |
| 贷款 | 169 | 18 533 | 32 341 | 11 279 | 195 | 9 736 | 6 499 | | 39 203 | 39 547 | 345 | | 39 548 | 39 548 |
| 未贴现银行承兑汇票 | −563 | | −256 | −1 566 | −271 | | −457 | | −1 547 | −1 566 | −19 | | −1 566 | −1 566 |
| 保险准备金 | −1 398 | | −207 | −2 373 | −11 | | −737 | | −2 354 | −2 373 | −19 | | −2 373 | −2 373 |
| 金融机构往来 | 23 346 | 23 346 | 23 346 | 23 346 | | | | | 46 692 | 46 692 | | | 46 692 | 46 692 |
| 准备金 | 667 | | | 2 470 | | 3 835 | 5 638 | | 6 305 | 6 305 | | | 6 305 | 6 305 |
| 证券 | | | 2 324 | 3 543 | | | | | 2 324 | 3 543 | 998 | −222 | 3 322 | 3 322 |
| 证券投资基金份额 | | | 33 261 | 33 261 | | | | | 33 261 | 33 261 | | | 33 261 | 33 261 |
| 库存现金 | | | 714 | 714 | | | | | 714 | 714 | | | 714 | 714 |
| 中央银行贷款 | | | 469 | 469 | | | | | 469 | 469 | | | 469 | 469 |
| 其他（净） | 9 227 | | 2 771 | 19 395 | 10 | | 7 387 | | 19 395 | 19 395 | | | 19 395 | 19 395 |
| 直接投资 | 4 072 | 12 529 | | | | | | | 4 072 | 12 529 | 12 529 | 4 072 | 16 601 | 16 601 |
| 其他对外债权债务 | 4 174 | 3 354 | −1 796 | 28 | | | | | 2 378 | 3 383 | 3 383 | 2 378 | 5 761 | 5 761 |
| 国际储备资产 | | | 31 934 | | | | | | 31 934 | | | 31 934 | 31 934 | 31 934 |
| 国际收支错误与遗漏 | | −4 040 | | | | | | | | −4 040 | −4 040 | | −4 040 | −4 040 |

资料来源：《中国统计年鉴》2012 年卷，北京，中国统计出版社。

金融交易的资金流量表全面地反映了整个国民经济的各个机构部门的资金融通往来情况，反映了不同机构部门之间的资金联系。

## 三、社会融资总额统计

社会的金融活动具有两个方面的功能，一方面拥有资金的单位通过资金运用使得自己的资金得以保值和增值，另一方面具有扩大投资需求的单位通过融资获得了所需的资金使得其经济规模发展壮大。其中，实体经济的持续稳定发展是整个国民经济发展的基础，虚拟经济的发展应该以实体经济的发展为基础，并为实体经济的发展服务。为此，有必要计算统计各个时期社会金融活动为实体经济提供的资金总额，即社会融资总额。

社会融资总额是指一定时期内（每月、每季或每年）实体经济（即企业和个人）从金融体系获得的全部资金总额。这里的金融体系是整体金融的概念。从机构看，包括银行、证券、保险等金融机构；从市场看，包括信贷市场、债券市场、股票市场、保险市场以及中间业务市场等。它主要由三个部分构成：一是金融机构通过资金运用对实体经济提供的全部资金支持，主要包括人民币各项贷款、外币各项贷款、信托贷款、委托贷款、金融机构持有的企业债券及非金融企业股票、保险公司的赔偿和投资性房地产等；二是实体经济利用规范的金融工具、在正规金融市场、通过金融机构信用或服务所获得的直接融资，主要包括银行承兑汇票、非金融企业境内股票筹资及企业债的净发行等；三是其他融资，主要包括小额贷款公司贷款、贷款公司贷款等。

具体来说，实体经济的社会融资总额可以用公式表示为：

社会融资总额＝人民币各项贷款＋外币各项贷款＋委托贷款＋信托贷款<br>＋银行承兑汇票＋企业债券＋非金融企业股票融资<br>＋保险公司赔偿＋投资性房地产＋其他

在此计算公式中，人民币各项贷款包括金融机构向非金融企业、个人、机关团体、境外单位以贷款、票据贴现、垫款等多种方式提供的人民币贷款。外币各项贷款包括金融机构向非金融企业、个人、机关团体、境外单位以贷款、票据贴现、垫款、押汇、福费廷等多种方式提供的外币贷款。所谓福费廷（Forfeiting），也称为无追索权的融资，或买断、包买票据，是指延期付款的大宗贸易交易中，出口商把经进口商承兑并按不同的定期利息计息、通常由进口商所在银行开具的远期信用证，无追索权地售予出口商所在银行或大金融公司的一种资金融通方式，它是一种为出口商贴现已经承兑的、通常由进口商方面的银行担保的远期票据服务，属票据融资，通过以无追索权的方式买断出口商的远期债权，融资银行或大金融公司对已经信用证开证银行承兑的远期汇票向信用证受益人（出口商）提供票据贴现，这样出口商能够立即回笼资金，使出口商在获得出口融资的同时，消除了因远期收汇风险及汇率和利率带来的潜在风险，在国内也将这种方式称为包买票据业务，而融资商通常被称为包买商。委托贷款是指由企事业单位及个人等委托人提供资金，由金融机构（即贷款人或受托人）根据委托人确定的贷款对象、用途、金额、期限、利率等代为发放、监督使用并协助收回的贷款。信托贷款是指信托机构运用吸收的资金，对企业和投资项目发放的贷款。银行承兑汇票是指金融机构表内表外并表后的银行承兑汇票，即银行为企业签发的全部承兑汇票扣减已在银行表内贴现部分，并表的目的是为了保证不重复统计。企业债券是指由非金融企业发行的各类债券，包括企业长债、中期票据、短期融资券、中小企业集合债、公司债、可转债和可分离可转债等。非金融企业股票融资是指非金融企业通过正规金融市场进行的股票融资，是当前非金融企业重要的直接融资方式。保险公司赔偿是指保险公司在保险合同有效期内履行赔偿义务而提供的各项金额。投资性房地产是指金融机构为赚取租金或资本增值，或者两者兼有而持有的房地产，包括出资的土地所有权、持有并准备增值后转让的土地使用权、已出租的建筑物等。其他包括实体经济从小额贷款公司、贷款公司等获得的资金，主要包括小额贷款公司贷款、贷款公司贷款等。

表10—7列出了中国2011年和2012年两年的社会融资总额及其各个构成项目的金额，由此可以看出，我国实体经济的融资方式主要是银行贷款等间接融资方式，通过股票市场发行股票和债券市场发行企业债券的直接融资方式占的比例过小。

**表10—7　　中国社会融资规模**

| 融资规模＼年份 | 2011年 | | 2012年 | |
|---|---|---|---|---|
| | 金额（亿元） | 比重（%） | 金额（亿元） | 比重（%） |
| 社会融资总额 | 128 286.07 | 100.00 | 157 631.27 | 100.00 |
| 其中：人民币贷款 | 74 715.47 | 58.24 | 82 037.63 | 52.04 |
| 外币贷款 | 5 712.18 | 4.45 | 9 162.99 | 5.81 |
| 委托贷款 | 12 961.54 | 10.10 | 12 837.67 | 8.14 |
| 信托贷款 | 2 034.17 | 1.59 | 12 845.44 | 8.15 |
| 未贴现银行承兑汇票 | 10 270.91 | 8.01 | 10 498.82 | 6.66 |
| 企业债券 | 13 657.66 | 10.65 | 22 551.01 | 14.31 |
| 非金融企业境内股票融资 | 4 376.79 | 3.41 | 2 507.85 | 1.59 |

## 四、金融协调发展统计分析

金融业的发展是社会经济发展的重要组成部分，金融业的发展应该基于实体经济发展的需要，并服务于实体经济的发展，因此金融业的发展应该和国民经济其他行业的发展相互协调。如果金融业的发展脱离了实体经济发展的需要，一味买空卖空，投机炒作，那么不仅金融业不能健康发展，而且对实体经济乃至对整个国民经济的危害都十分巨大。1997年的亚洲金融危机和2007年美国次贷危机引发的全球金融和经济危机，都明显地由金融投机炒作过度引发，都对相关各国经济和社会发展造成了沉重的打击和伤痛，世界各国政府和人民不应忘记这些惨痛的教训，加强对金融业活动的监管，特别是加强对各种衍生金融交易的监管，从法律和制度上制止过度的金融投机炒作，严厉打击金融欺诈，坚决取缔和制止各种与实体经济发展无关的、隐含赌博和欺诈在内的各种金融衍生工具交易活动，维护社会和经济运行的秩序与健康发展。为此，国民经济统计就应该将金融业发展的各种统计数据与实体经济发展的统计数据相互联系，构建出分析和监测金融业与实体经济是否协调发展的统计指标体系。

### （一）金融相关比率统计

为了反映一个国家金融活动与实体经济发展的关联，美国经济学家雷蒙德·W·戈德史密斯（Raymond W. Goldsmith）将无形的金融资产与有形的实物财富的比率定义为金融相关比率（Financial Interrelations Ratio，FIR）指标，用来测度一个国家的金融密集程度。根据戈德史密斯的定义，金融相关比率的计算公式为：

$$\text{金融相关比率}=\frac{\text{金融资产}}{\text{国民财富}}$$

显然，金融相关比率指标反映了一个国家金融深化的程度。一个国家的金融相关比率指标应该随着该国的经济发展水平而变化，一般来说，经济发展水平落后的发展中国家，其金融相关比率的数值较低；而经济发展水平较高的发达国家，其金融相关比率的数值较高。

在经济统计分析实践中，由于通常缺乏国民财富的统计数据，所以常用国内生产总值来代替计算。类似于戈德史密斯的金融相关比率，也可以计算各种金融资产总额或金融负债总额与实体经济相关总量的比率，以反映金融活动与相关实体经济活动的关联关系。例如，可以计算某个时期末的货币流通量与该时期的国内生产总值的比率，以反映货币发行与实体经济发展的协调关系；又如，可以将每年金融交易资金流量表中的资金交易总额与同年的国内生产总值相比，以反映虚拟经济的交易流量与实体经济的产出流量之间的对比关系。图 10—2 列出了中国 1990—2012 年各年年末的货币流通量 $M_2$ 与当年现价 GDP 的比率时序图，并且在同一个图内也列出了每年的资金交易总量 FF 与当年现价 GDP 的比率时序图。

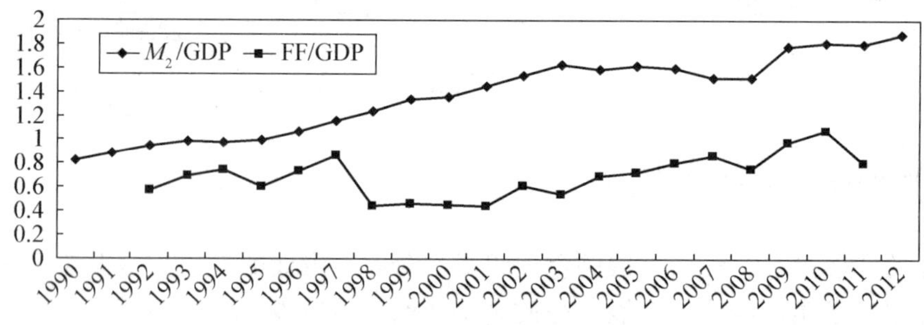


**图 10—2 中国类金融相关比率**

由图 10—2 可以看出，我国金融活动的发展通常都快于实体经济的发展。从货币供应量 $M_2$ 与 GDP 的比率变化来看，20 多年来的整体趋势是货币供应大大快于现价国内生产总值的增长，比率 $M_2$/GDP 的数值在 1990 年只有 0.8 稍多，而到了 2010 年以后就上升到了 1.8 以上，上涨了一倍以上，这也就说明了这些年来我国不仅各种产品的价格总水平不断上升，而且房地产等实物资产的价格水平也不断大幅上升。从各年资金交易总额 FF 与当年现价 GDP 的比率变化来看，金融交易数量的增长通常也快于实体经济产出数量的增长，不过 1997 年的亚洲金融危机和 2007 年美国次贷危机引发的全球金融危机都使得金融交易的数量有较大幅度的下降。

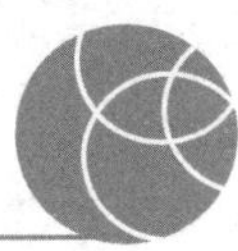

### （二）金融活动服务于实体经济比例统计

一个国家或一个社会之所以要发展金融业，是因为实体经济的发展需要，实体经济运行过程中不同单位之间的实物交易需要金融机构单位进行中介和结算服务，实体经济进行筹资和融资活动也需要金融机构部门的中介服务。但是，在当今社会，随着金融业自身的发展，各种衍生交易工具不断涌现，纯粹投机套利的各种金融交易不断扩大，导致不少金融活动脱离了为实体经济服务的轨道。因此，有必要对金融活动服务于实体经济的比例加以统计计算和分析，以促使金融业与实体经济协调健康发展。

可以用来反映金融活动服务于实体经济比例的一个重要指标是计算每年的实体经济融资规模占全社会资金流动规模的比例，其计算公式为：

$$\text{实体经济融资比例}=\frac{\text{实体经济融资规模}}{\text{全社会资金流动规模}}$$

其中，实体经济融资规模就是社会融资规模，而全社会资金流动规模就是资金流量表中的资金交易总额。

例如，由表 10—7 可知，2011 年我国实体经济从社会融资规模为 128 286 亿元，再由 2011 年的资金流量表可知，2011 年我国金融交易总额为 381 272 亿元，则由此可计算出在全社会的资金交易中为实体经济融资的交易比例为：

$$\text{实体经济融资比例}=\frac{128\ 286}{381\ 272}=33.65\%$$

这一计算结果表明，2011 年我国的资金交易中，为实体经济融资的交易仅仅只占三分之一，而大部分的金融交易都不是为实体经济服务。

## 思考与练习

1. 金融机构都有哪些不同的类型？各类金融机构的作用是什么？

2. 金融工具都有哪些种类？各有什么作用？金融工具的分类和金融资产与金融负债的分类有什么关系？

3. 什么是“取净值”？金融交易流量的计算为什么要采用取净值的方法？

4. 各个机构部门的金融账户与其储蓄与资本账户有何联系？

5. 我国的货币供应量统计是如何划分层次的？与美国有何不同？

6. 汇率的直接标价法和间接标价法有什么不同？

7. 社会融资总额的含义是什么？包括哪些内容？

8. 金融发展协调统计有什么意义？包含哪些内容？

9. 某商业银行 2013 年年初的存款余额为 598 亿元，贷款余额为 400 亿元；年底的存款余额为 718 亿元，贷款余额为 479 亿元。请计算该商业银行 2013 年的存款流量和贷款流量。

# 第十一章　国民经济统计指数

**本章导学**

通过学习本章，要求掌握统计指数的编制原理，包括统计指数的概念和分类，个体指数的计算方法，综合指数中拉氏指数、帕氏指数、费舍理想指数等的计算方法，平均指数中的算术平均指数和调和平均指数的编制方法；还应掌握中国居民消费价格指数（CPI）和生产者价格指数（PPI）的编制方法，以及生产法不变价格国内生产总值的计算方法和相应的GDP指数的编制方法，支出法不变价格国内生产总值的计算方法和相应的GDP指数的编制方法。

## 第一节　统计指数的概念与种类

在经济分析中，经常需要对所考察事物的某种数量在不同时间或不同空间上的相对比率进行测定，以便进行比较分析。而对这些相对比率测定方法的研究，就形成了统计指数的理论和方法。

### 一、统计指数的概念

统计指数，简称为指数，有广义和狭义两种概念。在统计总体中，若所考察的数量在各个个体上的计量单位相同，且其数值可以直接相加，则称该数量是同度量的；否则，就称该数量是不同度量的。例如，同一产品的产量是同度量的，而不同产品的产量则是不同度量的；又如不同产品的价格是不同度量的，只有其价值和销售额是同度量的。广义的指数，就是指反映任意一种数量在不同时间或不同空间上相对比率的指标；而狭义的指数，则仅指反映不同度量的数量在不同时间或不同空间上相对比率的指标。显然，广义指数中包含着狭义指数。对于同度量的数量，不同时间上的相对比率可通过各时间上各个个体数量的直接总和之比而得到，或可通过各时间上各个个体数量的平均值之比而得到，其在不同空间上的相对比率也可用类似的方法得到。对于不同度量的数量，由于各个个体的数量不能直接加总，所以其在不同时间或不同空间上的相对比率无法用通常的方法求得，从而就需要一套专门的理论和方法。统计指数的理论和方法主要就是不同度量的数量在不同时间或不同空间上相对比率的测定理论和方法，即狭义指数的编制理论和方法。

统计指数理论和方法起源于对物价变动的研究。对于一种商品价格的变动，人们可以用变动后的价格与原来的价格相比而得出一个比率指标来反映该种商品价格的变动程度。但是，现实世界中的商品多种多样、成千上万，人们不仅关心每种商品价格的变动，而且更希望对全部商品价格的总变动程度有一个清楚的了解。因为各种商品的使用价值不一样，计量单位也不相同，其销售量和价格都不能直接相加，所以要反映全部商品价格的总变动程度就不能简单地套用反映一种商品价格变动程度的方法，就需要解决不同度量的数量的总变动程度如何计量的问题，从而也就产生了统计指数。

统计指数理论和方法从其产生到现在已有 300 多年的历史。1650 年英国人伏汉（R. Voughan）首创价格指数，1764 年意大利人卡利（G. R. Carli）也编了一种价格指数，这是早期的统计指数。到 19 世纪中叶，经德国学者拉斯佩雷斯（E. Laspeyres）和帕煦（M. Paasche）等人的研究，统计指数理论有了较大的发展，基本上奠定了现代统计指数理论的基础。到了 20 世纪初，经过美国经济统计学家费舍（Irving Fisher）的进一步研究和总结，则基本上形成了现代统计指数的理论和方法。近几十年来，经过许多经济学家和统计学家的进一步研究，统计指数理论和方法又有了不少发展。目前，统计指数已不仅仅是用来反映各种商品价格的总变动程度，而是已被广泛地用来反映诸如生产量、销售量、成本等各种社会经济活动数量的总变动程度。指数理论发展到今天，也已经不仅仅是反映事物在时间上的发展变化，而已被推广到反映事物在不同空间上的对比关系，并且还被用来进行各种变动因素的分析。

## 二、统计指数的种类

统计指数作为衡量某种数量在不同时间或不同空间上数值相对比率的指标，有着十分广泛的用途，因此可以有多种不同的分类，其中重要的分类有如下三种。

### （一）按指数包括范围分类

按照包括范围的不同，统计指数可分为个体指数和总指数两种。个体指数是反映单种个体的某种数量在不同时间或不同空间上相对比率的指标。总指数是反映多种个体的某种数量在不同时间或不同空间上的总相对比率的指标。例如，反映某种零售商品譬如彩色电视机本月与上年同月相比价格变动的比率指标，是该种商品的价格个体指数；而反映全部零售商品本月与上年同月相比价格总变动的比率指标，则是全部零售商品的价格总指数。又如，反映某种农产品譬如小麦的本年与上年相比产量变动的比率指标，是该产品的产量个体指数；而反映全部农产品本年与上年相比产量总变动的比率指标，则是全部农产品的产量总指数。总指数和个体指数之间存在着密切的联系，总指数是个体指数的综合反映，个体指数的变动必然会引起总指数的变动。

### （二）按指数反映内容分类

按照指数所反映内容的不同，统计指数可分为价值类指数、物量类指数和物价类指数三种。价值类指数是同一单位在不同时期所生产或销售产品的价值金额之比率，以及不同地区所生产或销售产品的价值金额之比率，反映了两个不同的价值金额的相对比率；物量类指数是同一单位在不同时期所生产或销售产品的数量之比率，以及不同地区所生产或销售产品的数量之比率，反映了产品数量的变化或相对比率；而物价类指数则是不同时期所生产销售产品的价格之比率，或不同地区产品销售价格水平之比率，反映了产品价格水平的变化或相对比率。例如，产值指数、销售额指数、总成本指数都是价值类指数，产量指数、销售量指数、人口数指数都是物量类指数，而价格指数、单位成本指数、劳动生产率指数都是物价类指数。

### （三）按指数对比基准分类

按照编制指数时所选对比基准的不同，统计指数可分为时间指数和空间指数两种。时间指数是指某种数量在两个不同时间的数值比率指标，空间指数是指某种数量在两个不同地域的数值比率指标。例如，本年与上年相比的物价指数是时间指数，而本地与外地相比的物价指数则是空间指数。时间指数是统计指数的基本形式，空间指数则是时间指数的推广应用。

上述各种分类是从不同的角度对统计指数所作的简单分类，显然这些分类也可交叉进行即进行复合分类，如在个体指数和总指数中再分别区分价值类指数、物量类指数和物价类指数，或再区分为时间指数和空间指数，等等。

需要指出，在上述统计指数的诸概念和分类中，总指数和狭义指数并不等同，它们是两个内涵与外延均不相同的概念，应注意二者的区别和联系。虽然狭义指数都是总指数，

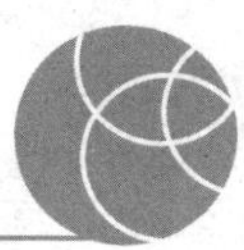

但总指数却并不都是狭义指数。总指数中既包括全部个体不同度量的数量在不同时间或不同空间上的综合相对比率，也包括全部个体同度量的数量在不同时间或不同空间上的总相对比率，因此总指数中包含着狭义指数。统计指数理论的核心就是总指数的编制问题，特别是狭义指数的编制问题。由于时间指数是统计指数的基本形式，所以本章主要论述时间指数的编制原理和方法及其应用，空间指数的编制原理和方法与此类似。

## 第二节 统计指数的编制原理

统计指数作为反映某个经济变量在不同时间或不同空间上的数值之间相对比率的指标，尽管可以用两个时间的数值进行比较计算，也可以用两个不同空间的数值进行比较计算，但从指数的起源和实际使用来看，两个不同时间的数值比率的计算才是统计指数的主流。因此，统计指数的编制原理通常都以时间指数为例进行阐述。

### 一、个体指数

对于同种商品的某个数量指标在某个时期或时刻的数值与另一个时期或时刻的数值相除，就得到了该数量指标的一个比率指标，称为其个体指数。

若记某种产品在现期的价格为 $p_1$，产量或销售量为 $q_1$，产值或销售额为 $v_1=p_1q_1$，并记该种产品在基期的价格为 $p_0$，产量或销售量为 $q_0$，产值或销售额为 $v_0=p_0q_0$，则可以分别定义此种产品的个体物价指数 $K_p$、个体物量指数 $K_q$、个体价值指数 $K_v$ 分别为：

$$K_p=\frac{p_1}{p_0}$$

$$K_q=\frac{q_1}{q_0}$$

$$K_v=\frac{v_1}{v_0}$$

由于产品的价格与产量的乘积就等于其价值，即有 $p_iq_i=v_i$，$i=0$，1，所以由此定义，显然有：

$$\frac{v_1}{v_0}=\frac{p_1}{p_0}\times\frac{q_1}{q_0}$$

即有：

$$K_v=K_p\times K_q$$

也就是说，同一种产品的价值指数必然等于其价格指数与物量指数的乘积。

实际上，价值指数、价格指数和物量指数间不仅存在上述乘积关系，而且如果将价格指数的分子与分母同乘以现期的产量，并将物量指数的分子与分母同乘以基期的价格，则三个指数的分子与分母的差额之间还具有下列关系：

$$v_1-v_0=p_1q_1-p_0q_0$$
$$=(p_1q_1-p_0q_1)+(p_0q_1-p_0q_0)$$
$$=(p_1-p_0)q_1+(q_1-q_0)p_0$$

此式表明，该种产品价值的变化可以利用上述指数之间的关系将其分解为价格变动引致的变化$(p_1-p_0)q_1$和产量变动引致的变化$(q_1-q_0)p_0$两部分。

**【例 11—1】**某地区 2011 年小麦产量为 400 万吨，市场收购价格为每公斤 2.50 元，2012 年该地区小麦产量为 425 万吨，市场收购价格为每公斤 2.58 元，则可得该地区 2011 年小麦的价值为 1 000 000 万元，2012 年的价值为 1 096 500 万元。由此可计算得出该地区 2012 年与 2011 年相比的小麦价格指数、产量指数、价值指数分别为：

$$K_p=\frac{p_1}{p_0}=\frac{2.58}{2.50}=1.032=103.2\%$$

$$K_q=\frac{q_1}{q_0}=\frac{425}{400}=1.0625=106.25\%$$

$$K_v=\frac{v_1}{v_0}=\frac{1\,096\,500}{1\,000\,000}=1.0965=109.65\%$$

这表明，2012 年与 2011 年相比，该地区小麦价格上涨了 3.2%，产量增长了 6.25%，产值增长了 9.65%。

将该地区小麦价值指数的分子与分母相减，可得该地区 2012 年比 2011 年小麦生产总价值的增长额为：

$$v_1-v_0=1\,096\,500-1\,000\,000=96\,500(\text{万元})$$

其中，小麦价格上涨所引致增加的产值为：

$$(p_1-p_0)q_1=(2.58-2.50)\times 425\,000=34\,000(\text{万元})$$

小麦产量增长引致增加的产值为：

$$(q_1-q_0)p_0=(425\,000-400\,000)\times 2.50=62\,500(\text{万元})$$

## 二、综合指数

综合指数就是将各个个体在不同时间或不同空间上的数量分别总和然后相对比所得到的总和相对比率指标，是总指数的基本形式，其编制方法则是编制总指数的基本方法。

若所考察的各个个体数量是同度量的，则可直接加总其数值，将两个不同时间或不同空间的总和数值相比所得比率即为所求的综合指数。以最常遇到的各种商品销售额为例，记基期商品销售量为$q_0$，价格为$p_0$；现期商品销售量为$q_1$，价格为$p_1$；由于各种商品的销售额是同度量的，其数值可以直接加总，所以基期商品总销售额为$\sum p_0q_0$，现期商品总销售额为$\sum p_1q_1$，全部商品销售额总指数为：

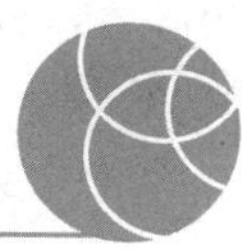

$$\overline{K}_{pq}=\frac{\sum p_1q_1}{\sum p_0q_0}$$

若所考察的各个个体数量是不同度量的，如各种商品的销售量或价格，其数值不能直接加总，则首先需要设法将不同度量的数量转化为是同度量的，然后才能加总相对比得出总指数。各种商品的销售量或价格不同度量是由于各商品数量均采用实物计量单位，互不相同，要使其同度量必须将其化为同一计量单位，显然价值单位就是合适的统一单位，故可统一化为价值计量单位。要将各种商品实物单位计量的销售量化成价值单位计量的数值，必须将其乘上各自的单价，为了使所求出的总指数只反映物量的变动，两个时间的销售量只应乘上同一价格。而要将各种商品的价格化成同度量的价值单位计量的数值，则必须将其乘上各自实物单位的销售量，同样为了使所求的总指数只反映物价的变动，两个时间的价格也只应乘上同一销售量。将销售量和价格都化成价值单位计量的数值即同度量化后，就可将不同时间各个个体的数值分别加总，然后相比分别求得物量总指数和物价总指数。显然，物量总指数和物价总指数都是狭义指数，在狭义综合指数中，要测度其变化的指标称为指数化因素，而同所要测度其变化的指标相乘将其化为同度量数值的指标则称为同度量因素。如在物量总指数中，销售量是指数化因素，价格是同度量因素；而在物价总指数中，价格是指数化因素，销售量是同度量因素。很明显，同度量因素可以有多种不同的选择，不同的同度量因素就构成了不同的综合指数，常用的狭义综合指数主要有以下几种：

### （一）拉氏指数

所谓拉氏指数，就是用基期价格作同度量因素的物量总指数和用基期销售量作同度量因素的物价总指数。它是由德国学者拉斯佩雷斯于 1864 年提出的一种狭义指数。用 $\overline{K}_q$ 表示物量总指数，用 $\overline{K}_p$ 表示物价总指数，拉氏指数的计算公式为：

$$\overline{K}_q=\frac{\sum p_0q_1}{\sum p_0q_0}\quad \overline{K}_p=\frac{\sum p_1q_0}{\sum p_0q_0}$$

### （二）帕氏指数

所谓帕氏指数，就是用现期价格作同度量因素的物量总指数和用现期销售量作同度量因素的物价总指数。它是由另一位德国学者帕煦于 1874 年提出的另一种狭义指数。帕氏物量总指数 $\overline{K}_q$ 和物价总指数 $\overline{K}_p$ 的计算公式为：

$$\overline{K}_q=\frac{\sum p_1q_1}{\sum p_1q_0}\quad \overline{K}_p=\frac{\sum p_1q_1}{\sum p_0q_1}$$

### （三）杨格指数

杨格指数是以典型时期通常均选择正常时期的物价和物量作为同度量因素编制出的物量总指数和物价总指数。它是由杨格（A. Young）于 1818 年提出的又一种狭义指数。用 $p_a$ 和 $q_a$ 分别表示典型时期的物价与物量，则杨格指数的计算公式为：

$$\overline{K}_q=\frac{\sum p_aq_1}{\sum p_aq_0}\quad \overline{K}_p=\frac{\sum p_1q_a}{\sum p_0q_a}$$

**(四) 马埃指数**

马埃指数是由英国著名经济学家马歇尔(A. Marshall)和埃奇渥斯(F. Y. Edgeworth)提出的一种狭义指数。它是用基期和现期的平均价格作为同度量因素来编制物量总指数,用基期和现期的平均物量作为同度量因素来编制物价总指数。马埃物量总指数和物价总指数的计算公式为:

$$\overline{K}_q = \frac{\sum q_1(p_0+p_1)}{\sum q_0(p_0+p_1)} \quad \overline{K}_p = \frac{\sum p_1(q_0+q_1)}{\sum p_0(q_0+q_1)}$$

**(五) 费舍理想指数**

费舍理想指数是由美国学者费舍于 20 世纪 20 年代提出的一种狭义指数。它是由拉氏指数和帕氏指数经过简单几何平均而得到,费舍称其为理想指数。费舍理想指数中的物量总指数和物价总指数公式分别为:

$$\overline{K}_q = \sqrt{\frac{\sum p_0q_1}{\sum p_0q_0} \times \frac{\sum p_1q_1}{\sum p_1q_0}} \quad \overline{K}_P = \sqrt{\frac{\sum p_1q_0}{\sum p_0q_0} \times \frac{\sum p_1q_1}{\sum p_0q_1}}$$

上述各种综合指数公式由于所选择的同度量因素各不相同,所以计算结果一般也不相同,有时甚至可能还会相差很大。在实践中,一般需要根据所研究问题的性质、特点以及资料采集的难易而选用某一种编制方法。

**【例 11—2】**某地区各种商品基期和现期的销售量和价格及销售额资料如表 11—1 所示,现求各种物量总指数和物价总指数。

**表 11—1** 各种商品的销售量和价格及销售额

| 商品名称 | 计量单位 | 销售量 | | 价格 | | 销售额(元) | | | |
|---|---|---|---|---|---|---|---|---|---|
| | | 基期 $q_0$ | 现期 $q_1$ | 基期 $p_0$ | 现期 $p_1$ | 基期 $q_0p_0$ | 现期 $q_1p_1$ | 假定 $p_0q_1$ | 假定 $p_1q_0$ |
| 甲 | 米 | 500 | 600 | 8 | 7 | 4 000 | 4 200 | 4 800 | 3 500 |
| 乙 | 公斤 | 800 | 500 | 2 | 3 | 1 600 | 1 500 | 1 000 | 2 400 |
| 丙 | 件 | 200 | 300 | 6 | 6 | 1 200 | 1 800 | 1 800 | 1 200 |
| 合计 | — | — | — | — | — | 6 800 | 7 500 | 7 600 | 7 100 |

根据各种综合指数的计算公式,利用表 11—1 中的各个总销售额资料,可得各种物量总指数为:

$$拉氏物量指数\ \overline{K}_q = \frac{\sum p_0q_1}{\sum p_0q_0} = \frac{7\,600}{6\,800} = 111.76\%$$

$$帕氏物量指数\ \overline{K}_q = \frac{\sum p_1q_1}{\sum p_1q_0} = \frac{7\,500}{7\,100} = 105.63\%$$

$$马埃物量指数\ \overline{K}_q = \frac{\sum q_1(p_0+p_1)}{\sum q_0(p_0+p_1)} = \frac{7\,600+7\,500}{6\,800+7\,100} = 108.63\%$$

$$费舍物量指数\ \overline{K}_q=\sqrt{\frac{\sum p_0q_1}{\sum p_0q_0}\times\frac{\sum p_1q_1}{\sum p_1q_0}}=\sqrt{\frac{7\,600}{6\,800}\times\frac{7\,500}{7\,100}}=108.66\%$$

同理，利用表11—1中的各个总销售额资料，可计算出该地区的各种物价总指数分别为：

$$拉氏物价指数\ \overline{K}_p=\frac{\sum p_1q_0}{\sum p_0q_0}=\frac{7\,100}{6\,800}=104.41\%$$

$$帕氏物价指数\ \overline{K}_p=\frac{\sum p_1q_1}{\sum p_0q_1}=\frac{7\,500}{7\,600}=98.68\%$$

$$马埃物价指数\ \overline{K}_p=\frac{\sum p_1(q_0+q_1)}{\sum p_0(q_0+q_1)}=\frac{7\,100+7\,500}{6\,800+7\,600}=101.39\%$$

$$费舍物价指数\ \overline{K}_p=\sqrt{\frac{\sum p_1q_0}{\sum p_0q_0}\times\frac{\sum p_1q_1}{\sum p_0q_1}}=\sqrt{\frac{7\,100}{6\,800}\times\frac{7\,500}{7\,600}}=101.51\%$$

由上述资料的计算可以看出，同度量因素选用的不同，所计算出的总指数也不尽相同，有时甚至还会相差很大。同一种资料拉氏物价指数和帕氏物价指数的方向甚至还相反，这说明同度量因素不仅具有同度量的作用，而且还具有权数的作用。在综合指数中，指数化因素乘以同度量因素，既使各个不同度量的数量化成了同度量的可以加总求和，又使其随所乘同度量因素数值的大小而具有不同的权数，从而影响所求总指数的数值。因此，选择适当的同度量因素，是编制综合指数的关键。

如果物量指数和物价指数一个选择拉氏公式，而另一个选择帕氏公式，则物量指数、物价指数和价值指数三者之间也具有个体指数之间的类似等式关系。譬如，物量指数选择使用拉氏公式，物价指数选择帕氏公式，则有：

$$\frac{\sum p_1q_1}{\sum p_0q_0}=\frac{\sum p_0q_1}{\sum p_0q_0}\times\frac{\sum p_1q_1}{\sum p_0q_1}$$

指数之间的这种等式关系称为指数体系。在此指数体系中，每个指数都是两个有意义的总金额之比，显然各个指数分子与分母金额也可相减得出一个差额，这些差额不仅各自都有独立的意义，而且也可形成一个等式关系，即有：

$$\begin{aligned}\sum p_1q_1-\sum p_0q_0&=(\sum p_0q_1-\sum p_0q_0)+(\sum p_1q_1-\sum p_0q_1)\\&=\sum(q_1-q_0)p_0+\sum(p_1-p_0)q_1\end{aligned}$$

在此等式中，等式左边是所考察的价值总额的增长量；等式右边第一项是按基期价格计算的现期物量金额与基期实际金额之差，可看作由于物量变动而增加的金额；第二项是现期实际金额与按基期价格计算的现期物量金额之差，可看作由于物价或单位成本变动而增加的金额。因此，该关系式就是对总金额变动的各影响因素变动所引致变动量的分解式。对于任意由两因素乘积之和形成的价值额指标，都可利用上述指数体系和该分解式对其变动进行因素分析。

**【例 11—3】**某企业各种产品的产量和成本资料如表 11—2 所示，现用价值额指标指数体系对该企业生产总成本的变动进行因素分析。

表 11—2　　某企业各产品产量和生产成本

| 产品名称 | 计量单位 | 产量 | | 单位成本（元） | | 总成本（万元） | | |
|---|---|---|---|---|---|---|---|---|
| | | 基期 | 现期 | 基期 | 现期 | 基期 | 现期 | 假定 |
| 甲 | 台 | 5 400 | 6 800 | 210 | 220 | 113.4 | 149.6 | 142.8 |
| 乙 | 件 | 3 500 | 4 200 | 300 | 280 | 105.0 | 117.6 | 126.0 |
| 丙 | 个 | 2 600 | 3 700 | 160 | 160 | 41.6 | 59.6 | 59.2 |
| 合计 | — | — | — | — | — | 260.0 | 326.4 | 328.0 |

在表 11—2 中，记产量为 $q$，单位成本为 $p$，按照总量指标两因素指数体系及其因素作用分解式，可得：

(1) 总成本指数 $\overline{K}_{pq}=\dfrac{\sum p_1q_1}{\sum p_0q_0}=\dfrac{326.4}{260.0}=125.54\%$

总成本增长量 $=\sum p_1q_1-\sum p_0q_0=326.4-260.0=66.4$(万元)

(2) 产量指数 $\overline{K}_q=\dfrac{\sum p_0q_1}{\sum p_0q_0}=\dfrac{328.0}{260.0}=126.15\%$

产量变动所增费用 $=\sum p_0q_1-\sum p_0q_0=328.0-260.0=68.0$(万元)

(3) 单位成本指数 $\overline{K}_p=\dfrac{\sum p_1q_1}{\sum p_0q_1}=\dfrac{326.4}{328.0}=99.51\%$

单位成本变动所增费用 $=\sum p_1q_1-\sum p_0q_1=326.4-328.0=-1.6$(万元)

上述计算结果表明，该企业总成本现期比基期上升了 25.54%，增加了 66.4 万元；其中由于产量增长了 26.15%，使生产成本增加了 68.0 万元；由于单位成本降低了 0.49%，使生产成本减少了 1.6 万元。

需要指出，虽然价值额指标两因素指数体系也可用其他形式构造，如物量指数用帕氏公式而物价指数用拉氏公式，但实践中这些其他形式构造的指数体系却很少使用。实践中，通常只使用物量指数用拉氏公式和物价指数用帕氏公式所形成的指数体系，且价值额指标两因素指数因素分析一般也只以此种指数体系为依据。因此，上述指数体系和因素分析方法是价值额指标两因素指数因素分析的通用方法。

## 三、平均指数

总指数是反映多种个体的某种数量在不同时间或不同空间上的相对比率的指标，其数

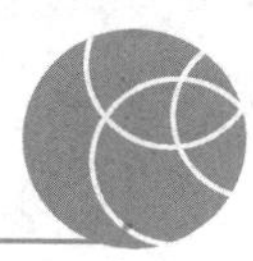



值大小必然取决于各种个体各自数量比率即个体指数的大小，因此总指数也可通过对各个个体指数进行综合平均的方法而得到。所谓平均指数就是将各个个体指数进行综合平均而得出的综合比率指标，即平均比率指标，它是总指数的又一种形式，也是编制总指数的一种重要方法。对各个个体指数进行综合平均，可以有多种不同的平均方法，实践中常用的平均方法有算术平均与调和平均两种。由于各种商品的重要程度不同，在总销售额中所占份额不等，所以不论采用何种平均方法，都应进行加权平均。又由于综合指数是总指数的基本形式，所以平均指数的权数一般均按照综合指数的变形形式给出。

**（一）算术平均指数**

算术平均指数是对各个个体指数进行算术平均而得出的总指数。在编制算术平均指数时，考虑到编制总指数的目的要求和资料采集的难易，通常只采用基期金额为权数。记个体指数为 $K$，它可代表物量个体指数即 $K=q_1/q_0$，也可代表物价个体指数即 $K=p_1/p_0$，还可代表销售额个体指数 $K=p_1q_1/p_0q_0$，则算术平均指数的计算公式为：

$$\overline{K}=\frac{\sum Kp_0q_0}{\sum p_0q_0}$$

在此公式中，若个体指数 $K$ 为销售额个体指数，则此算术平均指数为销售额总指数；若个体指数 $K$ 为物量个体指数或物价个体指数，则此算术平均指数分别为拉氏物量指数和拉氏物价指数，这时该算术平均指数就可看作拉氏综合指数的变形。

在上述算术平均指数公式中，若记各种商品基期销售额的比重为 $W=p_0q_0/\sum p_0q_0$，则算术平均指数也可用此比重作权数进行计算，其公式为：

$$\overline{K}=\frac{\sum KW}{\sum W}$$

实践中，若事先能确定出各种商品的比重 $W$，则只要调查得出各种商品的个体指数 $K$，就可以很容易地利用此比重权数公式计算出总指数。因此，该比重权数算术平均指数在实践中有着广泛的应用。

**（二）调和平均指数**

调和平均指数是对各个个体指数进行调和平均而得出的总指数。与编制算术平均指数类似，也考虑到编制总指数的目的要求和资料采集的难易，调和平均指数通常只用现期金额作权数。仍记个体指数为 $K$，则调和平均指数的计算公式为：

$$\overline{K}=\frac{\sum p_1q_1}{\sum \frac{1}{K}p_1q_1}$$

在此公式中，若个体指数 $K$ 为销售额个体指数即 $K=p_1q_1/p_0q_0$，则此调和平均指数也为销售额总指数；若个体指数 $K$ 为物量个体指数即 $K=q_1/q_0$ 或物价个体指数即 $K=p_1/p_0$，则此调和平均指数分别为帕氏物量指数和帕氏物价指数，这时该调和平均指数就可看作帕氏综合指数的变形。

【例 11—4】已知某地区各种商品基期和现期的销售额及销售量和价格的变动情况如表 11—3 所示，现计算该地区的物量和物价算术平均指数与调和平均指数。

表 11—3　　各种商品基期和现期销售情况

| 商品名称 | 销售额（万元） | | 价格上涨率（%） | 销售量增长率（%） |
|---|---|---|---|---|
| | 基期 | 现期 | | |
| 甲 | 5 625 | 5 985 | 6.4 | 0 |
| 乙 | 2 400 | 2 664 | −7.5 | 20.0 |
| 丙 | 2 864 | 2 506 | 0 | −12.5 |

将表 11—3 中最末两栏销售量增长率和价格上涨率各加 1 即可得到各种商品物量个体指数和物价个体指数，用基期销售额作权数采用算术平均指数公式，可得物价总指数和物量总指数分别为：

(1) 物价总指数 $\overline{K}_p=\dfrac{\sum Kp_0q_0}{\sum p_0q_0}$

$$=\frac{106.4\%\times5\ 625+92.5\%\times2\ 400+100\%\times2\ 864}{5\ 625+2\ 400+2\ 864}$$

$$=\frac{11\ 069}{10\ 889}=101.65\%$$

(2) 物量总指数 $\overline{K}_q=\dfrac{\sum Kp_0q_0}{\sum p_0q_0}$

$$=\frac{100\%\times5\ 625+120\%\times2\ 400+87.5\%\times2\ 864}{5\ 625+2\ 400+2\ 864}$$

$$=\frac{11\ 011}{10\ 889}=101.12\%$$

若用现期销售额作权数，采用调和平均指数公式，则该地区物价总指数和物量总指数分别为：

(1) 物价总指数 $\overline{K}_p=\dfrac{\sum p_1q_1}{\sum \frac{1}{K}p_1q_1}$

$$=\frac{5\ 985+2\ 664+2\ 506}{\frac{5\ 985}{106.4\%}+\frac{2\ 664}{92.5\%}+\frac{2\ 506}{100\%}}$$

$$=\frac{11\ 155}{11\ 011}=101.31\%$$

(2) 物量总指数 $\overline{K}_q=\dfrac{\sum p_1q_1}{\sum \frac{1}{K}p_1q_1}$

$$=\frac{5\ 985+2\ 664+2\ 506}{\frac{5\ 985}{100\%}+\frac{2\ 664}{120\%}+\frac{2\ 506}{87.5\%}}$$

$$=\frac{11\ 155}{11\ 069}=100.78\%$$

由上述计算结果可以看出，由于总指数是各个个体指数的平均数，所以总指数的数值必然介于个体指数的最小值和最大值之间。

## 第三节　国民经济价格指数的编制

市场商品物价的变动关系到千家万户，是国家进行宏观调控的重要内容之一。市场商品交易的环节有多个，交易的价格也有多种类型，如批发价格、零售价格等，市场物价指数可以按照各种不同的交易环节和价格类型进行编制，编制的范围也可大可小，既可以就市场交易的全部商品编制其价格总指数，也可以仅就某一类商品编制其价格指数。目前，我国政府统计部门编制的市场物价指数主要有居民消费价格指数、商品零售价格指数、农产品生产价格指数、农业生产资料价格指数、工业生产者出厂价格指数、工业生产者购进价格指数、固定资产投资价格指数、房地产价格指数等。在上述各种市场物价指数中，最重要且使用最广泛的价格指数是居民消费价格指数和工业生产者出厂价格指数。另外，除了反映实体经济中各种价格变化的指数以外，对于虚拟经济中的各种价格变动，也有多种价格指数，如股票交易所编制的各种股票价格指数，等等。

### 一、居民消费价格指数的编制

居民消费价格指数，其英文名称为Consummer Price Index，缩写为CPI，也称为消费者价格指数，是测度居民家庭日常生活所消费的各种商品和服务项目的价格水平随着时间变化的比率指标，反映居民家庭日常生活所购买商品和服务价格水平的变动趋势和变动程度，也常用来反映通货膨胀的程度。

我国居民消费价格指数的编制工作由国家统计局负责组织实施。首先，国家统计局在31个省（自治区、直辖市）设立的调查总队按照统一的调查方案进行本省（区、市）的消费价格调查，并编制本省（区、市）的居民消费价格指数；然后，国家统计局根据全国各省（区、市）的居民消费价格指数编制全国的居民消费价格指数。

**（一）固定篮子价格指数理论与篮子商品的确定**

目前，消费者价格指数的编制，大多数国家都采用固定篮子价格指数理论。居民家庭日常消费的商品和服务项目数量十分繁杂，在编制价格指数时不可能也没必要把全部商品和服务都纳入指数计算，因此可考虑只选择其中一部分有代表性的商品和服务来代表全部的商品和服务进入价格指数的编制，借以反映全部商品的价格变动趋势和程度。固定篮子价格指数理论，就是首先根据居民家庭日常生活消费的实际状况，选择出一些代表性的产品和服务项目，组成一个产品和服务的篮子，然后每期都对该篮子中所列产品和服务项目的价格进行调查，并据以编制和计算居民消费价格指数。

显然，根据固定篮子价格指数理论编制居民消费价格指数，首先就需要在众多的消费产品和服务项目中选择出代表性产品和服务项目。为了进行这一选择，首先由国家统计局根据国际分类标准，将居民生活消费的各种商品和服务按照用途划分为 8 个大类，分别是：食品、烟酒及用品、衣着、家庭设备用品及服务、医疗保健和个人用品、交通和通信、娱乐教育文化用品及服务、居住，然后在每个大类中又分出若干个中类，再在每个中类中划分出若干个小类，并将每个小类再进一步细分，共分成 262 个基本分类；然后由各省（区、市）统计部门根据本地居民家庭消费的实际，在每个基本分类中选择确定若干个具有特定产地、规格、牌号、花色等特征的具体商品和服务项目作为代表规格品，经国家统计局审定以后，列入调查其价格的产品和服务篮子。每个基本分类中的具体代表规格品之所以要由各地统计部门确定，是考虑到我国地域辽阔，南方和北方等不同地区居民的消费传统、习惯和水平都存在一定的差异，各地根据当地居民的消费状况自己确定每个基本分类的代表规格品，能够切合当地居民家庭消费的实际。为了保证选择确定的代表规格品能涵盖当地居民消费的全部内容，具有较好的代表性，各地代表规格品的总数最低不得少于 600 个，考虑到大、中、小城市和农村消费水平的差异，越大的城市，代表规格品的数量要求就越多。

代表规格品的选择，通常应遵从以下三个原则：(1) 消费数量较大，供应相对稳定，价格易于采集。(2) 价格变动趋势和变动程度有较强的代表性，即选中规格品的价格变动特征与未选中规格品之间价格变动的相关性愈高愈好。(3) 选中的工业消费品必须是合格产品，产品包装上有注册商标、产地、规格等级等标识。

随着科学技术的发展，新产品不断涌现，居民家庭的消费也不断升级换代，因此代表规格品也必须随之而变，对于已失去代表性的规格品和已基本从市场上消失的规格品必须及时更换。在实际操作中，对于升级换代较快的工业产品，代表规格品通常一年一定。

**（二）代表规格品价格的采集**

居民家庭日常生活消费的各种商品通常购买于各个百货商店、食品店、超市、专卖店、购物中心、便利店、农贸市场等，而消费的各种服务则来自于学校、医院、电影院、理发店、公交公司、航空公司、银行、保险公司等，各种代表规格品的市场价格也就必须到这些商品和服务的提供点进行调查。为此，各省（区、市）调查总队需要先在全省各市县中抽选部分市县为调查市县，然后根据经济普查获得的企业名录库和有关部门的行政记录资料，以零售额或经营规模为标志，并结合大小兼顾及分布合理的原则，从高到低排队随机等距抽选出部分商店、农贸市场和服务业的网点为调查样本。目前，全国 31 个省（区、市）共抽选了 500 个调查市县，6.3 万个由各种食杂店、百货店、便利店、专业市场、专卖店、购物中心、农贸市场、服务消费网点构成的调查网点。

对于抽选出的价格调查网点，各市县价格调查人员就要按照统一规范的“三定”原则进入网点对各种代表规格品的价格进行采集调查登记。目前，全国共有专业的价格调查员 4 000 人左右。所谓“三定”原则，即“定人、定点、定时”直接采价。定人，就是同一个调查员在一定时期内固定调查相同的商品和服务项目，以避免因调查人员不熟悉商品而引起的人为价格调查误差；定点，就是同一个调查员在一定的时期内所调查的网点固定，以便于调查员熟悉和了解调查点的基本情况，便于向销售人员或其他有关人员询问了解实际的交易价格信息，准确采集到同一种商品同一地点不同日期的可比价格；定时，就是固

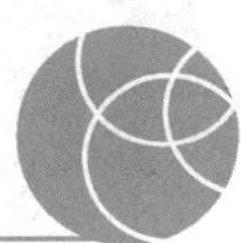



定调查员采集价格的日期和具体时间，以保证基期价格和报告期价格在时间上具有可比性，因为采集价格的时间不同，商品的价格也存在差异。这一点鲜活商品体现得最为明显，比如鲜菜，通常是上午刚上市时价格高一些，晚上收市时价格则低一些。因此，在进行价格调查时，不但每个月的调查次数和日期应保持一致，每次调查的时间也应相对固定。

实际采价时还有以下一些原则：同一规格品的价格必须同质可比，即产品性质基本相同可以进行比较；如果商品的挂牌价格与实际成交价格不一致，应调查采集实际成交价格；根据商品或服务项目与居民家庭生活的相关程度和价格变化的频繁程度确定价格调查的次数，对于与居民生活密切相关、价格变动比较频繁的肉禽蛋和鲜菜、鲜果、水产品等鲜活食品的价格，每5天调查一次；对于服装鞋帽、耐用消费品、交通通信工具等大部分工业产品的价格，每月调查2次或3次；对于水、电等政府定价的商品或服务项目的价格，每月调查核实一次。

为了保证价格数据采集的真实和及时，国家统计局在2010年启动了全新的数据采集管理系统，并开始为调查员配备CPI手持数据采集器。使用这套系统，调查员只要将现场采集到的价格数据输入到CPI手持数据采集器中，其信息就能立即传送到国家统计局。这套系统还具有调查员定时、定位、数据修改痕迹记忆等诸多功能，为确保源头数据的真实性提供了强有力的技术支撑。

**（三）不同类别的权数的确定**

根据调查员采集得来的各种代表规格品的价格数据，可以计算出每一种代表规格品的个体价格指数，并进而计算出每个基本分类的价格指数，但如果要根据各个基本分类的价格指数进一步计算出更高类别乃至全部商品和服务的价格总指数，就还需要有每个类别的权数资料。因此，在编制居民消费价格指数时还必须制订一组权数，以代表居民家庭所消费的一篮子商品和服务中每一类别各自的重要性。

居民消费价格指数的权数是反映某个商品或服务项目类别的价格变动在总指数形成中影响程度大小的指标，因此可根据每一类别商品或服务项目的消费支出在居民家庭全部商品和服务项目总支出中所占的比重来确定。权数一般采用百分数或千分数表示，我国居民消费价格指数的权数实行千分制，即大类权数之和，大类中各中类权数之和，中类中各小类权数之和，小类中各基本分类权数之和均为1 000。

居民家庭的住户调查收集有详尽的居民家庭的各种商品和服务的消费支出资料，由此可以计算得到居民家庭的各类商品和服务的消费支出比重数据，因此我国编制居民消费价格指数的权数资料主要根据住户调查的居民消费支出数据确定。由于各地区居民消费结构存在差异，因此权数也采用分省（区、市）逐级计算确定。

一般来说，保持权数在一个时期内的相对稳定有利于消除因权数频繁调整的结构性因素对价格指数的影响，使居民消费价格指数能更好地反映一定时期内的“纯价格”变动。但技术创新带来的新产品的持续涌现，促使居民家庭消费品的更新换代日益加快，消费结构不断升级变化，这在客观上又要求对权数进行及时的更新，以保证所计算出的居民消费价格指数能与当前居民消费的实际结构相一致。鉴于此，我国统计制度规定，居民消费价格指数的权数每五年全面更新一次，并且每年还需根据居民消费支出变动情况对权数进行相应的调整和修正，以确保指数能准确地反映居民家庭的最新消费模式，同时也确保居民消费价格指数的准确性和可比性。

**（四）居民消费价格指数的计算过程**

我国的居民消费价格指数按月编制，每月编制有与上月相比的月环比价格指数、与上年同月相比的同比价格指数以及与过去某个固定基期相比的定基价格指数等。

（1）代表规格品月环比个体价格指数的计算。当调查员将各个代表规格品在某个月份各个规定时点的价格数据采集完成以后，就应该在每个调查县市的范围内计算每个代表规格品在本月的平均价格。各个代表规格品的月平均价格采用简单算术平均的方法计算，即将每个调查县市的每个代表规格品在本月内各个不同采集点和不同采集时点所采集到的价格数值简单相加除以数据个数就得到该代表规格品本月的平均价格。然后将每个代表规格品本月的平均价格与其上月的平均价格相除，就得到各个代表规格品的月环比个体价格指数。若记第 $i$ 个代表规格品本月的平均价格为 $\overline{p}_{it}$，其上月的平均价格为 $\overline{p}_{it-1}$，则此代表规格品的月环比个体价格指数为：

$$K_i=\frac{\overline{p}_{it}}{\overline{p}_{it-1}}$$

（2）各个基本分类的价格指数的计算。居民消费商品和服务的每一个基本分类通常都有若干个代表规格品，当计算出某个基本分类中的所有代表规格品的月环比个体价格指数以后，就可以用简单几何平均法计算出该基本分类的价格指数。假设某个基本分类共有 $n$ 个代表规格品，则其月环比价格指数为：

$$K=\sqrt[n]{K_1\times K_2\times\cdots\times K_n}$$

（3）县市级各小、中、大类指数和总指数的计算。居民家庭消费商品和服务分为食品、烟酒及用品、衣着、家庭设备用品及服务、医疗保健和个人用品、交通和通信、娱乐教育文化用品及服务、居住 8 个大类，每个大类又分为若干个中类，每个中类又分为若干个小类，每个小类包含有若干个基本分类。因此，当计算出某个上级分类的下属各个子类的价格指数以后，就可以用事先已确定的各个子类的权重，采用加权算术平均指数的方法计算出上级分类的指数。若记某上级类别中的第 $s$ 个子类的价格指数为 $K_s$，其权数为 $W_s$，则该上级类别的价格指数就为：

$$K=\frac{\sum K_sW_s}{\sum W_s}$$

使用此公式就可以根据各个基本分类的指数计算出每个小类的指数，然后由各个小类指数计算出各个中类指数，由各个中类指数计算出各个大类指数，由各个大类指数计算出县市级的居民消费价格总指数。

（4）各省和全国月环比价格指数的计算。有了各个县市的月环比价格总指数，将某省（区、市）所属各个县市的价格总指数按照各个县市的权重进行加权算术平均，就得到了该省（区、市）的月环比居民消费价格总指数。有了全国 31 个各个省（区、市）的价格总指数，将其按照各自在全国的权重进行加权算术平均，就得出了全国的居民消费价格总指数。

(5) 定基价格指数和同比价格指数的计算。有了每个月的环比价格指数，则将其连乘，就可得到相应时段的定基价格指数。记月环比指数为 $K_{t/t-1}$，若记给定的固定基期为 0 期，则第 $T$ 期的定基指数为：

$$K_{T/0}=K_{1/0}\times K_{2/1}\times K_{3/2}\times\cdots\times K_{T/T-1}$$

同比价格指数就是本年某个月份的价格水平与上年同月份价格水平相比的指数，相比的两个月份相隔 12 个月。因此，当计算出定基指数序列以后，将某个月的定基指数除以上年同月的定基指数，就得出了本月的同比价格指数。即有：

$$K_{t/t-12}=\frac{K_{t/0}}{K_{t-12/0}}$$

同比价格指数消除了月份不同而产生的季节性差异对居民消费的商品和服务项目价格的影响，更纯粹地反映了价格的变化趋势和变化程度。

图 11—1 给出了我国改革开放以来以 1978 年为固定基期的历年定基居民消费价格指数时间序列图形，由此图可以看出我国居民消费价格水平的上涨幅度和趋势。

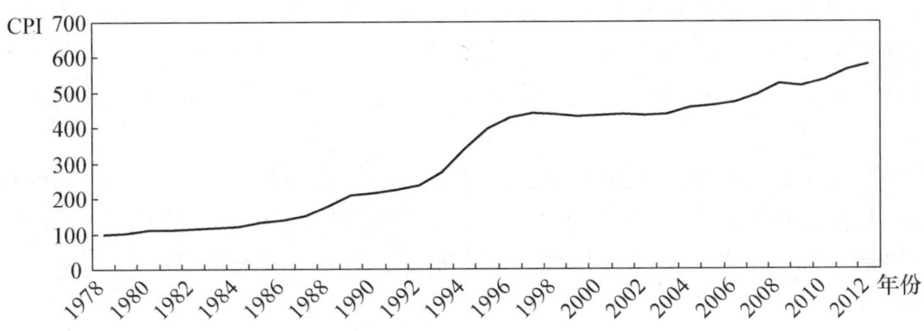


**图 11—1　中国居民消费价格指数时间序列图**

## 二、生产者价格指数的编制

生产者价格指数，其英文名称为 Producer Price Index，缩写为 PPI，是反映生产企业所生产产品的产出价格以及为生产而购进的原材料、燃料和动力的投入价格随时间变化的比率指标，有生产者产出价格指数和生产者投入价格指数两种。由于农业、工业和服务业三次产业各自生产过程的差别巨大，所以生产者价格指数通常按农业、工业、服务业分别编制，分别称为农业生产者价格指数、工业生产者价格指数、服务业生产者价格指数。目前，我国统计部门对于农业和工业每年都从产出和投入角度分别编制其生产者价格指数，其中，农业生产者价格指数分别为农产品生产价格指数和农业生产资料价格指数，工业生产者价格指数分别为工业生产者出厂价格指数和工业生产者购进价格指数。除此之外，为了反映固定资产投资的价格变动，还编制有固定资产投资价格指数。在这些生产者价格指数中，工业生产者出厂价格指数与社会公众生活的相关程度最密切，所以媒体中经常谈论的PPI通常指的就是工业生产者出厂价格指数，国家统计局每月在大众传媒上与CPI一起公布的PPI也是工业生产者出厂价格指数。所以，下面主要以工业生产者出厂价格指数为例来阐述生产者价格指数的编制过程和方法。

我国的工业生产者价格指数的编制由国家统计局负责组织实施。与居民消费价格指数的编制程序类似，也是首先由国家统计局在31个省（自治区、直辖市）设立的调查总队按照统一的调查方案进行本省（区、市）的工业产品价格调查，并编制本省（区、市）的工业生产者价格指数；然后国家统计局根据全国各省（区、市）的工业生产者价格指数编制全国的工业生产者价格指数。

**（一）产品篮子和代表产品的确定**

类似于消费者价格指数，我国的工业生产者价格指数也按照固定篮子价格指数理论编制。为了确定计算指数的产品篮子，国家统计局在我国国民经济行业分类标准将全部工业分为39个工业行业大类、191个工业行业中类、525个工业行业小类的基础上，根据我国工业企业产品的实际销售情况，从《统计用产品分类目录》中选定了11 000多种工业产品，并将其划分为1 702个基本分类，构成了计算工业生产者产出价格指数的产品篮子。而编制工业生产者购进价格指数的产品篮子则根据生产上述产出所需要的原材料、燃料和动力来确定，包含有6 000多种产品，划分为900多个基本分类。为了便于全国各省、自治区、直辖市按照统一的标准调查价格和编制指数，国家统计局制定了《工业生产者出厂价格调查目录》和《工业生产者购进价格调查目录》，明确规定了这两个指数的产品篮子的具体内容。

我国的工业生产者价格指数是根据固定篮子价格指数理论，以代表产品的价格变动来反映全部产品的价格变化趋势和变动幅度。为了保证选入固定篮子中的产品具有代表性，国家统计局制定的《工业生产者价格统计调查制度》规定，选择代表产品应遵循以下五个原则：

（1）按工业行业选择基本分类和代表产品。各个主要工业大类行业（其他采矿业除外）和90%以上的中类行业，都应选择足够的基本分类和代表产品，以使价格指数较好地反映各行业工业生产者价格变化情况。代表产品所代表的行业销售产值应超过当年全部工业销售产值的70%。

（2）选择对国计民生影响大的产品。一般来看，销售产值大的产品对国计民生影响就大，因此都应选择为代表产品。

（3）选择生产较为稳定的产品。一旦被选为代表产品，就要连续调查一个时期。所以选择代表产品时一定要考虑其生产的稳定性，试生产、经济寿命短的产品不应被选为代表产品。

（4）选择有发展前景的产品。部分产品如电子产品、生物制品、新材料等，尽管其当期销售产值较小，但它是有前途的产品，随着时间的推移，就会占有市场，所以要将这样的产品选为代表产品。而部分产品尽管一时销售产值较大，但已是国家明令淘汰或是将被市场淘汰的，则不应选为代表产品。

（5）选择具有地方特色的产品。一些产品尽管生产量不大，但具有地方特色，也应被选为调查项目。

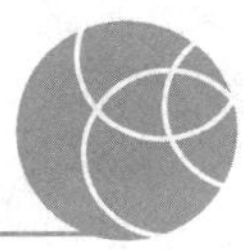

考虑到随着技术的进步，新的工业创新产品不断涌现，一些旧的产品会被淘汰，计算指数的产品篮子中的产品目录及其基本分类和以上分类一般五年修订一次。由于全国各个不同省（区、市）的工业生产结构不同，所以各省（区、市）应根据本地区的经济结构、产品结构等情况，从国家统一规定的产品篮子中抽选一些在本地区有代表性的基本分类进行价格调查和指数编制，并在未来五年内保持相对稳定。

**（二）代表产品价格的采集**

按照国家统计局制定的《工业生产者价格统计调查制度》的规定，我国工业生产者价格调查采用重点调查与抽样调查相结合的调查方法。重点调查将全部年主营业务收入2 000万元以上的企业列为调查对象，采用主观选样的方法选择调查企业；抽样调查是把年主营业务收入2 000万元以下的企业作为抽样对象，采用随机抽样的调查方法。抽选出的调查企业称为工业生产者价格调查的代表企业，每个代表企业需要按照调查制度的规定，每月向统计部门报告其产品出厂价格和原材料、燃料与动力购进价格的数据。

为了保证每个代表产品的价格真实准确，对于每个代表产品都应尽可能地选择多个企业进行填报。根据国家统计局《工业生产者价格统计调查制度》的规定，在选择代表企业时，应遵循以下三个原则：

（1）按工业行业选择调查企业，各中类行业原则上都要有调查企业。调查企业要合理分布，不能遗漏，也不能过于集中。就编制指数的地区来讲，原则上有产值的中类行业一定要有调查企业。

（2）大型企业应尽量都选上（或占相当大比重）。同时，也应采用抽样方法适当选择一些中小企业，使工业生产者价格指数更加准确、全面地反映客观实际。

（3）选择生产稳定、正常的企业作为调查对象。一旦企业被选中作为调查企业，就要稳定一段时间，所以选择调查企业时一定要注意其是否生产正常、稳定。

一般情况下，代表企业的年销售产值之和要力争达到当地工业销售产值的40%以上。

目前，全国工业生产者价格调查企业近6万家，分布在全国430个调查市、县。

按现行制度规定，我国工业生产者价格调查的调查日期为每月的5日和20日，被抽选出的代表企业需按月向本地市级调查队填报本企业本月5日和20日的出厂、购进时点价格，以及本月平均单价和上月平均单价，产品各月平均单价为各月5日、20日两次所采单价的简单平均值。企业原始资料经市级调查队、省级调查总队审核后报送国家统计局。

**（三）各类权数的确定**

权数是衡量调查“产品篮子”中每类代表产品重要性的指标。由于每类代表产品在工业经济中的地位和作用不同，其价格变动对全部工业生产者价格指数的影响程度也有所不同。为真实反映价格的平均变化，编制工业生产者价格指数时必须考虑不同类别代表产品的重要程度，科学、合理地确定出各自的权数。

显然，每类产品在全部工业产品总额中的比重就反映了其在整个工业生产中的重要性，所以可以用每类产品的产值比重作为其权数。为此，国家统计局《工业生产者价格统计调查制度》规定，工业生产者出厂价格统计中、小类及小类以上的权数资料根据工业统计中分行业工业销售产值数据资料计算得出；基本分类的权数资料则根据独立的工业企业产品权数调查资料计算得出。工业生产者购进价格统计中，基本分类及以上分类的权数资料也主要根据独立的工业企业产品权数调查资料计算得出，小类及小类以上的权数还可以参照相应行业的出厂权数和分行业的投入产出数据资料进行计算。基本分类以下不计算权数。

与产品篮子的调整相一致，基本分类及以上分类的权数一般也五年重新调查调整一次。在五年期间，若出现产品结构变动较大，以致影响“商品篮子”代表性的情况时，可及时进行合理修正。

**（四）工业生产者价格指数的计算**

我国的工业生产者价格指数也是按月编制，每月分别编制与上月相比的月环比工业生产者出厂价格指数和工业生产者购进价格指数，并据以计算出与上年同月相比的同比价格指数和与过去某个固定基期相比的定基价格指数。其中，各基本分类月度环比指数，根据所包含的各个代表产品价格变动个体指数，采用几何平均法计算；小类以上月度环比指数采用逐级加权算术平均法计算；各省（区、市）各类月度环比指数通过对辖区内所有调查企业相关数据超级汇总得出，全国各类月度环比指数通过对各省（区、市）相关指数加权汇总计算得出。由月度环比指数再分别计算各类定基、同比指数。

（1）代表产品月环比价格指数的计算。当各个调查企业将各个代表产品本月的平均单价和上月的平均单价报告给市级调查队以后，市调查队就可以将每个调查企业上报的各个代表产品的本月平均单价与上月平均单价相除，得到每个调查企业所调查的各个代表产品的月环比价格指数。若记第 $i$ 个代表产品在第 $j$ 个调查企业的本月平均单价为 $p_{ijt}$，上月的平均单价为 $p_{ijt-1}$，则此代表产品在第 $j$ 个调查企业的月环比价格指数为：

$$K_{ij}=\frac{p_{ijt}}{p_{ijt-1}}$$

一个代表产品的价格通常有多个调查企业登记上报，假设某代表产品价格的调查上报企业有 $m$ 家，则用几何平均法将这 $m$ 个企业的月环比价格指数进行平均，就得到了该代表产品的月环比价格指数。即有：

$$K_i=\sqrt[m]{K_{i1}\times K_{i2}\times\cdots\times K_{im}}$$

（2）基本分类月环比价格指数的计算。工业产品的每个基本分类都包含若干个代表产品，有了各个代表产品的月环比指数，只要将每个基本分类中所包含的各个代表产品的月环比指数进行几何平均，就可得到每个基本分类的月环比指数。假设第 $s$ 个基本分类中共包含 $n$ 个代表产品，则此 $s$ 基本分类的月环比价格指数为：

$$K_s=\sqrt[n]{K_1\times K_2\times\cdots\times K_n}$$

（3）市级各小、中、大类指数以及总指数的计算。工业产品价格调查的 39 个行业大类中包含 191 个行业中类，这些行业中类又包含 525 个行业小类，这些行业小类又包含 1 702 个基本分类，因此每个上级分类中都包含有若干个下级子类。有了下级各个子类的月环比价格指数，根据事先已确定的各个子类的权重，采用加权算术平均指数公式就可以计算出上级各类的月环比价格指数。若记某上级类别中的第 $s$ 个子类的月环比价格指数为 $K_s$，其权数为 $W_s$，则该上级类的月环比价格指数就为：

$$K=\frac{\sum K_s W_s}{\sum W_s}$$

用此公式和方法，就可以由各个基本分类指数计算出各个小类的指数，再由小类指数计算出各中类指数，由中类指数计算出各大类指数，由大类指数计算出总指数。

(4) 各省（区、市）和全国月环比价格指数的计算。有了各个市级的月环比价格总指数，将某省（区、市）所属各个市的价格总指数按照各个市的权重进行加权算术平均，就得到了该省（区、市）的月环比工业生产者价格总指数。有了全国31个各个省（区、市）的价格总指数，将其按照各自在全国的权重进行加权算术平均，就得出了全国的月环比工业生产者价格总指数。

(5) 定基价格指数和同比价格指数的计算。与定基居民消费价格指数的编制方法类似，有了每个月的环比价格指数，则将其连乘，就可得到相应时段的定基价格指数。当计算出定基指数序列以后，将某个月的定基指数除以上年同月的定基指数，就得出了本月的同比价格指数。

图11—2给出了我国以1990年为固定基期的历年定基工业生产者价格指数PPI的时间序列图形，包括工业生产者出厂价格指数和工业生产者购进价格指数。从图中可以看出我国工业生产者的购进价格水平的上涨速度大于产品出厂价格水平的变化上涨速度。

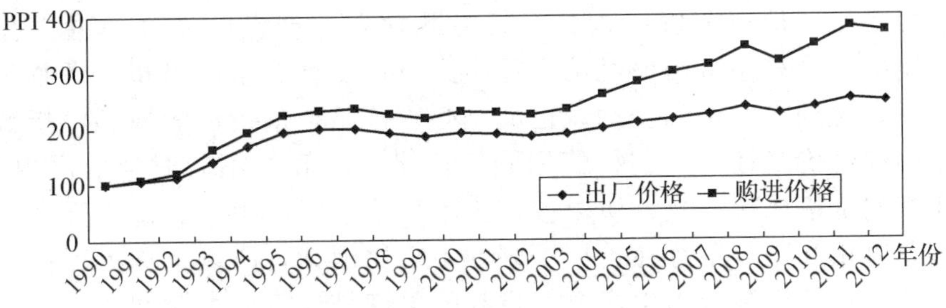


**图11—2　中国工业生产者价格指数时间序列图**

## 三、股票价格指数的编制

证券市场是现代社会中居民投资和企业筹措生产发展资金的主要场所，而且对于经济的波动异常敏感。如股票价格的变动历来被认为是经济波动的晴雨计或指示器。因此，编制各种证券的价格指数，特别是股票价格指数，不仅对于投资者具有重要的作用，而且对于监测整个国民经济的运行也具有十分重要的意义。在各种证券价格指数中，最重要的是股票价格指数，其编制方法一般采用综合指数方法。如美国最大的证券研究机构标准普尔公司所编制的股价指数——标准普尔综合指数（Standard and Poor's Composite Index）就是采用综合指数的方法。该股价指数共包括有500种工业、铁路和公用事业普通股股票，以1941—1943年为基期，以发行在外的股票数量为同度量因素，采用拉氏指数公式编制，是该公司编制发表的137种证券价格指数中最有名的一种指数，与道·琼斯

30 种工业股票指数和反映高科技公司股票价格波动的纳斯达克综合指数一样，也是美国最有代表性的股价指数之一。目前，我国上海股价指数和深圳股价指数也用综合指数方法编制。

在证券价格指数中，指数值每增加 1%即称为上升一个百分点，简称上升 1 点；相反，指数值每减少 1%则称为下降一个百分点，简称下降 1 点。如股价指数从 638%增加到 658%，则称股价上涨了 20 点。

## 第四节　国民经济生产量指数的编制

生产的发展是一切经济和社会发展的基础，对社会生产总量变动程度即发展速度的测定是国民经济统计的一个重要内容，而保持社会生产总量的持续稳定增长则是国家宏观经济管理的主要目标之一。由于社会产品种类繁多且计量单位不一，所以测定其总量的变动也必须使用统计指数。反映社会生产总量变动增长程度的统计指数主要有国内生产总值指数。

国内生产总值指数是反映一个国家全部生产总量变动的最重要的生产指数，通常用来反映一个国家的经济发展速度。编制国内生产总值指数，如果直接用现期国内生产总值与基期国内生产总值相除，那么由于不同时期的国内生产总值计算的价格不同，所以二者相除所得之比率是一个价值指数，其中既含有生产量的变动，也含有价格的变动。为了编制出一个只反映国民经济实际生产总量变动的生产量指数即物量指数，就必须在编制指数时剔除价格的变动，也就是必须按照物量指数的原理，指数的分子和分母都使用同样的价格计算。这种使用同一价格所计算的不同时期的国内生产总值，由于现期和基期价格保持不变，所以被称为不变价格国内生产总值；又由于不同时期的国内生产总值相互比较不存在价格不同的不可比因素，所以也称为可比价格国内生产总值。由此可知，编制国内生产总值指数的关键是计算各个时期的不变价格国内生产总值。

由第八章和第九章中关于现价国内生产总值计算的论述可知，现价国内生产总值的计算有生产法、收入法和支出法三种。其中，生产法是根据企业的总产出和中间投入计算，支出法是根据最终使用即最终产品计算，而收入法是根据生产要素的收入来计算。显然，生产法和支出法直接与产品相联系，可以分解出产出或使用量与价格两个因素，而收入法只是和要素报酬相联系，无法进行产品数量和价格的分解，因此不变价格国内生产总值的计算只能按照生产法和支出法两种方法进行计算。

### 一、生产法不变价格国内生产总值和国内生产总值指数

生产法计算的国内生产总值也就是国民经济各个行业的增加值之和，即各行业的货物与服务产出总额与生产中原材料等投入总额之差的总和。如果使用拉氏指数原理编制国内生产总值指数，并记货物和服务的产出量为 $Q$，价格为 $P$，生产过程中原材料等的投入量

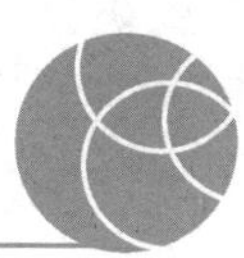


为 $q$，价格为 $p$，则其指数计算公式为：

$$\overline{K}_Q = \frac{\sum(\sum P_0Q_1 - \sum p_0q_1)}{\sum(\sum P_0Q_0 - \sum p_0q_0)}$$

在此计算公式中，指数的分母是基期的增加值，而分子则是按不变的基期价格计算的增加值，显然分母的数值可以使用基期的现价国内生产总值，而需要重新计算的就是分子中按不变的基期价格计算的增加值。根据国民经济不同行业各自生产经营的特点，不变价格增加值计算方法可以有以下三种。

**（一）价格指数双缩法**

在编制国内生产总值指数时，如果能取得某个行业现期与基期相比的产出帕氏物价指数和投入帕氏物价指数，即如果有：

$$K_P = \frac{\sum P_1Q_1}{\sum P_0Q_1}, \quad k_p = \frac{\sum p_1q_1}{\sum p_0q_1}$$

就可以使用此产出的价格指数 $K_P$ 去除该行业现期的总产出额 $V_1 = \sum P_1Q_1$，得出用不变的基期价格计算的现期总产出 $\sum P_0Q_1$，并使用此投入价格指数 $k_p$ 去除该行业现期的原材料等投入总额 $v_1 = \sum p_1q_1$，得出用不变的基期价格计算的现期总投入 $\sum p_0q_1$，即有：

$$\sum P_0Q_1 = \frac{V_1}{K_P} = \frac{\sum P_1Q_1}{K_P}, \quad \sum p_0q_1 = \frac{v_1}{k_p} = \frac{\sum p_1q_1}{k_p}$$

由于在现实中，物价通常都是上涨的，价格指数通常都大于 1，所以用基期价格计算的现期总产出和总投入都会比实际的现期总产出和总投入的数值要小，因此这种计算方法称为价格指数缩减法，又由于是产出和投入同时进行价格缩减，所以更准确地称为价格指数双缩法。

**（二）价格指数单缩法**

在现实中，某个行业既有产出价格指数，又有投入价格指数的情况并不多见，有些行业可能只有产出价格指数，但却缺乏投入价格指数，例如，我国统计部门编制有商品零售价格指数，但没有编制商业进货价格指数。对于这种情况，如果可以认为某个行业的投入价格指数和产出价格指数基本一致，那么就可以用产出价格指数统一对总产出和总投入进行缩减。比如说商业零售行业，其商品的销售价格就是在其购进价格基础上的加价，如果现期和基期相比，商业零售行业的毛利率基本一致，就可认为其投入价格指数和产出价格指数基本一致，就可以统一用商品零售价格指数对其总产出和总投入进行缩减，也就是用商品零售价格对其现期增加值直接进行缩减。即有：

$$\sum P_0Q_1 - \sum p_0q_1 = \frac{V_1 - v_1}{K_P} = \frac{\sum P_1Q_1 - \sum p_1q_1}{K_P}$$

与价格指数双缩法相对应，这种缩减方法称为价格指数单缩法。

**（三）物量指数外推法**

如果缺乏行业的产出价格指数和投入价格指数资料，但是却可以推算出该行业的生产量和投入量指数，则可以借助其物量指数推算出按不变的基期价格计算的该行业的增加值。也就是说，如果能有某个行业的生产量指数和投入量指数分别为：

$$K_Q=\frac{\sum P_0Q_1}{\sum P_0Q_0},\quad k_q=\frac{\sum p_0q_1}{\sum p_0q_0}$$

则该行业的不变价格增加值就可以写为：

$$\sum P_0Q_1-\sum p_0q_1=K_Q\sum P_0Q_0-k_q\sum p_0q_0$$

使用此公式推算现期不变价格增加值，称为物量指数双外推法。进一步，如果可以认为该行业的生产量和投入量的变化一致，即生产量指数和投入量指数相等，即 $K_Q=k_q$，则类似于物价指数单缩法，就有物量指数单外推法，其推算公式为：

$$\sum P_0Q_1-\sum p_0q_1=K_Q\left(\sum P_0Q_0-\sum p_0q_0\right)$$

例如，对于交通运输行业，就可以利用货运量和客运量二者现期与基期数值之比计算出其运输量指数，然后再运用物量指数外推法推算出现期的不变价格增加值。又如，邮电业也可以利用其邮电业务量统计数据计算出其业务量指数，然后再据此推算出现期不变价格增加值。

在编制国内生产总值指数的实践中，可以根据不同行业的特点和数据来源情况，选择不同的方法计算现期不变价格增加值。我国在编制国内生产总值指数的过程中，农林牧渔业采用价格指数双缩法，其中产出使用农林牧渔产品生产者价格指数进行缩减，而投入则使用农业生产资料价格指数进行缩减；工业、建筑业、批发零售及住宿和餐饮业、仓储业、银行和保险等金融业、房地产业、教育和文化体育及娱乐业、电信和其他信息传输服务业、居民服务业等采用价格指数单缩法；铁路等交通运输和邮政业、计算机服务和软件业、科学研究和技术服务及地质勘查业、水利及环境和公共设施管理业、卫生及社会保障和社会福利业、租赁和商务服务业、公共管理和社会组织、居民自有住房服务业等采用物量指数外推法。

当计算出所有各个行业的现期不变价格增加值以后，将其全部加总，就得到了全国的不变价格国内生产总值，然后再除以基期的国内生产总值，就得到了国内生产总值指数。或者，将所有各行业的现期不变价格增加值都代入前述国内生产总值指数 $\overline{K}_Q$ 的计算公式进行计算，也将得到国内生产总值指数。

## 二、支出法不变价格国内生产总值和国内生产总值指数

使用支出法计算，国内生产总值就是最终消费支出、资本形成总额与净出口的总和，也就是整个国民经济的最终产品的总值。如果记某类最终产品的数量为 $Q$，价格为 $P$，则

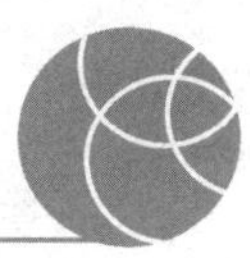



国内生产总值指数就应写为：

$$\overline{K}_Q=\frac{\sum(\sum P_0Q_1)}{\sum(\sum P_0Q_0)}$$

式中，$\sum P_0Q_0$ 是某个组别基期的最终产品总值，如基期居民消费支出，或基期政府消费支出，或固定资产形成总额等，其数值在基期已按实际市场价格核算得出；$\sum P_0Q_1$ 是用不变的基期价格计算的现期某个组别的最终产品总值，是未知的。

如果统计部门编制有最终产品中各个组别的价格指数，如居民消费价格指数、政府消费价格指数等，就可用这些价格指数对现期各个组别最终产品的现价总值进行缩减，从而得出用不变的基期价格计算的各个组别的最终产品总值。也就是，若已知某个最终产品组别的价格指数

$$K_P=\frac{\sum P_1Q_1}{\sum P_0Q_1}$$

则使用现期该最终产品组别的现价总值 $\sum P_1Q_1$，计算出其现期不变价格总值为：

$$\sum P_0Q_1=\frac{\sum P_1Q_1}{K_P}$$

当计算出最终产品的所有各个组别的现期不变价格总值以后，将其全部加总，就得到了支出法计算的全国不变价格国内生产总值。

在实践中，许多价格指数都是多层次综合编制的。例如，前述我国居民消费价格指数 CPI 和生产者价格指数 PPI 都是将全部产品进行多层次分类，大类套中类，中类套小类，小类又套基本分类，等等；总指数由各大类指数计算得出，大类指数又由中类指数计算得出，中类指数由小类指数计算得出，小类指数又由基本分类指数计算得出，等等，可见越高层次的分类指数越是经过了多次平均，也就离各个产品的实际价格变动越远，因此在使用价格指数缩减法计算现期不变价格最终产品价值时，应尽可能地使用低层次的分类资料和相应的价格指数。

我国在使用支出法核算不变价格国内生产总值时，不同的最终产品类别分别使用相应的价格指数进行缩减。其中，最终消费支出中的居民消费支出的各个类别，分别使用居民消费价格指数中相应类别的价格指数进行缩减；政府消费支出中的非固定资产折旧部分，也使用居民消费价格指数进行缩减，而其中的固定资产折旧部分，则使用固定资产投资价格指数进行缩减；固定资本形成总额，使用固定资产投资价格指数进行缩减；各个行业的存货增加，使用相应行业的生产者价格指数进行缩减；货物出口和进口总额分别用货物出口价格指数和进口价格指数进行缩减；服务出口和进口总额分别用服务出口和进口价格指数进行缩减。

当计算出现期最终产品的不变价格总值以后，将其除以基期的最终产品总值，就可得出国内生产总值指数。或者将现期各个组别的最终产品不变价格总值代人上述国内生产总

值的计算公式进行计算，也会得到国内生产总值指数。

图 11—3 给出了改革开放以来我国以 1978 年为固定基期的国内生产总值指数和其中三次产业的增加值总额指数，从图中可以看出，我国改革开放以来经济发展很快，经过 30 多年的发展，国内生产总值有了巨大的增长。在三次产业中，农业产出增长较慢，第二产业增长最快，第三产业的增长幅度仅略低于第二产业。

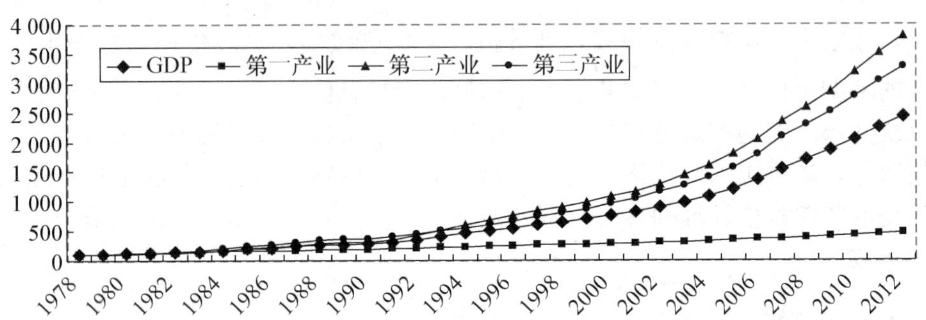


**图 11—3　1978—2012 年中国 GDP 指数与各次产业的增加值总额指数**

## 思考与练习

1. 什么是指数？狭义的指数与广义的指数有什么区别？

2. 综合指数的编制方法主要有哪几种？各种编制方法各有什么特点？各种综合指数之间具有什么关系？

3. 平均指数的编制方法主要有哪几种？各种编制方法各有什么特点？平均指数与综合指数有什么关系？

4. 物量指数、物价指数、价值指数三者之间具有什么关系？如何使用指数体系进行指数因素分析？

5. 中国居民消费价格指数（CPI）是如何编制的？其覆盖的范围有哪些？

6. 生产者价格指数（PPI）有哪些？如何编制？

7. 不变价格国内生产总值的计算方法有哪几种？缩减法与外推法有什么不同？

8. 某商场各种商品的销售量和价格资料如下：

| 商品名称 | 计量单位 | 销售量 | | 单价（元） | |
|---|---|---|---|---|---|
| | | 基期 | 现期 | 基期 | 现期 |
| 甲 | 千件 | 35 | 40 | 180 | 180 |
| 乙 | 千双 | 50 | 55 | 110 | 118 |
| 丙 | 千条 | 80 | 98 | 100 | 95 |

根据表中资料：（1）计算每种商品的个体价格指数和个体销售量指数，以及每种商品的销售额指数；（2）计算全部商品的价格总指数和销售量总指数以及销售额总指数；（3）对该商场销售额的变动进行分析。

9. 现有某地商品市场各种商品 2014 年与 2013 年相比的价格上涨率和 2013 年及 2014

年的销售额资料如下：

| 商品名称 | 销售额（万元） | | 价格上涨率（%） |
|---|---|---|---|
| | 2013 年 | 2014 年 | |
| 甲 | 500 | 630 | 5 |
| 乙 | 300 | 510 | 2 |
| 丙 | 400 | 540 | 8 |
| 合计 | 1 200 | 1 680 | — |

根据表中资料，计算 2014 年比 2013 年的销售额总指数、价格总指数和销售量总指数，并对该地商品市场销售额的变动进行分析。

# 附录 1　常用统计用表

## 附录 1.1　标准正态分布表

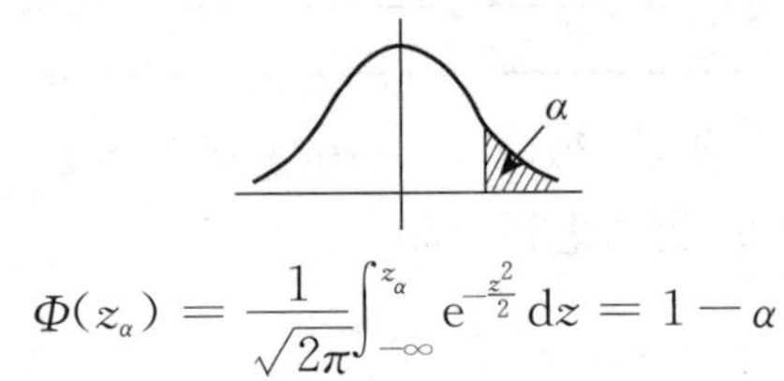


$$\Phi(z_\alpha)=\frac{1}{\sqrt{2\pi}}\int_{-\infty}^{z_\alpha}\mathrm{e}^{-\frac{z^2}{2}}\mathrm{d}z=1-\alpha$$

| $z_\alpha$ | 0.00 | 0.01 | 0.02 | 0.03 | 0.04 | 0.05 | 0.06 | 0.07 | 0.08 | 0.09 |
|---|---|---|---|---|---|---|---|---|---|---|
| 0.0 | 0.500 0 | 0.504 0 | 0.508 0 | 0.512 0 | 0.516 0 | 0.519 9 | 0.523 9 | 0.527 9 | 0.531 9 | 0.535 9 |
| 0.1 | 0.539 8 | 0.543 8 | 0.547 8 | 0.551 7 | 0.555 7 | 0.559 6 | 0.563 6 | 0.567 5 | 0.571 4 | 0.575 3 |
| 0.2 | 0.579 3 | 0.583 2 | 0.587 1 | 0.591 0 | 0.594 8 | 0.598 7 | 0.602 6 | 0.606 4 | 0.610 3 | 0.614 1 |
| 0.3 | 0.617 9 | 0.621 7 | 0.625 5 | 0.629 3 | 0.663 1 | 0.636 8 | 0.640 6 | 0.644 3 | 0.648 0 | 0.651 7 |
| 0.4 | 0.655 4 | 0.659 1 | 0.662 8 | 0.666 4 | 0.670 0 | 0.673 6 | 0.677 2 | 0.680 8 | 0.684 4 | 0.687 9 |
| 0.5 | 0.691 5 | 0.695 0 | 0.698 5 | 0.701 9 | 0.705 4 | 0.708 8 | 0.712 3 | 0.715 7 | 0.719 0 | 0.722 4 |
| 0.6 | 0.725 7 | 0.729 1 | 0.732 4 | 0.735 7 | 0.738 9 | 0.742 2 | 0.745 4 | 0.748 6 | 0.751 7 | 0.754 9 |
| 0.7 | 0.758 0 | 0.761 1 | 0.764 2 | 0.767 3 | 0.770 4 | 0.773 4 | 0.776 4 | 0.779 4 | 0.782 3 | 0.785 2 |
| 0.8 | 0.788 1 | 0.791 0 | 0.793 9 | 0.796 7 | 0.799 5 | 0.802 3 | 0.805 1 | 0.807 8 | 0.810 6 | 0.813 3 |
| 0.9 | 0.815 9 | 0.818 6 | 0.821 2 | 0.823 8 | 0.826 4 | 0.828 9 | 0.831 5 | 0.834 0 | 0.836 5 | 0.838 9 |
| 1.0 | 0.841 3 | 0.848 3 | 0.846 1 | 0.848 5 | 0.850 8 | 0.853 1 | 0.855 4 | 0.857 7 | 0.859 9 | 0.862 1 |
| 1.1 | 0.864 3 | 0.866 5 | 0.868 6 | 0.970 8 | 0.872 9 | 0.874 9 | 0.877 0 | 0.879 0 | 0.881 0 | 0.883 0 |
| 1.2 | 0.884 9 | 0.886 9 | 0.888 8 | 0.890 7 | 0.892 5 | 0.894 4 | 0.896 2 | 0.898 0 | 0.899 7 | 0.901 5 |
| 1.3 | 0.903 2 | 0.904 9 | 0.906 6 | 0.908 5 | 0.909 9 | 0.911 5 | 0.913 1 | 0.914 7 | 0.916 2 | 0.917 7 |
| 1.4 | 0.919 2 | 0.920 7 | 0.922 2 | 0.923 6 | 0.925 1 | 0.926 5 | 0.927 8 | 0.929 2 | 0.930 6 | 0.931 9 |
| 1.5 | 0.933 2 | 0.934 5 | 0.935 7 | 0.937 0 | 0.938 2 | 0.939 4 | 0.940 6 | 0.941 8 | 0.943 0 | 0.944 1 |
| 1.6 | 0.945 2 | 0.946 3 | 0.947 4 | 0.948 4 | 0.949 5 | 0.950 5 | 0.951 5 | 0.952 5 | 0.953 5 | 0.954 5 |
| 1.7 | 0.955 4 | 0.956 4 | 0.957 3 | 0.958 2 | 0.959 1 | 0.959 9 | 0.960 8 | 0.961 6 | 0.962 5 | 0.963 3 |
| 1.8 | 0.964 1 | 0.964 9 | 0.965 6 | 0.966 4 | 0.967 1 | 0.967 8 | 0.968 6 | 0.969 3 | 0.970 0 | 0.970 6 |
| 1.9 | 0.971 3 | 0.971 9 | 0.973 2 | 0.973 2 | 0.973 8 | 0.974 4 | 0.975 0 | 0.975 6 | 0.976 2 | 0.976 7 |
| 2.0 | 0.977 2 | 0.977 8 | 0.978 3 | 0.978 8 | 0.979 3 | 0.979 8 | 0.980 3 | 0.980 8 | 0.981 2 | 0.981 7 |
| 2.1 | 0.982 1 | 0.982 6 | 0.983 1 | 0.983 4 | 0.983 8 | 0.984 2 | 0.984 6 | 0.985 0 | 0.985 4 | 0.985 7 |
| 2.2 | 0.986 1 | 0.986 4 | 0.966 8 | 0.987 1 | 0.987 5 | 0.987 8 | 0.988 1 | 0.988 4 | 0.988 7 | 0.989 0 |
| 2.3 | 0.989 3 | 0.989 6 | 0.989 8 | 0.990 1 | 0.990 4 | 0.990 6 | 0.990 9 | 0.991 1 | 0.991 3 | 0.991 6 |
| 2.4 | 0.991 8 | 0.992 0 | 0.992 2 | 0.992 5 | 0.992 7 | 0.992 9 | 0.993 1 | 0.993 2 | 0.993 4 | 0.993 6 |
| 2.5 | 0.993 8 | 0.994 0 | 0.994 1 | 0.994 3 | 0.994 5 | 0.994 6 | 0.994 8 | 0.994 9 | 0.995 1 | 0.995 2 |
| 2.6 | 0.995 3 | 0.995 5 | 0.995 6 | 0.995 7 | 0.995 9 | 0.996 0 | 0.996 1 | 0.996 2 | 0.996 3 | 0.996 4 |
| 2.7 | 0.996 5 | 0.996 6 | 0.996 7 | 0.996 8 | 0.996 9 | 0.997 0 | 0.997 1 | 0.997 2 | 0.997 3 | 0.997 4 |
| 2.8 | 0.997 4 | 0.997 5 | 0.997 6 | 0.997 7 | 0.997 7 | 0.997 8 | 0.997 9 | 0.997 9 | 0.998 0 | 0.998 1 |
| 2.9 | 0.998 1 | 0.998 2 | 0.998 2 | 0.998 3 | 0.998 4 | 0.998 4 | 0.998 5 | 0.998 5 | 0.998 6 | 0.998 6 |
| 3.0 | 0.998 7 | 0.998 7 | 0.998 7 | 0.998 8 | 0.998 8 | 0.998 9 | 0.998 9 | 0.998 9 | 0.999 0 | 0.999 0 |
| 3.2 | 0.999 3 | 0.999 3 | 0.999 4 | 0.999 4 | 0.999 4 | 0.999 4 | 0.999 4 | 0.999 5 | 0.999 5 | 0.999 5 |
| 3.4 | 0.999 7 | 0.999 7 | 0.999 7 | 0.999 7 | 0.999 7 | 0.999 7 | 0.999 7 | 0.999 7 | 0.999 7 | 0.999 8 |
| 3.6 | 0.999 8 | 0.999 8 | 0.999 9 | 0.999 9 | 0.999 9 | 0.999 9 | 0.999 9 | 0.999 9 | 0.999 9 | 0.999 9 |
| 3.8 | 0.999 9 | 0.999 9 | 0.999 9 | 0.999 9 | 0.999 9 | 0.999 9 | 0.999 9 | 0.999 9 | 0.999 9 | 0.999 9 |
| Φ(4.0)=0.999 968 329 | | | Φ(5.0)=0.999 999 713 3 | | | | Φ(6.0)=0.999 999 999 0 | | | |

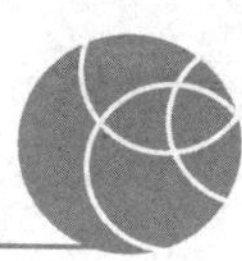

# 附录1.2　t 分布表

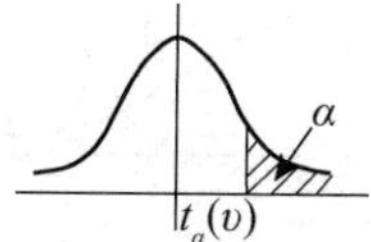


$$P\{t>t_\alpha(v)\}=\alpha$$

| $\upsilon$ \ $\alpha$ | 0.45 | 0.35 | 0.25 | 0.15 | 0.10 | 0.05 | 0.025 | 0.01 | 0.005 |
|---|---|---|---|---|---|---|---|---|---|
| 1 | 0.158 4 | 0.509 5 | 1.000 0 | 1.962 6 | 3.077 7 | 6.313 7 | 12.706 | 31.821 | 63.656 |
| 2 | 0.142 1 | 0.444 7 | 0.816 5 | 1.386 2 | 1.885 6 | 2.920 0 | 4.302 7 | 6.964 5 | 9.925 0 |
| 3 | 0.136 6 | 0.424 2 | 0.764 9 | 1.249 8 | 1.637 7 | 2.353 4 | 3.182 4 | 4.540 7 | 5.840 8 |
| 4 | 0.133 8 | 0.414 2 | 0.740 7 | 1.189 6 | 1.533 2 | 2.131 8 | 2.776 5 | 3.746 9 | 4.604 1 |
| 5 | 0.132 2 | 0.408 2 | 0.726 7 | 1.155 8 | 1.475 9 | 2.015 0 | 2.570 6 | 3.364 9 | 4.032 1 |
| 6 | 0.131 1 | 0.404 3 | 0.717 6 | 1.134 2 | 1.439 8 | 1.943 2 | 2.446 9 | 3.142 7 | 3.707 4 |
| 7 | 0.130 3 | 0.401 5 | 0.711 1 | 1.119 2 | 1.414 9 | 1.894 6 | 2.364 6 | 2.997 9 | 3.499 5 |
| 8 | 0.129 7 | 0.399 5 | 0.706 4 | 1.108 1 | 1.396 8 | 1.859 5 | 2.306 0 | 2.896 5 | 3.355 4 |
| 9 | 0.129 3 | 0.397 9 | 0.702 7 | 1.099 7 | 1.383 0 | 1.833 1 | 2.262 2 | 2.821 4 | 3.249 8 |
| 10 | 0.128 9 | 0.396 6 | 0.699 8 | 1.093 1 | 1.372 2 | 1.812 5 | 2.228 1 | 2.763 8 | 3.169 3 |
| 11 | 0.128 6 | 0.395 6 | 0.697 4 | 1.087 7 | 1.363 4 | 1.795 9 | 2.201 0 | 2.718 1 | 3.105 8 |
| 12 | 0.128 3 | 0.394 7 | 0.695 5 | 1.083 2 | 1.356 2 | 1.782 3 | 2.178 8 | 2.681 0 | 3.054 5 |
| 13 | 0.128 1 | 0.394 0 | 0.693 8 | 1.079 5 | 1.350 2 | 1.770 9 | 2.160 4 | 2.650 3 | 3.012 3 |
| 14 | 0.128 0 | 0.393 3 | 0.692 4 | 1.076 3 | 1.345 0 | 1.761 3 | 2.144 8 | 2.624 5 | 2.976 8 |
| 15 | 0.127 8 | 0.392 8 | 0.691 2 | 1.073 5 | 1.340 6 | 1.753 1 | 2.131 5 | 2.602 5 | 2.946 7 |
| 16 | 0.127 7 | 0.392 3 | 0.690 1 | 1.071 1 | 1.336 8 | 1.745 9 | 2.119 9 | 2.583 5 | 2.920 8 |
| 17 | 0.127 6 | 0.391 9 | 0.689 2 | 1.069 0 | 1.333 4 | 1.739 6 | 2.109 8 | 2.566 9 | 2.898 2 |
| 18 | 0.127 4 | 0.391 5 | 0.688 4 | 1.067 2 | 1.330 4 | 1.734 1 | 2.100 9 | 2.552 4 | 2.878 4 |
| 19 | 0.127 4 | 0.391 2 | 0.687 6 | 1.065 5 | 1.327 7 | 1.729 1 | 2.093 0 | 2.539 5 | 2.860 9 |
| 20 | 0.127 3 | 0.390 9 | 0.687 0 | 1.064 0 | 1.325 3 | 1.724 7 | 2.086 0 | 2.528 0 | 2.845 3 |
| 21 | 0.127 2 | 0.390 6 | 0.686 4 | 1.062 7 | 1.323 2 | 1.720 7 | 2.079 6 | 2.517 6 | 2.831 4 |
| 22 | 0.127 1 | 0.390 4 | 0.685 8 | 1.061 4 | 1.321 2 | 1.717 1 | 2.073 9 | 2.508 3 | 2.818 8 |
| 23 | 0.127 1 | 0.390 2 | 0.685 3 | 1.060 3 | 1.319 5 | 1.713 9 | 2.068 7 | 2.499 9 | 2.807 3 |
| 24 | 0.127 0 | 0.390 0 | 0.684 8 | 1.059 3 | 1.317 8 | 1.710 9 | 2.063 9 | 2.492 2 | 2.797 0 |
| 25 | 0.126 9 | 0.389 8 | 0.684 4 | 1.058 4 | 1.316 3 | 1.708 1 | 2.059 5 | 2.485 1 | 2.787 4 |
| 26 | 0.126 9 | 0.389 6 | 0.684 0 | 1.057 5 | 1.315 0 | 1.705 6 | 2.055 5 | 2.478 6 | 2.778 7 |
| 27 | 0.126 8 | 0.389 4 | 0.683 7 | 1.056 7 | 1.313 7 | 1.703 3 | 2.051 8 | 2.472 7 | 2.770 7 |
| 28 | 0.126 8 | 0.389 3 | 0.683 4 | 1.056 0 | 1.312 5 | 1.701 1 | 2.048 4 | 2.467 1 | 2.763 3 |
| 29 | 0.126 8 | 0.389 2 | 0.683 0 | 1.055 3 | 1.311 4 | 1.699 1 | 2.045 2 | 2.462 0 | 2.756 4 |
| 30 | 0.126 7 | 0.389 0 | 0.682 8 | 1.054 7 | 1.310 4 | 1.697 3 | 2.042 3 | 2.457 3 | 2.750 0 |
| 35 | 0.126 6 | 0.388 5 | 0.681 6 | 1.052 0 | 1.306 2 | 1.689 6 | 2.030 1 | 2.437 7 | 2.723 8 |
| 40 | 0.126 5 | 0.388 1 | 0.680 7 | 1.050 0 | 1.303 1 | 1.683 9 | 2.021 1 | 2.423 3 | 2.704 5 |
| 45 | 0.126 4 | 0.387 8 | 0.680 0 | 1.048 5 | 1.300 7 | 1.679 4 | 2.014 1 | 2.412 1 | 2.689 6 |
| 50 | 0.126 3 | 0.387 5 | 0.679 4 | 1.047 3 | 1.298 7 | 1.675 9 | 2.008 6 | 2.403 3 | 2.677 8 |
| 100 | 0.126 0 | 0.386 4 | 0.677 0 | 1.041 8 | 1.290 1 | 1.660 2 | 1.984 0 | 2.364 2 | 2.625 9 |
| ∞ | 0.126 0 | 0.385 3 | 0.674 5 | 1.036 5 | 1.281 6 | 1.644 9 | 1.960 0 | 2.326 3 | 2.575 8 |

# 附录 1.3　$\chi^2$ 分布表

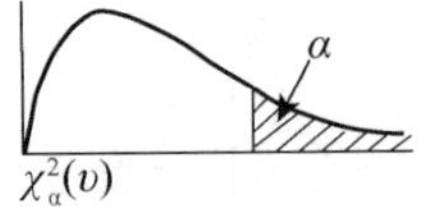


$$P\{\chi^2 > \chi^2_\alpha(\upsilon)\} = \alpha$$

| υ \ α | 0.995 | 0.990 | 0.975 | 0.950 | 0.900 | 0.100 | 0.050 | 0.025 | 0.010 | 0.005 |
|---|---|---|---|---|---|---|---|---|---|---|
| 1 | 0.000 | 0.000 | 0.001 | 0.004 | 0.016 | 2.706 | 3.841 | 5.024 | 6.635 | 7.879 |
| 2 | 0.010 | 0.020 | 0.051 | 0.103 | 0.211 | 4.605 | 5.991 | 7.378 | 9.210 | 10.60 |
| 3 | 0.072 | 0.115 | 0.216 | 0.352 | 0.584 | 6.251 | 7.815 | 9.348 | 11.34 | 12.84 |
| 4 | 0.207 | 0.297 | 0.484 | 0.711 | 1.064 | 7.779 | 9.448 | 11.14 | 13.28 | 14.86 |
| 5 | 0.412 | 0.554 | 0.831 | 1.145 | 1.610 | 9.236 | 11.07 | 12.83 | 15.09 | 16.75 |
| 6 | 0.676 | 0.872 | 1.237 | 1.635 | 2.204 | 10.64 | 12.59 | 14.45 | 16.81 | 18.55 |
| 7 | 0.989 | 1.239 | 1.690 | 2.167 | 2.833 | 12.02 | 14.07 | 16.01 | 18.48 | 20.28 |
| 8 | 1.344 | 1.646 | 2.180 | 2.733 | 3.490 | 13.36 | 15.51 | 17.53 | 20.09 | 21.96 |
| 9 | 1.735 | 2.088 | 2.700 | 3.325 | 4.168 | 14.68 | 16.92 | 19.02 | 21.67 | 23.59 |
| 10 | 2.156 | 2.558 | 3.247 | 3.940 | 4.865 | 15.99 | 18.31 | 20.48 | 23.21 | 25.19 |
| 11 | 2.603 | 3.053 | 3.816 | 4.575 | 5.578 | 17.28 | 19.68 | 21.92 | 24.72 | 26.76 |
| 12 | 3.074 | 3.571 | 4.404 | 5.226 | 6.304 | 18.55 | 21.03 | 23.34 | 26.22 | 28.30 |
| 13 | 3.565 | 4.107 | 5.009 | 5.892 | 7.042 | 19.81 | 22.36 | 24.74 | 27.69 | 29.82 |
| 14 | 4.075 | 4.660 | 5.629 | 6.571 | 7.790 | 21.06 | 23.68 | 26.12 | 29.14 | 31.32 |
| 15 | 4.601 | 5.229 | 6.262 | 7.261 | 8.547 | 22.31 | 25.00 | 27.49 | 30.58 | 32.80 |
| 16 | 5.142 | 5.812 | 6.908 | 7.962 | 9.312 | 23.54 | 26.30 | 28.85 | 32.00 | 34.27 |
| 17 | 5.697 | 6.408 | 7.564 | 8.672 | 10.09 | 24.77 | 27.59 | 30.19 | 33.41 | 35.72 |
| 18 | 6.265 | 7.015 | 8.231 | 9.390 | 10.86 | 25.99 | 28.87 | 31.53 | 34.81 | 37.16 |
| 19 | 6.844 | 7.633 | 8.907 | 10.12 | 11.65 | 27.20 | 30.14 | 32.85 | 36.19 | 38.56 |
| 20 | 7.434 | 8.260 | 9.591 | 10.85 | 12.44 | 28.41 | 31.41 | 34.17 | 37.57 | 40.00 |
| 21 | 8.034 | 8.897 | 10.28 | 11.59 | 13.24 | 29.62 | 32.67 | 35.48 | 38.93 | 41.40 |
| 22 | 8.643 | 9.542 | 10.98 | 12.34 | 14.04 | 30.81 | 33.92 | 36.78 | 40.29 | 42.80 |
| 23 | 9.260 | 10.20 | 11.69 | 13.09 | 14.85 | 32.01 | 35.17 | 38.08 | 41.64 | 44.18 |
| 24 | 9.886 | 10.86 | 12.40 | 13.85 | 15.66 | 33.20 | 36.42 | 39.36 | 42.98 | 45.56 |
| 25 | 10.52 | 11.52 | 13.12 | 14.61 | 16.47 | 34.38 | 37.65 | 40.65 | 44.31 | 46.93 |
| 26 | 11.16 | 12.20 | 13.84 | 15.38 | 17.29 | 35.56 | 38.89 | 41.92 | 45.64 | 48.29 |
| 27 | 11.81 | 12.88 | 14.57 | 16.15 | 18.11 | 36.74 | 40.11 | 43.19 | 46.96 | 49.64 |
| 28 | 12.46 | 13.56 | 15.31 | 16.93 | 18.94 | 37.92 | 41.34 | 44.46 | 48.28 | 50.99 |
| 29 | 13.12 | 14.26 | 16.05 | 17.71 | 19.77 | 39.09 | 42.56 | 45.72 | 49.59 | 52.34 |
| 30 | 13.79 | 14.95 | 16.79 | 18.49 | 20.60 | 40.26 | 43.77 | 46.98 | 50.89 | 53.67 |
| 40 | 20.71 | 22.16 | 24.43 | 26.51 | 29.05 | 51.81 | 55.76 | 59.34 | 63.69 | 66.77 |
| 50 | 27.99 | 29.71 | 32.36 | 34.76 | 37.69 | 63.17 | 67.50 | 71.42 | 76.15 | 79.49 |
| 60 | 35.53 | 37.48 | 40.48 | 43.19 | 46.46 | 74.40 | 79.08 | 83.30 | 88.38 | 91.95 |
| 80 | 51.17 | 53.54 | 57.15 | 60.39 | 64.28 | 96.58 | 101.9 | 106.6 | 112.3 | 116.3 |
| 100 | 67.33 | 70.06 | 74.22 | 77.93 | 82.36 | 118.5 | 124.3 | 129.6 | 135.8 | 140.2 |

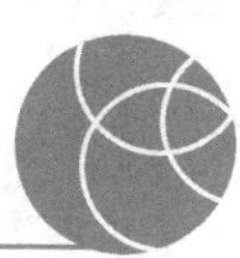

# 附录 1.4　*F* 分布表（$\alpha=0.05$）

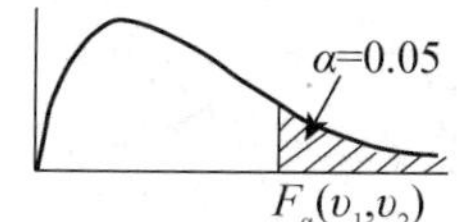


$$P\{F > F_\alpha(v_1, v_2)\} = \alpha$$

| $v_2$ \ $v_1$ | 1 | 2 | 3 | 4 | 5 | 6 | 7 | 8 | 9 | 10 | 15 | 20 | 30 | 40 | 60 | 120 | ∞ |
|---|---|---|---|---|---|---|---|---|---|---|---|---|---|---|---|---|---|
| 1 | 161 | 200 | 216 | 225 | 230 | 234 | 237 | 239 | 241 | 242 | 246 | 248 | 250 | 251 | 252 | 253 | 254 |
| 2 | 18.5 | 19.0 | 19.2 | 19.2 | 19.3 | 19.3 | 19.4 | 19.4 | 19.4 | 19.4 | 19.4 | 19.4 | 19.5 | 19.5 | 19.5 | 19.5 | 19.5 |
| 3 | 10.1 | 9.55 | 9.28 | 9.12 | 9.01 | 8.94 | 8.89 | 8.85 | 8.81 | 8.79 | 8.70 | 8.66 | 8.62 | 8.59 | 8.57 | 8.55 | 8.53 |
| 4 | 7.71 | 6.94 | 6.59 | 6.39 | 6.26 | 6.16 | 6.09 | 6.04 | 6.00 | 5.96 | 5.86 | 5.80 | 5.75 | 5.72 | 5.69 | 5.66 | 5.63 |
| 5 | 6.61 | 5.79 | 5.41 | 5.19 | 5.05 | 4.95 | 4.88 | 4.82 | 4.77 | 4.74 | 4.62 | 4.56 | 4.50 | 4.46 | 4.43 | 4.40 | 4.36 |
| 6 | 5.99 | 5.14 | 4.76 | 4.53 | 4.39 | 4.28 | 4.21 | 4.15 | 4.10 | 4.06 | 3.94 | 3.87 | 3.81 | 3.77 | 3.74 | 3.70 | 3.67 |
| 7 | 5.59 | 4.74 | 4.35 | 4.12 | 3.97 | 3.87 | 3.79 | 3.73 | 3.68 | 3.64 | 3.51 | 3.44 | 3.38 | 3.34 | 3.30 | 3.27 | 3.23 |
| 8 | 5.32 | 4.46 | 4.07 | 3.84 | 3.69 | 3.58 | 3.50 | 3.44 | 3.39 | 3.35 | 3.22 | 3.15 | 3.08 | 3.04 | 3.01 | 2.97 | 2.93 |
| 9 | 5.12 | 4.26 | 3.86 | 3.63 | 3.48 | 3.37 | 3.29 | 3.23 | 3.18 | 3.14 | 3.01 | 2.94 | 2.86 | 2.83 | 2.79 | 2.75 | 2.71 |
| 10 | 4.96 | 4.10 | 3.71 | 3.48 | 3.33 | 3.22 | 3.14 | 3.07 | 3.02 | 2.98 | 2.85 | 2.77 | 2.70 | 2.66 | 2.62 | 2.58 | 2.54 |
| 11 | 4.84 | 3.98 | 3.59 | 3.36 | 3.20 | 3.09 | 3.01 | 2.95 | 2.90 | 2.85 | 2.72 | 2.65 | 2.57 | 2.53 | 2.49 | 2.45 | 2.40 |
| 12 | 4.75 | 3.89 | 3.49 | 3.26 | 3.11 | 3.00 | 2.91 | 2.85 | 2.80 | 2.75 | 2.62 | 2.54 | 2.47 | 2.43 | 2.38 | 2.34 | 2.30 |
| 13 | 4.67 | 3.81 | 3.41 | 3.18 | 3.03 | 2.92 | 2.83 | 2.77 | 2.71 | 2.67 | 2.53 | 2.46 | 2.38 | 2.34 | 2.30 | 2.25 | 2.21 |
| 14 | 4.60 | 3.74 | 3.34 | 3.11 | 2.96 | 2.85 | 2.76 | 2.70 | 2.65 | 2.60 | 2.46 | 2.39 | 2.31 | 2.27 | 2.22 | 2.18 | 2.13 |
| 15 | 4.54 | 3.68 | 3.29 | 3.06 | 2.90 | 2.79 | 2.71 | 2.64 | 2.59 | 2.54 | 2.40 | 2.33 | 2.25 | 2.20 | 2.16 | 2.11 | 2.07 |
| 16 | 4.49 | 3.63 | 3.24 | 3.01 | 2.85 | 2.74 | 2.66 | 2.59 | 2.54 | 2.49 | 2.35 | 2.28 | 2.19 | 2.15 | 2.11 | 2.06 | 2.01 |
| 17 | 4.45 | 3.59 | 3.20 | 2.96 | 2.81 | 2.70 | 2.61 | 2.55 | 2.49 | 2.45 | 2.31 | 2.23 | 2.15 | 2.10 | 2.06 | 2.01 | 1.96 |
| 18 | 4.41 | 3.55 | 3.16 | 2.93 | 2.77 | 2.66 | 2.58 | 2.51 | 2.46 | 2.41 | 2.27 | 2.19 | 2.11 | 2.06 | 2.02 | 1.97 | 1.92 |
| 19 | 4.38 | 3.52 | 3.13 | 2.90 | 2.74 | 2.63 | 2.54 | 2.48 | 2.42 | 2.38 | 2.23 | 2.16 | 2.07 | 2.03 | 1.98 | 1.93 | 1.88 |
| 20 | 4.35 | 3.49 | 3.10 | 2.87 | 2.71 | 2.60 | 2.51 | 2.45 | 2.39 | 2.35 | 2.20 | 2.12 | 2.04 | 1.99 | 1.95 | 1.90 | 1.84 |
| 21 | 4.32 | 3.47 | 3.07 | 2.84 | 2.68 | 2.57 | 2.49 | 2.42 | 2.37 | 2.32 | 2.18 | 2.10 | 2.01 | 1.96 | 1.92 | 1.87 | 1.81 |
| 22 | 4.30 | 3.44 | 3.05 | 2.82 | 2.66 | 2.55 | 2.46 | 2.40 | 2.34 | 2.30 | 2.15 | 2.07 | 1.98 | 1.94 | 1.89 | 1.84 | 1.78 |
| 23 | 4.28 | 3.42 | 3.03 | 2.80 | 2.64 | 2.53 | 2.44 | 2.37 | 2.32 | 2.27 | 2.13 | 2.05 | 1.96 | 1.91 | 1.86 | 1.81 | 1.76 |
| 24 | 4.26 | 3.40 | 3.01 | 2.78 | 2.62 | 2.51 | 2.42 | 2.36 | 2.30 | 2.25 | 2.11 | 2.03 | 1.94 | 1.89 | 1.84 | 1.79 | 1.73 |
| 25 | 4.24 | 3.39 | 2.99 | 2.76 | 2.60 | 2.49 | 2.40 | 2.34 | 2.28 | 2.24 | 2.09 | 2.01 | 1.92 | 1.87 | 1.82 | 1.77 | 1.71 |
| 26 | 4.23 | 3.37 | 2.98 | 2.74 | 2.59 | 2.47 | 2.39 | 2.32 | 2.27 | 2.22 | 2.07 | 1.99 | 1.90 | 1.85 | 1.80 | 1.75 | 1.69 |
| 27 | 4.21 | 3.35 | 2.96 | 2.73 | 2.57 | 2.46 | 2.37 | 2.31 | 2.25 | 2.20 | 2.06 | 1.97 | 1.88 | 1.84 | 1.79 | 1.73 | 1.67 |
| 28 | 4.20 | 3.34 | 2.95 | 2.71 | 2.56 | 2.45 | 2.36 | 2.29 | 2.24 | 2.19 | 2.04 | 1.96 | 1.87 | 1.82 | 1.77 | 1.71 | 1.65 |
| 29 | 4.18 | 3.33 | 2.93 | 2.70 | 2.55 | 2.43 | 2.35 | 2.28 | 2.22 | 2.18 | 2.03 | 1.94 | 1.85 | 1.81 | 1.75 | 1.70 | 1.64 |
| 30 | 4.17 | 3.32 | 2.92 | 2.69 | 2.53 | 2.42 | 2.33 | 2.27 | 2.21 | 2.16 | 2.01 | 1.93 | 1.84 | 1.79 | 1.74 | 1.68 | 1.62 |
| 40 | 4.08 | 3.23 | 2.84 | 2.61 | 2.45 | 2.34 | 2.25 | 2.18 | 2.12 | 2.08 | 1.92 | 1.84 | 1.74 | 1.69 | 1.64 | 1.58 | 1.51 |
| 60 | 4.00 | 3.15 | 2.76 | 2.53 | 2.37 | 2.25 | 2.17 | 2.10 | 2.04 | 1.99 | 1.84 | 1.75 | 1.65 | 1.59 | 1.53 | 1.47 | 1.39 |
| 120 | 3.92 | 3.07 | 2.68 | 2.45 | 2.29 | 2.17 | 2.09 | 2.02 | 1.96 | 1.91 | 1.75 | 1.66 | 1.55 | 1.50 | 1.43 | 1.35 | 1.25 |
| ∞ | 3.84 | 3.00 | 2.60 | 2.37 | 2.21 | 2.10 | 2.01 | 1.94 | 1.88 | 1.83 | 1.67 | 1.57 | 1.46 | 1.39 | 1.32 | 1.22 | 1.00 |

# 附录 1.5　F 分布表（$\alpha=0.025$）

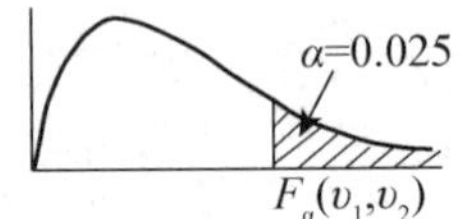


$$P\{F>F_{\alpha}(v_1,v_2)\}=\alpha$$

| $v_2$ \ $v_1$ | 1 | 2 | 3 | 4 | 5 | 6 | 7 | 8 | 9 | 10 | 15 | 20 | 30 | 40 | 60 | 120 | ∞ |
|---|---|---|---|---|---|---|---|---|---|---|---|---|---|---|---|---|---|
| 1 | 648 | 800 | 864 | 900 | 922 | 937 | 948 | 957 | 963 | 969 | 985 | 993 | 1 001 | 1 006 | 1 010 | 1 014 | 1 018 |
| 2 | 38.5 | 39.0 | 39.2 | 39.3 | 39.3 | 39.3 | 39.4 | 39.4 | 39.4 | 39.4 | 39.4 | 39.5 | 39.5 | 39.5 | 39.5 | 39.5 | 39.5 |
| 3 | 17.4 | 16.0 | 15.4 | 15.1 | 14.9 | 14.7 | 14.6 | 14.5 | 14.5 | 14.4 | 14.3 | 14.2 | 14.1 | 14.0 | 14.0 | 14.0 | 13.9 |
| 4 | 12.2 | 10.7 | 9.98 | 9.60 | 9.36 | 9.20 | 9.07 | 8.98 | 8.90 | 8.84 | 8.66 | 8.56 | 8.46 | 8.41 | 8.36 | 8.31 | 8.26 |
| 5 | 10.0 | 8.43 | 7.76 | 7.39 | 7.15 | 6.98 | 6.85 | 6.76 | 6.68 | 6.62 | 6.43 | 6.33 | 6.23 | 6.18 | 6.12 | 6.07 | 6.02 |
| 6 | 8.81 | 7.26 | 6.60 | 6.23 | 5.99 | 5.82 | 5.70 | 5.60 | 5.52 | 5.46 | 5.27 | 5.17 | 5.07 | 5.01 | 4.96 | 4.90 | 4.85 |
| 7 | 8.07 | 6.54 | 5.89 | 5.52 | 5.29 | 5.12 | 4.99 | 4.90 | 4.82 | 4.76 | 4.57 | 4.47 | 4.36 | 4.31 | 4.25 | 4.20 | 4.14 |
| 8 | 7.57 | 6.06 | 5.42 | 5.05 | 4.82 | 4.65 | 4.53 | 4.43 | 4.36 | 4.30 | 4.10 | 4.00 | 3.89 | 3.84 | 3.78 | 3.73 | 3.67 |
| 9 | 7.21 | 5.71 | 5.08 | 4.72 | 4.48 | 4.32 | 4.20 | 4.10 | 4.03 | 3.96 | 3.77 | 3.67 | 3.56 | 3.51 | 3.45 | 3.39 | 3.33 |
| 10 | 6.94 | 5.46 | 4.83 | 4.47 | 4.24 | 4.07 | 3.95 | 3.85 | 3.78 | 3.72 | 3.52 | 3.42 | 3.31 | 3.26 | 3.20 | 3.14 | 3.08 |
| 11 | 6.72 | 5.26 | 4.63 | 4.28 | 4.04 | 3.88 | 3.76 | 3.66 | 3.59 | 3.53 | 3.33 | 3.23 | 3.12 | 3.06 | 3.00 | 2.94 | 2.88 |
| 12 | 6.55 | 5.10 | 4.47 | 4.12 | 3.89 | 3.73 | 3.61 | 3.51 | 3.44 | 3.37 | 3.18 | 3.07 | 2.96 | 2.91 | 2.85 | 2.79 | 2.72 |
| 13 | 6.41 | 4.97 | 4.35 | 4.00 | 3.77 | 3.60 | 3.48 | 3.39 | 3.31 | 3.25 | 3.05 | 2.95 | 2.84 | 2.78 | 2.72 | 2.66 | 2.60 |
| 14 | 6.30 | 4.86 | 4.24 | 3.89 | 3.66 | 3.50 | 3.38 | 3.29 | 3.21 | 3.15 | 2.95 | 2.84 | 2.73 | 2.67 | 2.61 | 2.55 | 2.49 |
| 15 | 6.20 | 4.77 | 4.15 | 3.80 | 3.58 | 3.41 | 3.29 | 3.20 | 3.12 | 3.06 | 2.86 | 2.76 | 2.64 | 2.59 | 2.52 | 2.46 | 2.40 |
| 16 | 6.12 | 4.69 | 4.08 | 3.73 | 3.50 | 3.34 | 3.22 | 3.12 | 3.05 | 2.99 | 2.79 | 2.68 | 2.57 | 2.51 | 2.45 | 2.38 | 2.32 |
| 17 | 6.04 | 4.62 | 4.01 | 3.66 | 3.44 | 3.28 | 3.16 | 3.06 | 2.98 | 2.92 | 2.72 | 2.62 | 2.50 | 2.44 | 2.38 | 2.32 | 2.25 |
| 18 | 5.98 | 4.56 | 3.95 | 3.61 | 3.38 | 3.22 | 3.10 | 3.01 | 2.93 | 2.87 | 2.67 | 2.56 | 2.44 | 2.38 | 2.32 | 2.26 | 2.19 |
| 19 | 5.92 | 4.51 | 3.90 | 3.56 | 3.33 | 3.17 | 3.05 | 2.96 | 2.88 | 2.82 | 2.62 | 2.51 | 2.39 | 2.33 | 2.27 | 2.20 | 2.13 |
| 20 | 5.87 | 4.46 | 3.86 | 3.51 | 3.29 | 3.13 | 3.01 | 2.91 | 2.84 | 2.77 | 2.57 | 2.46 | 2.25 | 2.29 | 2.22 | 2.16 | 2.09 |
| 21 | 5.83 | 4.42 | 3.82 | 3.48 | 3.25 | 3.09 | 2.97 | 2.87 | 2.80 | 2.73 | 2.53 | 2.42 | 2.31 | 2.25 | 2.18 | 2.11 | 2.04 |
| 22 | 5.79 | 4.38 | 3.78 | 3.44 | 3.22 | 3.05 | 2.93 | 2.84 | 2.76 | 2.70 | 2.50 | 2.39 | 2.27 | 2.21 | 2.14 | 2.08 | 2.00 |
| 23 | 5.75 | 4.35 | 3.75 | 3.41 | 3.18 | 3.02 | 2.90 | 2.81 | 2.73 | 2.67 | 2.47 | 2.36 | 2.24 | 2.18 | 2.11 | 2.04 | 1.97 |
| 24 | 5.72 | 4.32 | 3.72 | 3.38 | 3.15 | 2.99 | 2.87 | 2.78 | 2.70 | 2.64 | 2.44 | 2.33 | 2.21 | 2.15 | 2.08 | 2.01 | 1.94 |
| 25 | 5.69 | 4.29 | 3.69 | 3.35 | 3.13 | 2.97 | 2.85 | 2.75 | 2.68 | 2.61 | 2.41 | 2.30 | 2.18 | 2.12 | 2.05 | 1.98 | 1.91 |
| 26 | 5.66 | 4.27 | 3.67 | 3.33 | 3.10 | 2.94 | 2.82 | 2.73 | 2.65 | 2.59 | 2.39 | 2.28 | 2.16 | 2.09 | 2.03 | 1.95 | 1.88 |
| 27 | 5.63 | 4.24 | 3.65 | 3.31 | 3.08 | 2.92 | 2.80 | 2.71 | 2.63 | 2.57 | 2.36 | 2.25 | 2.13 | 2.07 | 2.00 | 1.93 | 1.85 |
| 28 | 5.61 | 4.22 | 3.63 | 3.29 | 3.06 | 2.90 | 2.78 | 2.69 | 2.61 | 2.55 | 2.34 | 2.23 | 2.11 | 2.05 | 1.98 | 1.91 | 1.83 |
| 29 | 5.59 | 4.20 | 3.61 | 3.27 | 3.04 | 2.88 | 2.76 | 2.67 | 2.59 | 2.53 | 2.32 | 2.21 | 2.09 | 2.03 | 1.96 | 1.89 | 1.81 |
| 30 | 5.57 | 4.18 | 3.59 | 3.25 | 3.03 | 2.87 | 2.75 | 2.65 | 2.57 | 2.51 | 2.31 | 2.20 | 2.07 | 2.01 | 1.94 | 1.87 | 1.79 |
| 40 | 5.42 | 4.05 | 3.46 | 3.13 | 2.90 | 2.74 | 2.62 | 2.53 | 2.45 | 2.39 | 2.18 | 2.07 | 1.94 | 1.88 | 1.80 | 1.72 | 1.64 |
| 60 | 5.29 | 3.93 | 3.34 | 3.01 | 2.79 | 2.63 | 2.51 | 2.41 | 2.33 | 2.27 | 2.06 | 1.94 | 1.82 | 1.74 | 1.67 | 1.58 | 1.48 |
| 120 | 5.15 | 3.80 | 3.23 | 2.89 | 2.67 | 2.52 | 2.39 | 2.30 | 2.22 | 2.16 | 1.94 | 1.82 | 1.69 | 1.61 | 1.53 | 1.43 | 1.31 |
| ∞ | 5.02 | 3.69 | 3.12 | 2.79 | 2.57 | 2.41 | 2.29 | 2.19 | 2.11 | 2.05 | 1.83 | 1.71 | 1.57 | 1.48 | 1.39 | 1.27 | 1.00 |

# 附录 1.6　*F* 分布表（α=0.01）

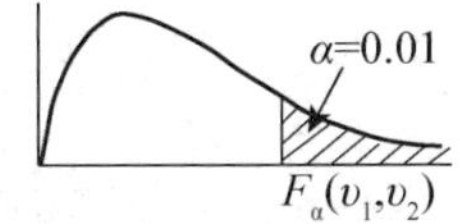


$$P\{F > F_\alpha(v_1, v_2)\} = \alpha$$

| $v_2$ \ $v_1$ | 1 | 2 | 3 | 4 | 5 | 6 | 7 | 8 | 9 | 10 | 15 | 20 | 30 | 40 | 60 | 120 | ∞ |
|---|---|---|---|---|---|---|---|---|---|---|---|---|---|---|---|---|---|
| 1 | 4 052 | 4 999 | 5 404 | 5 624 | 5 764 | 5 859 | 5 928 | 5 981 | 6 022 | 6 056 | 6 157 | 6 209 | 6 260 | 6 286 | 6 313 | 6 339 | 6 366 |
| 2 | 98.5 | 99.0 | 99.2 | 99.3 | 99.3 | 99.3 | 99.4 | 99.4 | 99.4 | 99.4 | 99.4 | 99.4 | 99.5 | 99.5 | 99.5 | 99.5 | 99.5 |
| 3 | 34.1 | 30.8 | 29.5 | 28.7 | 28.2 | 27.9 | 27.7 | 27.5 | 27.3 | 27.2 | 26.9 | 26.7 | 26.5 | 26.4 | 26.3 | 26.2 | 26.1 |
| 4 | 21.2 | 18.0 | 16.7 | 16.0 | 15.5 | 15.2 | 15.0 | 14.8 | 14.7 | 14.5 | 14.2 | 14.0 | 13.8 | 13.7 | 13.6 | 13.6 | 13.5 |
| 5 | 16.3 | 13.3 | 12.1 | 11.4 | 11.0 | 10.7 | 10.5 | 10.3 | 10.2 | 10.1 | 9.72 | 9.55 | 9.38 | 9.29 | 9.20 | 9.11 | 9.02 |
| 6 | 13.7 | 10.9 | 9.78 | 9.15 | 8.75 | 8.47 | 8.26 | 8.10 | 7.98 | 7.87 | 7.56 | 7.40 | 7.23 | 7.14 | 7.06 | 6.97 | 6.88 |
| 7 | 12.2 | 9.55 | 8.45 | 7.85 | 7.46 | 7.19 | 6.99 | 6.84 | 6.72 | 6.62 | 6.31 | 6.16 | 5.99 | 5.91 | 5.82 | 5.74 | 5.65 |
| 8 | 11.3 | 8.65 | 7.59 | 7.01 | 6.63 | 6.37 | 6.18 | 6.03 | 5.91 | 5.81 | 5.52 | 5.36 | 5.20 | 5.12 | 5.03 | 4.95 | 4.86 |
| 9 | 10.6 | 8.02 | 6.99 | 6.42 | 6.06 | 5.80 | 5.61 | 5.47 | 5.35 | 5.26 | 4.96 | 4.81 | 4.65 | 4.57 | 4.48 | 4.40 | 4.31 |
| 10 | 10.0 | 7.56 | 6.55 | 5.99 | 5.64 | 5.39 | 5.20 | 5.06 | 4.94 | 4.85 | 4.56 | 4.41 | 4.25 | 4.17 | 4.08 | 4.00 | 3.91 |
| 11 | 9.65 | 7.21 | 6.22 | 5.67 | 5.32 | 5.07 | 4.89 | 4.74 | 4.63 | 4.54 | 4.25 | 4.10 | 3.94 | 3.86 | 3.78 | 3.69 | 3.60 |
| 12 | 9.33 | 6.93 | 5.95 | 5.41 | 5.06 | 4.82 | 4.64 | 4.50 | 4.39 | 4.30 | 4.01 | 3.86 | 3.70 | 3.62 | 3.54 | 3.45 | 3.36 |
| 13 | 9.07 | 6.70 | 5.74 | 5.21 | 4.86 | 4.62 | 4.44 | 4.30 | 4.19 | 4.10 | 3.82 | 3.66 | 3.51 | 3.43 | 3.34 | 3.25 | 3.17 |
| 14 | 8.86 | 6.51 | 5.56 | 5.04 | 4.69 | 4.46 | 4.28 | 4.14 | 4.03 | 3.94 | 3.66 | 3.51 | 3.35 | 3.27 | 3.18 | 3.09 | 3.00 |
| 15 | 8.68 | 6.36 | 5.42 | 4.89 | 4.56 | 4.32 | 4.14 | 4.00 | 3.89 | 3.80 | 3.52 | 3.37 | 3.21 | 3.13 | 3.05 | 2.96 | 2.87 |
| 16 | 8.53 | 6.23 | 5.29 | 4.77 | 4.44 | 4.20 | 4.03 | 3.89 | 3.78 | 3.69 | 3.41 | 3.26 | 3.10 | 3.02 | 2.93 | 2.84 | 2.75 |
| 17 | 8.40 | 6.11 | 5.18 | 4.67 | 4.34 | 4.10 | 3.93 | 3.79 | 3.68 | 3.59 | 3.31 | 3.16 | 3.00 | 2.92 | 2.83 | 2.75 | 2.65 |
| 18 | 8.29 | 6.01 | 5.09 | 4.58 | 4.25 | 4.01 | 3.84 | 3.71 | 3.60 | 3.51 | 3.23 | 3.08 | 2.92 | 2.84 | 2.75 | 2.66 | 2.57 |
| 19 | 8.18 | 5.93 | 5.01 | 4.50 | 4.17 | 3.94 | 3.77 | 3.63 | 3.52 | 3.43 | 3.15 | 3.00 | 2.84 | 2.76 | 2.67 | 2.58 | 2.49 |
| 20 | 8.10 | 5.85 | 4.94 | 4.43 | 4.10 | 3.87 | 3.70 | 3.56 | 3.46 | 3.37 | 3.09 | 2.94 | 2.78 | 2.69 | 2.61 | 2.52 | 2.42 |
| 21 | 8.02 | 5.78 | 4.87 | 4.37 | 4.04 | 3.81 | 3.64 | 3.51 | 3.40 | 3.31 | 3.03 | 2.88 | 2.72 | 2.64 | 2.55 | 2.46 | 2.36 |
| 22 | 7.95 | 5.72 | 4.82 | 4.31 | 3.99 | 3.76 | 3.59 | 3.45 | 3.35 | 3.26 | 2.98 | 2.83 | 2.67 | 2.58 | 2.50 | 2.40 | 2.31 |
| 23 | 7.88 | 5.66 | 4.76 | 4.26 | 3.94 | 3.71 | 3.54 | 3.41 | 3.30 | 3.21 | 2.93 | 2.78 | 2.62 | 2.54 | 2.45 | 2.35 | 2.26 |
| 24 | 7.82 | 5.61 | 4.72 | 4.22 | 3.90 | 3.67 | 3.50 | 3.36 | 3.26 | 3.17 | 2.89 | 2.74 | 2.58 | 2.49 | 2.40 | 2.31 | 2.21 |
| 25 | 7.77 | 5.57 | 4.68 | 4.18 | 3.85 | 3.63 | 3.46 | 3.32 | 3.22 | 3.13 | 2.85 | 2.70 | 2.54 | 2.45 | 2.36 | 2.27 | 2.17 |
| 26 | 7.72 | 5.53 | 4.64 | 4.14 | 3.82 | 3.59 | 3.42 | 3.29 | 3.18 | 3.09 | 2.81 | 2.66 | 2.50 | 2.42 | 2.33 | 2.23 | 2.13 |
| 27 | 7.68 | 5.49 | 4.60 | 4.11 | 3.78 | 3.56 | 3.39 | 3.26 | 3.15 | 3.06 | 2.78 | 2.63 | 2.47 | 2.38 | 2.29 | 2.20 | 2.10 |
| 28 | 7.64 | 5.45 | 4.57 | 4.07 | 3.75 | 3.53 | 3.36 | 3.23 | 3.12 | 3.03 | 2.75 | 2.60 | 2.44 | 2.35 | 2.26 | 2.17 | 2.06 |
| 29 | 7.60 | 5.42 | 4.54 | 4.04 | 3.73 | 3.50 | 3.33 | 3.20 | 3.09 | 3.00 | 2.73 | 2.57 | 2.41 | 2.33 | 2.23 | 2.14 | 2.03 |
| 30 | 7.56 | 5.39 | 4.51 | 4.02 | 3.70 | 3.47 | 3.30 | 3.17 | 3.07 | 2.98 | 2.70 | 2.55 | 2.39 | 2.30 | 2.21 | 2.11 | 2.01 |
| 40 | 7.31 | 5.18 | 4.31 | 3.83 | 3.51 | 3.29 | 3.12 | 2.99 | 2.89 | 2.80 | 2.52 | 2.37 | 2.20 | 2.11 | 2.02 | 1.92 | 1.80 |
| 60 | 7.08 | 4.98 | 4.13 | 3.65 | 3.34 | 3.12 | 2.95 | 2.82 | 2.72 | 2.63 | 2.35 | 2.20 | 2.03 | 1.94 | 1.84 | 1.73 | 1.60 |
| 120 | 6.85 | 4.79 | 3.95 | 3.48 | 3.17 | 2.96 | 2.79 | 2.66 | 2.56 | 2.47 | 2.19 | 2.03 | 1.86 | 1.76 | 1.66 | 1.53 | 1.38 |
| ∞ | 6.63 | 4.61 | 3.78 | 3.32 | 3.02 | 2.80 | 2.64 | 2.51 | 2.41 | 2.32 | 2.04 | 1.88 | 1.70 | 1.59 | 1.47 | 1.32 | 1.00 |

# 附录 2　习题答案

## 第一章

略。

## 第二章

略。

## 第三章

略。

## 第四章

1～4. 略。

5. （1）$\bar{x}=298.33$　$m_e=291.67$　$m_0=205$

（2）$\sigma=105.66$　$v_\sigma=35.42\%$

6. $\bar{x}=2\,500$　$AD=560$　$\sigma=672.68$　$v_\sigma=26.907\,2\%$

7. $\bar{x}=77$　$m_e=77.68$　$m_0=77.5$

$\bar{x}<m_0<m_e$

## 第五章

1～10. 略。

11. （1）3.3　（2）（2.892，3.708）　（3）36.11%

（4）（20.11%，52.12%）

12. （1）（0.506 95，0.773 05）　（2）35

13. （992，1008）

14. （1）$\bar{x}=16$　（2）（15.934 8，16.065 2）

15. （24.752 1，25.327 8）

（0.015 4，0.355 4）

16. （439.808，460.192）

（$2.199\,04\times10^{10}$，$2.300\,196\times10^{10}$）

17. 成活率（0.919 2，0.980 8）

成活数（$4.596\times10^5$，$4.904\times10^5$）

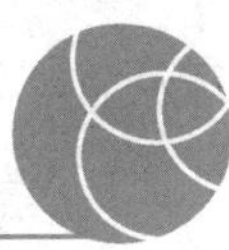


**第六章**

1～2. 略。

3. (1) 正的线性相关；

(2) 相关系数 0.92；

(3) 在显著性水平 0.05 下，通过检验，说明两者之间的显著相关，且是高度线性相关。

4. (1) 正的线性相关，图略；

(2) 相关系数 0.976，说明两者之间高度线性相关，正相关；

(3) $y=450.33+0.692x$；

回归系数 0.692 的含义表明可支配收入每增加 1 元，消费性支出将平均增加 0.692 元；

(4) 判定系数：0.95；

(5) $F=583.14$，回归方程线性关系显著。

5. (1) 负的线性相关；

(2) $y=430.19-4.7x$；

回归系数的含义：航班正点率提高 1%，则相应的投诉次数将平均降低 4.7 次；

(3) 0.05 显著性水平下，$t=-4.96$ 回归系数显著；

(4) $y=54$。

6. (1) 散点图略；

(2) $Y=35.75+0.477X$；

(3) $X=-6.85+1.09Y$；

(4) 0.72。

7. (1) 相关系数 0.944 6，正的高度线性相关；

(2) $y=404.89+0.881\,5x$；

回归系数的含义：生产性固定资产每增加 1 万元，工业增加值将平均增加 0.881 5 万元；

(3) 估计标准误差 124.7；

(4) 工业增加值的可能值：1 374.54 万元。

8. (1) 相关系数−0.75；

(2) $y=47.33-0.708x$；

回归系数的含义：价格每增加 1 元，销售量将平均降低 0.708 千件；

(3) 估计标准误差 1.52 千件。

**第七章**

1～4. 略。

5. 第一季度各月的人均销售额：

一月份：2 万元/人　二月份：2.2 万元/人　三月份：3.4 万元/人

第一季度人均月商品销售额：2.63 万元/人。

6.

| 年份 | 2004 | 2005 | 2006 | 2007 | 2008 | 2009 | 2010 | 2011 | 2012 |
|---|---|---|---|---|---|---|---|---|---|
| 产量（吨） | 1 005 | 1 150 | 1 240 | 1 280 | 1 520 | 1 830 | 1 920 | 1 990 | 2 020 |
| 逐期增长量 | — | 145 | 90 | 40 | 240 | 310 | 90 | 70 | 30 |
| 累计增长量 | — | 145 | 235 | 275 | 515 | 825 | 915 | 985 | 1 015 |
| 环比发展速度（%） | — | 114.43 | 107.83 | 103.23 | 118.75 | 120.39 | 104.92 | 103.65 | 101.51 |
| 定基发展速度（%） | — | 114.43 | 123.38 | 127.36 | 151.24 | 182.09 | 191.04 | 198.01 | 201.00 |
| 环比增长速度（%） | — | 14.43 | 7.83 | 3.23 | 18.75 | 20.39 | 4.92 | 3.65 | 1.51 |
| 定基增长速度（%） | — | 14.43 | 23.38 | 27.36 | 51.24 | 82.09 | 91.04 | 98.01 | 101.00 |
| 平均发展速度（%） | — | 109.118 443 8 | | | | | | | |
| 平均增长速度（%） | — | 9.118 4 | | | | | | | |

7. $y=843.06+141.5t$

预测值 2 541.06

8. $y=9.61+0.494t$

预测值：14.056

## 第八章

1～10. 略。

11. 增加值＝8 000－4 000－100－600－300＝3 000 万元。

## 第九章

1～9. 略。

10. 国民总收入＝473 104.0＋965.6－5 507.3＝468 562.3 亿元；

国民可支配总收入＝468 562.3＋1 583.1＝470 145.4 亿元；

国民总储蓄＝470 145.4－168 956.6－63 154.9＝238 033.9 亿元；

国民总储蓄率＝238 033.9/470 145.4＝50.63%

## 第十章

1～8. 略。

9. 存款流量＝120 亿元，贷款流量＝79 亿元。

## 第十一章

1～7. 略。

8. (1) 略。 (2) 价格总指数＝99.78%，销售量总指数＝116.41%，销售额总指数＝116.16%；

销售额增长＝3 200 元，其中，价格变动引起销售额增长＝－50 元，销售量变动引起销售额增长＝3 250 元。

9. 销售额总指数＝140%，价格总指数＝105%，销售量总指数＝133.33%；

销售额增长＝480 万元，其中，价格变动引起销售额增长＝63 万元，销售量变动引起销售额增长＝417 万元。

# 参考文献

1. 联合国、欧盟委员会、经济合作与发展组织、国际货币基金组织、世界银行. 国民经济核算体系2008. 北京：中国统计出版社，2008.

2. 高敏雪，李静萍，许健. 国民经济核算原理与中国实践（第2版）. 北京：中国人民大学出版社，2007.

3. 邱东. 国民经济统计学（第2版）. 北京：高等教育出版社，2011.

4. 蒋萍，杨仲山. 货币与金融统计学. 上海：立信会计出版社，2006.

5. 许宪春. 经济分析与统计解读（2012—2013）. 北京：北京大学出版社，2013.

6. 雷钦礼. 商务统计. 北京：中国财政经济出版社，2005.

# 后　记

经全国高等教育自学考试指导委员会同意，由经济管理类专业委员会负责高等教育自学考试经济管理类专业教材的审定工作。

《国民经济统计概论》自学考试教材由北方工业大学侯峰副教授担任主编，暨南大学雷钦礼教授、首都经贸大学马立平教授担任副主编。全书由侯峰统稿。

参加本教材审稿讨论会并提出修改意见的有河北大学顾六宝教授、北京石油化工学院陈首丽教授。

对于编审人员付出的辛勤劳动，在此一并表示感谢。

**全国高等教育自学考试指导委员会**
**经济管理类专业委员会**
**2015 年 1 月**